한국철도, 추억과 희망의 레일로드

이 저서는 2011년 대한민국 교육부와 한국학중앙연구원(한국학진흥사업단)의
한국학총서사업(모던코리아 학술총서)의 지원을 받아 수행된 연구임
(AKS-2011-DAE-3105)

한국철도, 추억과 희망의 레일로드

초판 1쇄 발행 2016년 11월 30일

지은이 │ 이송순
펴낸이 │ 윤관백
펴낸곳 │ ▨ 도서출판 선인

등 록 │ 제5-77호(1998.11.4)
주 소 │ 서울시 마포구 마포대로 4다길 4(마포동 324-1) 곳마루 B/D 1층
전 화 │ 02) 718-6252 / 6257
팩 스 │ 02) 718-6253
E-mail │ sunin72@chol.com

정가 23,000원
ISBN 979-11-6068-011-9 94900
      979-11-6068-010-2 (세트)

· 잘못된 책은 바꿔 드립니다.
· www.suninbook.com

한국철도, 추억과 희망의 레일로드

이송순 지음

도서출판 선인

19세기 유럽에서 출현한 철도는 유럽인들에게 혁명과 진보의 상징이었다. 석탄과 철이 결합된 증기시대의 화신 즉, 산업혁명의 총아였다. 개인적 주체로서 자신을 자각하기 시작한 근대인들은 철도가 이성과 합리성의 세계를 열었고 무한한 진보로 나아가는 통로라고 생각했다. 철도는 근대문명과 사상의 전령사였다. 그러나 제국주의와 침략의 대명사로서 철도가 드러낸 야누스의 얼굴을 지나쳐서는 안 된다. 철도는 식민지에서 국민경제의 형성을 왜곡하고 현지의 주체적 발전을 억압하는 최첨단 도구였다. 두 차례 세계대전 이후 제국주의적 세계질서가 재편되고 냉전체제가 붕괴된 21세기의 철도, 특히 한반도철도의 역할은 무엇일까? 우리의 연구는 이 질문으로부터 시작하였다.

과거는 미래를 비춰주는 거울이다. 우리의 미래를 비춰줄 한반도철도 100여 년의 역사는 어떠한 모습이었을까? 우리의 연구는 이 질문의 대답을 찾아가는 과정이었다. 1899년 경인철도의 부설로 시작된 한반도철도의 역사는 수탈과 개발의 식민지기와 압축성장을 이룬 1970~80년대를 거쳐 KTX로 상징되는 현재에 이르기까지 수많은 굴곡의 과정을 겪어 왔다. 한반도철도는 일본

제국주의의 침략선으로 출발했지만, 해방 이후 독립국가가 수립되면서 경제성장과 문화교류, 사회통합의 수단으로 중요한 역할을 수행했다. 동시에 지역불균등을 심화시키기도 했다. 이제 한반도철도는 한반도의 지정학적 위치를 활용하여 동북아 평화공존과 번영의 핵심라인, 즉 공생발전선의 역할을 수행해야 한다.

한국학중앙연구원 한국학진흥사업단의 한국학진흥사업의 일환으로 진행된 이 연구는 한반도철도의 역사와 미래를 함축하는 개념으로 '침략의 길에서 공생발전의 길로'라는 부제를 달고 시작했다. 역사지리, 정치, 사회, 문화, 경제 등 다섯 범주로 나누어 3년간의 연구와 2년간의 정리, 저술 작업을 거쳐『한국 철도의 역사와 문화 총서』5권을 발간하게 되었다. 각 권별로 독립적인 체제를 갖추고 기존 연구를 넘어서는 새로운 시각을 제시하고자 했다. 아울러 총서로서 통일성을 갖추기 위해 나름대로 노력했다. 그러나 여전히 아쉬움이 남는다. 혹시 있을지 모를 내용상 오류와 시각의 불명확함은 오로지 필자들의 책임이라는 말로 총서 발간의 무거움과 두려움을 표한다.

한반도철도의 역할은 단순한 교통수단에 그치는 것이 아니다. 한국 근현대 100년의 시간 동안 정치, 경제, 사회, 문화 각 영역에서 소통의 아이콘으로 변화·발전을 모색하고 있다. 이런 이유로 미래의 한반도철도는 동북아 공생발전망의 핵심으로 발전하여야 한다. 한반도철도의 역사와 문화를 다룬 본 총서가 향후 한반도의 통일과 경제발전 그리고 동북아 평화의 정책적 비전을 제시하는 데 조그마한 도움이라도 되었으면 하는 바람이다.

한반도철도의 역사와 문화를 연구하고 본 총서를 발간할 수 있도록 지원해 준 한국학중앙연구원 한국학진흥사업단에 감사의 말씀을 드린다. 앞으로도 근현대 한국 사회를 들여다볼 수 있는 연구에 대한 지속적인 지원이 한국에서 인문학을 육성하는 데 기여하리라고 기대한다. 또한 어려운 출판

환경에서도 쾌히 본 총서의 발간을 맡아주신 도서출판 선인에게도 심심한
감사의 뜻을 표한다.

2016년 11월
한국 철도의 역사와 문화 총서 연구책임자 정태헌 외 필자 일동

'한국 철도문화사'라는 거창한 타이틀로 글을 써야 한다고 했을 때 떠오른 나의 철도 추억의 단상이다. 1970년대 초반 6살 어린아이가 아버지와 청량리역에서 중앙선 기차에 올랐다. 안동 고모댁에 가는 길이다. 딱딱한 좌석에 3인이 붙어 앉아야 하는 '비둘기호' 완행열차였다. 조금 가다 멈춰서는 역 이름 중 '국수역'이 불릴 때 여기서 국수 먹고 가느냐고 물었던 기억이 선명하다. 그러나 아버지는 제천역에서 가락국수를 사주셨다. 기차는 컴컴한 터널을 자주 지났다. 매캐한 냄새와 함께 '철커덕 철커덕' 하는 굉음을 고스란히 들려주며 오랫동안 터널 안을 달렸다. 아마 죽령터널이었던 것 같다. 공연히 무서워 꼼짝 않고 앉아 있다가 드디어 터널 밖으로 나왔을 때의 안도감이 지금도 느껴진다.

이 기차 여행은 완행열차이기에 모든 역에 다 정차하고 특급열차가 지나가면 먼저 지나가도록 기다려주고, 이렇게 가다보니 하루가 꼬박 걸리는 긴 여행이었다. 아마 아버지 무릎을 베고 잠도 잤을 것이고 칭얼대기도 했겠지만, 그래도 아직까지 단상이나마 기억이 떠오르는 것을 보면 즐겁고 신기한 경험이었던 것 같다. 10년 후쯤인 1980년대 초반 다시 고모댁을 가기 위해 이 중앙선 기차에 올랐지만 이에 대한 기억은 별로 없다. '통일호' 이상의 특급열차를 타고 좀 더 빠른 시간 내에 안동역에 도착했고 더 이상 기차가 신기한 경험이 될 수 없었기 때문일 것이다. 이후 나의 여행에는 고속버스와 자동차가 이용되었다.

나 역시 기차보다는 '자동차세대'라 할 수 있다. 기차는 추억, 여행, 낭만 등의 이벤트로 기억될 뿐 일상의 교통수단에서는 조금 멀어져 있었다. 지금은 KTX와 전철화된 열차로 인해 다시 종종 이용하는 교통수단이 되고 있다.

이 책은 한국 근현대사에서 철도에 얽힌 문화, 삶의 희로애락, 추억을 담아보고자 했다. 1899년 인천(제물포)과 노량진을 잇는 경인철도가 한반도를 달리기 시작하여 한반도의 철도는 120여 년을 달려오고 있다. 처음 철도를 접한 한국인들은 불을 뿜는 듯한 요란한 굉음과 육중한 모습을 두려움과 신기함으로 바라보았다. 그러나 약 50여 년간 이 열차는 온전히 우리의 것이 아니었다. 근대문물의 총아로 문명의 상징, 진보와 발전의 표상이었던 철도가 식민지 조선에서는 수탈과 이별의 아픔을 잔뜩 실은 '애환의 열차'이기도 했다. 1945년 해방과 함께 한반도 철도는 허리가 잘렸다. 그런 상처를 극복하고자 우리는 다시 기차에 올라타 열심히 일하고 달려왔다. 그러나 잘린 허리는 이어지는 것이 완치이다. 그 과제가 아직 남아있다.

책은 4부로 구성했다. 「1부 철도, 근대 세계로의 견인차」에서는 1876년 개항 이후 서구 근대문명과 접한 조선 사회가 철도를 수용하고 부설해 가는 과정, 그를 둘러싼 지배 권력과 지식인, 민중들의 시선을 정리했다. 그리고 그 철도가 이끈 넓은 세상과의 소통 과정을 살펴보았다. 지금도 쉽지 않은 민영환의 세계일주와 망국을 눈앞에 둔 순종의 백성과의 서글픈 만남이 아프게 다가온다.

「2부 철도가 만든 여행과 관광」에서는 괴나리봇짐 지고 유유자적 떠났던 양반님네의 여행에서 철도를 이용한 여행으로의 변화, 이로 인한 여행의 대중화, 상업화와 '관광'이라는 이벤트성 여행의 등장을 살펴보았다. 이제 누구나 탈 수 있는 기차가 되었지만 그것을 이용하기 위해서는 알아야 할 규칙과 에티켓도 생겨났다. 이를 둘러싼 에피소드가 가득하다. 기차 여행을 통해 보고 들은 세상을 기록한 기행문은 생생하게 당대의 현실을 그려내고 있다. 기차의 속도만큼 세상을 흘겨 볼 수밖에 없었지만 그만큼 세상은 넓어졌고, 내가 아닌 타인과 함께하며 그 속에서 나를 들여다보는 기회이기도 했다.

「3부 근대 대중문화 속의 철도」는 어렵지 않게 우리 곁을 감도는 대중문화 속의 철도 이야기다. 소설과 대중가요에 얽혀 있는 철도를 둘러싼 삶의 희로애락을 담았다. 서구의 근대문명을 따라가는 것이 최선의 삶이라 여긴 이광수의 '계몽소설'에서 철도는 급행 티켓이었지만, 더 이상 이 땅에 살 수 없어 떠나가야 했던 이들에게 철도는 아쉬움과 절망의 통로였다. 속도는 리듬이다. 철도만큼 근대 대중가요에 어울릴 소재가 있을까. 사랑과 이별의 애환을 실은 철도를 가요의 운율은 절절히 실어 나르고 있다.

「4부 성공의 열망을 싣고 달린 열차, 그 빛과 그림자」 통학열차, 상경열차, 입영열차가 그 주인공이다. 해방 이후 지금의 대한민국을 만들어간 주역들이 올라탄 기차다. 절대 빈곤 속에서 머리(학력)와 손(노동)이 유일한 돌파구이자 성공의 지렛대였다. 개천의 용이 되기 위해 부족한 잠과 추위에 떨며 올라탄 통학열차, 그래도 여기보다는 나으리라는 절망 같은 희망을 안고 오른 상경열차. 고도성장기 한국의 역동성과 희망을 열차는 싣고 달렸다. 그 한편에서 새로운 삶을 꿈꾸는 청년들, 그러나 분단국가의 멍에를 짊어지고 가야할 청춘들의 방황과 고뇌, 열정도 추억으로 남아있다.

기차, 언제나 설렘과 기대를 떠올리게 한다. KTX로 떠나는 여수 밤바다는 어떠랴. '한국 철도문화사'라는 주제는 생소한 도전이자 만용이었지만 과정은 즐거웠다. 이 책은 1970년대까지의 철도 문화사를 다루었다. 이후 한국 철도는 눈부신 발전을 해왔고, 다시 한국 발전의 동맥이 되고 있다. 광속도의 철도와 함께하는 문화와 삶은 그만큼 빠르고 격렬할 것이다. 그에 대한 기록이 이어지길 바란다.

2011년 한국학중앙연구원의 한국학진흥사업 한국교양총서(모던코리아 학술총서)『한국 철도의 역사와 문화: 침략의 길에서 공생발전의 길로』프로젝트에 참여하며 이 연구를 시작했다. 3년간에 걸쳐 공동 연구를 진행한 정태헌, 김무용, 김종혁, 윤상원 선생님, 모든 작업을 도와준 박우현, 이분들과 걱정의 한숨, 작은 성취감을 함께 나누며 글을 완성했다. 부족하고 여전히 채워야 할 내용은 많지만 일단 마침표를 찍었다.

출간되는 5권의 '한국 철도의 역사와 문화' 시리즈는 한국학중앙연구원 한국학진흥사업의 후원과 공동연구자 5인의 공동 결실물이다. 모두에게 감사드린다. 이 작은 성과가 철도를 사랑하는 분들, 오늘도 흔들리는 기차와 더불어 이 땅에서 살아가는 분들에게 누가 되지 않길 바란다. 어려운 출판 상황하에서 5권의 책을 흔쾌히 출판해 준 도서출판 선인에게도 감사드린다.

1부
철도, 근대 세계로의 견인차

01

기차 타고 만난 새로운 세상
고요한 아침의 나라, 지축을 흔들다

1) 근대문명의 총아, 철도의 발명

철도가 열어젖힌 근대: 제국주의와 민족국가

근대인의 삶의 시공간은 자연의 틀을 벗어나 그들의 욕망과 의지에 따라 변화되어 갔다. 이것을 가능케 했던 것은 자연의 힘인 인력, 축력, 수력과는 다른 화석연료에 힘입은 새로운 동력의 출현이었다. 18세기 이후 증기력의 발명과 발전 과정은 근대적 생산방식이 자연으로부터 독립하여 발전해 가는 과정을 보여준다.

동력의 기계화는 그때까지 자연에 결박되어 있던 교통을 독립시켜 주었다. 17세기까지 유럽의 도로는 대개 그 자취를 겨우 알아볼 정도에 불과했고 교통수단들이 매끄럽게 지나가는 쭉 뻗은 길은 아니었다. 그 길을 가는 사람들이 없다면 그것이 길인지 아닌지 한눈에 알아보기도 힘들 정도였다. 길 한가운데에 있는 웅덩이는 물이 차 있고 기사는 오금까지 차오른 물속에서 말을 끌고 간다. 마차는 힘들게 앞으로 가고 길은 진창이다. 행인, 목동, 돼지들은 차라리 안전하게 길옆의 경사면을 따라 가는 것이 보다 더 현명한 일이었다. 이러한 도로 상태는 상업 교환, 혹은 단순한 사람 사이의 관계에도 영향을 미쳤다. 이 시대의 파발꾼들이 목적지에 닿기까지는 수 주일에서 수개월이 걸렸다. 예컨대 1776년 스위스 의사이자 러시아 군의관이었던 야코브 프리스는 옴스크에서 톰스크까지 890㎞의 길을 178시간(7일 10시간) 동안 여행했다.[1]

유럽에서 초보적인 형태로나마 사륜마차가 나타난 때는 16세기 후반 혹은 16세기 말이었다. 합승 마차는 17세기에 주로 사용되었고, 여행객을 나르는 역마차와 이탈리아의 베투리니가 길거리에 빽빽하게 들어선 것은 19세기 낭만주의 시대부터였다. 폴 발레리는 "나폴레옹은 율리우스 카이사르와 같은 느린 속도로 이동했다"고 그 시대의 운송에 대해서 설명하고 있다. 이후 1745년부터 1760년까지 최초의 도로 혁명이 일어났다. 도시를 중심으로 대로가 건설되고 도로가 정비된 것이다. 그러나 이러한 변화는 대로에만 한정된 것이었다. 대로를 제외하면 프랑스에서 중량이 나가는 물품을 손쉽게 수송하는 것은 거의 불가능했다.[2] 산업혁명 이전 영국의 도로 상태도 마찬가지였다. 18세기 말까지 감자·설탕·솜은 잉글랜드의 많은 촌락에 아직 알려지지 않았다.[3]

18세기 초 뉴커먼의 대기형 증기기관이 처음 경제적으로 이용되기 시작했으나 그것은 상하운동만 가능한 조야한 것으로 엄청난 연료를 소비했다. 1780년대 완성된 와트식 저압증기 기관은 뉴커먼 기관에 비해 적은 연료를 소비하면서도 매우 향상된 성능을 보여주었다. 증기기관 진화 과정의 마지막 대단원은 18세기 말~19세기 초에 출현한 올리버 에반스의 고압기관이었다. 고압기관이 이룩한 도약은 증기기관을 운동에 사용하도록, 즉 기관차에 사용할 수 있게 하였다.[4]

한편 18세기 초엽에는 목조 레일이 운송에 활용되었고, 18세기 중엽이면 철조 레일, 즉 철도가 출현한다. '철도의 아버지'라고 불리는 트레비식

(Trevithick)은 이후 수년의 실험 끝에 1801년 4륜 증기기관차를 선보였고 1805년 근대적인 철도 형태로 운행에 성공했다. 트레비식의 철도와 증기기관차를 발전시켜 상업화시킨 것은 조지 스티븐슨(1781~1848)이었다. 스티븐슨이 증기 기관차를 발명한 것으로 알려진 1814~1815년은 스티븐슨이 트레비식의 증기기관을 응용, 속도를 가속시키고 간단한 시운전에 성공한 정도였다. 영국과 미국을 넘나들며 철도의 상업화를 꾀한 스티븐슨이 최초의 시범운행에 성공한 것은 영국에서는 1825년, 미국에서는 1829년이었지만 상업적인 목적에서 정기적으로 운행을 시작한 것은 양국 모두 1830년의 일이었다. 리버풀과 맨체스터, 볼티모어와 엘리컷을 잇는 이 두 개의 철도망은 모두 스티븐슨에 의해 만들어졌으며 리버풀~맨체스터선의 개통이 몇 개월 빨랐다.[5]

당시 철도는 영국인들에게 진기한 구경거리였다. 리버풀과 맨체스터 사이에 철도가 개통되기 전부터 리버풀로 가는 도로에는 구경꾼들로 장사진을 이루었다. 『맨체스터 신문』에는 "수많은 숙녀들이 다락방 층계 자리를 잡고 지붕에서 머리를 내밀고 있었다. 철도 운행 과정을 좀 더 잘 볼 수 있는 곳에 자리 잡기 위해 모두 열심이었다"고 보도했다.[6]

이후 유럽은 '철도 열풍'에 빠져들었다. 54.7km(34마일)에서 출발한 영국의 철도망은 10년 만인 1840년 1,352km(840마일)로 증가했고 1850년 10,621km(6,600마일), 1860년 16,093km(1만 마일), 1870년 24,140km(1만 5,000마일)로 늘어났다. 사실상 1850년에 영국의 간선 철도망이 건설되었다.

모든 면에서 철도의 확대는 선진적인 산업화 단계를 나타내주고 있을 뿐만 아니라 실제적으로 산업화된 좁은 지역 밖에 사는 일반 시민들의 생활에도 관련되었기 때문에 면직공업의 성장보다 더욱 혁명적이었다. 그 변화는 대도시와 아울러 구석진 시골지역에까지 미쳤다. 그것은 움직이는 속도를—인간의 생활을— 시간당 일(日) 단위 마일로 측정하던 것에서 시간당 20마일의 배수로 측정하는 것으로 변화시키고 열차시간표로 상징되는 거

대한, 전국에 걸친 복잡하고 정확하게 서로 맞물리는 일정이라는 개념을 도입시켰다.[7]

독일과 프랑스에서도 철도의 팽창 속도는 경이로웠다. 독일의 교통 발달은 17세기까지만 해도 유럽의 다른 나라들에 비해 그 속도가 느렸다. 프로이센의 프리드리히 대왕 등 연방 군주들이 군사적 목적에서 적의 침입을 막기 위해 굴곡이 많고 가파르고 험한 지형을 그대로 방치해두려 했기 때문이다. 그러나 18세기에 들어서면서부터 일부 연방 군주들이 자국을 통과하는 중개·통과 무역상인으로부터 관세[통행세]를 징수하여 국가재원으로 삼고 한편으로 자국의 시장에 도로를 연결하여 중개무역을 증진시킬 목적으로 도로를 건설하기 시작했다.[8]

산업혁명기 독일의 교통과 운송은 철도를 중심으로 발달했다. 철도는 공업화에 따라 상품 교류를 확대시켰고 시장의 확대는 철도 발달을 더욱 촉진시켰다. 1840년대까지 독일 철도는 4개의 철도망을 중심으로 각 철도권 속에서 발전했지만 철도망 간의 연결은 이루어지지 않았다. 상호 연결 없이 독립적으로 발전한 철도망은 1850년대 연결선을 부설하여 독일 내의 각 지역과 도시들을 연결시켰고 또한 외국과도 연결되었다. 1840년까지 철도 연장이 500km에도 미달하던 것이 1845년 약 2,000km, 1850년에 약 6,000km, 1860년에 약 11,000km, 1870년에 약 20,000km로 증가했다. 이와 같이 철도는 지역적으로 거의 모든 독일 내의 도시와 연방국가들을 상호 연결시켜 경제 발전을 도모하여 1871년 정치적 통일 이전에 경제적 통일권을 형성하는 데 큰 힘이 되었다.[9]

프랑스는 1836년 '티에르법'에 의해 촌락 간 철도 건설이 가능해져 이제까지 고립되어 있던 수많은 마을과 지역들 간의 교통망이 연결되기 시작했다. 당시 프랑스는 자본 부족으로 조금 늦게 철도의 시대에 들어섰다. 최초의 철도는 생테티엔 근처에 민간 자본으로 건설되었다(1828~1832년).

철도가 근대 세계사에 미친 영향을 가장 극적으로 보여준 나라가 미국이다. 미국에서는 운송혁명이 산업혁명을 이끌었다. 막스 베버는 "미국문화는 유럽문화를 완성시킨 철도라는 존재와 함께 시작되었다. 단순한 형태의 보행로 이전에, 짐수레 길 이전에 철도가 황야의 사바나 지대로, 원시림으로 뻗어갔다. 유럽에서는 철도가 교통을 중개하는 것이었지만 미국에서는 교통을 만들어냈다"고 지적했다.[10]

미국의 철도 교통은 눈부시게 성장했다. 남북전쟁이 끝난 이후 동부 철도망의 서쪽 끝인 네브라스카주의 오마하에서 캘리포니아주의 세클라멘트에 이르는 대륙횡단철도 건설이 철도 전성기의 시작이라고 할 수 있다. 남북전쟁 이전 이미 철도에 의한 수송비 절감은 연간 약 1억 7,500만 달러로 추산되었으며 이것은 당시 국민소득 규모의 약 4%에 달하였다. 철도 건설을 통해 투자가 촉진되었고, 투자 촉진은 철강 및 기계공업을 육성시키는 결과를 낳으면서 미국의 공업화 과정은 가속화되었다. 아울러 서부의 새로운 시장이 철도에 의해 계속 확장되었고, 서부지역에서 생산된 여러 가지 곡물이 철도를 통해 세계 시장으로 값싸게 공급될 수 있었다. 이처럼 미국 경제는 철도 건설을 통해 빠르고 튼실하게 성장해 갈 수 있었다.[11]

철도 건설의 선구자였던 영국 역시 철도를 통해 눈부신 경제발전을 이룩했다. 영국의 철도시대 개막은 석탄과 철 등 자본재 산업이 획기적으로 발전할 수 있는 길을 열었고 기계 제작과 조선업 등의 확대를 가져왔다.[12] 그뿐만 아니라 유럽과 미국, 인도의 철도는 대체로 영국의 자본, 자재와 시설, 건설업자들에 의해 건설되었다. 그러나 곧이어 영국을 뒤따른 유럽 자본주의 열강들은 1870년대 이후 제국주의 경쟁에 뛰어들었다. 철도는 제국주의와 식민주의라는 새로운 국제질서를 만들어갔고, 문명으로 포장된 근대 세계는 그 속에 분열과 갈등을 내포하고 있었다.

자본주의와 제국주의 못지않게 철도는 '근대 민족' 형성에 기여했다. 국외자와 자신이 속한 집단 사이의 차이가 발견되고 동일 집단 내에서의 시공간이라는 개념이 공유되면서 민족적 정체성이 분명하게 형성되어 갔다. 철도는 지역과 국가의 경계선을 넘나들면서 지역적 고립을 극복하게 하고, 열차시간표로 상징되는 전국에 걸친 복잡하고 정확하게 맞물리는 일정이라는 시간 개념의 도입을 통해 민족적 동질성을 확립하는 데 기여했다.

공간과 시간의 소멸, 철도의 영향을 표현하는 문구이다. 공간상의 거리를 극복하기 위해서는 상당한 정도의 여행 시간 혹은 운송 시간이 필요했던 것에서 철도는 이 시간을 단숨에 극복하게 해주었다. 동일한 시간에 과거의 몇 배에 달하는 공간상의 거리를 이동할 수 있게 된 것이다. 교통 경제상으로 보면, 이는 공간의 축소를 의미한다. 속도의 증가로 인한 공간의 축소는 지역적으로 흩어져 있는 도시를 국가의 중심부에 가깝게 만들고 결국 국토를 단 하나의 대도시만한 크기로 축소시켜 버렸다.13)

메트로폴리스로의 국가의 수렴은 반대로 메트로폴리스의 확장, 즉 교통 연결을 통해 점점 더 넓은 주변 지역들을 병합해 가며 전 국가를 삼켜버리는 메트로폴리스의 확장처럼 보인다. 도시 외곽 교외에 거주할 수 있게 된 시대, 이전의 폐쇄적인 옛 도시들이 인근 지역까지 확장되어 가는 시대는 철도와 함께 시작되었다.14)

또한 각 지역의 고유한 시간은 다음 역에서는 더 이상 적용되지 않았다. 규칙적인 교통은 시간의 통일화를 요구한다. 이것은 선로와 차량의 기술적인 통일성이 개별 교통을 인정하지 않고 수송의 독점을 강요했던 것과 같다. 철도는 각 지방의 개별적인 시간을 용납하지 않는다. 1880년 열차 시간은 영국에서 보편적인 표준 시간이 되었다. 1884년 워싱턴 국제표준시간회의에서 세계를 시간대로 나누었고, 1893년 독일에서는 이 시간대를 공식적으로 도입하였다.15)

부국 강병과 국가 통합의 견인차, 일본의 철도 부설

일본은 메이지유신(1868년) 이후인 1872년 처음으로 철도를 부설했다. 일본은 철도를 중앙집권과 부국강병을 위한 통치수단으로 부설하기 시작했다. 일본의 철도는 유럽 선진제국 특히 영국의 경우와 다른 동기에서 출발하였기 때문에 그 사명이나 역할은 단순히 경제적 역할에 머무르지 않고 중앙집권적 통일국가 및 시민사회 성립이라는 범위까지 미치고 있다. 더구나 일본은 철도 도입 후 약 30년 만에 레일과 기관차를 자국에서 제작하는 등 기술 자립을 완성했다.[16]

일본의 철도 건설은 1858년 개항 이래 프랑스, 미국 등 각국의 개인과 기업이 철도 부설 계획을 만들어 막부에 신청하며, 시작되었다. 그러나 곧 메이지유신이 발생하면서 그 권한은 메이지 정부로 넘어갔다. 신정부 수립 이후에도 몇 건의 철도 건설 청원이 있었지만 정부는 어느 것도 인정하지 않았고 오히려 정부의 힘으로 독자적인 철도를 건설해야 한다는 의견이 강하게 제기되었다. 이것을 추동한 것은 영국이었다. 1868년 영국 정부는 가장 먼저 메이지 정부를 승인하였고 적극적으로 일본에 경제적 진출을 시도했다. 그 일환으로 철도 건설을 메이지 정부에 건의한 것이다.

1869년 4월부터 10월에 걸쳐 정부 내부에서는 철도 건설을 둘러싸고 활발한 논의가 전개되었다. 그 중심은 민부성(1871년 9월 폐지), 대장성의 젊은 관료들이었다. 그중 민부 대장대보 오쿠마 시게노부(大隈重信)와 민부 대장소보 이토 히로부미(伊藤博文)가 앞장섰다. 이들은 막번 체제의 여러 번이 분할된 이후 '군현하에서는 전국을 통일할 필요'가 있고, 동시에 '봉건적 분할의 사상을 타파하기 위해서는 어느 정도 사람의 마음을 놀라게 하는 사업이 필요'하다고 결론을 내고 중앙집권체제의 확립과 민중의 의식전환이라는 관점에서 철도 건설을 결정하였다. 또한 후쿠자와 유키치(福澤諭吉)의 『서양사정(西洋事情)』(1866)에는 철도의 메커니즘에서 수송 효과에 이르기까지 상세한 설명이 실려 있어 많은 사람들이 점점 철도에 관한 지식을 갖게 되었다.

일본의 철도 개통은 이 무렵 시작된 교통·통신의 근대화를 일거에 추진하는 디딤돌이 되었다. 철도수송의 특징은 대량, 고속, 안전 3가지인데, 최초의 단계에서 이용자에게 가장 좋은 인상을 준 것은 고속이라는 점이었다. 도쿄와 요코하마 구간을 1시간도 걸리지 않게 이동이 가능했던 당시의 속도는 종래 이 구간 이동에 7~8시간이 걸린 보행자입장에서 보면 7~8배의 속도였다. 또한 다른 교통수단에 비해 운임도 저렴하였다.

철도의 화물수송은 1873년 개시되어 1874년의 수송량은 17,701톤 정도였으며 1884년 314,810톤으로 급속하게 증가하였다. 1884년 사설철도인 일본철도주식회사가 도쿄에서 다카사키(高崎)까지 선로를 완성하여 1884년 36,723톤, 1891년(우에노, 아오모리 구간 전 구간 개통) 450,550톤으로 약 12배 증가하였다.[17]

이러한 화물의 증가는 군마, 나가노에서 생산된 누에, 생사 등의 수송에 크게 기여하였다. 1850년대 개항 이후 생사와 면직물이 수출품으로 거래되자 그 출발항인 요코하마까지 수송하는 것이 필수조건이 되었다. 이 경우 육상 수송은 다카사키에서 요코하마까지는 그 거리가 130~140km로 약 5~6일이 걸렸다. 이로 인한 상품 파손이 많았고 또한 시장의 상황 변화에 신속하게 대응하지 못하였다. 또한 수운의 경우 수송일수는 2~3일로 단축되었지만 그래도 시간이 오래 걸렸고 배로 짐을 옮겨 실을 경우 10~20% 정도의 상품 파손이 발생하였다.

1884년 우에노~다카사키 구간의 노선이 개설되었고, 이어 1885년 신바시~요코하마 구간 철도가 시나가와(品川)에서 분기하여 개통되었다. 이리하여 사철 일본철도주식회사의 우에노~다카사키 구간에서 관설철도 신바시~요코하마를 직통하는 화물열차가 연결 개통되었다. 직통 운전으로 인해 다카사키에서 실린 누에, 생사, 견직물은 도중에 환적(換積) 없이 직송이 가능하게 되었고 결국 다카사키에서 요코하마까지 7시간 전후로 도착하였다.

이후 1891년 규슈철도의 모지(항)·구마모토 구간, 1891년 9월 일본 철도의 우에노·아오모리 구간, 1894년 산요철도의 고베·히로시마 구간이 개통—시모노세키까지의 전체 개통은 1901년—되었고, 홋카이도 지역도 오타루, 삿포로 주변을 포함하여 관설과 사철에 의한 간선철도가 그 노선을 연장하였다.

한편 일본 철도는 군사적으로도 활용되었다. 1877년 가고시마 사족의 반란인 세이난(西南)전쟁 때 신바시~요코하마 구간 열차를 병력수송에 활용하였다. 또한 1894년 종관 간선 중 아오모리에서 히로시마까지 개통되어 군부는 히로시마의 우지나항을 군대의 출항지로 정하고 우지나까지 병력의 집중수송체계를 만들었으며 청일전쟁 때 활용하였다. 또한 1904~1905년 러일전쟁 때 아사히카와에서 구마모토까지의 종관 간선을 통하여 약 100만 명의 병력동원이 가능하였다.[18]

2) 조선 정부, 철도 … 어떻게 할 것인가

조선 문호를 열다, 새로운 세계 질서와 문명과의 만남

조선 정부는 1876년 일본과 「조일수호조규」[강화도조약]을 맺은 뒤 최초의 근대적 외교사절단인 수신사를 일본에 파견했다. 1876년부터 1882년까지 네 차례 파견된 수신사는 각각 파견 동기와 목적은 달랐지만 메이지유신 이후 서구화된 일본의 변화상을 견문, 시찰함으로써 당시 위정자들의 일본관을 변화시키고 개화 및 외교정책을 전개하는 데 커다란 영향력을 끼쳤다.

한국 최초의 근대적 외교사절단인 제1차 수신사 김기수(金綺秀) 일행은 1876년 4월 29일(음) 오후 4시, 일본의 증기선 황룡환(黃龍丸)을 타고 부산항을 출발하여 시모노세키와 요코하마를 거쳐 5월 7일 도쿄에 도착했다. 보통 3개월 정도 걸리던 에도시대의 조선통신사와 달리 증기선과 기차라는 근대 문명의 이기를 이용했기 때문에 도쿄까지 만 일주일 만에 도착한 것이다.[19] 제1차 수신사는 1811년 통신사를 파견한 뒤 65년 만에, 더욱이 마지막 통신사가 역지빙례제로 변질되어 에도[현 도쿄]가 아닌 대마도에서 국서를 교환했던 사실을 감안하면 1764년 통신사행이 일본 혼슈(本州)로 간 이래 112년 만에 일본의 수도에 들어간 것이다.[20]

김기수는 과학기술과 문명에 대한 예비지식이 없었기 때문에 일본의 근대적 실상을 과학적으로 정밀하게 인식하거나 현실적인 이용가치를 잘 이해하지 못했다는 한계를 지적하기도 하지만, 「조일수호조규」 체결 직후 여전히 일본에 대해 부정적인 시각이 팽배해있던 당시 상황에서 그가 『일동기유(日東記游)』에 일본의 상황을 매우 자세하게 묘사한 것 자체가 일본의 국정 정탐이라는 자신의 임무를 가장 적극적으로 수행한 것이라 평가되고 있다.[21] 특히 수신사 사절단의 일정은 근대 문명의 견문, 시찰에 집중되어 있었다. 김기수는 '완상(玩賞)'에서 "그 제

『일동기유』는 김기수가 수신사 사절로서 일본을 견문, 시찰하고 귀국한 다음해인 1877년 황해도 곡산부사로 있으면서 정리한 것이다. 전 4책으로 구성된 이 책에는 정치, 경제, 사회, 문화 등 다방면에 걸친 메이지 초기 일본의 모습이 생생하게 묘사되어 있어 근대 초기 일본의 모습을 살피는 데 매우 귀중한 자료이다.

도, 기계에만 종사한 까닭에 누관(樓觀), 시사(市肆)의 승경(勝景)과 산천, 풍경의 완상에도 발은 갔으나 눈이 이르지 않은 곳은 열에 하나도 기억에 남아 있지 않다"며 본인의 견문이 제도와 기계문명에 집중되었음을 밝히고 있다.

김기수 일행은 5월 7일 요코하마에 도착했다. 사절단은 악대를 선두로 4년 전에 개통된 기차를 타고 도쿄로 가기 위해 요코하마역으로 향했다.

그런데 요코하마 역에서 처음 마주한 기차는 사절단 일행에게는 호기심의 대상을 넘어 커다란 충격으로 다가왔다. 김기수는 일본으로 출발하기 전에 요코하마에 도착하면 도쿄까지 기차로 가게 된다는 것을 알고 있었지만, '기차'라는 것이 도대체 어떻게 생긴 것인지 상상할 수 없었다. 이에 기차를 눈앞에 두고도 기차가 어디에 있냐고 일본인에게 묻는 실수를 했다.[22]

> "요코하마(橫濱)에서 신바시(新橋)까지 가는데 화륜차(기차)를 탔는데 역루에서 조금 쉬었다. 일행의 행장은 배로써 바로 에도(江戸, 현 도쿄) 근항까지 가도록 하고 다만 몸에 필요한 의금(衣衾)과 기물(器物)만을 차에 싣기로 하였다. 차가 벌써 역루 앞에 기다린다 하거늘 역루 밖에서 또 복도(複道)를 따라 수십 칸을 지나가니 복도는 다 되었는데도 차는 보이지 않았다. 장행랑(長行廊) 하나가 40~50칸(間)이나 되는 것이 길가에 있거늘 나는 '차가 어데 있느냐' 하고 물으니 이것이 차라고 대답하였다. 그것을 보니 조금 전에 장행랑이라고 인정한 것이 차이고 장행랑은 아니었다."(『일동기유(日東記游)』)[23]

그러나 그는 '기차'를 호기심 어린 눈으로 바라보면서 기관차, 객실의 구조와 장식, 그리고 철로 등에 관해 자세한 묘사를 하고 있다.[24] 특히 철로를 묘사하는 부분에서는 "양쪽가의 수레바퀴 닿는 곳은 편철을 깔았는데 이 편철의 모양이 밖은 들리고 안은 굽어서 수레바퀴가 밟고 지나가도 궤도를 벗어나는 일이 없다"[25]라며 기차가 탈선하지 않는 이유를 철로의 모양으로 설명하는 합리적인 태도를 보이고 있다. 이와 함께 경험해 보지 못한 기차의 속도감에 대해 우레와 번개, 회오리바람처럼 한 시간에 3, 4백 리를 달리며, "담배 한 대 피울 동안 벌써 신바시(新橋)에 도착되었으니 즉 90리나 왔다"며 놀라움을 금치 못하고 있다.[26]

「조일수호조규」의 후속 조치를 둘러싸고 현안이 되고 있는 문제를 해결하기 위해 1880년 5월 28일부터 3개월간에 걸쳐 김홍집을 정사로 58명의 제2차 수신사가 파견되었다. 조선 정부는 김홍집이 가져온 『조선책략(朝鮮

策略)』을 바탕으로 1881년 초 통리기무아문 설립, 대미수교 추진, 별기군 창설 및 영선사 파견 등 일련의 개화, 자강정책을 추진했다. 그러나 이러한 정책은 '척사위정'을 내건 보수유생들의 집단적 저항을 초래하자 조선 정부는 개화정책으로 인한 서구문화 유입이 초래할 사회적 혼란을 최소화하기 위한 방안 마련에 부심했다. 이에 조선 정부는 그 대안을 메이지유신 이후 일본의 경험에서 찾기 위해 일본에 '조사(朝士)'를 파견하여 일본의 실정을 파악하도록 했다.

조사시찰단은 12명의 조사가 1881년 4월 초부터 윤 7월까지 약 4개월여에 걸쳐 일본의 문물제도를 견문, 시찰하였다. 조사들은 일본 시찰을 통해 사회 풍속의 변화를 면밀히 관찰, 파악할 수 있었으며 이렇게 획득한 지식과 정보를 각종 견문기에 집약해 놓았다. 박정양, 조준영, 엄세영, 강문형, 심상학, 홍영식, 어윤중, 이헌영, 민종묵, 조병직, 이원회, 김용원 등 조사들은 귀국 후 1880~1890년대 개화, 자강운동에서 주도적 역할을 담당한 인물들이었다.[27]

조사시찰단은 일본의 정치, 사회, 경제, 문물 등 각 분야에 대해 많은 사람과 교유하고 직접 시찰하며 일본의 실정을 파악하였다. 그중 부국강병을 위한 근대 문물과 철도를 비롯한 도로 등의 사회 인프라에 대한 이들의 견문과 인식을 살펴보자.

조사들의 주요 시찰지인 도쿄에 이르기까지 경유한 요코하마, 고베, 나가사키 등의 개항장은 문명개화의 문호였고, 이들이 이용한 교통수단은 문명개화의 상징인 기선과 철도였다. 또한 문명개화의 중심지 도쿄의 상징이었던 긴자(銀座)의 연와가(煉瓦街)와 밤을 밝히는 가스등을 비롯해 우편, 전신과 같은 근대적 통신시설도 이들을 매혹하기에 충분하였다. 이들은 메이지 정부 주도하에 만들어진 철도, 해운, 우편, 전신 등 근대적 교통, 통신시설에 커다란 관심을 보였다.

특히 어윤중은 메이지 정부가 철도망을 부설하고 국내외를 연결하는 전신, 우편 등 통신체계를 정비한 점을 비롯해 등대, 부표, 초표(礁標)와 같은 선박의 항행을 위한 안전시설을 설치하고 항만을 수축한 점과 조선소를 직영하거나 우선회사와 같은 민간기업에 자금과 설비를 지원하는 등 육상, 해상 교통수단을 확충한 것을 높이 평가했다. 박정양 등 다른 조사들은 철도의 경우 국채로 조성된 막대한 건설비용이 재정의 악화를 초래하는 데 대해서는 우려를 표하였지만 철도, 해운, 우편, 전신 등 근대적 교통 통신시설의 효용성은 긍정적으로 평가했다.[28]

또한 조준영은 당시 일본의 교통 통신망에 대해 우편국과 전신국이 그물망처럼 설치되어 공적, 사적 소식이나 정보가 '천만리라도 아주 짧은 시간에 전달' 될 수 있는 시스템을 갖추고 있으며, 자연적 지형을 극복하고 철로를 깔아 기차가 달리고 있고, 이러한 전신과 철도는 사용량과 거리에 따라 요금을 책정하여 운영되고 있음을 지적하였다.[29]

그러나 이들은 이러한 근대적 교통 통신시설에 대해 무조건 칭찬만 한 것은 아니었다. 근대식 교통 통신시설의 효용성은 인정했지만 절용론의 관점에서 우려를 표명했다. 철도의 경우 운영에서 나오는 수익금에서 그것을 유지하고 보수하는 비용을 제하면 철도 부설에 쓰인 국채를 상환하기 어렵다는 것이다. 이 점은 박정양이 자세하게 쓰고 있다.

> "매년 수입금은 꼭 80여만 엔이나 거의 해마다 철로 보수 등에 드는 비용이 모두 50만 엔이 넘어서, 1년 수입에서 비용을 제하면 남는 것이 고작 30만 엔 남짓하다. 이 수익금으로 가설 사업에 든 비용을 충당하려면 30년이 넘어야 다 갚을 수 있다. 하물며 애초의 가설비용은 모두 국채이다. 매년 국채의 이자가 매우 많으니 순 수익금으로 그 이자를 갚는 데 불과할 뿐이다. 그러므로 원리금의 상환은 언제가 될 지 기약할 수 없다."[30]

박정양은 1887년 초대 주미전권공사로 임명되어 미국으로 떠났다. 박정양은 주미전권공사로 재직 중인 1888년 자신이 견문하고 활동한 바를 기록한 『해상

일기초(海上日記草)』,『미행일기(美行日記)』,『종환일기(從宦日記)』등의 일기와 중국, 일본, 미국 등지에서 입수한 미국 관계 자료를 바탕으로 한국 최초의 미국 견문기인 『미속습유(美俗拾遺)』를 집필했다. 『미속습유』에는 미국의 지리, 역사를 비롯한 각종 근대적 제도와 문물을 44개 항목에 걸쳐 자세하게 소개하고 이에 대한 자신의 논평을 싣고

유길준의 『西遊見聞』은 1883년부터 1885년 간 미국에서 유학하며 자신이 견문한 내용을 집필한 것이지만, 실제 원고를 탈고한 것은 1889년이고 책으로 간행된 것은 1895년이므로 1888년 11월 이전 탈고한 『美俗拾遺』가 한국 최초의 미국 견문기라 할 수 있다.

있다.[31] 이 글에서 '철도'에 대해서도 별도의 항목으로 미국 철도의 실태와 그에 대한 자신의 의견을 정리하고 있다.

> "철도는 만국(萬國)에서 왕성하게 만들어지고 있는데 공설(公設)과 사설(私設)로 나누어진다. 공설은 정부가 자금을 출자하여 건설하고 관원을 파견하여 관리하며 세액을 거두어들인다. 사설은 인민이 주식을 모아 회사를 만들고 출자하여 만드는데 단지 매년 노세(路稅)를 정부에 수납한다. … 중략 … 사설 기차는 통행함에 매 1인, 1마일 당 3전의 세[요금]를 거두는데, 그 이익을 비교함에 가장 좋기 때문에 인민이 이익을 따라감이 물 흐르는 것과 같아 현재 날로 무럭무럭 발전하여 항구, 도부(都府) 내 길 구석구석까지 또한 다양한 철로가 만들어졌다."(『미속습유(美俗拾遺)』)[32]

이처럼 조사시찰단이 일본 시찰을 마치고 제시한 서구문물 수용론은 1880~1890년대 조선 정부가 추진했던 개화 자강운동의 원동력이자 이를 추동한 힘이었다. 1차 수신사로 파견된 김기수가 철도와 같은 근대 문물을 처음 접하고 그것을 호기심과 경외감으로 바라보았다면, 조사시찰단은 교통수단으로서 철도의 효용성은 인정하면서도 실제 국가 운영에 있어 근대 문물을 설치하기 위한 재원의 문제 등 현실적인 대차대조표를 그려내고 있다.

김기수가 처음 접했던 기차와 철도는 그 존재만으로 새롭고 신기한 것이

었지만, 그것이 국가 운영 및 사회경제 발전에 지대한 영향을 끼치는 것임을 관료와 지식인들은 곧 인식하게 되었다. 그것은 무조건적인 선망만은 아니었고, 당시 한국의 현실과 한국인의 세계관이 그 속에 함께 어우러져 있었다.

이러한 철도를 비롯한 근대 문물에 대해 보다 객관적이고 구체적으로 인식하고 이를 알리려 했던 인물은 유길준이었다. 1884년 갑신정변 발발로 미국에서 대학 진학을 포기하고 1885년 12월 귀국한 그는 1887년 가을부터 1889년 늦봄까지 미국 유학 시절 틈틈이 수집, 집필하였던 원고의 일부를 모으고 잃어버린 부분을 증보하여 20편으로 구성된 『서유견문(西遊見聞)』을 집필했다. 집필을 마친 이후 책으로 발간된 것은 1895년이었다. 『서유견문』은 서양의 사정과 제도, 문물에 대한 단순한 견문기가 아니라 국내외의 방대한 저서와 문헌 등의 자료를 참고로 저술하였기 때문에 그 내용이 복잡하고 풍부하다.[33]

유길준은 1881년(26세) 봄 조사시찰단으로 일본에 건너갔다가 3개월의 일정이 끝난 뒤에 그대로 남아서 도쿄의 게이오의숙(慶應義塾)에 입학하여 최초의 일본 유학생이 되었다. 그는 1년 반 동안의 유학 기간에 후쿠자와 유키치(福澤諭吉)의 지도 아래 각종 개화서적을 탐독했다. 임오군란 발발로 귀국한 그는 다시 1883년 7월 보빙사의 정사 민영익 수행원으로 미국을 방문하게 되었다. 두 달간의 외교 활동과 시찰을 마친 뒤 그 일행은 귀국하였으나 민영익의 권유로 최초의 미국유학생이 되었다. 그는 바이필드(Byfield)에 위치한 담머학교(Governor Dummer Academy)에 입학하여 모오스(E. S. Morse) 박사로부터 사회진화론을 비롯한 근대적 학문을 익히면서 사상적으로 커다란 영향을 받았다(한철호, 「유길준의 개화사상서 『서유견문』과 그 영향」, 『진단학보』 89, 2000, 230쪽).

이 중 유길준이 가장 역점을 둔 것은 서양의 정치, 경제, 교육제도에 관한 것이었지만, 서양 관습과 문물에 대한 소개 역시 당시 한국인들 중에는 가장 구체적이고 사실적인 인식을 기반으로 하고 있다. 그는 기차를 '증기차'라고 표현했다. 철도의 역사와 그 기술적인 면을 상세히 설명하고 있을 뿐만 아니라 부설 과정에서 기존 주민들의 소유지를 수용해야 하는 문제와 그것의 해결 방식 및 규칙도 설명하고 있다. 그는 미국의 철도 부설을 설명하면서 "철로를 까는 비용은 지형이 험한지 평평한지에 따라 같지 않지만,

대략 평균 수치로 우리나라 1리 되는 거리에 3천 원이 든다"[34]고 하였다. 그러나 이후 한국의 철도 부설 비용은 이보다 5~6배 정도 많았다.[35]

유길준은 철도 부설 과정에서 발생하는 토지수용 문제도 깊이 있게 다루었다. "철로는 평평하고 곧아야 하기 때문에 남의 논밭이나 산림을 관계치 않고 길을 닦게 된다. 철로 회사가 그 주인과 상의하여 시행하지만 그 값을 절충하는 방법은 공평한 사람의 중립적인 결정에 따른다. 만약 땅 주인이 불응하면 회사가 법원에 소송을 걸어 법관이 판결에 따른다. 철로는 편리하게 운송하여 대중에게 큰 이익을 주며 나라에도 부강과 번영을 주기 때문에 법관도 반드시 회사의 청구를 허락하여 준다. 그래서 땅 주인이 사유물이라고 해서 팔지 않을 수 없다. 회사가 이같이 특별한 권리를 가지고 있는 만큼 국민들도 회사에 대해 특별한 권리를 주장한다. 인구가 적은 시골 지방에는 이익이 적다고 기차 세울 시간이 아까워 그 부근에 정거장을 만들지 않으면 그 마을에 사는 사람들은 정거장이 꼭 필요한 이유를 법원에 호소하여 정거장 설치 명령을 회사에 내리도록 한다."[36]

미국에서는 철도 부설 주체가 민간기업으로서 철도 부설지에 대한 갈등은 민과 민의 관계이지만, 철도는 공공재이므로 손해가 있더라도 개인은 토지 수용을 받아들여야 하고, 반면 민간기업[회사]는 수익성이 떨어지더라도 역(驛) 등 지역민들을 위한 시설을 갖춰야 하는 상호 간의 룰이 있고 이를 조정하는 것은 중립적 위치의 국가기관[법원]임을 설명하고 있다. 그러나 이후 한국의 철도 부설 과정은 외국자본과 민(民)의 대립 상황에서 진행되었고, 한국 정부는 이에 대해 중립적인 룰도, 조정능력도 갖추지 못하였다.

조선 정부, 철도를 부설하다

한국의 공식 외교 사절단이 일본에서 직접 철도를 이용하면서 그 필요성을 인식하고 있었지만, 한반도에 철도가 부설되어 달리기 시작한 것은 1899년 경인선 철도가 처음이다. 그렇다면 1876년 개항 이후 23년이 지나서야 철도가 부설된 이유는 무엇인가. 살펴본 바와 같이 개항 이후 새로운 서구문화의 유입과 수신사, 조사시찰단, 영선사 등 일본과 청을 시찰 견문한 결과 근대 문물 수용에 대한 요구가 발생했고, 다른 한편 직접 외국인이 그 필요성을 설파하는 등 철도를 비롯한 근대 문물의 수용은 피할 수 없는 상황이었다. 그럼에도 이것이 정부나 한국인 자본에 의해 바로 시행되지 못했던 점은 개항 이후 한국이 처한 국제적 정세와 한국 내부의 정치적 혼란, 재정의 곤란, 근대적 자본의 미발달 등 여러 요소가 복합적으로 작용했다.

그러나 1882년 시점부터는 공식적으로 철도 부설을 둘러싼 논의가 조정에서 전개되고 있었음은 다음을 통해 엿볼 수 있다. 러시아 대장성이 조사하여 펴낸 『한국지(韓國誌)』(1905)에서는 '철도사업'이란 항목에서 다음과 같이 서술하고 있다.

> "한국 정부가 철도의 부설을 기도한 것은 최근의 일로 외국인의 한국 정부에 요구하는 철도 부설권의 특허도 많이 공(功)을 주(奏)하지 못한 것으로, 한국에서 철도사업은 지금 겨우 그 단서를 열었을 뿐 차국(此國)에서 처음으로 철도 문제가 일어난 것은 1882년, 여러 곳으로부터 철도 부설권 요구가 일어나 그중 영국과 일본의 회사도 참여하여 운동한 때로 이때의 운동은 모두 그 공(功)을 주치 못하였다. 이때 한국 재정고문 독일인 묄렌도르프가 있어 황제에게 건언(建言)하기를 국고 결핍으로 철도 부설을 연기함이 상책이라는 것이었는데, 그 후 1885년 이 문제가 다시 재연되었으나 또 이전과 같이 불성립으로 그쳤다."[37]

즉 한국에서 처음으로 철도 문제가 등장한 것은 1882년이었다. 당시 조선 정부의 재정고문 묄렌도르프는 수기에서 이 문제에 대해 다음과 같이 언급하고 있다.

"철도 문제는 이에 1882년 내가 조선을 갔던 직후에 일어났다. 정부는 여러 방면으로부터 그 권리의 양도가 요구되어 여하튼 간에 결정을 지어야 했다. 신청을 해 온 회사는 영국과 일본의 회사들이었다. 이 문제에 대해서 나는 각서를 작성했는데 조선 정부가 이를 위한 자금이 없기 때문에 나의 각서에 따라 이 문제는 잠시 제쳐 놓게 되었다. 1885년과 1895년에야 이 문제가 다시 제기되었는데 특히 광산과 석탄 이권과 관련되어서였다. 미국의 한 기업연합체의 원조 아래[지금 서울~제물포 간의 철도를 건설하려고 하는 사람들은 아님] 나는 대략 다음과 같은 계획을 만들어냈다. ①서울~제물포 ②서울~의주 ③서울~부산 ④서울~마산포 ⑤목포 ⑥동해안, 평양~부산 ⑦서울~원산

미국의 그 기업연합체는 이 모든 선을 순서대로 착공 완성할 생각이었다. 조선 정부는 투입된 자본에 대해서 5%의 이자를 보장하기로 되었다. 일본인들은 특히 서울~부산 간의 선을 열망했었는데 이제 또다시 이를 획득하려고 모든 노력을 경주하고 있다. 조선 남쪽의 모든 항구는 1년 중을 통해서 부동(不凍)이다. 만약 러시아 철도망이 조선의 철도망과 연결된다면 남선(南鮮)의 한 적당한 항구가 대 '시베리아' 철도의 종착역이 될 수 있을 것이다. 중국과 일본 간의 물자 수송 및 여객운송이 이것을 통하게 될 뿐 아니라 또한 군사적인 견지에서 볼 때 이런 자리는 적당히 요새화하면 동아에서 최강의 항구가 될 것이며 다르다넬스 해협 같이 발해만의 어귀에 있는 만주의 항구보다는 훨씬 낫다. 이러한 이유에서 러시아는 이자의 반액을 보장하려고 들 것이고 이에 대해서 러시아 군대가 자유로이 통과할 권한이 주어져야 할 것이다.(1897년 1월 상해에서)"[38]

그는 "도로와 교량을 일정한 계획하에서 수축하고 주선과 지선을 가진 합리적인 철도망을 건설한다면, 조선이 정상적인 방식으로 복지국가로 발전되지 못할 이유가 없다"라며 철도 부설의 필요성을 제기했다. 그러나 자금문제로 이를 바로 실현시킬 수 없었고, 1895년 이후에 본격적으로 철도 부설 논의가 이루어진 결과 한반도 철도 부설권은 미국이 선점하였지만 일본과 러시아는 이를 획득하려는 모든 노력을 기울일 것으로 보았다. 1897년 시점에서 친청[친러]적 입장을 갖고 있던 묄렌도르프는 러시아가 군사적 이유로 조선 정부의 자금 부족 문제를 해결하면서 한반도 철도 부설 및 이용에 적극 개입하리라는

입장을 표명하고 있다. 그러나 실제 한반도 철도 부설은 결국 일본이 장악하게 되었다.

1894년 갑오개혁 이전까지 조선 정부 내에서 공식적으로 철도 부설에 대한 논의가 이루어지지는 않았으나, 개화파 관료들은 이 문제에 대해 지속적인 관심을 보이고 있었다. 1883년 한국 최초의 근대 신문으로 발간된 정부기관지적 성격의 『한성순보(漢城旬報)』[39]와 1886년 복간된 『한성주보(漢城周報)』[40]를 통해 외국에서의 철도 부설을 자세하게 소개하고 있다. 이는 외국의 사례를 통해 개화파 세력의 철도 부설 필요성과 의지를 반영한 것이라 볼 수 있다.

한국에서 철도 부설 논의는 1882년경부터 시작되어 개화파 세력에 의해 구체적 부설 방법이 강구되기도 했지만, 재원 조달 문제 등 조선 정부가 이를 실현하기에는 많은 난제가 있었다. 철도와 관련하여 주목해야 할 인물은 이하영이다.[41] 1887년 고종은 주미조선공사에 박정양을 임명하였는데 이때 수행한 이하영은 1888년 대리공사로 임무를 맡고 1889년 귀국하였다. 이하영은 미국 체류 중에 미국 철도의 편리함과 신기함에 감탄하여 귀국하면 철도를 조선에서도 실현해 보고자 했다. 그는 귀국할 때 정교한 철도 모형을 구입해 왔고 그의 귀국 후 철도 부설 문제가 정식으로 궁중에서 논의되기 시작했다.

귀국한 이하영은 철도 모형을 우선 고종에게 보인 후 여러 대신들에게도 공람시켜 철도의 편리와 그 효용성을 역설하였다. 그 모형은 가로 67촌(203cm), 높이 89촌(270cm) 정도 되는 금속제였으며 기관차, 객차, 화물차 등을 연결하여 이를 작동시키면 금속제 궤도 위를 활주하도록 만들어 놓았다. 기타 중요한 부문의 사이즈와 모양에 관해서도 실물과 같이 상세한 해설을 덧붙여 조선 정부 내에서도 철도에 관해 정확한 지식을 습득할 수 있도록 하였다.[42]

이미 조선 정부는 일본 수신사들의 복명을 통해 막연하게 들었던 철도에 대한 실상을 파악하고 있었고 주미공사 박정양의 『미속습유』에도 철도에 대한 구체적 기술이 있었지만, 이하영이 가져온 철도 모형은 철도에 대한 구체적이고 실질적인 이해를 할 수 있게 하였다. 이러한 사전 지식으로 고종 및 관리들은 철도에 대한 이해와 필요성을 알고 있었기에 그 뒤 여러 나라로부터 철도 부설에 대한 이권 요구가 있을 때 대처해 갈 수 있었다. 후에 경인철도를 부설할 때 일본의 재래식인 협궤식을 채택하지 않고 영국, 미국의 표준형인 광궤식을 택한 것은 미국의 영향이고 실은 이하영의 주장이 크게 주효했기 때문이다.[43]

1892년 고종은 미국인 모오스(J. R. Morse)를 초청하여 이완용과 이하영에게 '철도창설조약'을 체결토록 하였으나 반대에 부딪혀 성사되지 못했다. 한편 1892년 일본 부산주재총영사 무로다(室田義文)는 외무대신 에노모토(榎本武揚)에게 곧 경부철도 건설 시기가 도래할 것을 예견하고 미리 노선 답사를 할 필요가 있다고 역설했다. 1892년 8월 철도기사 고우노(河野川瑞)를 파견하여 서울~부산 간 노선을 측량하였다. 기사 일행은 부산 방면에서 답사에 착수하여 약 2개월 동안 총연장 240마일(哩)에 걸친 답사를 완료했다. 이 답사는 일본이 한반도 철도 건설에 구체적으로 손을 뻗친 발단이 되었다.[44]

일본이 한국 철도 부설권에 눈독을 들이고 이를 위한 준비를 하는 과정에서 먼저 철도 부설에 필요한 용지 측량이 필요했다. 1892년 경부철도 노선용지 측량 과정에 대해서는 야담이긴 하지만, 무로다(室田) 총영사는 남의 나라 안에서 비공식적으로 용지 측량을 할 경우 생기는 문제를 모면하기 위한 묘안으로 당시 일본이 미국 워싱턴박물관과 진귀한 조류(鳥類) 교환을 약속하고 있었던 점을 이용, 조류 표본 사냥이라는 핑계를 댔다고 한다. 순진한 한국 사람들은 일본의 교활한 술책에 넘어가 그들이 소위 '새 잡는다'는 곳에 가보지 않아 감쪽같이 측량사업이 진행되고 있는 것을 몰랐다. 이렇게 하여 불과 한 달여 만에 서울에서 부산까지의 측량을 아무런

방해도 받지 않고, 눈치 채지도 못하게 하며 무난히 종료했다고 한다.[45]

이와 관련해서 당시 무로다(室田) 총영사와 조선의 민종묵 외무독판 간에 오갔다고 전해지는 이야기를 들어보자. 실소를 금할 수 없는 일본 측의 간계에 넘어가는 조선의 현실을 풍자한 것이라 할 수 있다.

室 田	귀국은 상당히 아름다운 날입니다. 나라가 하도 아름다워서 그런지 조류 또한 너무나도 좋은 것이 많이 있습니다.
민종묵	예 말씀만 들어도 감사합니다.
室 田	실은 경성에서 부산까지 국도(國道) 상에 그 좋은 새가 많은데 귀국의 양해를 얻어야 그 새들을 사냥하게 될 것 같습니다.
민종묵	그거야 뭐 어려운 부탁이겠습니까. 귀국에서 우리나라의 새들을 잡아 외국에도 소개하면 유명해 지는게 아니겠습니까.
室 田	그거야 당연하지요
민종묵	그러면 즉시 지체치 마시고 필요한 지역에 가셔서 새를 잡도록 하시오.

이렇게 하여 무로다(室田) 총영사의 꾀는 달성되어 가고 있었다. 그러나 이것만으로는 한국 사람들의 눈을 피할 수 없었다. 새를 잡는다고 총을 쏘고 소동을 떨게 되면 시골사람들이 몰려와 구경할 것이고 그러면 용지 측량을 하는 것이 들통 날 수밖에 없었다. 이에 무로다(室田)는 다시 꾀를 내었다. 이에 다시 민 외무독판을 만났다.

室 田	대단히 죄송한 부탁을 해야겠습니다.
민종묵	무슨 부탁이요?
室 田	다름이 아니라 새를 잡으려면 사람들이 모여들지 않아야 순조롭게 끝마칠 수 있습니다.
민종묵	그래서!
室 田	예, 실은 그것 때문에 또 다른 어려운 부탁을 해야 될 것 같습니다.

민종묵	무슨 말인지 해 보시오.
室 田	내가 총을 쏘려면 촌사람들이 너나할 것 없이 몰려들어 위험할 뿐 아니라 공연히 놀라 넘어지면 부상까지 당할 것 같습니다. 그러니 사냥할 때마다 금줄을 매고 붉은 기를 꽂을 터이니까 그 안으로는 들어오지 않도록 나리께서 직접 명령만 내려주시면 피차 좋을 듯합니다.
민종묵	(미소 지으며) 귀하가 그렇게 까지 우리나라 백성을 위하고 있다니 기쁘고도 흐뭇한 일이오.
室 田	원 천만에 말씀을 … 원래 저희들은 이웃 나라된 도리로 동양 평화를 위한 일념에서 나온 것이 아니겠습니까.
민종묵	귀하의 말을 들으니 딴은 그럴 듯하오. 내 쾌히 승낙하겠소.

이처럼 일본 정부에서는 한반도 철도 경영 요구를 키워가고 있었다. 1894년 7월 일본 외상 무츠(陸奧宗光)는 한국에 다케우치(竹內綱)를 파견하여 정세를 시찰토록 하였고, 이때 그는 당시 조선 정부에 초빙되어 있던 오오미와(大三輪長兵衛), 오자키(尾崎三郎)와 함께 서울~부산 간 철도 부설을 계획했다. 이러한 일본의 경부철도 부설 계획은 일본의 선전포고로 청일전쟁이 발발하면서 급격히 구체화되었다. 일본은 군사상의 필요로 서울~부산 간, 서울~인천 간에 급히 군용철도를 부설하고자 했고, 대본영은 10월 공학박사 센고쿠(仙石貢)를 파견하여 경부, 경인 양 철도를 답사하게 하였다. 이들 기사 및 기술자 일행은 인천에 상륙 후 병참사령부의 원호를 받아 양 철도의 답사, 조사를 완료했다. 그 결과 대본영은 서울~인천 간에 공사비 200만 엔을 들여 군용철도 부설을 결정했고 부설에 착수하려 했다. 그러나 청일전쟁의 전황이 일본군의 승리로 돌아가면서 군용철도 건설은 일단 중지되었다.[46]

그러나 일본은 한국에서의 철도 건설이 시급하다고 판단하여 1894년 8월 20일 일본공사 오토리(大鳥圭介)가 조선 내정개혁에 관한 조관 체결을 강제하면서 경부, 경인 양 철도 부설권도 획득했다. 이것인 바로 「조일합동잠정조관」이다. 이를 통해 한국의 철도 부설을 예약한 일본은 1895년 1월 세목 교섭을 개시하였지만 쉽게 해결을 보지 못했다. 먼저 청일전쟁 이후 삼국간섭으로 한국에서 일본이 철도의 주요 이권을 독점하는 것은 부당하다고 이의를 제기했다. 1895년 5월 4일 러·독·프 3국은 일본에게 요동반도가 할양되는 것에 이의를 제기하고 같은 날 서울에서 미국, 영국, 독일, 러시아 등 4개국 대표자가 연명한 조회문을 외부대신 김윤식에게 보냈다. 철도, 전신 등의 주요 이권을 오로지 특정한 1개국(일본)에게 준허한다는 것은 좌시할 수 없는 일이라고 공동 항의한 것이다. 이에 대해 김윤식은 "철도 건설과 전선 등 건설 사업은 우리의 오랜 정부 사업으로 속해있었던 것이며 당신들의 충고에 성념(盛念)으로 생각한다"고 애매하게 답하였다.

이러한 국제정세하에서 조선 정부 내에서는 친일세력이 약화되고 친러세력이 대두하였고, 서구 열강들의 이권획득 경쟁이 격화되면서 일본의 한국 철도 경영을 위한 교섭은 쉽게 진행되지 못했다. 이에 일본의 한국 철도계획은 좌절되었고 대신 1896년 3월 29일 미국인 모오스(Morse)가 경인철도 부설권을 획득했다. 이어 1896년 7월 3일 조선 정부와 프랑스는 '경의철도 계약'을 체결하고 부설권을 피브릴르사에 제공했다.[47] 그러나 피브릴르사는 건설자금을 확보하지 못한 데다가 국제정세의 변화로 경의철도 건설의 필요성이 감소하자 3년 만에 정부에 부설권을 반환했다. 그럼에도 프랑스는 또 호남선 철도 부설권을 요구하자 정부는 직접 건설하기로 결정했다.

이처럼 열강들이 한국의 철도 부설권을 획득해가자 국권강화 주장이 대두되었고 철도도 자력건설론이 힘을 얻게 되었다. 먼저 1896년 7월 17일 정부는 철도의 부설, 감독, 관리를 담당하는 철도사를 설치하고 국제표준규격에 따라 철도를 건설할 것을 규정한 「국내철도규칙」(칙령 제31호, 1896.7.15)[48]을 제정, 공포하여 '인민 왕래'와 '물품 출입'에 편리한 철도를 각 지방에 설치하기로(제1조) 하고, 철도회사의 설립 주체로 '본국인(本國人)이나 외국인(外國人)'으로 적시했다(제5조). 「국내철도규칙」은 곧 개정되어 "외국인 회사가 국내 각 지방에 철도를 설치할 때는 정거장과 재수소(載水所, 물을 싣는 곳)의 부근 구역 내에는 그 회사의 집무 인원만 주재하고, 외국인민이 영업소를 벌여놓고 영업할 수 없다"라는 7조를 추가(칙령 제40호, 1896.8.4)[49]하여 다른 외국인의 영업장 개설을 불허했다.

「국내철도규칙」은 이미 두 외국인 철도회사에 철도 부설을 이양한 상황을 인정한 법적 규정으로, 향후 철도 주권을 어떻게 할 것인지는 명확히 하지 않았다. 이에 대해 고종은 1896년 11월 15일 조칙(詔勅)으로 "1년 동안은 각국 사람들에게 합동으로 철도를 부설하도록 허락할 수 없다"[50]고 선언했다. 고종은 철도 부설 토지를 부설권자인 외국인회사에게 부담지우지 않고 조선 정부가 부담한다는 점에서 향후에도 소유권이나 관리권 행사에 큰 문제가 없다고 판단한 것으로 보인다. 부설권 양여를 '철도합동'이라고 표현한 것도 이를 반영한다. 이것은 '1년간' 외국인에게 철도 부설권을 주지 않겠다는 유예조치였지만 점차 정부 내에 철도 및 주요 자원에 대한 주권의식이 자리를 잡게 되면서 고종은 1898년 초 의정부가 상주한 「국내 철도·광산의 외국인 합동을 물허(勿許)하는 건」(1898.1.12)을 재가했다.[51] 이것은 철도 부설에 대한 대한제국 정부의 주권 의식을 공표한 것이었고, 나아가 1898년 6월 18일 서울~목포 간 노선에 대해 최초로 정부 자체적으로 철도 부설을 하기로 결정하였다. 그러나 호남철도 자체 부설 계획은 자금 사정으로 실현되지 못하였다.

3) 지축을 흔들며 철마가 달리다

철도 부설을 위해 조선 정부에서 최초로 제도적 기구를 마련한 것은 갑오개혁 당시 공무아문 내 철도국의 설치였다. 그러나 아관파천과 대한제국 선포로 한국 정부는 보다 적극적으로 부국강병책을 도모하고 철도 부설에도 전향적 입장을 취하기 시작했다. 또한 열강들에게 철도, 전신, 광산 등 부국강병에 필요한 주요 이권을 빼앗기지 않겠다는 의지를 천명하기도 했다.[52]

철도 주권에 대한 필요성이 제기되었음에도 한국의 철도 부설은 외국인에 의해 시작되었다. 1896년 3월 미국인 모오스는 경인철도 부설권을 획득하고 1년 후인 1897년 3월 22일 인천 우각리에서 경인선 기공식을 거행했다. 그러나 1898년 모오스는 자금이 부족하자 한국 정부의 허락도 없이 일본 정부와 재벌이 결성한 '경인철도인수조합'에 부설권을 매각하였다. 부설권을 인수받은 일본은 공사를 계속하여 완공시켰고[53] 1899년 9월 18일 인천~노량진 구간에서 임시영업을 개시하였다.[54] 그리하여 이 땅에 첫 기적이 울리게 되었고 한국에 철도 교통 시대의 막이 열렸다. 한반도에 철도가 최초로 개통됨에 따라 정부는 철도 이용 방법 및 규칙을 마련하였다.(「경인선철도규칙」[55])

이제 새로운 근대 문물을 사용하기 위한 새로운 규율이 만들어진 것이다. 기차를 사용하기 위한 비용 지불방법이 제시되었다. 차표를 사고, 기차 등급별로 차별적 차비가 적용되며, 자신이 낸 차비보다 높은 등급의 객실에 탈 수 없고, 그를 어길 시는 벌금을 부과하는 것이다. 돈의 크기에 따라 좌석의 편리함과 화려함이 바로 가시화된 것이다. 돈의 위력을 직접적으로 실감할 수 있게 되었다. 또한 근대적 질서가 적용되었다. 돌림병 앓는 사람, 미치고 취한 자와 난잡한 자는 탑승할 수 없었다. 질병의 확산을 방지하고 타인에게 불쾌감을 줄 수 있는 사람은 탑승할 수 없었다. 그러나 화물에 대해서는 화물주에게 거의 손상이나 분실 등의 문제를 떠넘겼다. 더불어 열차 운행 시간이 정해져 공시됨에 따라 철도 이용과 함께 근대적 시간 개념도 전파되기 시작했다.[56] 이제 1분이라도 늦으면 기차를 탈 수 없었다.

한편 일본은 한국과 중국에 대한 세력을 확장하기 위하여 한반도 종단철도(부산~신의주)의 건설을 강력하게 추진하였다. 경부철도가 한국 남부지방에 대한 일본의 군사적·경제적 세력을 확대하는 유효한 수단이라 판단하고, 이의 부설권을 획득하기 위하여 한국 정부 및 러시아와 부단한 교섭을 거듭하였다. 1898년 9월 8일에는 '경부철도주식회사'를 설립하여 경부철도합동조약을 체결하였다.[57] 일본 내에서는 한국에 경부철도를 부설하는 것이 일본에게 얼마나 이로운가에 대해서 특히 일본인 이민의 통로가 될 수 있을 것임을 강조하였고, 결국 이것은 일본의 한국 식민지화의 첨병 역할을 했다.[58] 일본의 자본가들이 중심이 된 경부철도주식회사는 1900년 8월 경부철도 부설공사를 착공하였고[59] 1905년 1월 영등포~초량 간을 개통하였다.

한편 일본 『나가사키(長崎)영자보』 기사를 『황성신문』이 번역 게재하였는데,[60] 일본이 경부철도 부설권을 획득했음에도 빨리 착공하지 못하고 있는 것에 대해 질타하며 경부철도 건설이 일본에 어떠한 이익을 줄 수 있는가를 설파하고 있다. 건설 과정에서 일본인 손에 들어올 경제적 이익도 막대하고 정치적으로도 한국에 대한 세력 확대에 매우 중요하다는 것이다. 특히 경부선은 한반도의 곡창지대인 전라, 경상, 충청 3도를 횡관하는데, 이미 그곳의 인구와 토지 등을 보았을 때 그 시장이 상당히 번성하고 있으며, 향후 철도가 개통되면 그것은 더욱 번창하여 여기에 진출한 일본인에게 막대한 이익을 줄 것이라고 보았다. 이들의 인식은 이후 결코 틀리지 않았다.

1896년 7월 한국 정부는 프랑스와 '경의철도 계약'을 체결하고, 부설권을 피브릴르사에 제공하였다. 그러나 피브릴르사는 건설 자금을 확보하지 못한 데다가, 국제 정세의 변화로 경의철도 건설의 필요성이 감소하자 3년 만에 한국 정부에 부설권을 반환하였다. 이때 박기종 등은 1899년 7월 6일 대한철도회사를 설립, 경의철도 부설권을 획득하고 선로 답사를 하는 등 경의선 건설에 착수하였다. 그러나 대한철도회사가 자금 부족으로 어려움을 겪자 한국 정부는 동년 9월 궁내부의 내장원에 서북철도국을 설치하고 국가자본으로 경의선을 직접 건설하기로 결정하였다. 서북철도국은 1902년 3월 서울~개성 간 건설공사에 착수하였으며, 동년 5월 8일 서대문 밖에서 기공식을 성대히 거행함으로써 경의철도를 우리 손으로 건설하겠다는 의지를 국내외에 과시하였다. 그러나 한국 정부도 자금 부족에 직면하여 공사는 제대로 진척되지 못했다. 이때 러일전쟁을 앞두고 대륙침략의 교통로를 확보하기 위해 혈안이 되어 있던 일본은 한국 측에 차관의 굴레를 씌워 경의선 부설권을 확보하였다.

일본과 러시아가 한반도 북부와 만주지역의 철도문제 등을 주요 쟁점으로 대립한 결과, 마침내 러일전쟁이 발발했다. 1904년 2월 6일 일본은 대러시아 선전포고를 앞두고 경의선을 일본 군용철도로 부설할 것을 결정하였고, 1904년 2월 21일 임시군용철도감부를 편성하였다. 일본은 1904년 2월 23일 한국에 '한일의정서' 체결을 강요하고 경의철도를 일본의 군용철도로 부설할 방침임을 통고해 옴으로써 경의선은 일본 군대가 직접 부설하게 되었다.

러일전쟁 기간 중 일본은 조기에 공사를 끝내기 위하여 광대한 철도용지를 수용하였고, 또 수많은 한국인 노동자를 공사에 동원하였다. 1905년 4월에 용산~신의주 간 연락 운전이 개시되었고, 1906년 4월 3일부터는 용산~신의주 간 직통 운전이 시작되었다. 또한 이 당시 삼량진~마산 사이의 철도는 일본의 군용철도로 부설되었다.

1906년 7월 1일 일본은 러일전쟁의 승리를 계기로 통감부 철도관리국을 설치하여 한국 철도 전체에 대한 지배를 시도하였다. 그리하여 일본 정부는 경부선을 매수하는 한편, 군용철도인 경의선과 마산선을 통감부로 이관함으로써 마침내 한국의 철도를 모두 국유화하였다.

러일전쟁 후 일본은 만주에 대한 세력을 확대하기 위하여 이와 접속되는 한국 철도를 연결고리로 적극 이용하였다. 일본이 많은 비용을 투입하여 한국에 철도를 부설한 것은 그들이 대륙에 진출하기 위한 교통로를 확보하려는 팽창정책의 일환이었다. 경부선과 경의선을 개통함으로써 남북 종단 철도망을 확보한 일본은 식민지 지배기반을 구축하기 위하여 한반도의 남서와 동북을 연결하는 교차철도망인 경원선, 호남선, 함경선 등을 차례로 건설하였다.

당시 경원선은 1899년 9월 한국 정부 궁내부 내장원에 설치한 서북철도국에서 관장하였다. 이때 프랑스와 독일이 부설권을 요구하였으나, 한국 정부는 이를 거절하고 박기종 등의 국내 철도용달회사에 부설권을 허가하였다. 그러나 동 회사가 자금 조달에 실패하자 1903년 일본은 경원철도 차관계약을 체결함으로써 철도 부설권을 장악하였다. 러일전쟁이 발발하자 일본은 경원선을 군용철도로 부설하고자 했으나, 전쟁이 예상보다 일찍 끝나게 되자 경원선 부설을 중단하였다. 그 후 일본은 1910년에 다시 착공하여 1914년 9월 16일 용산에서 원산까지 경원선 전 구간을 개통시켰다.

1896년 프랑스는 호남선 철도 부설권을 요구하였으나, 한국 정부는 직접 건설하기로 결정하였다. 1904년 6월에는 호남철도주식회사를 통하여 강경~군산간 철도와 공주~목포 간 철도 건설을 추진하였다. 호남철도주식회사는 주식 공모로 자금을 마련함으로써 우리 손으로 직접 철도를 건설하려는 시도를 하였다. 그러나 일제는 군사상 중대한 의미를 가진 경목철도[호남선]를 자신들이 건설하고자 한국 정부에 압력을 넣어 부설권을 취소하도록 하였다. 그 후 호남선은 일본에 의해 착공된 지 4년만인 1914년 1월 22일 개통되었다.

02

\

기차와의 조우

환상특급인가, 지옥행열차인가

1) '문명의 가교, 개화의 학교': 근대주의적 문명개화론

조선후기 사회까지도 주요한 육상 교통수단은 말과 도보였다. 물자 수송을 위해 말이나 소를 이용한 수레·달구지 등이 이용되었지만, 사람은 걷거나 말을 타고 이동하였다. 그러나 말은 공무용(公務用)으로 사용되거나 양반계층이나 경제적 여유를 가진 자들이 이용할 수 있는 것이었고, 도보가 가장 일반적인 교통[이동] 수단이었다. 서구의 산업혁명 이후 석탄을 이용한 증기 동력으로 철도가 부설되면서 육상 교통수단은 엄청난 변화가 발생했다.

근대문명의 형성 과정에서 철도의 역할은 매우 컸다. 철도는 국민경제 형성과 민족국가 수립의 지렛대로 활용되었다. 그러나 식민지·반식민지에서는 철도가 근대문명의 전파자로서 기능한 면도 있지만 총체적으로는 국민경제의 형성을 왜곡하고 현지인의 주체적 성장을 억압하는 역할이 강했다.[61] 한국의 철도도 예외가 아니었다. 식민지하 조선인들에게 철도는 근대문명의 총아로서 근대의 '진보'를 직접 체감할 수 있는 도구였지만, 다른 한편으로는 지배와 수탈의 동맹이라는 사실도 실감해야 했다. 이에 대한 당대인들의 시선, 민간 여론을 신문을 통해 살펴보자.

철도는 서구 근대 문물의 대표적 표상으로 부국강병의 상징이었다. 조선 정부 역시 개항 이래 철도에 대한 꾸준한 관심과 부설 논의를 벌였으나 실현되지는 못했다. 결국 1894년 「조일합동잠정조관」이 체결되면서 철도 부설이 가시화되기 시작했고, 일본을 필두로 서구 열강들은 철도 및 각종 이권에 관심을 보였다. 청일전쟁의 일본 승리, 러시아 주도의 삼국간섭으로 한반도를 둘러싼 국제관계는 러·일을 중심으로 미국, 영국, 프랑스, 독일이 한반도에서의 이권을 획득하기 위해 조선 정부를 압박하고 있었다.

1896년 2월 고종은 '아관파천'을 단행했고, 이어 철도를 비롯한 각종 이권이 미국, 프랑스, 독일, 러시아 등에 넘어갔다. 이에 개화지식인층은 정부의 외세 의존정책을 비판하면서 자주독립과 내정개혁을 외치며 1896년 7월 독립협회를 설립했다. 이에 앞서 미국에서 귀국한 서재필은 1896년 4월『독립신문』을 창간했다.『독립신문』은 그 발행 주체들이 '문명개화론'적 개화사상을 가졌던 만큼 근대문명에 대한 선망과 그에 대한 적극적 수용을 주장하고 있다. 1896년 미국인 모스에 의해 경인철도 부설이 확정되자 이에 대해 다음과 같은 논설을 게재하며 열렬히 환영했다.

> "정부에서 미국사람과 서울 인천 사이에 철도를 약조하여 미국 돈 2백만 원가량이 국중에 들어올 터인 즉 이 일에 인연하여 벌어먹고 살 사람이 조선 안에 여러 천명이 될 터이요 또 조선 백성들에게 철도가 큰 학교가 될지라. 개화란 말은 들었으되 아직까지 조선 백성들이 개화에 실상을 보지 못한 고로 종시도 개화를 모르는 인민이 많이 있는지라 만일 철도 왕래 하는 것을 보거 드면 개화 학문이 어떠한 것인 줄을 조금 짐작할 듯 하며 높은 학문과 제도 법을 배우고져 하는 백성이 많이 생길 터이요 또 들으니 서울서 부산까지 와 서울서 의주까지 철도 놓는단 말이 있으니 만일 이 약조들이 잘 될 것 같으면 그 중간에 있는 백성들도 또한 큰 리(利)를 볼 터이라. 정부에서는 근일 경성 내외 긴한 큰 길들

을 수정하여 개천을 정히 치고 도로를 편편히 하는 고로 인민과 우마가 왕래하기가 편하게 되고 또 민간에 병이 적을 터이니 이것은 정부에서 큰 사업이요 백성에게 큰 리(利)라."(『독립신문』1896.7.2)[62]

경인철도 부설로 일자리가 발생하여 수천 명의 한국인들의 생활에 도움이 되는 경제적 이득을 얻을 수 있고, 나아가 철도는 '개화의 학교'가 될 것이라는 주장이다. 개화의 실상과 이득을 모르는 인민들이 철도가 왕래하는 것을 직접 경험하면 개화를 이해하고 따르고 배우려 할 것이라 보았다. 이런 이익을 염두에 두면 향후 경부철도, 경의철도 부설도 계속 되어야 한다고 주장하였다.

그러나 이러한 낙관의 근거는 부설권을 쥔 열강들이 약조를 지킬 것이라는 인식이었다. 서구 '문명국'에 대한 신뢰를 바탕으로 외국의 자본이 국내에 들어오면 고용효과를 불러와 조선의 백성 수천 명은 벌어먹고 살 수 있게 된다는 것이다. 정부 역시 "철도를 긴요히 생각하여 미국사람과 프랑스 사람을 시켜 [철도를] 놓게 하였으니, 조선 안 농업 상업 공업이 온통 변혁하여 나라가 얼마큼 부강하게 되어 완고한 사람들이 그때는 많이 눈을 뜨고 문명 진보 하는 것이 나라에 유조한 것을 깨달을 터일 것"[63]이라는 희망적인 예측을 하고 있었다.

또한 1896년 10월 10일 논설에서는 개화의 필요성을 역설하면서 철도의 장점을 다음과 같이 설명하고 있다. "외국물물을 수입하며 내국 물건을 수출할 줄을 알고 화륜선을 지어 세계 각국에 조선 국기 단 상선과 군함이 바다마다 보이며 국중에 철도를 거미줄같이 늘어놓아 인민과 물화 운전하기가 편리하게 되며 … 백성이 무명옷을 아니 입고 모직과 비단을 입게 되며 김치와 밥을 버리고 우육과 브레드를 먹게 되면 말총으로 얽은 그물을 머리에 동이지 아니하고 남에게 잡혀 끄들이기 쉬운 상투를 없애고 세계 각국 인민과 같이 머리부터 우선 자유를 하게 할 터이요 … 인민이 정부를 사랑하야 국중에 동학과 의병이 다시 나지 않을 터"[64]라고 하였다.

철도 부설로 거리가 정비되고 인민과 물화의 유통이 활발해져 경제적으로 부유해 질 것이며, 그에 따라 흰 무명옷, 김치와 밥, 상투와 같은 조선의 전통적 생활방식을 버리고 서구식 식생활과 단발 및 양복 착용 등의 서구식 생활방식을 취하게 될 거라는 '탈아입구(脫亞入歐)'적 사고였다. 급격한 근대적 변화의 가장 큰 지렛대가 철도가 될 것이라는 기대를 하고 있다. 이러한 철도를 중심으로 한 서구문명에 대한 찬탄과 희망찬 미래상 이면에 우리 것에 대한 멸시, 동학농민군과 의병에 대한 폄하의식이 어우러져 있었다.

근대법[만국공법]에 대한 준수, '근대적' 계약에 대한 신뢰를 바탕으로 근대문물의 무조건적 수용을 강조하고 있다. 경인철도 부설권을 획득했던 모오스가 자금 부족으로 공사 착수를 못하자 일본이 부설권을 인수하기 위해 경인철도인수조합을 조직하여 양자 간에 1897년 5월 4일에 협상을 끝낸 지 수개월이 지난 1897년 7월에도 『독립신문』은 다음과 같이 보도하였다. 경인철도를 "모-스 씨가 일본 사람에게로 팔아 일본 사람이 그 철도를 상관한다는 말이 유행하나 이것은 모두 거짓말"이고 모오스가 "조선 정부에서 사기 전에는 가지고 있을 터이니 이런 풍설들은 믿지 말"[65]라는 것이었다. 그런데 '거짓말'이라고 한 '풍설'이 결국 사실로 드러났고, 15년 후 경부선 상환 '약속'도 과연 지켜질 것인지 의심해야 하는데 『독립신문』의 인식은 맹목적 믿음에 갇혀 있었다.

또한 1898년 한국 정부가 모든 광산과 철도를 외국인이 개발하도록 허가하지 않겠다고 선언하고 집행하려 하자 이것을 비판했다. "약한 나라의 교제는 신의를 주장하고 … 다른 사람의 믿음을 받고 공경을 누리는 것이 제일 외교에 상책이요 무슨 약조를 할 때는 신중히 하고 설혹 해로운 조약을 했더라도 그 조약을 잘 지켜야 남의 수치를 면하고 내 국체를 보존할 지니 … 한번 허락한 일은 마땅히 빨리 시행하여 생색이나 내는 것이 좋다"[66]는 것이다. 이것은 열강의 이권 침탈 자체를 "하나님 뜻의 실천"[67]이자 문명화라 해석하며 그것은 자원 개발을 위해 필요한 일이라 보는 인식에서 출발한다.

1899년 9월 18일 경인철도회사의 개업 예식에 대한 『독립신문』 보도는 찬미 일색이었다. 부설 주체가 일본으로 바뀌는 우여곡절이 있었지만, 경인선 개통에 대한 기대감에 가득 차 있었다. "인천을 떠나 영등포에서 내외국 빈객을 태운 기차가 다시 인천으로 향하는데 화륜거 구는 소리는 우뢰 같아 천지가 진동하고 기관거에 굴뚝 연기는 반공에 솟아오르고 객실은 상중하 3등으로 수장하여 그 안에 배포할 것과 그밖에 치장한 것은 이루 다 형언할 수 없었다. 달리는 기차 안에서 밖을 보니 산천초목이 모두 활동하여 닿는 것 같고 나는 새도 미쳐 따르지 못할 속도로 대한 리수로 80리 되는 인천을 순식간에 당도하였는데 그곳 정거장에 배포한 범절은 형형색색 황홀 찬란하여 진실로 대한 사람의 눈을 놀내키는 황홀경이 펼쳐졌다. 인천항에 거류하는 일인들이 각기 집에 국기를 세웠으며 축사하는 뜻을 표하여 유지 제 씨가 연회장에 기묘한 불놀이 하는 여화 23발을 보조하여 축하 행사를 치르고 있음"을 상세히 보도하고 있다.[68] 경인철도를 부설한 일본인들이 차려놓은 예식의 깔끔함과 화려한 불꽃놀이에 찬탄을 보내면서 왜 일본인이 일장기를 내걸고 축하를 하는지, 그토록 한일관계가 우호적인지에 대한 의문은 전혀 보이지 않는다.

『독립신문』의 이러한 인식은 근대화지상주의에 입각하여 한국이 세계 자본주의 체제에 하루 빨리 편입하는 것만이 독립과 부국강병의 길이라 본 것으로, 냉혹한 제국주의 국제질서는 시야에 넣지 못하고 있었다.

개신유학자 그룹 주도로 창간된 『황성신문(皇城新聞)』도 문명개화론적 근대 인식은 크게 다르지 않았다. 『황성신문』은 그 주도층이 개신유학자들로 국권피탈과 '보호국화'라는 현실을 벗어나기 위해 '합법적 범위 내에서 교육과 실업의 진흥' '실력양성 우선'을 주장하며, 민중과 유학 지식인의 계몽을 중시했다. 그러나 이들 역시 『독립신문』의 문명개화론자들과 마찬가지로 우승열패의 사회진화론적 인식과 일본인의 조선민족 열등성론의 영향을 받아 제국주의 비판에는 취약했다. 이러한 인식이 철도 문제에도 나타난다. 철도는 자강의 무기로서 수용해야 하는데, 한국 스스로 이것을 감당할 수 없다면 외국의 힘을 빌어서라도 일단 부설할 수밖에 없다는 인식을 가지고 있었다. 그러나 외세가 우리의 조력자가 아닌 제국주의 침략자로서의 실체가 드러나기 시작하자 이에 대한 우려를 표명하기도 했다.

1898년 9월 8일 일본은 경부철도주식회사를 설립하여 경부철도합동조약을 체결하여 경부선 부설권을 획득하고 1900년 8월 부설공사를 착공하여 1905년 1월 영등포~초량 간을 개통하였다. 이러한 현실을 바라보는 『황성신문』의 시선은 '우려 섞인 희망'이었다.

철도 경인선, 경부선 철도 부설이 확정, 완료되어 가고, 경원선, 경의선 부설도 추진되는 '철도붐'에 대해 다음과 같이 묻고 답하고 있다. "일객(一客)이 묻기를 철도원에 서양식 집을 건축함이 이와 같이 꿩걸하니 철도 사무에 긴히 필요한 처소인지 알지 못하거니와 철도원이라 철도용달회사라 철도역부회사라 철도학교라 곳곳에 나열하고 외군에 철도지사가 무수 설립하였으니 아국에서 철도를 방금 어느 곳에 부설하는지 범위와 배포와 공사가 어찌 이같이 번성할까. 일객(一客)이 답하기를 우리나라 철도가 경인과 경부는 일본에 차여하여 15개년이 만기하면 돌려받을 조약을 정립하였고 경원과 경의는 우리가 부설하기로 경기(經紀, 사업을 계획적으로 관리 운영함) 중이라더라."[69] 정부와 민간에서 철도원, 철도용달회사, 철도역부회사, 철도학교 등을 만들어 부설권이 일본에 넘어간 경인, 경부선 부설사업에도 일부 참여하고 경원선과 경의선을 정부가 직접 부설하려는 움직임이 있음을 설명하고 있다. 아직 한국이 철도 부설에 주체적 역할을 할 것에 대한 기대가 있었다.

현재 외국인이 부설하고 있는 철도가 과연 우리에게 가져올 이익이 있을까

하는 의심은 있었지만 결국 개화와 부국강병에 도움이 될 것이라는 인식은 여전했다. "회사는 영업에 불과한 즉 그때에 이르러 사무에 타당한 자가 응용할 것이오, 학교는 인민의 학식을 투개(透開)하였으면 언제라도 적용할 것이오, 철도원은 직원이 공예를 무명(務明)하며 실업을 무면(務勉)하다가 국가에 재력이 조금 나아져 바로 행하면 15개년 간에 경인, 경부 양선을 거의 돌려받을 것이오, 언제든지 경원, 경의 양 선 착수도 기대할 것"[70]이라는 낙관적 전망을 표명했다. 15년 후 경부선을 상환한다는 약속이 실현될 수 있는 국제환경이나 국내의 대응 준비에 대한 의문보다는 15년 후에는 대한제국이 철도를 소유 관리하게 될 것이라는 믿음이 컸다.

『황성신문』에서는『독립신문』에 비해 철도의 문명화 작용에 대한 신뢰는 약하게 드러난다. 여전히 철도가 갖는 근대문명으로서의 장점과 부국강병책으로서의 유용함은 인정하지만 부설 주체가 일본으로 확정되었고 그 과정에서 여러 문제점이 나타나고 있는 상황에 직면하면서 무작정 철도의 위용에 감탄하고 있을 수만은 없었던 것이다.

2) 누구를 위한 누구의 철도인가: 철도 주권 인식의 불철저

철도는 근대 문명의 총아이자 전달자이지만, 약육강식의 제국주의 세계질서 하에서는 그것을 누가 어떻게 사용하느냐에 따라 결과는 상이했다. 즉 철도 주권에 대한 분명한 인식이 필요했던 것이다. 과연 당대의 언론은 이 문제에 대한 날카로운 시선을 가지고 있었을까.

『한성순보』는 철도 부설의 주체보다는 어떠한 방식으로 철도 부설 자금을 확보할 것인가에 관심을 가졌다. 개화파 세력들은 철도건설 자금마련 방법으로 국채 모집을 구상했다. 이는『한성순보』가 일본의 통계자료를 인용하여 일본을 비롯해서 러시아, 독일, 프랑스, 일본 등 14개국의 철도 공채

액 통계를 보도한 것에서 추정할 수 있다. 즉 각국은 모두 국채를 모집하여 농공사업을 일으키고 군비 확장계획을 하며 열국의 부강·빈약은 국채의 다과에서 나타난다면서 국채 모집을 강조하고 있다.[71]

갑신정변 실패로 철도 부설 논의의 구체성이나 절박감이 다소 떨어졌지만 『한성주보』에서도 외국의 철도 관련 보도는 계속되었다. 철도 부설 주체에 대해 관에서 맡아 하기도 하고 혹은 민간에서 하기도 하는데 민간인이 맡아서 한 후에는 해마다 그 값을 상환하다가 다 상환하면 관으로 귀속되기도 한다고 소개했다.[72] 철도 부설에 대한 적극적 논의가 일고 있는 중국의 개평철로공사(開平鐵路公司) 주식모집 상황이나 방식을 자세하게 인용 소개하면서[73] 일본의 철도구간별 수입 상황이나[74] 각국의 철도 부설의 주체들을 자주 소개하는 것은 조선도 그런 방식을 사용해서 부설해야 한다는 입장을 표명한 것이라 할 수 있다. 이 시기까지 한국의 철도는 정부나 한국인에 의해 부설될 것이라는 점에 대해서는 의심하지 않았던 것으로 보인다.

『독립신문』은 철도 부설 주체에 대해서는 전혀 문제 삼지 않았다. 그러나 독립협회 내에서 열강의 이권침탈에 대해 위기의식을 느끼고 그에 대한 대책을 강구하자는 의견도 있었다. 정교(鄭喬)는 침탈된 이권 조사와 대책 강구를 주장했지만, 당시 윤치호 등 지도부는 이를 제지했고 조사 후 보고는 했지만 실질적인 대처 방안을 모색하지는 않았다.[75] 오히려 이에 대해 "광산과 철도를 타국에 주었다는데 그 때문에 나라가 망할 것은 없으니… 선생을 미워하면 배울 수가 없으니 무단히 외국사람을 미워하거나 격노하게 하는 일이 없었으면 좋겠다"[76]고 비판했다.

『황성신문』은 철도 주권 문제에 대해 보다 적극적이었다. 『황성신문』은 경인철도 부설이 시작되어 그 과정에서 발생하는 부지 수용 문제나 노동력 동원 문제 등을 경험하기 시작한 이후인 1898년 발간되었기 때문에 철도 부설에 대한 장밋빛 환상만을 가질 수는 없었을 것이다. 이에 『황성신문』

은 일본에 의해 부설된 경인철도의 문제, 향후 다른 노선도 외국인들에 의해 부설되는 것에 대해 일정 정도 우려를 보이고 있다. 이미 경인선과 경부선이 일본에 의해 부설되고 있으나 그것은 한국 인민들에게 큰 도움이 되지 못하고 있는 현실과 경의선과 경원선은 정부가 주체가 되어 부설한다고 하나 재원이나 기술 인력이 없는 상황에서 과연 현실적으로 이루어질 수 있을지에 대해 의문을 제기하고 있다.

> "경인(선)은 일본이 기설한 줄 알거니와 경부(선)는 용달회사에서 선로를 답사하야 일인이 부설 시에 물품 공역을 지응하기로 약정하였다 함도 알지 못하겠고, 역부회사에서는 역부 2만 명을 응모하기로 하고 총무 20명과 백장 2백 명이 합자 4천 원하여 사무를 판비한다하며 선로 각 군에 지사를 파설하기로 경쟁이 분기하다 하니 가령 일인이 부설할 때에 물품이던지 역부던지 그 회사에서 수용하면 이익이 있을는지 알지 못하겠지만, 가령 한인을 고용한다 하여도 일인이 염가와 선수(善手)를 취용할 것이니 용달 역부 등 회사를 하필 긴적 활용할는지 알지 못하겠고, 철도학교는 소학(所學)이 측량, 건축, 교량과 궤도 등 법식까지 통습하자면 언제 졸업 할는지 알지 못하며, 경원 경의 양선은 국가에 재용이 옹색하여 언제 창시할는지 알지 못하겠고, 철도원은 건축 경비와 관원 봉급과 도예(徒隷) 월료(月料)는 국금만 헛되이 낭비하고 실지는 확연 정기함을 알지 못하겠으니 가히 탄식할 만하다. … 지금 보건대 경부선의 권병(權柄)은 타인에 양여하고 아국에는 여리를 취하는 게 많지 않은데 외양으로 배포만 굉장하고 사위(事爲)만 번극하니 어찌 개탄하지 않으리오."[77]

한편 일본 내에서는 한국에서 경부철도를 부설하는 것이 일본에게 얼마나 이로운가에 대해 특히 일본인 이민의 통로가 될 수 있을 것임을 강조하였고, 그것은 실제로 이후 식민지화의 첨병 역할을 했다. 이러한 일본의 인식을 『황성신문』은 별다른 논평 없이 그대로 보도하고 있다.

아직 최종적으로 일본이 경부철도 부설권을 획득하기 이전인 1898년 3월 『황성신문』은 『일본시사신보』의 '한국에 이민'이라는 제목의 보도를 번역 게재하였다. "(경부)철도선로에 접근한 전라 경상 충청 3도 지방은 한국 중에서도 가장 풍요한 토지오 물산의 소출이 적지 않아 일본에 수출하는 곡물은 특히 이 지방에 많으니 만약 철도 준성한 후에는 그 수익은 다시 의심할 바가 없다. 또한 하물며 이민 계획을 실행하여 선로 연도에 일본농민을 이주하여 개간 경작에 종사할 때면 토지는 더욱 열리고 산물을 더욱 증하여 철도의 번창을 볼 수 있을 것이다"[78]라는 내용이다. 한국의 곡창지대를 가로지르는 경부철도 부설은 일본이 필요로 하는 미곡 유출의 파이프가 될 것이고, 여기에 일본 내 과잉인구를 이주시켜 그 토지와 물산을 장악하게 한다면 그야말로 일석이조의 이익이 얻게 될 것이라는 주장이다. 일본의 이러한 주장은 한국에 대한 침략 의도를 노골화하는 것으로서, 경계하고 그 대응책을 강구해야 할 상황이었다. 그러나 정부는 물론이고 언론에서도 그 내용을 전할 뿐 관망하는 자세를 취했다.

1898년 9월 경부철도 부설권을 획득한 이후 일본은 철도 부설의 침략적 의도를 드러내며 더욱 더 박차를 가할 것을 주장하고 있다. 『황성신문』에 번역 게재된 『나가사키(長崎)영자보』 기사는 현재 일본이 철도 부설을 위한 자본 조달에 어려움을 겪고 있지만 이를 극복하고 경부철도가 부설된다면 한국 인구의 7/10이 거주하며 물산이 풍족하고 전국 토지의 5/7를 차지하는 충청 경상 전라 3도를 관통할 것이며 3도의 도읍지에 매월 6차례의 시장이 열려 전국의 객상이 폭주하는 곳으로 경부철도의 후일 이용 재원은 동양 각 철도 중 최고가 될 것이라고 하였다.[79]

또한 일본인 이주자들이 한반도의 농업생산력에 기여할 것이라는 『목포신보』 기사도 인용 보도하고 있다. 일본 농민이 이주하여 "그 평야를 개척하고 관개의 이익을 도모하여 경작하게 되면 그 산출력이 증가할 것은 말할 필요가 없으니 다행히 경부철도에 정거장 부설지로 각 20만 평을 차수할 터인 즉 그 일부를 잘라 우리[일본] 농민의 이주지에 충당하여 하나의 촌락을 만들고 농작에 종사케 하면 그 생산력이 증가할 것이고 철도에도

비상한 편익이 있을 것"이라는 주장이다.[80]

일본신문의 기사를 게재한 것이 이것에 동의하는 것이라 판단할 수는 없으나, 이에 대한 반론이나 문제점을 지적하는 논설이나 기사도 거의 없었다. 일본이 철도 부설권 획득에 매진하는 이유를 알림으로써 정부 관료나 지식인, 인민들이 이에 대한 경각심을 갖게 하는 역할을 수행하고자 했다는 긍정적 평가를 할 수도 있지만, 국권 침탈의도가 노골화되는 상황을 보면서도 '문명화' 논리에 동조하며 그 심각성을 방기하는 당시 언론의 한계를 볼 수 있다.

한편 철도부지 수용을 둘러싸고 주민들의 저항과 시위가 이어지는 것에 대해 국가 간의 조약에 따라 법대로 이루어지는 것을 무지몽매한 백성들이 뒤늦게 방해하고 나서는 것이라 질타하고 있다. 1901년 5월 경부철도 정거장 기지를 남대문 밖으로 정하고 한성부가 그 토지 수용을 실행하려 하자 해당지역 주민 5백여 명이 가옥을 지금 당장 훼철하는 것은 수백년래 생계를 폐지하고 수천 인구를 흩어지게 하니 정거장을 청파 부근 공한지로 옮겨달라고 시위를 벌였다.[81]

『황성신문』은 이를 두고 "아한(我韓) 인민의 우매무지함이 어찌 이 500여 명뿐이겠냐"면서 이들은 "사무(事無) 대소(大小)하고 사상이 흠결하며 지려(智慮)가 허핍한 인물로 나태 방종하고 해이 경홀하여 만사만물을 유유범범(悠悠泛泛)함이 본디 풍습이오, 학식을 불고(不做)하며 준비를 부작(不作)하여 사환(思患) 예방할 지각이 공공무여(空空無如)"하므로 전국의 인민들은 남문 밖 인민의 정황을 거울삼아 전철을 밟지 않아야 한다고 훈계하고 있다. 남문 밖 인민들의 시위가 잘못인 까닭은 "1898년 9월 경부철도를 인허하여 한일 간에 조약을 맺었고 1899년 선로 답사와 정거장 기지 계획 입표, 1900년 5월 다시 답사한 후 1901년 경부 간 정거장 44개소로 경성은 남문 밖으로 확정하여 정부 간 공문도 왕래하고 각 신문에도 누차 게재했는데, 남문 외 주민 5백여 명은 몰랐는지 알고도 포기했는지 답사 획계할 때에는 한 명도 호소하지 않다가 입표하여 훼철할 때를 당해서야 생계 폐지니 인구 환산이니 하면서 애성간소(哀聲懇訴)”
한다는 것이다.[82]

　이들의 주장처럼 인민들은 자신의 이해관계에 대해서도 무지하고 나태
하여 방기하고 있다가 막다른 길에 몰려서야 대드는 시행착오적 태도라 할
수도 있지만, 과연 신문에 누차 게재하는 정도로 새로운 문명이 바꿀 세상
을 얼마나 인민들이 이해할 수 있을까, 또한 사전답사에 몇몇 참여가 권력
과 외세의 힘으로 밀어붙이는 상황을 막아낼 수 있었을까. 오히려 침탈의
합리화 명분을 만들어주는 것은 아니었을까. 철도를 한국 침략의 도구로
활용하려는 일본의 의도와 이에 무기력하게 넘어간 집권세력의 무능은 보
이지 않고, 이미 결정된 정책에 대해 절차를 무시하고 대드는 인민의 우매
함만이 문제시되고 있다.

　『황성신문』 역시 제국주의 약육강식 논리를 받아들이며 계몽의 역할을
자임했던 만큼 국가권력이나 외세의 힘과 ‘선진성’에는 굴복하고 이를 이해
하지 못하는 인민의 우매함을 지적하며 반성할 것을 요구하고 있다. 그럼
에도 『황성신문』의 인식이 『독립신문』과 달랐던 것은 철도라는 근대문명
이 무조건적으로 국가와 인민에게 이로움과 발전을 가져다 줄 것이라는
‘환상’에서는 벗어나고 있었다. 경인철도 완통 개업식 보도와 그에 대한 논
설은 1년 전 『독립신문』이 제물포~노량진 구간 개업 축하연에 대한 놀라
움과 찬탄을 금치 못했던 것과는 달리 경인철도의 경제성과 그 과실이 모
두 부설자인 일본과 외국에 돌아가는 상황에 대해 개탄하고 있다.

　경인철도가 1900년 7월 8일 신문(新門) 밖 정거장까지 개통된 후 11월 8
일까지 124일간 탑승객, 운송물품, 수입액을 조사한 결과 그 이익이 커서
앞으로 경인철도 15개년간의 이익이나 경부선의 이익이 상당할 것이라 하
였다. “아국 인민의 안공(眼孔, 식견)과 수법(手法)으로도 부설키를 열심히
할 것 같으면 진실로 고원난행(高遠難行)은 아니로되 경기(經紀, 계획 운
영)할 수 없으니 이것은 하지 않는 것이지 할 수 없는 바가 아니건마는 외

국인의 안명수쾌(眼明手快, 눈치 빠르고 일처리가 날쌤)함으로 거대한 이익을 먼저 착편(着鞭)하니 그 나라의 부강을 누가 능히" 막을 수 있겠는가라고 하며, 금일의 형편은 "안명수쾌한 외국인이 먼저 착편(着鞭)하는 지두(地頭)에는 수수방관하여 골수를 진탈하고 공각(空殼, 빈껍데기)을 좌령(坐領)할지니 이것이 한탄스럽다"고 하였다.[83]

1903년 12월 말 일본에 의해 경부선이 완공되어 시험 운전에 들어가자 "대개 철도가 많이 부설될수록 그 나라의 흥왕발달의 진뵈[步趣]인 즉 가히 즐겁고 흡족하지 않을 수 없지만 우리 한국은 경인 경부 등 철도를 모두 외국인에게 속하고 소위 경의철도도 비록 본국 부설이라 칭하나 헛되이 그럴듯하게 말할 뿐이니 철도가 점차 개통되는 것이 다행이라 말 할 수 있으나 생각해보면 실로 개탄한심하다. 우리 정부 및 인민은 마땅히 고군분투 노력하여 비록 짧은 거리라도 자국 자력으로 실제 부설하고 개통 운전하여 그 시운(試運)의 자리에 외국빈객을 초청하여 경축연락(慶祝宴樂)하면 우리 국민의 감동과 행복이 얼마나 크겠는가"[84]라며 철도 부설 주권의 상실을 안타까워하고 있다. 그러나 이때의 개탄은 그들의 표현대로 '오호만의(嗚呼晩矣)'였다.

1904년 창간된 『대한매일신보』는 철도의 '문명화' 작용과 수탈의 양면성을 인식하고 있었다. 일본의 러일전쟁 도발로 한반도의 명운이 풍전등화와 같고, 일본의 제국주의적 의도가 노골화되었던 시점에 인민의 계몽과 각성을 통해 국권을 지키자는 애국계몽운동의 사령탑 역할을 하였다. 『대한매일신보』는 문명개화를 통한 실력 양성을 주장하였지만, 이것이 '동화적 모방' '근대화지상주의'로 흐르는 것은 경계하였다.[85] "지금 한국의 철도는 한국의 문명을 개발하며 한국의 식산을 진흥한다"는 가소로운 언사에 대해 "대개 철도는 문명 식산의 이로운 그릇이 아님은 아니나 자기 나라 사람의 손에 있으면 문명도 가히 개발할 것이며 식산도 가히 진흥하려니와 외국인의 수중으로 돌아간 것이야 외국의 문명은 더욱 개발될지언정 자기 나라에 무엇이 유익하며 외국의 식산은 더욱 진흥할지언정 자기 나라에야 무엇이 유익하리오"[86]라고 질타하였다.

『대한매일신보』는 러일전쟁 와중에 일본의 압력으로 군용철도가 건설되고 있는 상황과 철도가 한국인의 생활에 자리 잡기 시작하며 철도를 이용하는 민중들의 생활상을 보여주고 있다. 철도 부설 과정에서 철도용지로 강제로 땅이 수용당하고 강제 부역에 시달리며 고통받는 농민, 토지 잃고 유리걸식하게 된 농민들의 애환을 다음과 같이 풍자하고 있다.

> "군용지단(軍用地段) 열파(裂破)하니 산천초목 슬퍼하고 광산 조계 획급하니 문적옥토 쓸 데 있나. 저 농부가 호미 놓고 거리에서 방황한다"(1908.1.11)
> "저 농부가 삽을 메고 이 판국을 원망한다 군용철도 부역하니 땅 받치고 종 되었네, 일년 농사 실업하고 유리개걸(遊離丐乞) 눈물이라"(1908.2.7)
> "산아 산아 청진항을 개방하고 경편철도 부설하니 북한산천 험준함도 범위 중에 들었구나, 거기 살던 백성들은 절로 유리거산(遊離擧散)일세. 그 사기도 네 알리라"(1908.5.14)

광폭한 굉음을 내며 대지를 가로지르는 군용열차에 산천초목이 슬퍼하고 농민들은 땅에서 쫓겨나 유리걸식하고, 군용철도 놓는 데 땅과 노동력을 뺏기고 종 신세로 전락하는 농부들이 바로 근대 문명의 외피를 쓴 제국주의 침탈의 본질이었던 것이다. 그러나 문명개화는 피할 수 없는 대세로 여겨졌다. 『대한매일신보』의 평론은 다음과 같이 철도가 만들어 놓은 세상과 그로 인한 희망을 노래하고 있다. 철도의 속도감은 빠르게 변화하는 세상을 상징하고 있으며, 빠른 속도로 질주하는 강철덩어리 철도가 암울한 현실을 뚫고 나아가 새로운 세상을 만들어 주는 도구가 되기를 희망하고 있다. 현재의 답답한 국가의 운명과 인민들의 고단한 삶을 기차가 달리듯 빨리 헤치고 나가기를 바라는 인식을 보여주고 있다.

"기차고동 한번 불매 일폭강산 수천리가 번개같이 순식간에 눈앞으로 지나가니

저 속력으로 옮겨다가 사람일에 부쳐 놓면 새 세계가 쉽게 될 듯

기차고동 한큰 소리에 이 강산을 열람하니 지방풍진 지리키로 생민어육 되었고나

진무방책 실시하여 승평세계 만들기를 속히 가는 기차같이

기차고동 한 소리에 정부대관 놀랬으니 위급시대 생각하고 전일 습관 버린 후에

새 정치를 베풀어서 나라권세 회복키를 속히 가는 기차같이

기차고동 한 소리에 완고 꿈을 깨었으니 전진하는 사상으로 비루심장 다 버리고

실지사업 힘을 써서 개명 상에 진보키를 속히 가는 기차같이

기차고동 한 소리에 지방관리 놀랬으니 탐학하던 옛 버릇을 어서 급히 다 버리고

어진 공사 많이 하여 잔약 인민 보호키를 속히 가는 기차같이

기차고동 한 소리에 우리 동포 분발하여 국민자격 잃지 말고 자치제도 성립하여

사람마다 활동하는 규구 중에 나가기를 속히 가는 기차같이

기차고동 한 소리에 유지사가 모였으니 우맹들을 권면하여 애국사상 발달차로

간절하게 연설한 후 단체력이 성립키를 속히 가는 기차같이

기차고동 한 소리에 청년자매 깨었으니 각 학교에 입학하여 신학문을 강습하고

무정세월 여류할데 어변 성룡 성취키를 속히 가는 기차같이

기차고동 한 소리에 방탕자에 놀랬으니 경쟁하는 이 시대를 잠시라도 허송말고

전일 행위 회개하여 실지사업 힘쓰기를 속히 가는 기차 같이

기차고동 한 소리에 상공업이 발달되니 금은동철 기광하여 각색물품 제조한 후

외국까지 수출하면 부강기초 이 아닌가 속히 가는 기차같이"(『대한매일신보』 1908. 8. 16)[87)]

기차의 고동소리는 새로운 세상을 불러오는 신호탄이 되고, 그 소리에 아직 구태와 무지몽매한 상태에 놓여있는 권력과 인민들이 깨어나 새로운 세상을 만들기를 희망하고 있다. 새 정치와 권력 개혁, 공평한 세상, 탐학

관리 처단, 민족자결, 문명개화, 식산흥업의 목표를 철도와 같은 힘과 속도로 뚫고 나가 달성하자는 메시지를 계몽가를 통해 전하고 있다.

한국의 철도는 근대 철도가 갖는 양면성을 전형적으로 보여준다. 철도 부설이 본격화되면서 한국의 언론은 각각의 관점과 논조로 철도를 홍보하고 계몽하였다. 문명개화론자들이 주체가 된『독립신문』은 철도를 근대 문명의 이기(利器), 개화의 학교로 인식하면서 철도가 가져다 줄 경제적 이로움과 문명개화의 확산을 찬양하고 있다. 한편 약육강식, 적자생존의 국제질서를 인정하고 근대화지상주의에 빠져 제국주의의 침략성과 수탈성은 보지 못하고 있다.

『황성신문』역시 문명화와 제국주의 국제질서에 순응하였지만, 철도 주권이 상실되고 일본이 그 열매를 독식하는 것에 대해 우려하였다. 그 과정에서 인민들의 우매함을 탓하며 이들에 대한 계몽과 실력양성을 통한 국권 회복과 자강을 주장했다. 철도 부설 자체가 문명화와 자강을 가져오지 못한다는 부설의 주체문제, 즉 철도 주권 의식을 갖기 시작했지만 이를 담당할 실력을 갖추지 못한 한국의 현실과 민중의 우매함을 더 큰 장애물로 인식하고 있었다.

『대한매일신보』는 러일전쟁기 군용철도를 빌미로 일본이 철도 부설 과정에서 행한 수탈상을 바라보며 서구 문명의 무조건적 '동화'와 '모방'이 가져올 침략과 수탈성을 인식하고 있다. 그러나 이미 철도는 거부할 수 없는 근대문명으로 한반도 구석구석에 놓이고 있음을 인정하고 철도의 근대적 힘을 국권 침탈과 피폐해져 가는 민중의 삶을 개혁하고 새로운 세상으로 돌파해 갈 힘의 상징으로 활용하고자 있다. 그러나 이미 그 철도의 기관사는 우리의 손이 아닌 일본제국주의에게 넘어가 버렸기에 기차는 식민지를 향해 폭주하고 있었다.

3) 시골양반 기차 타고 서울 가다

신문은 당시 중앙(서울)을 중심으로 활동하는 엘리트, 지식인들의 인식이 공론화된 것이다. 그럼 경향 각처에서 유생을 자처하며 살아가는 '지방 지식인'들이 근대문명, 특히 철도를 인식하고 수용하는 방식을 그들이 남긴 글이나 일기를 통해 살펴보자.

전북 구례군 오미동 류 씨가의 류제양(柳濟陽)은 1874년 서울(한양)을 걸어서 다녀왔다. 집을 떠나 남원 → 전주 → 호중(湖中)지방 → 과천 → 동작강을 건너 서울 도성 안에 도착하기까지 12일 소요되었다.[88] 20년 후인 1894년 류제양은 과거를 보기 위해 다시 서울을 다녀왔다. 그러나 이때는 군산포에서 화륜선을 타고 제물포(인천)에 도착했다. 화륜선에 몸을 맡긴 채 하루 1400여 리를 달렸다고 기록하고 있다. 제물포에서 영등포 → 공덕 도화동 삼포 → 숭례문(남대문)으로 들어섰다.[89] 중간에 지인이 있는 곳에서 체류하였던 것을 제외하면 서울까지 가는 여정만은 2일 정도 소요된 것으로 보인다. 이는 걸어서 10일 이상 걸렸던 20년 전의 상황과는 큰 변화라할 수 있다. 아직 철도를 이용하진 않았지만, 화륜선의 이용만으로도 그의 생활이 달라진 것이다.

그럼 서울에 놓인 전차에 대한 인상을 어떠했을까. 전차는 조선 정부와 미국 콜브란 보스트윅(Collbran & Bostwick)사의 계약으로 세워진 한미전기 회사의 운영계획에 따라 1898년 착공되어 1899년 완공되었다.[90] 서울에는 전차가 놓여 교통 모습이 크게 바뀌고 편리해졌지만, 일반 민들은 서양으로부터 도입된 새로운 문물에 대한 호기심과 함께 두려움과 거부감도 함께 가지고 있었다.[91] 또한 궤도 연장으로 인해 서울의 성곽과 문루들이 수난을 당해야 했다. 노선 연장과 연결에 방해가 된다고 하여 평지의 성선(城線)이 잘려 나갔고, 서대문, 서소문 등의 문루가 아예 헐리거나 문루 옆의 성곽이 크게 잘려 나갔다.

이러한 상황에 대해 맛질 박 씨가의 박주대(朴周大)는 다음과 같이 평하고 있다. "일본인이 서울의 4대문을 뚫고 그 밑에 철근을 깔아 전차를 달리게 하고 또 종남산(남산)까지 뚫는다는 소문이 들린다. 이같이 한양이 파멸되어 가니 통탄할 일이다."[92] 서울의 전차 운영이 일본에 완전히 넘어간 것은 1909년이지만, 러일전쟁을 빌미로 조선에 대한 과도한 요구와 침탈을 자행하고 있는 일본의 욕심이 전차라는 외래 문물에 투영되어 서울의 중요한 상징인 4대문과 남산을 파괴하는 것으로 인식되고 있다. "한양(서울)의 파멸"은 곧 국가의 파멸을 상징하는 의미로 일본의 제국주의적 침탈이 가속화되고 있다는 인식을 드러내는 것이라 할 수 있다.

한편 1899년 경인선 철도를 시작으로, 경의선, 경부선의 한반도 종관철도가 일본에 의해 부설되었다. 합방 이후 한국 철도의 여객과 화물 수송은 계속 증가했다.[93] 이를 통해 일제의 지배와 수탈이 강화되어갔지만, 철도를 이용하는 사람들은 편리함과 속도감이라는 새로운 세계를 맛볼 수 있었다.

이제 기차를 타면 동일한 시간에 과거의 몇 배에 달하는 공간상의 거리를 이동할 수 있게 되었다. 10일 이상 걸렸던 구례와 서울 간의 거리가 1일로 축소되었다. 시간과 공간의 축소가 이루어진 것이다. 그러나 10일이라는 시간 동안 거쳐야 할 공간에서 했던 많은 일들은 소멸되었고, 단지 출발지와 목적지만이 존재하게 되었다.[94] 또한 공간과 시간을 제거하는 힘으로 등장한 기차는 '총알'로 은유되었다. 기차가 총알로 비유되듯이 여행은 풍광을 관통하여 발사된 어떤 것처럼 체험되고, 보고 듣는 것들은 지나쳐 버리게 되었다.[95]

구례 류 씨가의 류형업(柳瑩業)은 그의 할아버지 류제양(柳濟陽)이 1894년 화륜선을 타고 서울에 간 것과는 달리 1917년 기차를 이용해서 서울로 향했다. 그는 전주에서 출발한 기차 여행에 대한 소감을 다음과 같이 기록하고 있다.

1917년 10월 10일:(전주 북문정거장에서) 이리 가는 표를 48전을 주고 사서 기차를 탔는데 어느새 이리에 도착하였다. 거리가 80리 이다. 이리에서 경성 남대문까지의 기차요금으로 3원 18전을 지불하고 표를 사서 기차를 탔다. 사람들이 시장과 같이 다투어 올라 타 간신히 앉아서 차안을 돌아보았다. 차안은 깨끗하여 마치 진선대(塵仙臺)에 앉은 것 같았고 눕고 싶은 마음이 생겼다. 몇 시간만에 어느새 충청도 공주 대전 정거장을 지났다. 거리는 알 수 없으나 기차가 산의 굴 속으로 세 번 지났는데 굴을 지날 때는 차에 등촉이 걸렸다. 대전에서 기차는 다시 여섯 개의 굴을 지났고 황혼 무렵 동작강의 철교를 지났다. 이 철교는 다만 이 차만 지나는 것이 아니었다. 다시 강 위에 두개의 다리가 놓여 있었고 철교였다. 밤에 남대문 정거장에 도착해 보니 경성부근의 땅이 등불로 수풀을 이루어 별과 같았다 … 보고 들은 것은 단지 이리에서 남대문까지 기차가 가는 길에 굴을 9번 지났다는 것뿐이다 … 경성에 도착한 것에 대한 시는 다음과 같다. '차바퀴는 화살구름과 같이 나는 것 같이, 물이 북쪽에 있는지 산이 남쪽에 있는지 판별하지 못하고 어찌 장안 길이 멀다고 말할 수 있겠는가. 아침의 밝은 때에 출발하여 앉아서 천리를 오네.'(『紀語』)

처음으로 기차를 탄 류형업은 기차 내부의 편안함과 빠른 속도에 바깥 풍경을 살펴볼 여유를 갖지도 못한 채 컴컴한 굴속을 통과한 것이 신기하였을 뿐이고, 무엇보다 하루 안에 전주를 출발하여 서울에 도착했다는 속도감에 놀라고 있었다. 그는 기차 여행에 대한 감상을 적은 시에서 "차바퀴는 화살구름과 같이 나는 것 같"다고 표현한 것과, 그 속도감에 눌려 "물이 북쪽에 있는지 산이 남쪽에 있는지 판별하지 못했다"고 하였다. 이것은 서구에서도 철도에 대한 문화적 적응이 완전히 이루어지기 전까지 보편적으로 느꼈던 경험과 크게 다르지 않은 것이었다.

이러한 류형업의 인식은 이미 근대교육을 통해 근대문명에 적응하기 시작한 지식인·유학생들의 인식과는 차이가 있었다. '근대적' 지식인들은 근대문명의 총아로서의 철도[기차]를 인정하고 그 편이성(便易性)을 만끽하면서도 기차 여행에서 차창 밖으로 보이는 풍경을 감상하면서 일본과 대비되는 '초라한 조선'을 인식하였다. 또한 공식적으로는 신분이나 민족별이 아닌 오로지 요금[경제력]에 의해 승객의 등급이 정해지는 기차이지만, 실제로는 사회적 계급과 민족별로 객실이 나누어지는 현실을 확인하면서 식민지로서의 조선의 현실과 민족적 자각을 갖게 되는 경험의 장이 되기도 하였다.[96]

지방지식인에게 일상적으로 경험하기 힘든 근대 문물은 아직은 그 자체가 호기심의 대상이었고, 속도감과 편리함에 대한 경외감이 우선하는 수준이었다고 할 수 있다. 기차를 통해 수송되는 화물과 여객 속에 감춰진 수탈상에 대해 직시하지는 못하고 있었다. 이것은 이후 기차를 이용하는 기층민중들도 마찬가지였을 것이다. 이처럼 근대 문물은 쓴맛을 달게 포장한 당의정(糖衣錠)으로 다가왔던 것이다.

4) 화마와 굉음: 낯선 두려움에 놀란 한국인

이제 한국인들은 철도를 이용하기 시작했다. 그러나 이들에게 철도가 처음부터 무조건 편리하고 좋은 도구로 인식되었던 것은 아니다. 일단 이용 방법의 생경함, 그 속도와 외관은 두려움을 자아냈다. 이러한 한국인들이 기차에 갖는 낯설음과 두려움은 이미 철도를 익숙하게 이용하고 있던 외국인의 시선에서는 신기하기도 하고 경멸의 대상이기도 했다. 그럼 당시 외국인에 눈에 비친 한국인들의 철도와 관련한 생활상과 문화를 살펴보자.

구한말 의료 선교사로 활동한 닥터 홀 가족의 회상기에도 초기 전차에 얽힌 에피소드가 기록되어 있다.

> "한때 전차는 조선인들에게 저주의 대상이었으며 '서양 마귀의 발명품'으로
> 지탄받기도 했다. 전차가 처음 도착했을 때는 운이 나쁘게도 오랜 가뭄이 지속

되던 시기였다. 점술인들은 비가 오지 않는 이유가 전차 때문이라고 했다. 이로 인해 사람들의 마음속에는 전차에 대한 적개심이 더욱 커져 갔다. 다행히 장마가 시작되어 잠시 말썽은 진정되었으나 더 큰 문제가 기다리고 있었다. 조선에서는 더운 여름밤에 흔히 밖에 나와 자리를 깔고 잠을 잤다. 부드러운 새털 베개를 선호하는 서양인들과는 달리 조선인들은 나무로 만든 목침을 베고 자는 것을 좋아한다. 길에서 자는 사람들은 전차의 철로가 목침 대용으로 적격이라는 것을 곧 알게 되었다.

1899년 어느 날 아침에 발생한 사고를 나는 생생하게 기억하고 있다. 그때 어머니는 선교사 모임에 참석해야 했고 나는 치과에 가기로 약속이 잡혀 있어서 평양에서 서울로 올라왔다. 그 날이 바로 첫 전차가 운행하는 날이었다. 이른 아침 유난히 짙은 안개가 전차 주위를 덮고 있어 승무원은 앞을 보기가 힘들었다. 전차는 그만 철로를 베게 삼아 잠자고 있던 여러 사람들의 머리위로 지나가고 말았다. 이 순간 그들의 목은 잘려 나가 버렸다. 잠시 후에 해가 떠오르고 안개가 걷히자 참혹한 광경이 드러났다. 커다란 소요가 일어났다. 광폭해진 군중들은 운이 나빴던 승무원을 공격하고 전차까지 전복시킨 후 불을 질렀다. 세월이 흘러 전차의 원리를 이해하기 시작하면서 '서양 귀신이 만든 괴물'이라고 두려워했던 과거의 감정은 사라지고 지금은 조선인들을 가득 실은 전차가 언제 그런 일이 있었느냐는 듯이 시내를 질주하고 있다."

프랑스인 장 드 팡즈는 당시의 열차 분위기를 이렇게 적고 있다.

"주민들은 되도록 철로가 보이는 곳에 마을을 두고 있다. 각 시골역은 특산물과 생필품을 교환하기 위해 서울로 오는 사람들로 제법 북적였다. 조선인들은 함께 승차한 서양인에게는 별 거부감 없이 상냥하게 대하지만 일본인들에게는 경멸과 질시의 시선으로 증오하는 빛이 역력했다."

한 이탈리아 여행자는 새로운 문명의 이기에 대해 조선인들이 여러 가지 선입관을 갖고 있다며 이렇게 소개했다.

"연속되는 가뭄으로 고통받게 되자 가뭄의 요인이 기관차의 연기가 하늘을 건조시킴으로써 빚어진 것이라고 여겼다. 또 산을 깎아 길을 냄으로써 산신을 화나게 했고, 산신들은 궁극적으로 인간들을 빈곤에 빠뜨림으로써 복수하려 한다고 믿었던 것이다 … 이럼에도 불구하고 기차의 빠른 속도와 그로 인한 편리는 마법에 대한 모든 미신을 변하게 했고 개통된 철로의 승객들이 부족하지 않을 만큼 몰려들었다."[97]

러일전쟁을 취재하기 위해 스웨덴 종군기자로 한국을 방문했던 아손 크렙스트는 자신의 여정에 대해 여행기를 남겼다.[98] 그는 나가사키에서 출발하여 대한해협을 건너 부산으로 가는 일본우선(日本郵船) 소속의 증기선 니토마루를 타고 한국으로 향해 1904년 12월 26일 부산항에 도착했다. 그가 처음 느낀 한국에 대한 인상과 실상은 다음과 같다.

"코레아 해안선 부근의 모든 어업이 수지가 맞는 만큼 고기잡이 어부들의 수입도 아주 좋은 편이다. 그러나 나중에 또 이야기하겠지만 코레아 사람들은 세계에서 가장 낙천적인 민족이다. 이들은 일하는 것을 증오한다. 따라서 코레아에 풍부한 어장이 있는 것과 코레아인의 생선 수요가 높은 것에 덕을 보는 것은 부지런한 중국인이나 일본인이다. 코레아인들은 일본인보다 머리통 하나가 더 있을 정도로 키가 컸다. 또한 신체가 잘 발달되었고 균형 잡혀 있었다. 태도는 자연스럽고 여유가 있었다. 똑바로 치켜 올린 얼굴은 거침이 없이 당당하였다. 걸음걸이는 힘차 보였으며 의식적으로 점잔을 빼는 것 같았다. 그들의 몸놀림은 일본인의 특징인 벌벌 기는 비굴함과 과장된 예의 차리기와는 상당히 거리가 멀었다. 그러나 부산에서 받은 코레아의 첫 인상은 그렇게 좋은 것은 아니었다. 거리는 좁고 불결했으며 가옥은 낮고 볼품이 없었다. 일본에서처럼 상점이나 눈길을 끄는 오래된 절도 없었다. 사방에서 악취가 풍겼으며 문밖에는 집에서 버린 쓰레기가 쌓여 있고 털이 길고 측은한 모습의 개들이 주위에 모여 먹을 만한 것을 찾고 있었다. 또한 부산에는 일본풍 시가지가 존재한다. 일본인들은 그들이 이주하는 나라에 적응하려 하지 않고 그들의 풍속을 그대로 옮겨 지키는 것이다. 고국의 고향에서와 똑같이 집을 짓고 먹고 자고 마시고 한다. 더구나 코레아에서의 이런 경향은 더욱 유별하다."

이러한 인상을 받은 아손 크렙스트는 막 개통한 경부철도를 타고 서울로 향했다. 그는 부산역에서 열차가 출발하기 전 플랫폼의 풍경을 묘사했다. 그러나 그 장면은 그리 유쾌하지 않다. 낯선 문물에 대한 호기심과 두려움을 가진 한국인들, 반면 열차의 주인행세를 하며 이런 한국인들을 무시하며 폭력을 가하는 일본인 역무원의 거만한 태도는 한국 열차의 식민지성을 그대로 보여주는 장면이라 할 수 있다.

"서울까지 가는 기차는 아직 공식적으로 개통이 안 되었다. 선로 점검이 완료되지 않았던 것이다. 그렇지만 바로 오늘, 한 시간 후에 최초의 민간전용열차(경부선 철도가 완공된 것은 1904년 11월 10일이며, 1905년 1월 1일부터 영업을 시작했고, 개통식은 1905년 5월 28일 서대문에서 있었음)가 떠날 예정이었다. 재수가 좋고 서두른다면 출발 시간에 맞춰 닿을 수 있었다. 역은 시가지 뒤쪽에 있었고 차표 사는 것은 어려운 일이 아니라고 했다. … 우체국장이 나를 막더니 여행 중 먹을 음식을 사가는 것이 좋을 거라고 충고해주었다. 시간표에 의하면 서울까지는 16시간이 걸린다는 것이다. 하지만 30시간 이상도 걸릴 수 있다는 말이다. 도중에 음식을 살 수는 없고 그렇기 때문에 현명한 사람이라면 미리 불상사에 대비해야 한다는 것이다.

8시였다. 5분 후에는 기차가 출발할 예정이었다. 기차에는 열 개의 작은 객차가 달려 있고 각 칸에는 전차에서처럼 옆으로 긴 의자가 놓여있으며 가운데에는 난로가 있었다. 새 철로를 개통하는 민간용 열차여서 기관부는 조화와 일장기로 치장되어 있었다. 플랫폼은 이 대사건을 구경하러 나온 코레아인들로 온통 흰색 일색이었다. 대부분은 장년층이었다. 길고 듬성듬성하게 난 염소 수염을 기른 그들의 모습은 우스꽝스럽게 보였다. 이 수염의 털 하나하나가 드문드문 박혀 있어 마치 사이가 좋지 못한 사람들이 마지못해 자리를 같이 하고 있는 것 같았다. 겁에 질린 눈들은 기관부를 살피고 있었고 안절부절 못하는 기색이 역력했다.

그들 대부분이 처음 역에 나와 본 것이고, 따라서 기관차도 처음 보는 것이었다. 그들은 기관차의 역학에 대해서는 조금도 아는 바가 없었기에 무슨 일이 일어날지 몰라 대단히 망설이는 눈치였다. 이 마술차를 가까이에서 관찰하기 위해 접근할 때에는 무리를 지어 행동했다. 여차하면 도망칠 공간을 확보하기 위해 서로 밀고 당기고 하였다.

그들 중 가장 용기있는 사나이가 큰 바퀴 중 하나에 손가락을 대자 주위의 사람들은 감탄사를 연발하면서 그 용기있는 사나이를 우러러 보았다. 그러나 기관사가 장난삼아 환기통으로 연기를 뿜어내자 도망가느라고 대소동이 일어났다. 이 무리들은 한 떼의 우둔한 양들을 연상케 했다. 그러다가 배짱 좋은 사람 하나가 멈추자 다른 사람들도 일제히 멈추고는 무시무시한 철괴물에 시선을 고정시키고 의미있게 고개를 살래살래 흔드는 꼴이 꼭 이런 식의 생각을 하는 성 싶었다.

"위험한 짓이야! 천만금을 준다 해도 다시는 이런 짓을 안할 거야. 도깨비가 장난을 치는 거지. 요란한 숨소리의 이 괴물에는 분명히 악귀가 붙어 있어."

나는 객실 창가에 서서 이 소동을 지켜보았다. 참 흥미진진했다. 가장 웃음이 나오는 것은 키가 난쟁이처럼 조그마한 일본인 역원들이 얼마나 인정사정없이 잔인하게 코레아의 아이들을 다루는가를 지켜보는 것이었다. 그들이 그런 대접을 받는 것은 정말 굴욕적이었다. 그들은 일본인만 보면 두려워서 걸음아 나 살려라 하고 도망갔다. 행동이 잽싸지 못할 때는 등에서 회초리가 바람을 갈랐다. 키가 작은 섬사람들은 손에 회초리를 쥐고 기회만 있으면 언제고 맛을 보여주었다. 그 짓이 재미있는 모양이었다. 사실 사람들이 멍청하고 둔하게 행동할 때 때려주는 것만큼 속 후련한 일이 또 어디 있을까?

그동안 시간은 흘러 흘러 8시하고도 5분이 지났고 15분이 지나 출발 준비가 완료됐을 때 는 8시 30분이었다. 기관차가 마침내 기적을 울리고 천천히 달리기 시작하자 주위의 일본 사람들은 우렁차게 '반자이[만세]'를 외친 반면, 이 열차를 타고 갈 예정이었으나 플랫폼에서 지체된 코레아 사람들은 기차를 타기 위해 필사적으로 달려왔다. 그들은 또 한 차례의 회초리 세례를 받아 결과적으로 기차와 더 떨어질 뿐이었다. 장면 장면이 우스꽝스러움을 더해 갔다. 부산역의 이 북새통에서 내가 본 마지막 장면은 그 무리들 중에서 제일 왜소한 일본인이 키 크고 떡 벌어진 한 코레아 사람의 멱살을 거머쥐고 흔들면서 발로 차고 때리다가 내동댕이치자 곤두박질을 당한 그 큰 덩치의 코레아 사람이 땅에 누워 몰매맞은 어린애처럼 징징 우는 모습이었다."

철도와 처음 만난 한국인들, 일장기로 치장된 철괴물, 굉음을 내뿜는 화마(火魔)에 두려움과 호기심을 드러내 보지만 '난쟁이'처럼 조그마한 일본인 역원은 회초리를 휘두르며 자신의 힘을 과시하고 있다. 아손 크렙스트가 부산역에서 마지막으로 본 장면은 "제일 왜소한 일본인이 키 크고 떡 벌어진 한 코레아 사람의 멱살을 거머쥐고 흔들면서 발로 차고 때리다가 내동댕이치자 곤두박질을 당한 그 큰 덩치의 코레아 사람이 땅에 누워 몰매 맞은 어린애처럼 징징 우는 모습"이었다. 무엇이 두려웠던 것일까. 그 기차의 주인이 되지 못한 한국인의 대가는 너무도 굴욕적이고 비참했다.

철도, 더 넓은 세상과 소통하다

1) 민영환의 세계일주: 기차 타고 시베리아 횡단

철도라는 새로운 근대 문명은 인식할 수 있는 세상을 넓혀주었다. 인력이나 축력이 아닌 화석연료로 움직이는 철마는 엄청난 속력을 내면서 세상을 끌어당겼다. 도저히 닿을 수 없을 것 같던 세상을 열었고 그곳으로 발을 디딜 수 있게 하였다. 그러나 넓어진 세상은 평평하지 않았다. 미답지(未踏地)로 달려가는 철도의 힘은 문명이라는 탈 뒤에 팽창과 정복, 수탈과 착취라는 괴물을 싣고 왔다. 그러나 다른 한편으로 철도는 약자에게도 유용한 수단이 될 수 있었다. 괴물 같은 힘에 맞서기 위해서는 그들을 알아야 했고, 그들과 친해져야 했다. 뒤늦게 근대 문명에 합류하여 이들이 퍼붓는 멸시와 수탈에서 벗어나고 싶은 피지배 약소민족에게 철도는 근대 문명에 도달할 수 있는 길이 되어주었다.

19세기 말 동아시아는 전통세력과 근대세력의 패권을 둘러싼 격전장이 되었고, 그 결말은 근대세력을 대표하는 일본의 승리로 끝났다. 이 과정에서 한반도는 이들의 전쟁터가 되었고, 조선왕조는 스스로 국가의 운명을 지켜내기에 버거워 보였다. 왕조체제하에서 국가를 지켜내야 할 막중한 책임을 지닌 자들은 왕과 그의 신하들이었지만 이들의 행보는 영민하거나 헌신적이지 못했다. 풍전등화 같은 국운 앞에 철도를 통해 세계와 만나고 그를 통해 국가의 운명을 지켜내고자 했던 인물들이 있었다. 그중 한 사람이 민영환이었다.

민영환(1861.7.2~1905.11.30)은 흥선대원군의 처남 민겸호의 아들로 태어났고, 민비의 친정 조카였다. 그의 생부 민겸호는 임오군란 때 구식군인에게 피살되었고, 양부인 민태호는 갑신정변 때 개화당 청년에게 피살되었다. 이러한 개인적 불행이 있었지만 그는 이후 가문의 배경과 민비와 고종의 신임을 받아 출세 가도를 달렸다. 1881년에는 20세의 나이로 정3품 당상관으로 승진하여 동부승지가 되었다. 1884년 이조 참의로 임명된 후 각종 요직을 거쳐 1887년 27세의 젊은 나이로 예조판서로 승진하였고, 1888년과 1890년 두 차례에 걸쳐 병조판서를 지냈다. 1893년 형조판서, 한성부윤, 1894년 독판 내무부사, 형조판서가 되었으며, 1895년 8월에는 주미전권대사에 임명되었다.

1894년 청일전쟁의 발발과 일본의 승리, 시모노세키 조약으로 일본은 요동반도 점령을 획책했고 이에 러시아가 프랑스, 독일을 부추겨 삼국간섭을 행하여 일본의 야욕을 좌절시켰다. 이때 조선왕조는 민비를 중심으로 러시아세력을 불러들여 일본세력을 견제하는 인아거일책(引俄拒日策)을 폈다. 이렇게 상황이 급변하자 한국에서조차 세력이 위축될 위기에 빠진 일본은 민비를 시해하고 그 시신을 불태우는 만행을 저질렀다. 민영환은 민비의 조카이자 정부의 고위관료로서 이를 막지 못한 자괴감과 일제 침략에 대한 분노를 참을 수 없어 주미전권대사로 부임하지 않고 낙향하였다. 그 뒤 1896년 2월 아관파천으로 친일 김홍집 내각이 무너지고 친미·친러 내각이 들어서자, 민영환은 그해 4월 특명전권공사로 임명되어 러시아 황제 니콜라이 2세 대관식에 참석하게 되었다.

니콜라이 2세 대관식은 1896년 5월 26일 모스크바 크렘린 궁에서 열리게 되어 있었다. 민영환은 윤치호, 김득련, 김도일 등을 대동하고 러시아로 길을 떠났다. 인천에서 러시아 군함을 타고 상해, 나가사키, 도쿄를 거쳐 캐나다 밴쿠버에 도착한 민영환은 여기서 기차 편으로 북미 대륙을 횡단하여 뉴욕으로 갔다. 미국 뉴욕에 3일간 머물렀던 그는 근대화된 도시와 선진 문물을 보고 크게 감명을 받았다. 이어 민영환 일행은 상선을 타고 대서양을 건너 런던에 도착하였고, 유럽 대륙의 네덜란드, 독일, 폴란드를 거쳐 러시아로 들어갔다. 그리하여 민영환 일행은 5월 26일 크렘린 궁에서 거행된 러시아 황제의 대관식을 참관한 뒤, 약 3개월 동안 러시아에 머물면서 선진 문물과 제도 등을 견문하였다.

이같이 세계일주를 하며 서구의 선진 문물을 경험하고 그해 10월 21일 귀국한 뒤, 민영환은 의정부 찬정, 군부대신에 임명되었다. 그러다가 1897년 1월 다시 영국, 독일, 러시아, 프랑스, 이탈리아, 오스트리아 등 6개국 특명전권공사로 겸임 발령을 받았다. 특히 같은 해 3월 1일에는 영국 빅토리아 여왕 즉위 60년 축하식에 참석하라는 어명을 받아 다시 유럽으로 떠나게 되었다. 3월 24일 서울을 출발한 민영환 일행은 상해, 나가사키를 거쳐 마카오로 갔다. 그리고 여기서 다시 싱가포르, 인도를 거쳐 수에즈 운하를 통과하고 지중해를 건너 러시아에 도착한 것은 5월 14일이었다. 민영환 일행이 러시아에 도착한 것은 국서와 국왕의 친서를 러시아 황제 니콜라이 2세에게 전달할 임무를 띠고 있었기 때문이다. 이후 민영환 일행은 러시아를 떠나 6월 5일 런던에 도착하였다. 그들은 빅토리아 여왕을 만나 국서와 국왕의 친서를 전달하였고, 6월 22일 열린 즉위 60주년 기념식에도 참석하였다.

두 차례의 외유를 통하여 민영환은 서구 여러 나라의 선진 문물을 보고 깨달은 바가 컸다. 그리하여 그는 귀국한 뒤 서구의 근대식 제도를 모방하여 정치, 군사 제도 등을 개혁할 것을 주장하였다. 민권을 신장하여 근대식 국가 발전을 꾀하고, 군제를 개편하여 부국강병을 이루자고 광무황제 고종에게 상주한 것이다. 하지만 민영환의 건의는 실제 정책에 반영되지 못하였고, 다만 군제 개편 건의만 채택되어 육군을 통솔하는 최고 기구로서 원수부의 설치가 이루어졌다.

민영환은 1896년 4월 1일(음 2.19) 특명전권공사로 그 일행과 함께 러시아 황제 니콜라이 2세 대관식에 참석하기 위해 제물포항에서 배에 올랐다. 일행은 아시아의 중국, 일본을 거치고 태평양을 건너 아메리카 대륙 북부에 위치한 캐나다와 미국을 경유했다. 이어 대서양을 지나 유럽의 영국, 아일랜드, 네덜란드, 독일, 폴란드를 거쳐 러시아 경내로 들어갔다. 그 과정에서 근대화의 궤도에 오르고 있는 서구 열강과 식민지로 전락한 폴란드의 현실을 이해했고, 뉴욕, 런던 등 세계 최고의 문화도시를 지나며 근대 자본주의 문화에 큰 충격을 받기도 했다. 사절 일행은 대관식이 거행되는 모스크바에 도착하여 공사관을 신설하고 각국 공사들과 더불어 대관식에 참석하는 한편 상트페테르부르크로 자리를 옮겨 러시아 정부의 중심인물들과 외교 교섭을 진행했다. 하지만 타결된 것은 단지 재정고문과 군사고문 초빙 문제뿐이었다.

민영환 사절 일행은 바라던 목적을 충분히 달성하지 못했지만, 한 달 반가량 상트페테르부르크에 머물면서 러시아 정부의 협조로 러시아의 문화와 예술뿐 아니라 근대적 시설물을 시찰할 수 있었다. 러시아와 한국의 문화와 풍속 등을 비교하는 기회도 가졌다. 또 임업학교, 농업박물관 등 각종 박물관, 재판소, 교도소, 기계학교, 조지소, 화폐제조소, 탄약제조소, 직조공장, 조선창, 해양박물관, 천문대, 자기제조소를 들렀고, 각종 군사시설과 병영제도를 시찰하였다. 또한 시베리아 루트를 통해 한국으로 돌아올 때 육로로 지나는 곳마다 각급 지방관들과 환담하면서 그들의 생활과 문화, 지역 사정을 이해하는 데 집중했다.[99]

민영환은 이 세계일주 여정에서 기행문을 남겼다. 민영환의 사행에는 윤치호, 김득련, 김도일, 손희영, 스테인 등이 동행했다. 이들 중 일부는 사행에 관한 기록을 남겼다. 그중 민영환의 『해천추범(海天秋帆)』과 김득련의 『환구일기(環璆日記)』, 『부아기정(赴俄記程)』, 윤치호의 『윤치호일기』 등이 주목된다. 이 중 민영환의 『해천추범』을 통해 새로운 세상을 만나는 약소국 관리의 시선을 보고자 한다. 변화하는 세상을 만나며 그가 느낀 단상을 통해서 시대의 풍운을 들여다 볼 것이다. 결국 그는 그 풍운을 막아내지 못하고 조국이 일본의 식민지로 전락하는 모습을 지켜보며 1905년 자결하였다.

▲ 민영환 일행

민영환의 기행문 『해천추범』은 1896년 4월 1일부터 그해 10월 21일까지 6개월 21일 총 204일간 아시아와 태평양을 넘고 북아메리카, 대서양을 건너 영국, 도버해협을 거친 유럽 횡단, 러시아 전 지역 일주 등 총 11개국을 망라함으로써 기간과 지역을 방대하게 아울렀다. 그중 모스크바에서 블라디보스토크로 이어지는 시베리아 횡단 과정은 여타 기행문에서 볼 수 없는 생생한 기행기이다.[100]

여행을 시작하다

1896년 4월 1일: 오후 5시 제물포항에 도착. 작은 배에 올라 10여 리를 가서 오후 7시 크레마지호 군함(2등함)에 승선.

4월 2일: 오전 10시 정각 군함 출항 → 2일 후 상하이 도착

4월 4일: 오전 10시 정각 상하이 오송강(吳淞江) 도착 → 프랑스 조계 밀채리 호텔에 숙소

4월 11일: 오전 7시 승선 영국상선 황후호(The Empress), 11시에 나가사키로 출발

4월 12일: 오후 5시 나가사키 도착

4월 14일: 오전 8시 나가사키 출발

4월 15일: 오전 5시 고베에 잠시 정박, 오후 1시 요코하마로 출발

4월 16일: 오후 1시경 요코하마 도착 (인력거로 러시아 영사 방문) → 기차로 도쿄로

> 기차를 타고 도쿄에 들어가다
> 도쿄에 들어가니 눈이 황홀하고
> 번화한 모양새가 오로지 이 이름이라
> 사람들을 맞아 참으로 한가할 시간이 없으니
> 산을 끊은 것 같은 컴컴한 길로 들어갔다네
> 김득련, 「환구금초」

4월 17일: 오전 9시 도쿄에서 기차를 타고 요코하마로 출발 → 요코하마에서 황후호 승선 → 태평양 횡단

4월 29일: 오전 5시 벤쿠버 항구에 도착(요코하마에서 13,000리) → 벤쿠버 호텔에 숙박

4월 30일: 오후 2시 벤쿠버역에서 기차(Canadian Pacific Train) 출발 → 뉴욕행

"한 시간에 90리를 갈 수 있다고 한다. 방마다 휘장과 의자가 깨끗하고 호사스럽지 않은 것이 없다. 또 침대칸이 있고 뒤에 식당차가 달려 있어 때맞춰 음식을 제공한다. 밤낮으로 기차가 달려 조금은 흔들리지만 배와 비교하면 더 안온하다. 지나는 곳은 강 옆으로 길이 험한데 산에는 교량을, 물에는 다리를 놓고 쇠로 궤도를 설치하여 바람이 달리고 번개가 치는 듯하니 보던 것이 금방 지나가 거의 꿈속을 헤매는 것 같고 확실치 아니하여 능히 기억할 수 없다. 차 안에서 그대로 잤다."

5월 1일: "기차 안에서 아침 식사를 했다. 오늘 지나는 곳도 산골짜기가 험하고 쌓인 눈도 아직 녹지 않았다. 마을은 거의 없고 산에 가득한 나무들은 모두 삼나무와 노송나무로 그 곧기가 하늘을 찌를 듯하여 한낮에도 항상 어둡다. 또 여러 곳에 산을 뚫어 땅굴을 만들고 기차가 매번 그 속으로 들어가면 어두워서 아무것도 알아볼 수 없어 낮에도 불을 켠다. 기차에서 내려 음식점에서 늦은 점심을 먹고 기차로 돌아왔다."

> 캐나다에서 큰 기차를 타고 동쪽을 향해 9천리를 가다
> 기차 바퀴가 철로 위를 나는 듯 빠르게 가고
> 가건 쉬건 마음대로나 조금도 어김이 없으니
> 이치를 꿰뚫어 누가 이 방법을 알았으리요?
> 한 잎의 차를 끓이다가 신의 기계를 만들었으니
> 김득련, 「환구금초」

5월 5일: 오후 8시 몬트리올에 도착, 기차에서 내림 → 윈저호텔에 숙박

5월 6일: 오전 9시 몬트리올역에서 기차를 바꿔 타고 뉴욕으로 출발 → 오후 9시 뉴욕 도착(700리) → 월도프 호텔에서 숙박(뉴욕 관광)

5월 9일: 오후 1시 영국 상선 루카니아호(The Lucania) 출발 → 대서양 횡단

5월 15일: 오전 11시 잠시 퀸스타운(Queen'town) 땅에 정박(옛 아일랜드의 항구)

5월 16일: 오전 6시 리버풀 항구 도착 → 8시에 배에서 내려 기차를 타고 오후 2시 런던 도착(540리) → 오후 6시 런던(빅토리아역)에서 기차를 타고 오후 10시 퀸스보로(Queensboro) 에 도착 → 배에 올라 출발

5월 17일: 오전 6시 네덜란드 경계 플나싱 항구 도착 → 기차로 독일 수도 베를린에 도착 → 오후 11시 기차를 바꿔 타고 독일 출발

영국 수도 런던에 들어가다. 다시 기차를 타고 갔다
정치는 런던이 성하여 군주와 백성의 뜻이 모두 믿을 만 하니
세계의 패권국가라 칭하며 천 년 동안 저명한 도시로 틀을 잡았네
하늘의 신선이 사람 사이에 들어와 부귀가 나를 다스리게 하고
와서 속세의 아름다움을 보니 꽃과 달이 온 城과 도로에 가득 찼네
　　　　　　　　　　　　　　　　김득련, 「환구금초」

5월 18일: 오전 8시 알렉산드로프 도착(러시아 경계 시작) → 오전 11시에 출발 → 오후 2시 바르샤바 도착

드디어 러시아에

5월 19일: 오전 8시 관용기차로 모스크바로 출발

5월 20일: 오후 3시 모스크바 도착(인천항에서 모스크바까지 42,900여 리)

5월 22일: 크렘린궁 도착, 황제 알현(친서와 예물단자 전달)

5월 26일: 러시아 황제 대관식 참석

6월 8일: 오전 11시 기차로 상트페테르부르크로 출발 → 자정에 상트페테르부르크 도착

6월 13일: 오후 1시 외부대신 로바노프 방문

7월 14일: 러시아 황제 알현, 오후 2시 발틱역에서 특별열차로 페테르고프 도착 → 소행궁에서 황제 알현(시베리아를 따라 돌아갈 것이라 답함)

* 7월 22일에야 잠정적으로 시베리아 경로를 따라 귀국하기로 결정, 8월 중순 귀국길에 오름

8월 14일: "사신의 임무가 이제 겨우 마무리되었기 때문에 돌아갈 날을 19일로 정했다. 가는 길은 기차로 시베리아를 지나 흑룡강에서 배를 타고 블라디보스토크에 이른 다음 원산, 부산을 거쳐 제물포항에 닿을 예정이

다. 이 행로는 북으로 돌아 동쪽으로 향하게 되니 반드시 고원이 많고 습하고 바람 불고 눈 내리는 추위를 미리 각별히 우려해야 할 것이다."

8월 19일: 상트페테르부르크에서 기차로 출발 → 북쪽 길을 좇아 모스크바 방향으로

8월 20일: 오후 5시 모스크바 도착 → 니주니 노브고로토(고리키시)로 출발

8월 21일: 오전 7시 니주니 노브고로트 도착(박물회 등 관광)

8월 26일: 니주니 노브고로트 출발(오후 2시 볼가강에서 푸시킨 화륜선으로) → 오후 5시 30분 라보트키 도착 → 7시 10분 로사(Rosad)에 잠시 정박 후 출발

8월 27일: 11시 45분 카잔에 도착, 오후 1시 30분 출발하여 뽀고로츠그에 도착, 잠시 머뭄

8월 28일: 오전 7시 노보데비체에 도착 → 11시 사마라에 도착, 이곳에서 오후 3시 45분 기차 타고 출발

8월 29일: 기차가 동남쪽으로 1천리를 감 → 오전 8시 우파에 도착 → 오전 11시 45분 아샤에 도착(190리), 여기서부터는 산길이 험준하여 기차가 나아가는 것이 조금 더디다 → 오후 4시 30분 바조바야 도착(180리) → 5시에 다시 출발(시베리아 길에 들어섬)

8월 30일: 지나는 길이 다시 넓은 들, 12시 30분 슈미하에 도착 → 오후 5시 쿠르간 도착

8월 31일: 12시 30분 옴스크 도착 → 오후 1시 45분 출발 → 오후 5시 카라치 도착 → 오후 11시 졔빅쓰카야 도착

9월 1일: 오전 9시 우빈스코예 도착 → 추림 도착 → 오전 1시 노보니콜라예프스크 도착, 이곳에는 오브강이 있는데 철교를 놓는 중으로 완성되지 않아 기차에 내려 배를 타고 건넘, 이곳에서 숙박

9월 2일: 오전 10시 출발 → 오후 3시 45분 자볼로트노예 도착 → 오후 5시 45분 출발

9월 3일: 오전 11시 마린스크 도착, 오후 1시 출발 → 오후 8시 이타트 도착

9월 4일: 아친스크 도착. 추림강에 철교가 완성되지 않아 배를 타고 즉시 건너 기차를 바꿔 타고 오전 7시 출발. 여기서부터는 산길이 험하고 사나워 흙을 몇 길이나 보태거나 언덕을 깎아 땅을 만들어 쌓아 새 길을 만들었다. 기차 바퀴가 훼손되어 나아감이 매우 느리다 → 오전 2시에 크라스노야르스크 도착, 앞길에는 철로 궤도가 없어 마차를 타고 가야 함

9월 5일: 마차로 이동

9월 6일: 오전 8시 45분 출발하여 베레조프카 도착 → 오후 1시 일란스키 도착 → 오후 4시 이르베이스코예 도착 → 5시 보로디노 도착 → 7시 류최스카야 도착 → 11시 칸스크 도착

9월 7일: 오전 10시 진쓰게야 도착 → 오후 4시 볼노빈야 체렴솟바 도착 → 오전 2시 라소곳네야 도착(마차 이동의 어려움 호소)

9월 8일: 오전 12시 45분 알가세쓰갓야 도착 → 오후 4시 카미셰르 도착 → 오전 2시 니즈니 우딘스카야 도착

9월 9일: 오전 7시 30분 출발하여 오후 2시 후도옐란 도착. 길가에는 단지 역과 촌사가 있을 뿐 개척해서 마을을 이룬 곳이 없지만 철로를 연이어서 만들기 때문에 토굴을 파거나 천막을 설치하여 역부들이 거처

9월 10일: 오전 8시 출발하여 투룬에 도착 → 오후 3시 키밀테이 도착 → 오후 9시 30분 티레트 도착

9월 11일: 오전 7시 출발하여 체렘호보에 도착 → 정오 미셀레이카 도착

→ 오후 2시 두 개의 작은 강을 건너 오후 10시 이르쿠츠크 도착 → 부내 호텔에서 숙박

9월 13일: 오후 10시 마차를 타고 이르쿠츠크 출발(동쪽을 향해)

9월 14일: 오전 5시 바이칼 호수에 도착 → 화륜선을 타고 정오에 호수를 건너 미소바야에 도착 → 오후 2시 마차로 모열사크를 지나 오후 10시 가빈스카야 도착

9월 15일: 정오에 베르흔네우딘스크 도착 → 오후 6시 오노하이 도착

9월 16일: 오전 11시 호린스크 도착 → 오후 4시 불간스크 도착 → 오후 9시 보볼옴아스카야 도착

9월 17일: 오전 5시 출발하여 10시 30부너 돔데스카야 도착 → 오후 6시 바클레미스케보 도착

9월 18일: 오전 5시 출발하여 오전 11시 치타 도착 → 호텔에서 숙박

9월 20일: 오전 6시 출발하여 호후 3시 물리노보와롭나야 도착 → 오후 8시 가이다롭스카야 도착

9월 21일: 오후 5시 가얼기나 도착 → 오후 7시 밀리노와 도착 → 오전3시 네르친스크 도착

오늘이 추석(음 8.15)

9월 22일: 오전 11시 구옌크스카야 도착 → 오후 7시 시들예전스카야 도착

"마차를 탄 것이 무릇 18일간으로 지난 길에 고초를 겪지 않은 것이 없지만 겨우 유지하면서 지나온 것으로 참으로 황령(皇靈)의 도우심에 힘입은 것이다. 철로의 공사가 곳곳에 벌어져 3년 안에 준공할 예정이니 즉 상트페테르부르크에서 블라디보스토크까지 보름 만에 닿을 수 있다 한다. 큰 비용을 아끼지 않고 인력도 아끼지 않음이 이와 같다. 가히 그 계획이 깊고 먼 것을 볼 수 있다."

9월 23일: 오전 4시 실카강에 도착, 화륜선을 타고 오전 8시 출발 → 오후 9시 그리노워속기나 도착하여 정박

조선으로 돌아가다

9월 24일: 오전 5시 출발하여 오후 3시 이그나시노 도착, 여기서부터 흑룡강(아무르강) → 오후 6시 출발

9월 25일: 오후 1시 30분 체르냐예보 도착, 곧 출발

9월 26일: 정오에 비빗고 도착 → 오후 4시 블라고베셴스크 도착, 배를 바꿔 타야 하므로 며칠 동안 배를 기다림

9월 30일: 관용선 바론 코르프를 타고 오전 8시 출발 → 오후 5시 포야르코보에 도착, 곧 출발

10월 1일: 아무르제 정박

10월 2일: 오전 7시 예카테리노 니콜스카야 도착 → 오후 6시 미혜로세면 옴스카야 도착

10월 3일: 오전 5시 출발하여 루고왓야 도착 → 오후 4시 하바롭스크 도착 → 오후 8시 육지 상륙, 공관에서 숙박(이후 하바롭스크 시찰)

10월 6일: 오후 6시 치하체프호에 승선, 오후 8시 하바롭스크 출발

10월 7일: 오전 8시 갓사계비체와 도착 → 오후 3시 메니곳와 도착, 잠시 머물러 오전 4시 출발

10월 8일: 오전 8시 코르사코브카 도착

10월 9일: 정오 이만에 도착, 기차창으로 가 오후 6시 기차를 타고 블라디보스토크로 출발

"이곳은 본래 황량한 들판이었는데 4~5년 이래로 철로를 만들어 점차 개척하여 마을 집과 상점이 갈수록 늘어 엄연히 하나의 도회를 이루었다고 한다."

10월 10일: 기차로 정오에 우수리스크에 도착 → 블라디보스토크 역에 도착 → 치히이 오케안 호텔에 숙박(이후 블라디보스토크 시찰)

10월 16일: 오전 6시 블라디보스토크 항에서 배가 출발

10월 17일: 오전 6시 원산항 外洋을 지나 남쪽을 향함

10월 18일: 오전 10시 부산항에 도착 → 오후 5시 부산항 출발(인천항으로)

10월 20일: 정오 인천항 도착 → 오후 2시 상륙

블라디보스토크에 도착하다
러시아 국경 동쪽 끝나는 곳에 블라디보스토크 항구는 가히 배를 숨길 만하네
요충지가 서로 접해 세 나라의 경계가 되어
수륙으로 병사를 주둔시키니 이 또한 훌륭한 헤아림일세
3년 예산으로 철도를 완성하여 10일이면 장차 상트페테르부르크까지 통한다네
멀리 보는 깊은 근심과 헤아림을 힘써 다하니
동양으로 곧장 달릴 때 반드시 이곳을 지나리라
김득련, 「환구금초」

10월 21일: 오전 7시 인천을 떠나 정오에 오류동 도착 → 오후 5시 마포 도착 → 오후 6시 돈의문으로 들어가 고종에게 귀국 보고

2) 망국의 황제, 근대문물의 상징 철도 타고 세상을 만나다
: 순종의 남순행과 서북순행

순종황제의 남순행: 마지막 황제의 강요된 세상과의 만남

을사조약과 한일신협약으로 통해 국권이 풍전등화와 같이 꺼져가고 있던 1909년 1월, 2월 대한제국의 마지막 황제 순종은 삼남지방과 서북지방을 순행하는 남순행과 서북순행을 거행했다. 그러나 이것은 일본이 대한제국을 식민지화하기 위한 수단으로 계획한 것으로 순종의 순행을 통해 당시 격화되고 있던 반일감정을 완화시키거나 친일로 전환시키려는 의도로 진행되었다. 일본이 황제의 순행을 정치적으로 이용하려 한 배경에는 메이지 천황의 순행(1872년 5월 23일~7월 12일, 3개월간)을 통해 일본 각지에 군주의 이미지를 재확인시키고 전국의 관료와 민의 협력을 이끌어내는 데 성공

한 경험이 있었다.

순종의 국내 순행은 1909년 1월 4일 순행 조칙으로 결정되었다. 조칙은
다음과 같다.

"짐은 생각건대 백성은 나라의 근본이다. 근본이 견고하지 못하면 나라가 편
안할 수 없다. 돌이켜보면 부덕한 몸으로 부황 폐하(父皇陛下)의 밝은 명령을
받들어 임금 자리에 오른 뒤에 밤낮으로 위태로운 나라의 형편을 안정시키고 도
탄에 빠진 백성들의 생활을 구원할 일념뿐이었다. 그래서 정사를 개선하자는 큰
결심으로 원년에 종묘 사직에 공경히 맹세하고 감히 조금도 게을리 하지 않았는
데, 지방의 소란은 아직도 안정되지 않고 백성들의 곤란은 끝이 없으니 말을 하
고 보니 다친 듯 가슴이 아프다. 더구나 이런 혹한을 만나 백성들의 곤궁히 더
심하여질 것은 뻔한 일이니 어찌 한시인들 모르는 체하고 나 혼자 편안히 지낼
수가 있겠는가. 그래서 단연 분발하고 확고하게 결단하여 새해부터 우선 여러
유사(有司)들을 인솔하고 직접 국내를 순시하면서 지방의 형편을 시찰하고 백성
들의 고통을 알아보려고 한다. 짐의 태자태사(太子太師)이며 통감인 공작 이토
히로부미(伊藤博文)는 짐의 나라에 성의를 다하면서 짐을 보좌하고 인도해주고,
지난 무더운 여름철에는 우리 태자의 학식을 넓히기 위하여 그토록 늙은 나이에
병든 몸도 아랑곳하지 않고 일본국 각지로 데리고 다닌 수고에 대해서는 짐이
언제나 깊이 감탄하고 있는 바이다. 그래서 이번 짐의 행차에 특별히 배종할 것
을 명하여 짐의 지방의 급한 일을 많이 돕게 해서 근본을 공고하게 하고 나라를
편안하게 하여 난국을 빨리 수습하도록 기대하는 바이다. 너희 대소 신민들은
다같이 그리 알도록 하라."101)

그러나 순행은 사전에 논의 과정 없이 전격적으로 이루어졌다. 황제가 정
월 초의 추운 날씨에도 불구하고 경성에서 부산까지 순행한다는 것은 전대
미문의 일이었다. 더욱이 통감 이토 히로부미가 순종을 배종하면서 이는 정
치적 음모에 의한 것이라는 의혹을 불러일으키기에 충분했다. 이에 민간에
서는 통감이 순종을 일본으로 납치하려하다는 소문이 돌았고 순행 당시에는
경상도 지역 유생들이 철도 노선에 누워 상소 호곡하는 사태가 발생했다.102)

순종은 일정을 시작하기 전에 먼저 덕수궁으로 가서 고종을 문안하려했지만 고종은 아직 기상치 않았다는 이유로 순종의 문안을 받지 않았다.[103] 순종의 순행이 갖는 의미를 고종은 편치 않게 여긴 것이다. 순종의 남순행은 1909년 1월 7일~12일까지 5박 6일간이었다. 남순행 일정은 경성의 남대문역을 기차로 출발하여 대구 → 부산 → 마산 등지를 거쳐 돌아오는 것이었다.[104] 순행 일정은 다음과 같다.

- 1월 7일 오전 6시 40분 돈화문(창덕궁) 출어, 파조교(罷朝橋) → 철교(鐵橋) → 종로 → 황토현 → 신교(新橋) → 포덕문 전로(前路) → 대한문덕수궁, 고종에 문안
- 1월 7일 오전 7시 30분 대한문 출어, 정동 → 남대문 정거장
- 1월 7일 오전 8시 10분 남대문역에서 기차 탑승하여 발차
- 1월 7일 오후 3시 25분 대구에 도착, 경숙(經宿)
- 1월 8일 오전 9시 10분 대구 정거장 발차
- 1월 8일 오전 11시 45분 부산 도착, 경숙
- 1월 9일 부산 주재
- 1월 10일 오전 9시 부산 정거장 발차
- 1월 10일 오전 11시 25분 마산 도착, 경숙
- 1월 11일 오전 8시 40분 마산 정거장 발차
- 1월 11일 오전 11시 45분 대구 도착, 경숙
- 1월 12일 오전 8시 대구 정거장 발차
- 1월 12일 오후 3시 10분 남대문 정거장 도착, 덕수궁 문후, 오후 4시 40분 창덕궁 환어[105]

순행 일정에 맞춰 수행원은 황실과 정부 요원의 두 부류로 정해졌다. 수행원 수는 궁내부 41명, 내각 42명, 통감부 13명으로 모두 96명이었다. 이 중 한국인 68명, 일본인 28명이었고 수행원 관련 규정은 다음과 같다.

1) 옥차(玉車) 근시자(近侍者) 외 일반 공봉원(供奉員) 중 대례복이 없는 자는 후록코트 착용 무방
2) 궁내부, 내각과 각부 부원 호종원의 휴대 화물은 궁내부 운수계서 담당
3) 도로, 교량의 수축, 의장기병의 파견, 어료마차의 일은 동가 규정에 의거
4) 연로(沿路) 경위(警衛)는 내부의 지휘를 받음
5) 지방 철도선에 일본 헌병을 파견하여 5~10리 간격으로 총을 지니고 서있게 함
6) 학교 생도가 지송영(祗送迎)할 때 학부의 지휘를 받으며 한·일 국기를 지니게 함
7) 통감부 통신국과 우편국에서는 순행 기념인장을 사용함
8) 순종과 고종, 윤황후, 황태자 간의 안부 연락은 궁내부에서 담당[106]

순종의 순행에서 무엇보다 특징적인 것은 서구식 교통기관을 이용했다는 점이다. 순종은 기차, 마차, 기선 등 다양한 교통기관을 이용했는데 그중 대표적인 것은 궁정열차의 이용이었다. 순종은 1월 7일 남대문역에서 21발의 불꽃[축포]이 터지는 속에서 기차를 타고 순행길에 올랐다. 원거리 순행인 남순행은 근대 교통기관인 궁정열차를 이용했기에 가능했다. 그리고 순행의 거행이 준비와 동시에 수일 내에 가능했던 것도 선발 인원이 열차를 이용하여 순행지로 가서 제반 사항을 처리했기 때문이다.[107]

궁정열차는 특별 임시 열차로 순행에 맞춰 임시로 편성되었다. 궁정열차는 7량으로 기관차-완급차-1·2등-1등·식당-1·2등-옥차(玉車)-3등-화차로 편성되었다. 열차의 선두부터 탑승자를 보면 1·2등에는 판임관과 음악대, 1등은 칙·주임관, 1·2등은 친임관과 칙주임관, 3등은 판임관 원역과 수행원 등이었다.

궁정열차 탑승객은 통감부 철도관리국에서 교부한 증표를 휴대했다. 열차 탑승객은 황족에서 관원, 여관(女官)까지 모두 111인이었는데 승차증을 지녀야 탑승이 가능했다. 승차증의 앞면에는 제1행에 "明治42년 1월", 2행

에 "궁정열차 승차증", 3행에 "통감부 통신관리국"이라 표기했고 후면에는 해당인의 관직과 성명을 기재했다. 궁정열차의 관리와 배정은 철도관리국 장관인 오오야(大屋權平)가 주관했다. 철도국은 궁정열차의 배차를 위해 열차시간표를 새롭게 조정했는데, 시간 조정은 물론 남순행 기간 내 해당지역에서 운행되던 열차가 변경되고 임시열차를 배정하기도 했다.[108]

이러한 순종의 순행에서 궁정열차의 등장은 단순히 근대 교통기관을 이용했다는 점뿐만 아니라 해당 지역민에게도 시공간적으로 영향을 미쳤다. 궁정열차를 운행하면서 열차 운행 시간표를 작성하여 정확한 도착 시간을 지역민에게 알려주었다. 궁정열차를 봉영하기 위해 철도변에 나오거나 역에 나오는 사람들은 열차운행 시간표에 따라 움직였다. 사람들은 열차가 도착하기 전에 몇 시 몇 분에 정차 혹은 통과할 것인지를 짐작할 수 있었다. 이와 함께 순종을 맞이하기 위해 역 구내에 입장할 수 있는 사람과 그렇지 않은 사람들이 구별되면서 자연히 일본인과 한국인, 그리고 지역사회의 계층적 질서가 공개적으로 자리 잡는 효과를 가져왔다.[109]

순종의 궁정열차를 이용한 순행은 정치적으로 식민지화를 앞두고 민심 안정이라는 효과를 거두려는 일제의 의도가 만든 이벤트였지만 순종은 이를 따랐다. 그러나 새로운 교통수단을 이용한 먼 거리 순행이 순종에게도 익숙한 것은 아니었다. 일단 순행 과정에서 순종은 건강상의 문제를 일으켰다. 처음 타 본 열차에서 멀미를 하여 거의 식사를 할 수 없었다.[110] 강제된 근대 신문물의 도입과 근대세계로의 행군이 가져올 고통과 혼란을 순종 자신이 체현했던 것이 아닐까.

순종황제의 서북순행: 다시 만난 백성, 그 위에 드리워진 침략의 그림자

고행의 남순행을 마친 순종은 채 1주일도 지나지 않은 시점인 1월 19일 다시 서북부의 끝인 신의주까지 순행을 하겠다고 발표했다.[111] 순종의

서북순행 일정은 1909년 1월 27일부터 2월 3일까지 7박 8일 동안 평양 →
의주 → 신의주 → 평양 → 개성을 거쳐 돌아오는 것이었다. 순행의 호종
원은 모두 279명으로 궁내부 201명, 내각 49명, 통감부 29명으로 구성되었
다. 이것은 남순행 때보다 3배나 많은 인원이었는데, 이 중 한국인은 198
명, 일본인은 81명이었다. 서북순행 과정을 선전 홍보용으로 활용하고자
영상으로 담기 위해 사진사 3명과 무라카미사진점 점원 2명이 궁정열차에
탑승했다.112)

순종 서북순행 일정은 다음과 같다.

- 1월 27일 오전 6시 30분 돈화문(창덕궁) 출어, 파조교(罷朝橋) → 철교(鐵
  橋) → 종로 → 황토현 → 신교(新橋) →포덕문 전로(前路) → 대한문[덕
  수궁], 고종에 문안
- 1월 27일 오전 7시 45분 대한문 출어, 정동 → 남대문 정거장
- 1월 27일 오전 8시 남대문역에서 기차 탑승하여 발차
- 1월 27일 오후 3시 45분 평양역 도착, 경숙(經宿, 머물러 숙박)
- 1월 28일 오전 9시 10분 평양역 발차
- 1월 28일 오후 3시 45분 신의주역 도착, 경숙
- 1월 29일 신의주 출발 → 의주 도착, 경숙
- 1월 30일 의주 출발 → 신의주 도착, 경숙
- 1월 31일 오전 9시 신의주역 발차 → 양책역, 선천역 정차
- 1월 31일 오후 12시 20분 정주역 도착: 칙어 반포와 이토 히로부미 훈론
  발표
- 1월 31일 오후 1시 20분 정주역 출발 → 신안주역 정차
- 1월 31일 오후 4시 45분 평양역 도착, 경숙
- 2월 1일 평양 관람: 평원당, 단군릉 치산, 을지문덕 묘지 등 치제, 기자릉
  봉심
- 2월 2일 오전 9시 30분 평양역 출발
- 2월 2일 오전 10시 35분 황주역 도착: 황해관찰사와 지방관 및 진신부로
  (縉紳父老)에게 칙어 반포

· 2월 2일 오전 11시 35분 황주역 출발

· 2월 2일 오후 3시 55분 개성역 도착, 경숙

· 2월 3일 오후 1시 개성역 출발: 만월대 관람, 학교 생도에게 칙론 선포 등

· 2월 3일 오후 3시 10분 남대문역 도착

· 2월 4일: 창덕궁 인정전에서 내외국인과 주임관 등의 문안

· 2월 6일: 통감관저(예장동) 방문113)

▲ 서북순행 양책역(국립고궁박물관 제공)

▲ 서북순행 정주역(국립고궁박물관 제공)

서북순행은 남순행에 비해 경숙(머물러 숙박하거나 역에 정차하여 하차하여 현지인들과 접촉할 수 있는 일정이 많았다. 출어 시에는 경성에서 평양을 거쳐 신의주로 직행하였으나 신의주에서 의주까지는 40여 리를 마차로 다시 이동하였다. 신의주는 경의선 개통으로 새로운 중심지가 된 곳이지만 조선왕조 내내 서북 국경의 중심지는 의주였다. 이에 순종은 의주까지 직접 행차한 것이다. 의주에서 다시 신의주로 와서 환어길에 올랐는데, 이때는 평양으로 직행하지 않고 정주역에 하차하여 순종이 칙어를 반포하고 이토 히로부미는 훈론을 발표하는 행사를 가졌다. 또한 정주역으로 가는 과정에 양책역과 선천역에도 잠시 정차하여 주민들과 만날 수 있는 기회를 가졌다. 정주역에서 평양에 도착한 후 단군릉, 을지문덕묘, 기자릉 등 조선왕조 및 한민족의 전통 및 역사를 상징하는 유적지를 방문하면서 온전히 1일을 평양 관람에 시간을 보냈다. 평양이 갖는 지역적, 역사적 의미가 그만큼 컸던 것이다. 평양을 출발해서는 황해도 중심지인 황주에 정차하여 또 칙어를 반포했다. 다시 황주를 출발하여 개성에 도착하여 하루를 머물면서 고려왕조의 왕궁 터인 만월대를 관람하고, 칙론을 선포하는 행사를 가졌다.

중국(청)과의 국경을 맞대고 있는 서북지역 순행은 통감부로서도 더 신경을 써야 했다. 순종을 앞세워 반일감정을 무마하고 통감정치의 정당성을 보여주려는 이벤트였는데, 평양과 개성은 조선왕조 이전 왕조의 도읍지였던 만큼 이에 대한 관심을 표명하며 식민지화에 대한 우려와 반감을 무마시키려 했던 것이다.

일제 통감부는 순종의 남순행과 서북순행이 이러한 목적에 상당한 효과를 거두었다고 판단하여 아직 순종이 순행하지 않은 지역도 순차적으로 순행할 계획을 발표했다. 먼저 1909년 4월에 강원도 춘천, 원주와 함경도 함흥, 원산 등 관북지역을 순행하기로 하였다.[114] 다음은 6, 7월에 지난번 남순행에서 가지 않았던 전라남북도 지역도 순행하겠다는 계획을 발표했다.[115] 그러나

1909년 4월 한일합방 방침이 밀의되기 시작하였고, 그 과정에서 6월 14일 통감 이토 히로부미는 일본 추밀원의장으로 전임하게 되어 순종의 추가 순행은 시행되지 않았다.

그러나 당시 한국인들의 순행에 대한 인식은 아직은 대한제국의 황제로서 위엄을 갖춘 순종을 볼 수 있다는 안도감과 더불어 이를 지켜내겠다는 강한 애국심을 불러일으켰다. 그러한 국민들의 열망에도 불구하고 그림자처럼 뒤따르는 통감 이토 히로부미와 삼엄한 경비를 명분으로 각지에 도열한 일본 헌병들을 보면서 망국의 먹구름 또한 직시할 수밖에 없었다. 이러한 상황에 대해 『대한매일신보』에서는 다음과 같은 논설을 게재하였다.

"이번 대황제폐하께서 서도에 순행하시는데 연로의 지방 각 관리가 일본국기 만여 개를 만들어 순사를 주어 많이 파송하여 각 장시와 도복의 려항에 횡행하며 태극국기 곁에 일본 국기를 함께 달라하고 한번 말하고 두 번 말하대 말할 때만다 크게 공갈하였으대, 저 일반 인민들은 다 그 머리 위에는 사천년의 창창하여 변치 아니하는 대한제국의 하늘을 이며 그 발아래에는 삼천리의 망망하여 무너지지 아니하는 대한제국의 흙을 밟고 그 눈으로는 대한제국의 일월을 첨앙하며 그 몸에는 대한제국의 우로에 걸쳐 대대로 대한국민이라 하는 정신을 가지고 오늘날 우리 대황제폐하께서 지방에 순행하사 우리 민정을 두루 살피시는 이 때에 우리 여러 백성이 당당한 우리 대한국기만 들지니 아무리 관찰사의 영갑이 엄하며 순사의 공갈이 심할지라도 우리 대한국기 곁에 또 다른 나라 국기가 와서 걸림을 허락하지 아니하리라 하고 만인이 한마음 한뜻으로 필경 순행하시는 연로에 몇 만개의 일본 태양기는 생색이 없이 물리치고 태극 팔괘 그린 대한국기만 황황히 홀로 빛을 띠고 섰으며 대한제국만세라 부르는 소리가 대황제폐하 만세라 부르는 소리와 함께 진동하니 단군의 옛 도읍에 밝은 날이 다시 밝고 동명왕 옛 사당에 초목이 두 번 봄을 만났도다.

장하다 동포의 국가 정신이여 개성에서부터 의주에 이르도록 천여 리 기간에 일반 인민이 서로 의론치 아니하고도 뜻이 같아서 그 일단 자국정신이 전신과 같이 통하며 철도와 같이 길게 벗치리. 허다한 관리의 하고자 하던 것이 일체로 시행치 못하였으니 오호라 그 누가 한국 사람의 애국심을 박하다 말하며 그 누가 한국 사람의 자국 정신이 약하다 하리오.

　우리가 이왕에는 항상 대한국기를 바라보고 슬피 눈물을 흘리며 말하기를 슬프다 너 대한국기여 너는 무슨 연고로 영국 십자기와 같이 오대양과 육대주에 널리 꽂치지 못하였으며 너는 무슨 연고로 미국의 사십팔성기와 같이 십삼도 안에서 영구히 빛나지 못하며 이태리국 삼색기와 같이 반도국의 영광을 날리지 못하며 아라사의 쌍솔개기와 같이 아세아와 구라파 대륙을 굽어보지 못한고 다만 동방 한 모퉁이에서 수치와 욕을 면치 못하고 있어서 서녁 하늘에 풍우가 일며 너의 다리가 흔들리며 너의 낯이 참담하여 너를 대하는 이천만 형제로 하여금 애곡함을 말지 아니케 하니 슬프다 너는 어느 때에나 나라 사기의 신령한 빛이 돌아오게 하며 국민의 권리를 붙들어 호위하리오 하고 눈물을 뿌렸더니 오늘날에 이르러서야 한국 국민의 국가 정신을 보니 네가 분발하여 일어날 때가 반드시 있으며 네가 빛을 날릴 날이 반드시 있으며 네가 독립할 날이 반드시 있으리로다."(『대한매일신보』 1909.2.7)[116]

2부

철도가 만든 여행과 관광

04

기차 타고 떠나는 여행

1) 전통시대 여행: 괴나리봇짐 지고 떠나는 도보여행

'여행'의 '여(旅)'는 본디 '이동하다' 혹은 '무리를 지어 옮겨 다니다'라는 뜻으로서 '이동'과 동일한 의미로 쓰였다. '이동'은 정주 생활 이전의 대다수 인간들에게 생존을 위한 본능적 행동양식이었다. 문명이 형성된 뒤로도 이동은 인간 생활의 불가결한 일부였으나, 차츰 영구적 '이주'로 이어지는 이동과 달리 귀환을 전제로 하는 '여행'이 새로운 개념으로 등장했다. 서양에서 '여행(travel)'의 어원은 '수고(travail)'라는 것이 통설이다. travel과 tour는 같은 어원에서 파생된 것을 자기 일상 생활권을 떠나 다시 돌아올 예정으로 타국이나 타지로 떠나는 이동 행위와 견문의 확대를 의미한다고 볼 수 있다.

한편 'tour(ism)'의 번역어로서 근대 동아시아에 정착된 '관광(觀光)'이라는 용어는 동양에서는 여행보다 훨씬 널리 사용된 것으로 보인다. 그 기원으로는 『주역』의 "관국지광이용빈우왕(觀國之光利用賓于王)"이라는 구절과 「상전(像傳)」의 "관국지광상빈야(觀國之光尙賓也)"라는 문구에서 확인할 수 있다. 크게 보아 이 용례는 한 나라의 사절이 다른 나라를 방문하여 왕을 알현하고 자기 나라의 훌륭한 문물을 소개하는 동시에 그 나라의 우수한 문물을 관찰함이 왕의 빈객으로 대접받기에 적합하다는 일종의 의전적인 개념이다. 한국 문헌에서는 최치원『계원필경집서』에 "인백이천지관광육년명승미(人百己千之觀光六年銘勝尾)"라는 글에서도 나타나고 있다. 이는 "남이 백 번하면 나는 천 번을 해서 '관광' 6년 만에 과거급제자 명단에 이름을 올리게 되었다"는 뜻이다. 여기서의 관광은 '당나라의 빛나는 선진문화를 보는 것'이라고 해석할 수 있어『주역』의 경우와 비슷하게 풀이할 수 있을 것으로 생각된다.[117)]

고려시대에는 서긍, 정도전의 개인 기록은 물론 고려사에서도 관광이라는 용례가 나타나고 있다. 조선왕조실록에는 관광에 관한 용례가 보다 다양하게 나타나고 있다. 우선 '관광상국(觀光上國)'이라 하여 중국의 제도나 문물을 보고 배우는 것 외에 과거 또는 과거를 구경한다는 뜻[觀國之光]과 임금이나 중국 사신의 행차를 구경한다는 의미가 있었다. 그리고 사찰 등 국내 유람을 의미하는 경우가 있으며, 왜의 사신들이 임금이 베푸는 연회에 참여하거나 사예(射藝), 방화(放火)를 참관하는 것에 관광이라는 용어를 사용하기도 했다. 이밖에 한양의 북부지명 중에 관광방(觀光坊)이 있었으며, 사대부의 부인들이 궐내를 구경하는 것을 관광이라고 하였다.[118)]

여행과 관광[travel/tour]이라는 용어의 차이를 보면, 서양에서의 여행은 '일시적인 타국이나 타지로의 이동'이라는 행위에 초점을 맞추고 있다면 동양에서의 관광은 '타국의 우수한 문물을 살핀다'는 내용에 초점을 맞추고 있다. 그러나 이것은 근대에 들어 여행=관광이 결합되면서 "경계를 넘어 타자와 대면하고 타자인식을 통해 자기 정체성을 변화시키는 문화적 공간체험"이라는 개념으로 정리해 볼 수 있을 것이다.

먼저 전통시대 동서양의 여행에 대한 인식과 그 실행 형태에 대해 살펴보자.

고대의 여행은 상업이나 종교상의 여행이 주류를 이루었으며, 그 외의

'관광여행'의 형태로 현대와 비슷한 여행이 행해지게 된 것은 그리스 시대라고 한다.[119] 이 시기 여행은 귀족, 군인, 종교인, 철학자 등 일부 권력층과 부유층 계급을 중심으로 시작되었다. 이 시기는 여행자들이 이용할 숙박시설이 발달하지 못하여 주로 민박이나 성지의 신전을 이용하였고, 교통수단은 가축, 범선, 수레바퀴 등이 있었지만 주로 도보여행이었다. 로마 제정시대의 사회적 안정과 경제생활의 진보는 권력자나 부유층 계급 사이에 '관광 욕구'가 싹트면서 '관광 현상'이 나타났다. 로마인들은 종교, 요양, 식도락, 예술 감상, 등산 등의 형태로 관광을 하였다. 이는 대제국 통치와 관리를 위한 교통의 발달과 밀접한 관련을 이루고 있었다.

고대 로마시대 귀족 계층을 중심으로 활발하게 이루어졌던 여행[관광]은 중세시대에 들어 양적으로 쇠퇴하고 그 여행 형태도 변화했다. 중세 유럽은 약 1,000년간 '암흑의 시대'로, 엄격한 종교 철학과 윤리가 모든 사람의 일상을 지배하여 세속적인 탐닉에 대한 제재와 절제를 강조했다. 정비되었던 도로는 황폐해졌고, 여행은 위험하고 인내를 요하는 것이었다. 이 시기는 종교적인 순례여행이 대부분이었고, 숙박시설도 수도원이나 교회가 이용되었다.

그러나 14세기부터 본격화된 르네상스에 의해 문화 활동이 활발해지고 여행활동에도 새로운 변화가 이루어진다. 14세기에서 17세기까지 지속된 문예부흥 시기는 농업생산성 향상과 도시의 부활, 교역의 증대, 신대륙의 발견, 예술문학의 발전, 신기술의 발전 등 혁신적인 사회변화가 일어난 시대이다. 이 시기 여행의 주된 동기는 자신의 경험과 지식을 확대하고자 하는 욕망이었다. 특히 대항해와 지리상의 발견은 인간 정신세계에 큰 변혁을 가져왔다.[120] 종래 종교적이며 초자연적인 사고에서 벗어나 합리주의와 실용주의적 사고가 싹트기 시작하면서 사람들은 여행에 적극적으로 나서기 시작했다. 16세기 초 나타나기 시작했던 그랜드투어가 활발히 진행되었는데, 그 참여자는 귀족, 문호, 시인, 귀족의 자녀들이었으며 영국 사람이 많았다. 투어 참여 동기는 대부분

교육 목적이었다.[121]

전통시대 동아시아 사회는 서유럽 사회와는 달리 중앙집권적인 통제와 토지를 생산력의 근간으로 살아가는 정착적 농경사회였기 때문에 상대적으로 사회적 이동이 자유롭지 못했다. 또한 교통수단 및 도로의 미발달은 이러한 상황을 뒷받침했다. 그러나 신비로운 자연 풍광이나 새로운 문물, 역사적 유물을 살펴보고자 하는 지적 욕구와 호기심으로 많은 불편을 감수하면서 여행을 떠나고자 하는 이들도 있었다.

조선시대는 양반 사대부들이 여행의 주요한 주체였다. 조선의 양반 사대부들은 자신의 여행 체험을 산문 형식의 기행문으로 남겼다. '유람기(遊覽記)' '유산록(遊山錄(記))' '별곡(別曲)' 등이 그것인데, 대체로 첫머리에 유람의 목적, 동행인을 기술한 다음 날짜별로 유람을 하면서 견문한 것을 기록하는 일정한 형식을 취하고 있다.[122]

이 시기 사대부들이 가장 즐겨 찾았던 곳은 금강산이었다. 금강산 여행을 떠났던 사대부들의 여행 당시의 연령은 고른 분포를 보이고 있는데, 대개 30대 이전 관직에 오르기 전에 여행을 떠났고, 40대 이후는 관직에서 잠시 물러나거나 은퇴한 후 금강산을 방문하였다. 이들이 금강산을 찾았던 이유는 첫째, 금강산의 아름다운 산수를 감상하기 위한 것이었다. "중국인들도 고려에 태어나 금강산을 직접 구경하는 것이 소원인데 바로 이 나라에 태어나 금강산을 한 번 구경하지 못한다면 되겠는가"라고 할 정도로 금강산의 멋진 비경은 평생 한번은 찾아보고 싶은 최고의 이상향이었다. 둘째, 금강산 여행을 공부의 한 수단으로 삼아, 심신을 수련하기 위함이었다. 특히 당시 붕당정치의 과정에서 고통스런 현실을 겪어야 했던 양반층은 이 여행을 통해 마음을 정화하고자 하였다. 셋째, 금강산에 축적되어 있는 문화유산을 체험하기 위한 것이었다. 금강산은 아름다운 경치뿐만 아니라 신라, 고려의 역사와 관련된 전설과 불교 문화재를 곳곳에 지니고 있는데, 이를 직접 찾아보고 재음미해 보고자 하였다.[123]

서울에서 출발하여 금강산에 이르는 여정을 살펴보면 樓院(누원 / 양주) – 祝 石嶺(축석령 / 포천시 소흘읍) – 梁文驛(양문역 / 영평) – 豊田驛(풍전역 / 철원) – 金化邑治(김화 읍치) – 直木驛(직목역 / 철원 갈말읍) – 昌道驛(창도역 / 금성)까 지 동일한 노선을 따라갔다. 이 길은 조선시대 6대로 중 제2로인 '경흥로(慶興 路)'의 일부 구간이다. 창도역까지 동일한 길을 온 여행자들은 목적지에 따라 일부는 해금강으로, 나머지는 단발령을 넘어 내금강에 도착했다. 서울로부터 소요 기간은 해금강까지는 8일, 내금강까지는 6~7일이 소요되었다. 금강산 내 에서의 경로는 크게 내금강, 외금강, 해금강으로 삼분되었는데, 20명 중 9명이 여행한 내금강 – 외금강 – 해금강의 노선이 가장 일반적 경로였다. 다음은 6명 이 선택한 해금강 – 외금강 – 내금강 – 외금강 – 해금강 노선으로 동해안에서 출 발한 사대부들이 이용하였다. 금강산 내의 체재 기간은 최소 6일에서 최대 21 일 정도였다고 한다.[124]

이렇게 금강산을 찾아가기 위한 교통수단은 시대에 따라 차이가 있었다. 길이 험한 금강산에서는 말을 타기 어려웠기 때문에 조선전기 여행자들은 모두 도보로 금강산을 유람했다. 그러나 16세기 후반부터는 '남여(藍輿)'를 이 용하기 시작했는데, 남여를 메는 일은 대부분 승려가 담당했다. 18세기 말에 이르면 금강산뿐만 아니라 단발령을 넘는 데도 남여를 이용하였고, 여기에는 주변의 일반 백성들이 동원되었다.[125]

한편 조선시대에는 왕이 지방 관료를 임명하고 그에 대해 임무를 부여하여 지방에 파견하여 부임토록 했다. 이에 따라 관료들의 공무여행도 많이 이루어 졌다. 유희춘(柳希春)의 『미암일기(眉巖日記)』[126]에서 그가 한 여행을 살펴볼 수 있다. 그의 여행은 사적인 여행과 공무 여행으로 구분할 수 있는데, 16회에 걸친 공무여행은 전라감사로서 군현의 순시, 예조참판으로서 능의 관리와 참 배, 산제의 봉행 등을 목적으로 하였다. 유희춘이 여행한 경로를 살펴보면, 가 장 많이 오간 서울~담양 간의 여정에 '해남로'를 이용한 것을 비롯하여 주로 국 가가 관리하는 주요 간선도로를 이용하였다. 그 이유는 간선도로가 대개 직선

루트로 이루어져 가장 빠른 길이기도 했지만, 그보다는 길가 곳곳에 역(驛), 원(院) 등의 편의 시설이 잘 갖추어져 있어 중간에 말을 갈아타고 숙식을 하는데 가장 편리했기 때문이다.[127]

전통시대에도 많은 사람들이 여행을 떠났다. 각 시대별로 그 문화적 욕구와 환경을 바탕으로 여행이 이루어졌다. 그러나 여행에는 경제적, 시간적 여유가 전제되어야 했기 때문에 여행에 참여할 수 있는 계층은 한정되었다. 동양에서의 여행은 '관광'이라는 용례에서처럼 단순히 다른 곳을 이동한다는 활동뿐만 아니라 새로운 것에 대한 학습과 체험을 목적으로 하는 지적 욕구에 기반하고 있었기 때문에 지식인층이 주요 여행의 주체가 될 수밖에 없었다. 그러나 당시 지식인들의 세계관은 성리학적 세계관이었기 때문에 여행에도 '성리학적 유람관'이 바탕이 되어 정적이고 사색적이며 절제적인 형태로 이루어졌다. 여행 자체가 하나의 수행 과정으로 여겨졌다. 또한 교통수단의 미발달로 도보 여행이 주였고, 이후 가마남여를 이용한다 하더라도 도보의 속도를 벗어나지 못했다. 따라서 여행은 여유와 한가로운 과정으로 주변의 경치를 충분히 살피고 그에 대한 기록을 남기는 행위까지 여행일정에 포함되었다. 그것은 일상으로부터 벗어난 휴식과 노는 시간이었고, 그를 통해 심신을 수양하고 자신을 재충전하는 과정으로 활용했던 것이다.

2) 근대여행의 견인차, 철도

여행의 확대와 대중화

근대는 여행의 주체와 목적, 경로 등이 다양해지면서 여행의 빈도 또한 폭발적으로 증가하는 시기다. 여행은 정치, 외교, 혁명사 혹은 제국주의 팽창사의 구성요소로서 중요한 비중을 점하게 된다. 여기에는 여행의 하드웨어와 소프트웨어 양 측면에서 일어난 세계사적 '혁명'이 그 배경으로 작용했다. 산업혁명에 의해 철도와 여객선 등의 정기운항 네트워크가 정비됨으로써 쉬벨부쉬(Wolfgang Schivelbusch)가 말한 '시간과 공간의 말살'이 가능해진 것은 하드웨어의 혁명 때문이었다. 이러한 변화는 종래 유럽의 '그랜드 투어'로 상징되듯이 소수 지배층이 여행을 독점해오던 상황을 종식시키면서 대중적인 차원의 다양한 정보매체들[여행안내서, 여행지도, 여행업체, 상품화된 여행기]이 등장하는 소프트웨어의 혁명을 수반했다. 이 '이중혁명'에 의해서 근대의 여행은 세계사적 지평을 획득하게 된다.

18세기 이후 산업혁명에 의해 교통기관의 발달, 개인소득의 증가, 봉건제도의 붕괴 등으로 여행의 자유화가 다시 부활되었다. 생산방식이 인력에서 기계로 전환되면서 노동생산성이 급격히 향상되어 농촌문화에서 도시문화로 바뀌게 되고 중산층의 빠른 성장, 높은 교육 수준, 기계화 등으로 인한 여가시간 증가와 레크리에이션에 대한 수요 증가, 교통수단 발달 등의 경제적 사회적 변혁은 전반적인 사회구조에 새롭게 나타났다.

근대 여행의 확대와 대중화에는 19세기 철도의 개통이 가장 강력한 도화선이 되었다. 1825년 9월 27일 영국의 스톡턴에서 달링턴 구간에 최초의 철도가 개설되었다. 1829년 미국이 그 뒤를 이었고, 미국의 긴 선로망은 거대한 대륙이 하나가 되는 데 도움을 주었다. 1831년 이후 프랑스에서, 1835년 이후 벨기에와 독일에서, 1837년 이후 오스트리아와 러시아에서, 1839년 이후 네덜란드와 이탈리아에서 정기적으로 기차들이 왕래하기 시작했다. 1843년 사람들은 기차를 타고 독일과 벨기에 국경을 통과했다. 1851~1852년 칠레와 페루에 선로가 생겼고 아프리카와 아시아의 일부 지역이 영국과 프랑스의 식민지 철도에 의해 개척되었다. 일본에서는 1870년, 중국에서는 1880년 철도가 생겼다. 여러 갈래의 선로, 다리, 구름다리, 터널이 세계의 모습을 완전히 변화시켰다.

첫 기차 승객들은 놀라지 않을 수 없었다. 당시만 해도 사람들은 호메로스가 살던 시절처럼 여행을 했다. 1840년 스위스의 야코프 부르크하르트는 베를린에서 "기차 여행은 매우 재미있다. 정말 새처럼 날아간다"라는 글을 보냈다. "지나가는 사물과 나무, 오두막 등을 결코 제대로 구분할 수 없다. 다시 둘러보려고 하는 순간 이미 모든 것이 지나가버렸다." 이와 함께 이런 '악마의 작품[기차]'에 대한 불안과 근심, 염세적인 예언도 쏟아졌다. 하노버의 선제후는 "나는 구두장이나 양복장이가 나만큼 빨리 여행할 수 있기를 원하지 않는다"고 심하게 반발했다. 그러나 H. C. 안데르센은 유럽을 거쳐 동양으로 가는 기차 여행에서 아주 큰 감명을 받았다. "마법의 말을 마차 앞에 끼워 넣는다. 그러면 공간은 사라진다. 우리는 구름처럼 폭풍우 속을 날아간다. 마치 철새가 된 것 같다! 우리의 거친 말은 헐떡이며 헉헉거린다. 말의 콧구멍에서 검은 연기가 나온다. 메피스토펠레스라 해도 파우스트와 함께 망토를 타고 이보다 더 빨리 날아갈 수는 없으리라! 오늘날 우리는 마법을 부리는 중세의 악마만큼 강하다. 우리의 명민함은 악마를 따라잡았다."[128]

1830년 베를린에서 마크데부르크까지 여행은 이틀이 걸렸다. 그러나 기차로는 불과 다섯 시간밖에 걸리지 않았다. 여행의 속도는 더욱 빨라졌다. 세계는 더 작아지고 인생은 더 길어진 것처럼 보였다. 1843년 파리에서 하인리히 하이네는 새로운 철도가 시간과 공간의 기본 개념을 흔들어 놓았다고 썼다. "오를레앙까지 가는 데 이제 네 시간 반이 걸린다. 루앙까지도 마찬가지다. 벨기에와 독일 노선이 생기고 그곳의 기차와 연결되면 앞으로 어찌될 지! 마치 모든 나라의 산과 숲이 파리로 다가오는 것처럼 보인다. 나는 벌써 독일의 보리수 향기를 맡고 있다. 북해의 파도가 내 집 문 앞에서 부서지고 있구나!"[129]

철도는 관광 교통의 급격한 발전을 위한 전제조건을 만들어주었다. 기차의 속도와 정확성, 또 갈수록 좋아지는 성능 덕분에 여행은 변할 수 있었다. 기차는 한꺼번에 많은 사람들을 왕복해서 운송할 수 있는 최초의 교통 수단이었고, 그것은 조직적인 관광여행이 뿌리내리도록 도와주었다.

1800년경 tourism이란 말이 생기는데, 영국인 사무엘 페기(Pwgge, S)라는 인물이 traveller(여행자)를 tourist라고 부르고 1811년 영국의 『Sporting Magazine』이라는 잡지에 travel을 tourism이라고 표기한 데서 비롯되었다.[130] 이 '관광여행 Tourism'이란 단어가 19세기 초에 독일에 들어왔다. 이 단어는 1800년 영국에서 처음 사용되었으며 1830년에는 독일에 뿌리를 내렸다. 스탕달의 『여행자의 회상기』(1838)로 '관광객 tourist'이란 단어도 일반화되었다. 그러나 기차와 증기선의 기술적 발전과 교통망 확대, 그로 인한 여행사의 확장과 더불어 비로소 조직적인 관광여행과 '관광 계층'이 생겨났다. 부유한 상류층과 수백만의 노동자층 사이에 있는 이른바 '여행하는 중산층'을 말한다.

"한 번 운행에 6백 장의 승차권, 라이프치히와 드레스덴 구간을 운행하는 노란 급행 역마차가 그만큼의 승객을 수송하려면 마차의 객차가 217개 이상은 필요할 텐데"라고 1838년 한 목격자가 말했다. 동시에 여행 비용은 더 저렴해졌다. 1/5에서 1/10까지 운송비가 줄었는데, 그것은 차츰 '여행의 민주주의'를 가능하게 했다. 이제 폭넓은 계층이 여행을 할 수 있게 되었다.[131]

영국의 목수이자 순회설교사인 토머스 쿡은 새로 등장한 철도의 잠재력을 안 최초의 인물이었다. 그는 또한 최초로 단체 여행을 기획했다. 그는 더비~럭비 철도구간에서 할인된 가격으로, 즉 한 사람당 1실링의 요금을 받고 특별여행을 조직했다. 1841년 7월 5일 570명이 레스터에서 러프버러까지 왕복여행을 했는데, 이 여행에는 지역관광과 휴식 시간이 포함되어 있었다. 이런 철도여행으로 현대 관광여행의 역사와 상업적인 여행사의 역사가 시작되었다.

토머스 쿡의 여행사는 대중 수송을 위해 열차와 선로를 이용했다. "우리는 만인을 위한 열차를 운행합니다(We must have railways for the millions)" 는 그가 좋아하는 말 가운데 하나였다. 그는 끊임없이 새로운 특별여행을 개발했다. 젊은이들을 위한 짧은 여행, 일 때문에 낮에는 여행할 수 없는 노동자를 위한 '달빛 여행'과 가벼운 여행거리를 개발했다. 기록적으로 많은 여행객이 관람한 1851년 런던 만국박람회 방문은 쿡이 개발한 특별여행의 대표적 사례였다.[132]

기차의 등장으로 인한 여행의 대중화와 함께 여행의 패턴도 변화되었다. 즉 여행 방식과 여행복, 여행 화물도 달라졌다. 19세기 독일 작곡가 베버의 아들이자 기술자인 막스 폰 베버는 1855년 파리~런던 급행열차의 여행객에 대해 다음과 같이 묘사했다. "새로운 운송 방식은 여행복에서도 놀랄 만한 영향을 끼쳤다. 아버지 세대들이 역마차를 탈 때 입던 큰 회색 외투와 두건, 털모자, 두꺼운 장화와 잿빛 모직양말을 기억하지 않을 사람이 있을까? 그들은 제일 나쁜 옷을 입고 여행을 했다. 그러면 마차에서 먼지투성이가 되고 심하게 구겨져도 괜찮았다. 옷에는 어머니와 아주머니들이 세심하게 종이에 싸준 버터빵과 차가운 음식, 장식술이 달린 짧은 파이프를 넣을 넓은 호주머니가 있어야 했다. 트렁크는 나무로 만들어져 무거웠고 네 모퉁이에는 쇠장식을 박았다. 사치스런 여행 가방은 생각하지도 못했다. 지니고 있어야 할 물품은 작은 다발로 포장하거나 마차용 가방에 잘 넣어 두었다. 심지어 여성들까지도! 두건을 쓰고 펠트 신발을 신고, 면직물 외투를 입은 여자들은 아름답지 않았다. 그들은 되도록 보기 흉하게 분장했는데, 우아함과 날씬한 허리가 불러들일 수 있는 위험을 방지하기 위해서였다.

하지만 오늘날 이 모든 것이 달라졌다. 가볍고 짧은 옷, 반짝 반짝 윤이 나는 장화, 딱 맞는 가죽장갑, 모자 혹은 선원모, 어깨에 큰 플레이드, 한 손가락에는 작고 우아한 알프스 영양가죽 가방, 화장실 요구와 오페라 글라스, '여행책자'를 지닌 신사가 마차(기차)로 껑충 뛰어올라온다. 착 달라붙어 요염한 짧은 옷, 반짝이는 머리 뒤쪽에 최신형 작은 모자 가벼운 외투를 펄럭이고 허리띠에 작은 향수병과 긴 손잡이가 달리 안경, 수많은 사람들 앞에서 마차에 오르기 쉬운 잘 맞는 신발을 신은 숙녀가 디딤대를 딛고 마차로 올라간다." 안전한 선로와 편안한 열차 객실 덕분에 여행은 만족스러웠다.133)

역에는 호텔이 생겼고, 기차도 역마차와 비슷한 무개형 기차들이 현대식 기차에 자리를 양보했다. 1876년 창립된 미국의 '풀먼 팰리스카 회사 Pullman's Palace Car Company'에서 공급하기 시작한 편안한 객차들이 점점 더 많은 선로에 투입되었다. 침실과 오락실, 휴게실이 있는 열차였다. 1875년 승객들이 어디에 앉든 큰 창을 내다볼 수 있도록 회전 안락의자가 설치된 '특실객차'가 설계되었다. 또한 밤 여행은 지금까지 거의 갈 수 없었던 먼 도시와 지방들을 좀 더 가깝게 만들어주었다. 하지만 이러한 기차 이용에는 계층에 따른 위계가 있었다. 군주와 국무총리, 북미의 기차 소유자들은 편안한 응접실 객차가 딸린 특별 기차를 전용역이나 플랫폼에서 이용했다. 그러나 일반 여행자에게는 역 구내 휴게실과 음식점, 대기실의 계급 구분과 실내 설비에서 큰 차이가 나는 1등실에서 4등실까지 있는 객차가 있었다.134)

철도의 등장으로 여행은 전통시대의 여유와 한가로움, 사색, 관조 등의 개념과는 다른 양상을 드러냈다. 철도 여행은 인간의 공간감각을 뒤흔들었다. 도보 여행에서 인간이 능동적인 형식의 망상에 빠져 든다면 기차나 자동차는 육체의 수동성과 세계를 멀리하는 길을 가르쳐준다. 기차 여행은 목표지점에 대한 일직선적인 도달만을 욕망할 뿐, 그 중간 과정은 어쩔 수 없이 견뎌야 하는 잉여의 이동일 뿐이다.

18세기 문화적인 정점에 이르렀고, 여행 소설이라는 문학적 장르에 남아 있는 밀도 있는 여행은 열차로 인해 종식되었다. 속도, 풍광을 관통해 나가도록 해주는 수학적인 일직선성은 여행자와 그 여행자가 가로질러 여행하는 공간 사이의 내적인 관계를 파괴해 버렸다.135) 이제 기차는 총알로 비유되어 "총알보다 겨우 4배 정도 느린 속도로 달린다"라고 묘사되었다. 기차가 총알로 비유되듯이 여행은 풍광을 관통하여 발사된 어떤 것처럼 체험되고 보고 듣는 것들을 지나쳐 버리게 되었다.

감정상 균형이 잡힌 개인에게는 하루에 16~19㎞를 넘지 않은 여유 있는 도보여행이 가장 편안한 방식의 여행이라고 한다. 즉 여행은 정확히 속도에 비례하여 단조로운 것이 된다. 여행이 속도에 비례하여 단조로워진다는 것은 19세기 당대 사람들의 열차 여행에 대한 평가에도 나타나고 있다. 그러나 기차는 또 다른 새로운 풍경을 연출했다. 단조로운 풍경이 기차로 인해 미적으로 매혹적인 시점, 즉 "파노라마처럼 펼쳐지는 풍경"을 만들어 낸 것이다.

철도를 시작으로 증기선, 자동차의 등장은 여행의 대상지를 점점 확대해 갔다. 같은 시기 등장한 서구 제국주의의 전 지구적 팽창 속에서 여행은 '제국의 시선'[Imperial Eyes]으로 접속되었다.

한국 근대여행의 시작: 근대문명의 수용을 향한 여정

동아시아의 경우, 근대의 여행은 '제국의 시선' 아래서, 또 이에 맞서 서구적 국민국가를 수립해 나가는 가운데 그 역사적 의미가 변모된다. 서구 제국주의의 침략수단인 철도가 국내 여행의 인프라로 기능한다고 하는 모순된 현실 속에서, 여행은 자신이 귀속된 혹은 귀속되어야 할 공간으로 끊임없이 회귀한다. 즉 자기 정체성의 터전인 국민국가와 국민문화를 전제로 타자와의 만남과 비교가 이루어진다는 데서 근대 여행의 특징을 찾는다면, 동아시아 근대의 여행에는 국민국가로 나아가기 위한 도정(道程)의 의미가 부각될 수밖에 없었다. 근대 초기 동아시아 각국 지식인들의 서구 여행은 그 전형적인 사례다. 일본의 이와쿠라(岩倉) 사절단으로 대표되는 집단적 여행에서부터 개별적 여행에 이르기까지 각종 공식·비공식 차원의 여행들은 일종의

'지적 순례'라는 의미를 지녔다.

한국에서 근대적 여행[관광]은 개항 이후 근대적 문물이 수용되면서 시작되었다. 여행의 중요성은 부국강병과 관련된 지식인들의 의지에서 출발했다. 이제 세상을 알고 그것을 통해 자신이 속해 있는 국민국가의 발전을 도모하기 위해 견문을 넓혀야 했다. 따라서 여행은 지식인들이 해야 할 하나의 과제였다. 국가적 차원에서 '조사시찰단' '영선사'를 일본과 청에 파견했고 '보빙사'를 미국에 파견했다. 특히 일본과 서구 지역에 대한 여행은 선망의 대상으로 선진적 문물을 보고 배우는 첩경이라는 긍정적 인식이 확산되었다.

개항 이후 국내인들의 외국여행은 주로 외교관 및 고관, 왕족 등의 여행이 대부분으로, 민영익, 박정양, 민영환, 유길준, 윤치호, 박영효, 영친왕 등의 경우가 대표적이다. 1887년 주미전권공사 박정양은 관원들을 이끌고 미국을 방문했고, 민영환은 1896년 러시아 황제 대관식에 특명전권공사로 임명되어 세계일주를 할 수 있는 기회를 가졌다. 이밖에도 1898년 영친왕이 일본과 미국을 여행하였고, 1900년에는 학부협판 민영찬이 파리박람회에 참석했다.

이 시기에 해외 유학이 시작되고 있었는데 1897년 일본 유학생은 77명, 1902년 미국 유학생은 뉴욕 5명, 로스앤젤레스 8명, 기타 지역 10명, 오하이오 대학에 1명이었다. 그러나 당시까지 한국인의 해외여행은 매우 미약한 수준이었고, 오히려 조선을 찾아오는 일본인 여행자 수가 압도적으로 많았다. 1905년 42,460명이었던 재조일본인 수가 1910년 말에는 171,543명으로 증가했고 연평균 2만 2천 명 정도가 조선을 방문한 것으로 나타나고 있다. 반면 조선인의 경우는 1915년 말 일본 거주 조선인이 약 4,100명 정도에 불과했다.[136)]

1899년 경인철도 부설을 시작으로 한반도에 철도가 부설되기 시작하면서 국내 여행은 철도를 통해 이루어지는 경우가 많았다. 최남선은 1909년 『소년(少

年)』에 발표한 기행문 '교남홍과(嶠南鴻瓜)'와 '평양행(平壤行)'에서 최초로 철도 여행에 관한 이야기를 소재로 삼았다. 근대 문물의 수용과정에서 지식인들은 여행에 대한 긍정적 인식을 확산시키고자 했다. '쾌소년세계일주시보(快少年世界一周時報)'라는 글에서는 세계의 실상을 시찰하여 지견과 안목을 넓히고자 세계일주를 떠나는 최건일이라는 가상 인물을 내세워 고대에는 우리 민족이 흥국민이었으나 오늘날 나약하게 된 것은 여행을 싫어하기 시작한 것에 원인이 있다고 강조한다. 이를 극복하기 위해서는 여행을 장려하는 '여행성(旅行誠)'을 왕성하게 하는 것이 중요하며, 진정한 지식과 온갖 보배로운 것을 다 제공하는 여행을 소년들에게 권장하고 있다.137)

05

일본제국의 확장과 식민지배 선전의 장으로서의 '관광'

1) 식민자의 제국의식 확산: 일본인의 해외관광

근대 동아시아에서는 전통적인 중화질서를 뒤엎고 서구 제국주의 열강 침탈에 적극적으로 대응하며 그것을 수용한 일본이 중심세력으로 성장하였다. 근대 일본은 서구적 근대사회로의 전환 과정에서 한발 더 나아가 발빠르게 제국주의로 전화해 갔다. 청일전쟁을 분수령으로 국민국가 수립[홋카이도와 오키나와의 내부 식민지화 및 불평등조약으로부터의 이탈]과 식민지 영위[타이완 식민지화]가 일시에 달성되면서 제국주의로의 조숙한 전환이 이루어진 것이다. 이러한 일본의 제국주의화는 주변 국가에 대한 침략이 전제된 것으로, 일본의 근대 국민국가 건설은 전쟁을 자양분으로 이루어졌다. 이를 실현시켜 준 청일전쟁과 러일전쟁의 전장(戰場)은 일본 열도가 아닌 한반도와 만주 지역이었다. 그 결과 조선은 일본의 식민지로 전락했고 만주 역시 일본제국주의의 급격한 팽창 속에서 일본제국권의 경계로서 그 자장권에 편입되었다.

일본제국의 지배자들은 근대 국민국가의 일원이 된 일본인들에게 '제국의식'138)을 심어주며 성장하는 민권의식을 국권으로 수렴해 갔고, 침략의 첨병이자 후원자로 성장하게 했다. 이 과정에서 제국 일본의 시선을 탄생시키고 확대시켜 가기 위해 고안해 낸 것이 '해외관광 여행'이었다. 일본 열도를 벗어나 한반도와 만주, 중국 대륙까지 나아갈 수 있었던 결정적 계기는 증기선의 등장과 철도 부설이었다. 특히 한반도에 부산~서울[경부선]과 서울~의주[경의선]의 종관 철도와 만주에 부설된 철도망이 연결되면서 일반 대중들이 '제국'을 돌아보는 여행에 나설 수 있게 되었다.

1876년 조선 개항부터 1904년까지 일본에서 조선으로 건너온 자는 연평균 2,686명에 이르렀고, 한국을 강제 병합한 1910년 말 재조선 거류 일본인은 17만 명에 달했다. 1890년대까지 일본인 조선 도항자는 천 명을 밑돌았지만139) 청일전쟁을 전후하여 일본에서 조선에 대한 관심이 급증하면서 조선을 여행한 사람들이 여행기를 출판하기 시작했다. 이 여행기에 묘사된 조선상이 전쟁과 맞물려 일본인들의 '제국의식'을 형성해 가는 데 큰 역할을 했을 것으로 판단된다.

먼저 조선을 방문하고자 하는 사람은 여권을 발부받아야 했다. 일본 외무성은 1878년 2월 '해외여권규칙'을 제정하여 여권은 외무성과 개항장의 관청에서 발급하도록 규정했다. 조선으로 도항하는 자는 히로시마, 야마구치, 시마네, 후쿠오카, 가고시마, 나가사키현 지청에서도 여권을 발급받을 수 있게 되었다.

당시 조선으로 가는 교통편으로는 2대 해운회사인 일본우선회사(日本郵船會社)와 오사카상선회사(大阪商船會社)가 운행하는 정기 여객선이 있었다. 전자는 고베-시모노세키-나가사키-부산[원산, 인천]을 연결하는 노선과 나가사키-부산-인천[원산]을 연결하는 두 노선을, 후자는 오사카-시모노세키-부산[인천]을 연결하는 노선을 운행하고 있었다. 일본우선회사의 나가사키-부산 편도 선임은 1등석 12엔, 2등석 8엔, 3등석 3엔 50전이며, 원산과 인천까지는 이 요금의 2배였다. 시모노세키에서 부산까지는 약 12~13시간, 나가사키에서 부산까지는 약 16시간, 부산에서 한성까지는 육로로 이동하여 총 12~13일이 소요되었다.

부산에 도착하여 조선을 2주일간 여행하고 돌아갈 경우, 3등석을 기준으로 해도 최소한 34~42엔의 경비가 들게 된다. 이것은 당시 일본 공무원 한 달 치 초임 급료의 70% 수준에 달했다. 이로 볼 때 조선 여행은 중류 이상에 속하는 사람이어야 가능했다. 실제로 여행기를 남긴 사람들은 조선 주재 관원, 고등교육을 받은 학생, 교사, 신문기자 등 어느 정도 학식 있는 사회의 중류층에 속하는 사람이 대부분이었다.[140]

청일전쟁 이후 한국을 여행한 일본인들은 여행기를 통해 문명화와 대비되는 야만성으로 한국의 불결함을 강조했고, 한국인의 게으름과 무기력, 정치적 부패 양상을 부각시켰다. 또한 임진왜란의 흔적을 톺아가며 일본제국의 침략을 합리화했다. 이러한 인식은 러일전쟁 종결 후 출간된 여행기에서 한층 더 차별적인 어조를 띠고 기술되고 있다. 한국의 관리를 부정부패와 태만의 상징으로 그리고 한국인의 가옥을 집이 아니라 '굴'이라 하는 게 낫다고 하며 한국인의 불결함을 '하늘로부터 물려받은 천성'으로, 한국인이 건장한 이유를 그들의 '무신경'에서 구하고 있다. 이러한 야만의 상태를 구제하기 위해 한국에 대한 '보호, 계발'을 게을리 해서는 안 된다며 일종의 '개발'론을 전개해 갔고, 이것은 식민화의 논리였다.[141]

러일전쟁 취재 스웨덴 종군기자 아손 크렙스트의 여행기에는 기차를 타고 가며 본 철도 연변의 풍경, 정차한 도시[대구, 공주, 수원 등]의 풍경과 삶의 모습, 함께 경부선 열차에 동승한 일본군 장교와의 대화가 기록되어 있다.[142] 일본군 장교와 아손 크렙스트의 대화는 식민자의 오만과 멸시, 고된 한국의 현실이 묻어나 있다. 철도 연변의 한국 농촌 풍경, 굉음을 내며 달리는 기차에 혼비백산하는 농민과 아이들도 볼 수 있다. 그 와중에 가난한 농가의 모습과 부실한 교량에 대해서도 언급하고 있다. 낯설고 새로운 한국이라는 공간에 대한 서양 이방인의 애정과 멸시가 교차

하는 시선을 볼 수 있다.

"내가 탄 객실에서는 유일하게 한 사람의 동승자가 있었는데 그는 일본군 장교로서 당번병의 도움을 받아 난로 옆의 바닥에 편안한 자리를 마련하고 있었다. 몇 장의 담요를 깔고 그 위에 조그마한 사각형 방석을 놓더니 양반다리를 하고 앉았다. 그 후 담뱃불을 붙여 한 대 물더니 창밖 경치에는 아랑곳 하지 않고 일본 신문을 펴들고는 열심히 읽어내려 갔다.

그러나 창밖으로 지나가는 경치는 매우 관심을 끌 만했다. 철로의 양편으로 정성을 들여 평평하게 고른 논이 보였고, 논 주위로 길이 잘 나 있었으며 크고 작은 개천이 미로를 이루면서 꾸불꾸불 흐르고 있었다. 들 한가운데에는 여기저기 회색의 촌락이 옹기종기 모여 있었다. 회갈색 지붕은 보트를 엎어 놓은 모양으로 밀집을 엮어 만들었고 벽은 더러웠으며 원시적인 농기구들의 모퉁이에 쌓여 있어 빈촌이라는 인상을 주었다. …

기차가 경적을 울리면서 달려가자 그들은 하던 일을 멈추고 혼비백산하여 근처 숨을 곳을 향해 뛰었다. 초록과 빨강의 외투를 입은 아이 몇 명이 비명을 지르면서 그들 뒤를 따랐다. 기차가 무시무시하게 보였던 모양이다. 강을 가로질러 두 마을 사이를 잇는 얇은 통나무로 된 휘청거리는 다리가 있었는데, 다리 가운데 부분을 통나무 하나가 받치고 있었다. 기차가 철거덕거리면서 달려가자 건너편 강가에 있던 한 무리의 사람들이 겁을 집어먹고 다리를 건너기 위해 서둘러댔다. 갑작스런 북새통에 이 조그만 다리가 무너져 20여 명이 물 속으로 빠져 버리고 말았다. 그들이야 어쨌든 보는 이에게는 우스꽝스러운 장면이었다. 그들은 비명을 지르면서 뭍으로 올라오기 위해 혼신의 힘을 다했다.

코레아의 시골에서는 다리를 튼튼하게 짓지 않는다. 좁은 데다 난간조차 없다. 이 다리들은 보통 약한 재목 위에 가는 막대와 지푸라기 그리고 나뭇가지를 깔고 그 위에 진흙을 덮어 만든다. 봄과 가을에 간단하게 수리를 해 파인 구멍 등을 메운다. 그러나 보수공사라고 해야 보잘것없이 아무렇게나 하기 때문에 비만 한 차례 쏟아져도 무너지기 일쑤이다. 그 도도한 강을 따라 몇 시간 동안 달리자 철로는 북쪽으로 꺾였다. 창밖의 경치는 또 한 차례 모습을 바꾸었다. 산이 점점 험준해졌고 선명한 붉은 색 나무 둥치의 침엽수림들 사이로 깎아 세운 듯한 암벽들이 그 시커먼 모습을 드러냈다."

이제 아손 크렙스트는 지루한 기차 여행의 동승자 일본인 장교와 이야기를 나눈다. 러일전쟁을 통해 한국에 대한 식민지배가 실현되어가는 제국주의 일본의 장교는 정체와 낙후, 사대, 게으름을 한국인의 특성으로 언급하며 일본의 한국 식민지배를 합리화하고 있다. 또한 그들이 부설한 경부철도가 유라시아 대륙 철도의 일부로서 군사적, 경제적으로 상당한 역할을하게 될 것이라는 자부심을 내보이고 있다. '일본인 땅딸보 대위'는 오만한일본제국주의의 표상이었다.

> "창 너머로 계속해서 바뀌는 경치의 파노라마를 보다 지쳐 난로 바로 곁의긴 의자에 주저앉은 나는 도시락 주머니를 풀었다. 그런데 일본인 땅딸보 대위가 나를 자기의 호화판 식사에 초대하는 호의를 베풀었다. 이 대위는 압록강 도강 때 입은 상처로 일본으로 후송되어 치료를 받은 후에 여순항 밖에 위치해 있는 본대로 귀대하는 길이었다. 그는 주저하는 기색 없이 러시아 군인의 용맹스러움에 감탄했으나 이 전쟁 발단의 무대가 되고 있는 우리가 현재 종단하고 있는 나라의 민족에 대해서는 별로 좋은 말을 하지 않았다.
> "망국의 운명에 처한 민족이지요" 이어서 그가 말했다.
> "장래성이 없고 중국인보다 더 엉망인 민족입니다. 1천 년 전 잠든 바로 그자리에 아직도 머물고 있습니다. 더 나쁜 건 잠에서 깨어나려 하지 않는다는 것입니다. 자신의 다리로 일어나기를 원치 않으며 독립을 바라지 않습니다. 코레아 인들은 독립하기를 싫어합니다. 될 수 있으면 많은 사람들에게 의존하기를바라고 책임을 회피합니다. 그들이 살아가면서 원하는 것은 단지 아무 걱정 없이 평화롭게 사는 것이지요. 독립이라는 말은 그들에게는 공포를 의미하고 불신이나 무법과 같은 말입니다. 일, 슬픔, 기쁨은 나눠 가지려 하면서 수입은 독차지 하려고 하지요. 자신의 판단에 의해 행동하지 않으면 안 될 지경에 처한다면당황해서 오도 가도 못할 것이고 결과적으로 가장 어리석은 짓을 저지르고 말것입니다."
> 대위는 코레아 사람들이 근로를 경시한다는 등 악담을 계속 늘어놓았다.
> "우리 일본 사람들은 즐겁게 일하고 그 결과에 대해 자부심을 가집니다. 반면에 코레아 사람들은 일하지 않고는 생존의 여지가 없다는 사실이 코앞에 닥쳐야

만 일을 하지요. '일'이라는 말은 한글로 여러 가지 뜻을 품고 있는데 몇 가지 예를 들면 해, 손실, 불행, 슬픔 등의 의미가 있습니다. 일을 하지 않으면 안된다는 것 자체를 서럽게 생각하며 마땅히 아무 일도 하지 않고 편하게 지내야 할 시간에 일을 해야 한다는 것은 시간적인 손실이라고 여깁니다. 불필요한 노동은 건강을 해치며, 아무 일도 하지 않고 지낼 수 있는 여유가 없다는 것 자체가 불행이라고 생각하는 것이지요."

일본인 장교[대위]는 경부철도가 한반도를 넘어 동양 전체에서 갖는 의미를 자랑스럽게 이야기하고 있다. "이 철로가 중국과 유럽을 연결하는 또 하나의 기점이 되는 것이지요. 이 철로가 완성되면 베를린이나 파리, 로마에서 기차를 갈아탈 필요 없이 부산까지 올 수 있게 됩니다. 부산에서 일본을 잇는 증기 선로를 이미 계획 중이고 이에 드는 비용도 그다지 어려운 문제가 아닙니다. 전략적인 면에서 볼 때 이 철로의 가치는 막중한 것이고 관리권도 완전히 우리 손에 있습니다. 전역에 우리 군대들이 흩어져 있으며 우리 경찰들이 치안을 담당하고 있지요. 옛날에는 병력을 국경선까지 수송하려면 몇 주일이 소비되었지만 지금은 약 하루 만에 완료할 수 있습니다. 이 수송로가 이 나라의 상업에 어떤 영향을 끼칠지는 구태여 길게 설명할 필요도 없겠지요."

한편 아손 크렙스트와 일본인 대위는 러일전쟁의 원인에 대해서도 서로 이야기를 나누었고, 그 과정에서 한국인들이 왜 일본인을 거부하고 미워하는지 알게 되었다. "그 원인 중 코레아 내의 모든 비경작자와 모든 국내 자원을 일본인들이 유용할 수 있다는 일본 당국의 발표가 제일 컸다. 코레아 사람들은 땅에 대한 애착심이 무엇보다 강하다. 농업은 생명의 원천이라 만약 농사가 다른 민족의 손에 의해 행해진다면 생존에 심각한 위협이 되는 것이다. 그것은 곧 종말이 다가온다는 증거였다. 일시적 점령이라는 게 결국 강탈로 끝날 것이고, 보호를 받는다는 처지에서 대일본제국에 합병이 되리라는 것은 기정사실이었다. 일본인이 증오의 대상이 된 이유로는 토지강점뿐만 아니라 일본 당국이 실시한 이민정책의 과오도 있었다. 이 이민정책은 전시 후에 행해져야 반발을 최소화할 수 있는 성질의 것이었다. 당국이 그때서야 비로소 일본 이민들을 감독할 수 있는 여유를 가질 수 있을 것이고 규제를 취하는 것이 가능했을 것이다."

아손 크렙스트는 16시간이면 부산에서 서울까지 갈 수 있다는 경부열차에 시승했는데, 2박 3일이라는 시간이 걸렸고, 마지막은 경인선 열차로 환승해야 했다. 그는 아직 서구 문명을 접하지 못한 한국인들에 대해 애정 어린 시선을 가지고 있었지만, 일본인 장교가 설파하는 무지몽매한 한국인들과 한국의 현실에 어느 정도 동조하는 입장을 보였다. 그러나 '어리석은' 한국인들이 '교활하고 앞선' 일본을 거부하고 따르지 않는 원인이 무엇인지에 대해서도 파악해 가고 있었다. 토지강탈과 일본 이민자들의 무례함이 한국인들의 민족감정과 반일의식을 불러일으키고 있음을 간파한 것이다. 일본인 대위의 제국의식과 오만함이 당시 한국과 만주를 여행한 '제국신민' 일본에게 공유되며 전파되고 있었다.

2) 식민지배 선전의 장, 조선인 일본관광단: 일본제국의 위용을 뽐내라

일본제국의 안정적인 팽창을 위해서는 일본인의 '제국의식' 확대와 더불어 피식민지배자의 동의와 굴종이 필요했다. 러일전쟁 승리로 한국을 보호국화한 일본은 완전 병합(식민지화)을 위한 프로그램을 가동시켰다. 1905년 을사늑약과 1907년 정미7조약, 고종의 강제 퇴위로 이어지는 병합 프로그램을 강행했지만, 그에 대한 한국 민중들의 저항도 만만치 않았다. 을사의병에서 민중들의 참여가 확대되었고, 1907년 군대 해산으로 인한 의병의 전력 보강은 의병전쟁으로 가시화되었다. 일제 통감부는 강력한 저항 세력인 의병에 대한 대대적인 탄압을 자행함과 동시에 협력세력을 위한 회유책도 함께 펼쳐나갔다. 서구적 근대화를 적극 수용하여 부국강병을 꾀하고 제국주의적 침략전쟁으로 막대한 배상금을 획득한 일본제국주의는 가시적인 근대문명을 구축해 나가고 있었다. 일제는 이것을 식민지배를 위한 최대의 선전장으로 활용하고자 했다.

1909년과 1910년 2차례에 걸쳐 진행된 한국의 '일본관광단' 행사는 일본이 병합을 추진하면서 한국인을 친일의 방향으로 유도하기 위한 회유책의 일환이었다. 1909년 4월 11일, 90여 명의 한국인이 경부철도 남대문역에서 대대적인 환송을 받으며 일본을 향해 단체 관광길에 올랐다. 경성일보사가 주최한 '일본관광단' 일행이었다. 이것은 한국 최초의 해외 단체관광으로 기록될 만한 행사였다.

경성일보사가 관광단을 모집한 것은 일본의 아사히신문사가 1906년 여름 한국, 만주로의 관광단 350명을 모집하여 일본에서 최초의 해외 단체관광을 성사시킨 것을 모델로 하고 있다. 대표적 대중지인 아사히신문은 1906년 6월 일본 최초로 만주와 한국을 유람하는 관광여행을 기획했다. 6월 11일 도쿄 아사히의 편집회의에서 경제부장 마쓰야마 주지로(松山忠二郎)가 당시 요코하마~고베 간을 정기운항 중이던 로셋타마루를 이용한 만한시찰여행을 제안해 주필의 찬성과 경영진의 승낙을 얻어냈다. 요코하마-고베-문지-부산-인천-경성-진남포-大連-遼陽-旅順-나가사키로 이어지는 30간의 일정에 약 350명의 인원을 모집한다는 계획이었다.[143] 당시 아사히신문은 만한관광을 기획하게 된 의도를 이렇게 설명했다.

> "바닷가에서 납량을 하고 산골짝에서 피서를 하는 것은 이미 낡았다. 그렇다고 발 그늘에서 술을 마시고 나무그늘 아래 오수를 즐기는 것도 피서라기에는 너무 소극적이다. 전승국 인민은 전승국 인민에 부합되는 호쾌한 거동을, 신흥국 인민은 신흥국 인민에 상응하는 용장한 소하법(消夏法)을 취함이 마땅하다."
> (「滿韓地方巡航」, 『東京朝日新聞』, 1906.6.22)

러일전쟁 전적지 답사를 중심으로 만주와 한반도를 순회하게끔 기획된 이 여행은 첫 회부터 아사히신문사의 예상을 상회하는 민간인들의 참여를 이끌어냈다. 갑, 을, 병, 정 4등급의 여행비가 60엔부터 18엔까지 고액이었음에도 불구하고 모집공고를 낸 지 5일 만에 350명 정원이 다 찼다. 7월 25일부터 한 달가량 국민의 열렬한 호응과 관심 속에 진행된 이 만한관광은 그 여정이 속속 신문에 연재되면서 해외관광 여행 붐을 일으키는 계기가 되었다.

이 여행은 참가자와 독자 모두에게 만주와 한반도가 자신들 경계 안으로 들어오고 있으며 이로써 일본은 서구열강과 어깨를 나란히 하는 제국으로 부상하고 있다는 의식을 공유하게끔 만들었다. 만한 지역은 청일, 러일전쟁의 승리라는 역사적 기억이 깃든 곳이자 제국 일본의 국위를 선양해 나갈 약속의 땅으로 인식되었다. 만한여행은 제국이 달성한, 또 달성할 성공담을 현장에서 만끽하는 장으로서 자리매김되었다. 제국의식이 저널리즘에 의해 상품화되면서 대중의 일상생활 속으로까지 침투해 들어갔던 것이다. 이후 해외관광 여행은 대중을 제국의식의 소비자이자 생산자로 만드는 중요한 고리 역할을 하게 되었다.[144]

1909년 '일본관광단'은 경성일보사가 대행했지만, 이것은 일본 정부(통감부)의 철저한 정치적 의도하에 진행된 것이었다. 『대한매일신보』는 관광단의 인원수와 관련하여 당초 이토 통감은 '완고'[대일강경파]로 50명을 보내라고 했으나, 이완용이 60명을 더 증원해 110명을 보내기로 했다고 보도하였다.(『대한매일신보』, 1909.3.24) 또한 『京城新報』도 일본관광단을 평하는 가운데 "관광단을 위해 이토 공도 크게 힘을 쓴 것 같으나, 그 만큼 효능이 있었는지는 의문"(『京城新報』, 1909.5.7)이라며 이토의 관여를 지적했다.

관광단은 최종적으로 한국인 94명, 경성일보사 사원과 통역 등 임원 16명을 합해 총 110명으로 구성되었다. 대부분 품계를 갖고 있는 양반에 실업가, 유생, 신문기자 등으로 관광단을 구성했다.[145] 일본 측에서는 대대적 환영 분위기를 조성하며 행사를 진행해 나갔지만, 한국 측에서는 결코 곱지 않은 시선으로 '관광단'을 바라보고 있었다.

> "근일에 일본사람이 발기하여 한국 사람을 일본에 관광하러 보내는 소위 피없고 정신없는 자 백여 명이 입참되어 파리같이 모이고, 토룡같이 연결하여 일본으로 건너간다는데 총리대신 이하 각각 여비와 물품을 기부한다, 내각에서는 크게 찬성한다, 한성부민회에서는 전별기를 높이 들고 남대문 정거장에서 전별회를 한다하여 그 광경이 사람의 이목을 놀라게 할 만하더라. 오호라. 이 광경이여. 이것이 무슨 광경인가. 일본에 구경가는 것이 무엇이기로 저희들의 행동이 이러하며 관광단이라는 것이 무엇이기로 저희들의 숭배함이 이러한가. 우리는 묻노니 관광단이 외국의 문명을 수입하기 위하여 가는가. 가라대 아니라. 불과 시(市), 나가사키(長崎), 오사카(大阪)에 산수를 구경할 행객이니라. 관광단은 황명을 받아 사신으로 가는 행차인가, 가라대 아니다. 불과 시 고베(神戶), 도쿄(東京) 등 도시에 인물을 구경하러 사사로이 가는 행인이니라. 관광단이라는 것이 이러하거늘 여비와 물품을 기부함은 무슨 뜻이며 평소에 학교에는 한문 보조도 아니하던 총리대신 이하가 각각 돈과 물품을 기부하니 실로 기괴한 일이며, 크게 찬성하는 것은 무슨 뜻인가"(「기괴한 광경」, 『대한매일신보』 1909.4.4)

일본관광단은 4월 11일 오전 8시 50분발 경부철도로 남대문 역을 출발하여 부산으로 향했다. 부산항을 출발하여 4월 13일 시모노세키에 도착, 15일 기차로 히로시마-오사카-나라-교토를 거쳐 22일 도쿄에 도착했다. 도쿄에서의 일정을 마치고 다시 5월 3일 도쿄를 출발-나고야-고베-시모노세키를 거쳐 5월 9일 귀국길에 올랐다. 귀국 후 정부는 일본 관광단원에게 지방 순회 연설을 시킬 것을 결정하였고, 관광단원의 유세는 7월부터 9월까지 각지에서 실시되었다.[146]

관광단원들의 연설 내용은 첫째, 일본인들의 열렬한 환영으로 그들의 한국인에 대한 친절한 마음을 확인했다는 것 둘째, 영친왕이 일본에서 우대를 받고 있다는 것 셋째, 일본의 상공업 발달 상황 넷째, 일본은 문명국이

며 따라서 한국은 일본의 문명을 배워 국력을 키우기 위해 일본의 지도를
받아야 한다는 것이었다. 이들은 일본의 보호국 통치도 "시세가 그렇게 만
든 것이므로 인력으로 저항하는 것은 유해무익하다"거나 일본의 지도를 받
아 문명의 경역으로 나아가기 위한 조처였다고 정당화하였다.

이러한 일본의 회유책에도 불구하고 1909년 10월 26일 이토 히로부미가
저격당했다. 이것은 오히려 일본 국내 및 재조 일본인 사회 내에서 병합
여론을 불러일으켰다. 경성일보사는 한국병합 여론이 높아지고 있는 상황
에서 1910년 제2회 일본관광단을 모집했다. 제2회 일본관광단은 3월부터
개최된 일본 후쿠오카와 나고야의 공진회 참관을 목적으로 하고, 거기에
명소 관광을 혼합한 기획이었다. 한국인에게 공진회를 참관시키는 것은 일
본의 근대 문명 진수를 직접 엿보게 하는 효과를 갖게 하려는 것이었다.
공진회 참관이라는 목적에 따라 이번에는 1회에 비해 실업가의 참가가 두
드러졌다. 기간은 4월 20일부터 5월 10일까지 약 20일간이었고, 관광단은
한국인 44명, 일본인 임원 9명을 포함 총 53명으로 구성되었다. 한성부민회
장 유길준을 단장으로 하는 일본관광단은 4월 20일 남대문역에서 5~6천 명
의 환송을 받으며 철도청에서 특별히 마련해 준 기차를 타고 출발했다.[147]

이들 관광단을 전후하여 "관광단이 쏟아진다"라고 할 정도로 전국적으
로 일본 관광이 러시를 이루었다. 1910년 8월 29일 강제병합 이후 일제는
병합에 협조한 한국 정부의 최고위 관료, 종친들 중 '조선귀족령'에 의거해
76명에게 귀족 작위를 주었다. 이들은 이에 감사하며 '조선귀족관광단'이
란 이름으로 1910년 10월 23일, 24일 각기 서울을 출발하여 일본 관광길에
올랐다.

'내지관광단[시찰단]'을 조직하고 운영한 목적은 이른바 내지[일본 본토]
의 실상을 보여줌으로써 한국의 식민지화를 설득하는 데 있었다. 식민 본
국이 품고 있는 세력 확장의 욕망은 상대국이 자발적으로 지배를 받아야
한다는 이념을 형성해 나가는 것에서 현실화하며 적극 추진 동력을 갖는

다. 이러한 지배의 논리는 직접적이고 감각적인 형상을 통할 때 그 설득력이 더 커진다. 근대화된 일본의 풍경을 직접 보게 함으로써 한국도 그렇게되어야 한다는 시각적 당위성을 주장하려는 것이 '내지관광단' 조직의 목적이었다. 이 여행은 순수한 여가로서의 의미가 아니라 일제 식민지배 정책의 연장에서 이루어진 것이었다.

3) 철도 여행의 대중화와 관광열차

일제강점기 철도가 전국적으로 확충되면서 사회경제의 중심이 개항장과 포구에서 철도 노선이 통과하는 정거장과 이를 기반으로 새롭게 형성된 신흥도시로 옮겨갔다. 철도 노선에서 제외된 기존 도시는 쇠락하는 반면 새로 철도역이 생긴 지역은 근대도시로 성장해 갔다. 또한 명승지가있거나 가까운 곳은 관광도시 또는 관광지로 새롭게 부상했다. 철도는 명승지와 유람지를 제공하여 관광의 활성화를 도모하는 데 적지 않은 영향을 주었다.

경원선이 개통되면서 금강산 관광을 목적으로 하는 금강산전기철도주식회사가 철원에서 장안사까지 설치되었고, 중앙철도는 경주를, 서선식산철도는 황해도 장수산과 신천온천, 경남철도회사는 온양온천을 관광지로 조성한 것이 대표적이다. 뿐만 아니라 철도회사나 역에서는 자체적으로관광객 유치를 위해 홍보를 하기도 했지만, 수입 증가의 한 방법으로 관광안내서를 발행했다. 1920년대부터는 관광은 점차 대중화되었고 각종 사회단체에서는 '탐승단' 또는 '관광단' '시찰단' 등을 조직하여 관광지를 탐방했다.[148]

1905년 경부선과 경의선이 개통되자 통감부는 1908년 『조선철도안내』라는 책자를 발행하여 경부선과 경의선의 각 역과 주요 명승지를 소개하였다.

이 여행안내서에는 여관, 요리점, 교통, 인력거 요금, 통신 등 여행과 관련한 각종 정보를 수록하였다. 이후에도 철도국[철도청]은 철도여행 안내책자를 주기적으로 간행했다. 1915년 조선총독부 철도국이 발행한『조선철도여행안내(朝鮮鐵道旅行案內)』, 조선 철도가 만철에 위임된 이후인 1918년 남만주철도 경성감리국이 발행한『조선철도여행안내(朝鮮鐵道旅行案內)』가 있다.

이 책은 철도여행안내서로서, 경부선(京釜線)·마산선(馬山線)·경인선(京仁線)·경의선(京義線)·겸이포선(兼二浦線)·평남선(平南線)·호남선(湖南線)·군산선(群山線)·경원선(京元線)·함경선(咸鏡線), 10개 철도 노선과 이에 속한 175개의 역 정보 등을 담고 있다. 한국 종관철도(縱貫鐵道)로 중시된 경부선과 경의선은 '본선(本線)'으로 소개되고 있다.

일제강점기 출간된 대부분의 여행안내서는 부산에서 이야기를 시작한다. 이는 시모노세키(下關)에서 부관연락선(釜關連絡船)을 타고 한국으로 오는 일본인을 염두에 두고 쓰였기 때문이다. 물론 하카다(博多)에서 부산으로, 오사카(大阪)에서 인천으로 오는 이들도 있었지만, 부산은 한국을 찾는 일본인에게 대표적인 관문으로 인식되었다. 이 책 또한 부산에서부터 시작하는 한국 관광에 대한 각종 정보를 제공하고 있다. 한국과 일본을 왕래하는 연락선의 시각과 횟수, 열차 노선과 횟수 등

▲「조선철도여행안내」(남만주철도 경성감리국, 1918)

교통편의 정보를 비롯하여 "연락선에서 담배소지를 엄중히 검사한다", "배 안에서는 조선은행 지폐를 수수료 없이 바꿀 수 있다"는 등과 같은 세세한 여행

지식까지 소개하고 있다.

이 책은 철도여행안내서를 표방하고 있지만, 실제로는 철도요람집에 가깝다. 일반적인 철도요람집과 같이 각 철도 노선과 주요 역이 소재한 지역을 소개하는 형식을 취하고 있다. 부산·용산·서대문·남대문·대구·평양·신의주역 등이 있는 지역을 도시의 중요성과 규모에 따라 달리 서술하고 있다. 대체로 각 지역의 연혁과 현황, 관청[官公衙] 소재 상황, 주요 명소 등을 일람하고 있다. 한편 부록에서는 금강산탐승안내(金剛山探勝案內)를 다뤄 금강산을 찾는 일본인에게 여행 편의를 제공하였다.

그렇다면 당시 철도 여행에 소요되는 시간은 어느 정도였을까. 서울과 부산을 잇는 경부선이 개통되면서 종전 서울에서 부산까지의 시간 거리가 단축되었다. 1905년 1월 경부선 개통 당시 두 편의 열차가 운행되었는데, 야간 운행의 위험성으로 소요 시간은 약 30시간이었으나 실제 주행 시간은 17시간 4분이었다. 그러나 5월부터 운전 시간을 조정하여 직통 급행열차가 14시간 만에 주파하였다. 그 후 혼합열차가 서울 부산을 하루 2회 운행, 서울과 대구, 대전과 부산을 각각 1회 운행하게 되었다. 1906년 4월 급행열차 융희호가 서울에서 부산을 11시간이면 갈 수 있었고, 1908년 4월부터 야간 열차를, 1912년 8월부터 1등 침대칸이 운행되기 시작했다. 이후 1936년 12월 운행 시간이 개정되면서 서울과 부산을 오가는 특급 급행열차가 배치되어 여행 시간은 6시간 45분으로 크게 단축되었고, 1940년에는 6시간 30분으로 더 줄었다.[149] 철도는 이제 한반도 전역을 1일 생활권으로 만들어 가기 시작했다.

일제에 의해 한반도에 부설된 철도는 군사적 목적, 사회경제적 목적이 우선이었지만, 철도 운영 자체의 수익을 위해, 식민지배에 대한 회유책으로 관광 목적의 철도 운영을 확대해 갔다. 철도를 이용해 '테마관광'이라 할 수 있는 다양한 프로그램을 만들었다. '꽃관광' '달맞이관광' '석탄절관광' '피서관광' '스키관광' '탐승관광' 등이 그것이다. 철도국은 이러한 관광을 위해 임시 또는 특별 열차를 편성하여 관광객을 유치하거나 관광객의 편의를 도모했다.

꽃관광은 당시 '벚꽃' '복숭아꽃' 관광이 유명했다. 벚꽃관광지로 알려진 곳은 인천 월미도, 원산 송전만, 광주공원, 진해, 경성 우이동, 개성 송도, 군산 등이었다. 벚꽃관광 계절이 되면 '관도열차(觀桃列車)' '관앵열차(觀櫻列車)' '관화열차(觀花列車)' '도화열차(桃花列車)'라는 특별 또는 임시열차를 운행했다.[150]

개성 벚꽃관광의 경우 1920년 편성된 임시 관광열차는 갈 때는 남대문역에서 오전 9시 8분 출발하여 10시 5분 개성역에 도착, 돌아올 때는 개성역을 오후 4시 10분 출발하여 오후 6시 남대문역에 도착했다. 요금도 왕복으로 대폭 할인하여 3등칸은 1원 50전, 2등칸은 2원 50전이었다.[151] 우이동 벚꽃관광은 남대문역, 용산역, 경원선 창동역을 이용하였는데 철도국에서는 3월부터 관광열차를 준비했다. 1920년 편성된 열차는 남대문역을 오전 8시 45분에 출발하여 창동역에는 오전 9시 40분에 도착, 돌아올 때는 창동역을 오후 4시 20분에 출발하여 오후 5시 35분 남대문역에 도착했다.[152] 1921년에는 기존 남대문역, 용산역, 창동역에 청량리역이 추가되었다. 이처럼 열차나 역이 추가되는 것은 관광객이 증가하고 있었음을 말해 준다.

벚꽃관광에서 가장 유명한 곳은 진해였다. 진해는 벚꽃 1만여 그루를 10여 거리에 나란히 심어 조성하였는데 벚꽃이 필 때는 "하(霞)와 같고 설(雪)과 같은 화(花)의 터널"이라고 하였다. 진해 벚꽃관광은 주로 부산이나 마산, 창원 등 남부지역에서 많은 관광객이 찾았다. 진해 벚꽃관광은 벚꽃 구경뿐만 아니라 마산, 진해, 부산 등지의 명승지와 해군시설, 관공서, 온천장 등 다양한 볼거리와 기차, 배, 자동차 등의 다양한 교통수단을 이용한 종합적인 테마관광이었다.

다양한 테마관광이 기획되고 운영되었지만, 일제강점기 가장 인기 있고 유명한 것은 '금강산관광'이었다. 전통시대에도 금강산은 평생 한번은 꼭 가보고 싶은 절경의 이상향이었다. 이에 많은 양반 사대부들이 20여 일의 여정으로 도보와 가마 등을 이용해 금강산을 여행하였다. 빼어난 자연 풍광과 많은 역사적 유적을 간직하고 있는 금강산을 대중적 여행지로 만든 것은 일제의 철도 부설이 중요한 역할을 했다.

▲ 금강산역(『朝鮮の鐵道鎭營』, 1936, 국립중앙도서관 소장)

금강산 철도 부설은 1914년 경원선이 완성됨에 따라 구체적으로 추진되었다. 금강산관광을 위해 1919년 8월 금강산전기철도주식회사가 설립되었고, 1923년 8월 1일 개통되면서 금강산관광이 보다 대중화되었다. 금강산관광 안내서는 1926년 『금강산탐승안내』를 비롯하여 『금강산』(1931), 『금강산탐승안내기』(1934) 등 다양한 안내서가 쏟아져 나왔다. 이 외에 이광수 등 유명인들의 금강산 여행기도 잡지 또는 간행본으로 다양하게 소개되었다.[153]

금강산 철도가 개통되기 전에는 경원선 고산역에 하차하여 자동차로 장안사로 가는 방법과 원산역에서 내려 배를 이용하여 장전으로 가서 온정리를 이용하는 방법이었다.[154] 그러나 금강산 철도가 온정리까지 개통되면서 철도를 이용하는 관광객이 점차 늘어났다. 특히 1920년대 들어 언론사나 각단체들에서 금강산 탐승단을 모집하는 등 단체관광객이 크게 증가하며 금강산관광이 대중화되었다. 1933년에는 1년간 2만 2,417명이 금강산을 관광했다.[155]

금강산관광은 단풍 시즌에 절정을 맞았다. 철도국[만철경성관리국]은 '관풍열차(觀楓列車)'라는 관광열차를 증편하여 운행했다. 1922년 10월 14, 15 양일간 경원선 남대문역과 석왕사역까지 임시 관광열차를 운행했고,[156] 1928년에는 6월 1일부터 철원역과 김화역 간 금강산 전철 급행열차를 운행했다.[157] 1920년 7월 1일 만철경성관리국은 금강산 장안사와 온정리에 호텔을 개관했다. 호텔 개관을 앞두고 "미국관광단 십 수 명이 예약"을 할 정도로 관광객들의 호텔 이용은 매우 활발했다.[158] 관광열차와 호텔 등의 편의시설이 갖추어지자 금강산 관광객은 더욱 증가했다. 1932년의 경우 단체관광객만 600명이 넘어 숙박시설이 모두 만원이 되어 철도국은 외금강역에 3등 침대차 2량을 긴급 투입하여 140명을 수용하는 임시열차호텔을 개설하기도 했다.[159] 단풍관광 열차는 금강산 외에도 서울 근교의 소요산과 자재암의 단풍관광을 위해 편성되기도 했다. 이러한 멋진 자연풍광이나 명승고적을 찾아가는 관광열차 외에도 총독부가 식민지배를 선전하고 홍보하기위해 마련한 박람회나 전람회 등에 관객을 유치하기 위한 임시열차도 편성되었다.

이처럼 철도 부설은 새로운 관광지를 탄생시켰고, 테마관광을 통해 관광여행이 대중화되는 계기를 마련했다. 철도가 등장하기 전에는 관광은 특수한 계층의 소요거리로 인식되었지만, 철도 부설은 이를 확대, 대중화시켰다. 이것은 앞에서 살펴본 바와 같이 세계 최초로 철도가 부설된 영국에서 1850년대 철도를 이용한 단체관광이 처음 이루어졌고, 이후 여행의 범위가 확대되고 이에 참여하는 인원이 증가하면서 관광이 대중화되었던 과정처럼 조선에서도 철도의 등장은 여행[관광]의 대중화에 가장 결정적 영향을 미쳤다.

06

여행 붐과 열차 에피소드

1) 차표 한 장의 애환

철도는 새로운 문명의 도구였기 때문에 이를 처음 접하고 이용하는 과정에서 많은 에피소드를 만들어냈다. 철도의 등장은 근대 시간 개념을 창출했다. 출발 시간이 정확히 명시되고 일정한 속도에 따라 이후 기차 운행 일정이 정확하게 공시되면서 사람들은 그 시간에 맞춰 생활을 해가기 시작했다. 철도가 가져온 근대 시간 개념과 그 적응에 대해 다음 글에서 재미있게 표현하고 있다.

> "일분 일초의 에누리도 사정도 없이 울며 잡는 수많은 소매들 다— 떨쳐 버리고 간다면 가버리고야 마는 그 용단성(勇斷性)(?)이야 얽매여 사는 인간들에게는 얼마나 부러웁고 통쾌한 존재이랴. 그뿐 아니라 거만스럽고 건방진 친구들에게는 다시 없는 교우의 하나가 되는 기차님이다. 제 아무리 제라는 양반 신사라도 기차 시간만은 어기지 못한다. 기차를 털구령 '어— 조금만 일찍 오드면' 하고 스스로 후회는 할지언정 기다리지 않고 가버렸다고 기차를 욕은 하지 않는다.
> 나는 어느 날 5, 6월 황소같이 생기고 하루가 '엿' 같고 파리 잡지 풀같이 눅진

스러운 표서방(表書房)이 '프ー울 스피ー드(full speed)'로 정거장(停車場)으로 달려가는 것을 보았다. 표(表) 씨는 길을 걸을 때 두 팔 흔들기도 힘이 든다고 그저 내려트린 채 대링궁 대링궁 걸어다니며 두 눈도 일상 보아도 3분지 1밖에 뜨지 않는 아주 초만만적(超晩晩的) 인물이다. 기차는 이 표서방(表書房)에게도 달음박질을 시키는 절대의 위엄을 가진 유쾌하고도 용기있는 영웅이다."[白信愛, 「停車場 四題」, 『삼천리』 제7권 9호(1935.10.1)][160]

또한 기차 운임 역시 정해진 액수를 지급해야 했고, '흥정'이라는 거래 방식은 통용될 수 없었다. 정해진 룰에 따라 기차표를 구입하고 사용하는 방법에 익숙하지 않았던 실태를 대해 잡지 『별건곤』은 '기차 타는 데 필요한 상식'을 정리하고 있다.[161] 지금은 당연시되는 상식이지만, 새로운 문명을 접한 당시 사람들에게 이를 규칙대로 잘 이용하는 것은 만만한 일은 아니었다.

"조선에 기차가 처음 생겼을 때 어느 대관이 예전에 자기 하인 데리고 가마 타던 심만 치고는 자기 나간 시간을 기다리지 않고 달아나 버렸다고 노발대발하며 눈을 부라리고 "그런 괘씸한 놈들이 잇다는 말이냐"고 역장 차장 기관수 역부 할 것 없이 쓸어놓고 한바탕 호령을 하였더라는 이야기 거리가 우리 귀에 남아 있으나 지금 생각하면 그런 멍청이 대관이 또 어디 있으랴 하고 웃어 버릴 일.
그러나 세상이 밝아진 오늘이라고 반드시 다 똑똑하란 법은 없어서 이따금은 시골집 부모 병환의 위급하다는 전보를 받고 차표 찍을 새도 없이 찻간에 뛰어 들어가서 시침이를 떼고 앉았다가 차표 조사하는 때야 겨우 발견되야 되지 않은 차장 알에 눈깔 사탕을 얻어 먹고 코가 쑥ー빠지는 사람, 돈을 주머니에다 두고도 침대가 만원되야 비좁은 3등실에 가 뻣뻣이 서서는 밤을 새는 신사가 적지는 아니하다. 전날 같이 사람마다 오백 리 천 리 되는 곳을 닷새나 열흘이나 두고 타박타박 제 발로 제각기 걸어 다닌다면 문제될 것도 없지만 시골 방 안에 들어 묻혀 공자왈 맹자왈 찾고만 앉았던 골서방님도 신수 좋으면 1년 만에 한 번쯤은 핑핑 닷는 검은 기차에게 신세를 끼치게 되는 시대이니까. 요런 요령만은 누구나 다 가치 알아 둘 필요가 있는가 하다."

다음은 잡지 『별건곤』에 게재된 "기차 타는 데도 상식이 든다"라는 기사이다. 차표를 사고 탑승하는 법, 급행권과 침대차 이용법, 어린이 동승하는 법 등 낯선 문명의 이기(利器)를 실수 없이 활용하는 지식을 알려주고 있다. 그런데 이것은 이미 '상식(常識)'이라 불렸다.

차표 찍지 않고 차에 올라탄 때

우선 첫째 사람이라는 것은 어느 때 무슨 일이 생길지 모르는 법이라 차가 방금 떠나랴 하는데 차표를 못 찍어서 어름어름 하다가 차 시간을 놓치고는 울듯이 기막힌 때가 있는 것이다. 그것이 어지간해서 고 다음 떠나는 차로 가도 관계치 않을 것 같으면 모르지만 부모의 병환이 위중하다는 전보를 받고 고 시간에 갔으면 운명하는 부모에게 임종할 수가 있었는데 고 다음 시간에 갔기 때문에 임종을 못 하였다고 해보라. 그야말로 효성있는 자식이 피를 토하랴고 할 것이요. 일생에 잊치지 못할 후회일 것이다. 고런 때에는 어떻게 할 것인가? 정 바쁘면 차표를 찍지 말고 그대로 막 뛰어 들어가서 타도 좋다. 그렇다고 너무 급히 서들다가 자빠져서 이마나 깨여지면 그도 일대 사건, 그리고 차에 들어가서 시침이를 떼고 앉았다가 하차할 때에야 정거장에서 그대로 내주면 맛없는 눈깔사탕 먹고 반편 노릇하고 게다가 안 찍은 차표 가지고 차 탔으니까 어디서부터 탄 것인지 알 수 없다 하며 처음 탄 정거장서부터 온 차삯의 갑절을 벌금으로 받쳐야만 된다. 그러니 그런 때에는 차표에 씨워 잇는 정거장서부터 탄 것이 분명하다는 증거를 세우는 것이 무엇보다도 필요함으로 거기서 탈 때에 그 정거장의 표 찍는 곳이나 또는 그 차 차장에게 얼른 말하여 둘 필요가 있고 또는 그렇게 할 수 없는 때라도 반드시 무슨 방법으로든지 그 정거장에서부터 탔다는 증명이 되도록 수단을 취하여야만 할 것이다.

한 번 산 차표는 다시 무를 수 없는가

그러나 차표를 찍어 가지고 홈에 들어가서 별안간 여행을 중지하게 되는 때가 있다. 그런 때에는 산 차표가 어찌될 것인가. 그것이 문제이다. 그런 때에는 그 타지 못하게 된 원인이 급히 병이 나서 어쩔 수 없는 때나 혹은 만원되어서 탈 여지가 없다던지 하는 철도 당국의 책임으로 된 때는 그 요금은 도로 찾을 수도 있고 또는 차타는 기간을 연장시킬 수도 있으나 만일 승객의 형편으로 해서 중지하는 때는 할 일 없이 혼자 손해가 되고 마는 것이다.

급행권은 어떻게 쓰는 것인가?

급행권! 이것도 아는 사람은 잘 알지만 모르는 이도 적지 아니하야 이따금은 실패하는 수가 많다. 그래 요금은 어디까지고 같은 줄로 생각하나 실상은 그렇지 아니하여 등급과 거리를 따라서 네 가지로 구별되야 있다. 그리고 급행권은 사용하는 기간이 발행한 날부터 이틀 동안이므로 그 기간을 지나면 다시 사용할 수가 없고 도중에서 하차하게 되면 원차표는 관계가 없지만 급행권에 한하야서는 거리가 한정된 곳까지 못 미쳐 갔더래도 그 앞으로는 무효가 된다.

침대차 지식

침대는 어느 차나 떠나기 나흘 전부터 팔고 요금은 하루 밤에 O씩인데 침대권에는 그 열차의 번호와 좌석 번호가 지정되어 있음으로 그 차가 떠날 때 타지 아니하면 아무리 돈이 아까워도 소용이 없고 떠나기 전이면 물릴 수는 있으나 그것은 차표와 급행권 모양으로 잘 융통이 되지 않는 까닭에 그런 위험을 보증키 위하야 반액밖에 내주지 않는 것이니 아무려나 멀리 여행하는 데는 미리 침대권을 사놓고 그 지정한 시간에 출발하는 차로 떠나는 것이 무엇보다도 안전.

또한 1919년 고종 장례식을 보기 위해 경성에 올라온 사람이 복잡한 역
에서 어떻게 차표를 구입해야 하는지 어리둥절해 당황하다가 사기를 당한
에피소드, 차표 구입을 둘러싼 흥정과 사기 풍경을 그린 에피소드가 있다.
새로운 문명이 편리한 점은 있지만, 이것을 익숙하게 잘 구사하기 전까지
낯설음에 대한 긴장에 고통받고 그 비용을 치러야 했다. "눈뜨고 코 베이는
서울 세태"라는 근대의 또 다른 풍경이었다.

"지금으로부터 11년 전 즉 고종황제인산(高宗黃帝因山) 때이였습니다. 봉도
(奉悼)하기 위하야 사종형(四從兄)을 따라 경성에 갔다가 내려올 때 남대문 정
거장에 나아와서 차표를 사려 하였으나 사람이 어찌 많은지 나 같은 촌뜨기는
여간 서둘러 가지고는 차표를 살 수가 없어서 어찌할 바를 모르고 낭패하여 있
는데 마침 옆에 금테안경에 중산모자를 쓴데다가 엽류(樺榴) 단장을 짚은 양복
신사 한 분이 서 계시다가 나의 조조(燥燥)하는 모습을 보고 짐짓 친절하게 말
을 부치며 나의 행선지를 묻기에 나는 차표를 못 사면 시간을 놓칠가 보아서
마음을 졸이고 있는 판이었으나 그 신사의 친절한 말만을 대접하야 그저 내던

지는 말로

『네. 나는 시골로 갑니다.』그 신사는 이어서『시골로 가시면 어디 가서 내리십니까.』

『신탄진에서 내려서 육로로 한 30리가량을 걸어갑니다.』

이러케 범연하게 대답을 하니까 그는 다시 정다운 표정과 말씨로

『그럼 이번 차로 떠나서야 오늘 안에 들어가실 수가 있겠습니다그려.』

『네. 그럿습니다.』나의 대답에 뒤 미처서 그는 더욱 친절한 어조로

『그럼 차표를 사셨습니까.』『아즉 못 샀습니다.』

『나도 이번 차에 대전으로 가는 길인데 차표를 아니 사셨으면 내가 사는데 함께 사 드릴 터이니 돈을 주십시요.』

나는 그러지 않아도 표를 못 살까 보아서 애를 쓰고 있던 터이라 그 신사의 친절도 감사하려니와 표까지 사준다는데 어찌 반갑고 다행한지 들었던 십원 지화(紙貨)를 그 신사에게 주면서 몇 마디 고마운 뜻을 말하였습니다.

나는 혼자 생각으로『마소 새끼는 시골로 보내고 사람의 새끼는 서울로 보내란 말이 꼭 맞는 말이야! 서울 사람처럼 똑똑하고 엽엽하고 다정스럽고 친절한 사람은 없어!』하면서 걱정스럽던 표도 샀것다 조흔 동행(同行)도 얻었겠다 마음이 즈윽이나 느긋하여 졌습니다.

이렇게 생각을 하다가 문득 그 신사를 찾으니 확실히 표를 사려고 늘어진 사람 속으로 들어갔는데 아무리 살펴 보아도 그 사람같은 사람은 없었습니다. 그제는 별안간 가슴이 턱 내려앉으며 마음이 황당해져서 물 끓 듯하는 사람 틈을 비집고 사방으로 찾아다녔으나 종적을 알 수가 없었습니다. 꼭 속았었습니다. 차소위(此所謂) 호소무처(呼訴無處)이지 소에게 물린 듯이 아야 소리도 못하고 묘하게 속았던 것입니다. 이러고 나서 생각하니 어리석기가 짝이 없고 번연히 서울이라는 데는 눈을 감기는 커녕 눈을 떠도 코를 베여 간다는 것을 알면서도 보기 좋게 속아 떨어졌으니 아닌게 아니라 시골붕태 소리를 들어도 싸지요. 시골서 서울을 처음 가시는 분들에게 주의를 드립니다. 서울 갔다가 알지도 못하는 사람이 나의 초조하는 태도를 보고 친절히 굴거든 정신을 바짝 채리시고 댓구를 하십시요. 친절한 사람이 다 그런 사람이라면 어폐가 있으나 나같이 속지들 않도록 주의하십시요.”[淸州 農隱生, 「汽車票를 사준다고, 서울은 낭이다! 京城 와서 속아 본 이약이(各地各人의 實地經驗談)」, 『별건곤』 제23호 (1929.9.27)][162]

"『자- 차례로 서하소. 요보. 뒤에 갓소. 앞에 자꾸 나와 안되겠소』

일본 내지사람 역부는 차표를 사려는 사람을 일렬로 느려 세우려고 애를 썼다.

『내 조곰 할말이 있오. 잠간만』

갓 쓰고 망근 쓴 촌양반 한 분이 자꾸 출찰구(出札口)에 덤벼 들었다.

『요보. 안되겠소. 말이 무슨 말이 뒤로가!』『아니 잠깐』『안돼 가, 가』

역부는 양반의 어깨를 떠밀었다.

『허- 그 양반 정신없구나. 표 파는 사람에게 무슨 이야기요』

표 사려든 젊은 사내가 비웃는 말을 부쳤다. 양반은 갓을 고쳐 쓰며

『아니 공교히 돈이 한 일전 모자라서』 하고 애처러운 시선으로 출찰구(出札口)를 바라보았다. 젊은이는 벌써 양반의 한 말이 무엇임을 알아 채이고

『허허 참 그 양반 전라도 무주 구천동 살다 왔구려. 쇠통정신 없구나. 당신 차표 에누리할 작정이오. 예이 양반』

하고 놀려대는 판에 표 사러든 사람들은 모조리 웃엇다.

『아니 에누리가 아니라 단 일전이 모자라니까』

또 다시 모두 웃었다. 양반은 얼굴을 조금 불켜서 그래도 단념하지 못했는지

『단 일전이 모자라는 대 이렇게 큰 장수하는 기차장수 그까진 것을 가지고 시비할까』

하며 중얼거렸다. 나는 그 정상이 딱해서 『여보시요. 어디까지 가세요.』

하고 물어 보았다. 불과 십팔전 이면 가는 XX까지 였다. 나는 표 한 장을 사가지고 양반에게 주려고 돌아섰다. 양반은 한편 구석에 서서 주머니를 뒤지고 있는대 그의 손발 사이에서 1원짜린 듯한 지폐 한 장이 보인다.

나는 그 자리에서 차표를 찢어 버리려다가

『아니다. 못처럼 들어 간 일 원짜리다. 단 일전에 그 돈을 헐기가 얼마나 안 타까울까』

하는 생각을 하며 그 손에 차표를 쥐여 주고 개찰구(改札口)로 달음질하여 나오고 말았다. 뒤에 생각하니 대단히 싱거운 내임을 깨달았다."[白信愛, 「停車場 四題」, 『삼천리』 제7권 9호(1935.10.1)]163)

2) 3등칸 신세의 비애

기차 이용에는 지급한 액수에 따라 기차의 객차는 등급이 정해져 있어 그 차이가 뚜렷했다. 이제 신분이나 사회적 지위 등의 전통적 위계질서보다 경제적 능력이 기차 이용에서 고스란히 드러났다. 1등칸에서 3~4등칸의 차이는 운임 차이로 명확해졌는데, 그것은 객차의 차이뿐만 아니라 역 구내 휴게실과 음식점, 대기실에서도 계급 구분이 이루어졌다.

일제강점기 한국의 철도에서는 이러한 기차의 객실과 대합실 이용을 둘러싼 차별은 경제적 능력 차이와 민족적 차별이 결합되면서 식민지 민중의 비애를 드러냈다. 신문과 잡지를 통해 그 실상을 살펴보자.

봉천행 급행열차를 타고 가던 중에 기차 안에 소동이 났다. "양장(洋裝)한 중국 청년이 일본인 역부를 향하야 어눌한 일본말로 "일본사람 중국사람 한 가지 때려 무슨 일"이라며 소리를 지르고 있었다. 그 사건의 전말을 들어 보니 중국인 쿠리[苦力, 막노동자]가 중국인 3등차로 가려고 2등차를 통과하는 것을 만주에서 폭악과 교만이 성습(成習)된 역부(驛夫)가 그 쿠리를 난타한"[164] 사건이었다. 초라한 행색의 중국인 노동자가 자신이 타고 갈 3등칸으로 가기 위해 2등칸을 거쳐 갈 뿐이었는데, 오만한 일본인 역부는 초라한 노동자가 멋대로 2등칸에 탔다고 생각하여 무차별 난타를 한 것이다.

대합실 사용을 둘러싼 민족적 차별과 갈등 양상도 나타난다. 자신이 구입한 차표에 따라 대합실도 나눠 사용토록 했는데, 이를 지키지 않는 경우 제재를 가했다. 초라한 행색의 조선인 실업자가 경성역 1등 대합실을 이용하자, 이를 제재하는 역부와의 실랑이를 묘사하고 있다. 또한 경성역 1등 대합실에는 일본어 신문만이 비치되어 있었다고 한다. '1등 대합실 이용자=일본인'이라는 공식이 있었던가. 대다수 조선인에게 1등 대합실은 꿈속의 떡처럼 닿을 수 없는 곳이 되어버렸고, 식민지 수탈의 이득을 향유하는 자들[일본인과 친일 조선인]이 누리는 특권의 하나가 되었다.

"1, 2등 대합실에서 쉬는 사람이면 다 - 1, 2등 차를 타는 것이 아니다. 어느 때에는 1, 2등객은 문외에 서게 되고 3등객의 너절한 친구들에게 대합실은 점령되고 마는 때가 간혹 있다.

이런 때면 역부가 실내를 정리한다. '조리가. 조리가'

조선 사람인 그이지만 역부는 50음도(音圖)로 발음하는 것으로서 위엄을 내려는 듯하였다.

아래 위로 인조견을 번쩍거리며 속옷에 함뿍 풀을 멕여 와그작 와그작 소리를 내며 검정 고무신에 두꺼운 무명 버선을 담어 신은 한 때의 할머니들이 히히히히 웃으며 몰려 가고 뱃심 없고 양심 바로 가진 순진한 분들은 다시금 다시금 쫓겨 나간다.

'당신도 저리가'

역부는 쇼파 - 한가운데 어깨를 올리고 앉아 있는 사람의 앞에 가 섰다.

그 사람은 때 묻은 샤쓰에 50전짜리의 '캡'을 재껴 쓴 룸펜씨 였다.

'어서 저리가. 저리가'

역부는 재촉하였다. 그러나 룸펜씨는 까딱하지 않고 태연히 앉아 있었다. 역부는 쫓아 낼 길이 없는지

'당신 차표 좀 봅시다. 여기는 일등 이등차를 타는 손님밖에는 앉지 못하오.'

하고 기어이 쫓어 낼 게교를 핀다.

'차표 이제 본담. 그 친구 정신 빠졌구나, 여기가 기차가 안이요. 차표 조사는 또 왜'

하고 딱 들어 바쳤다. 역부는 대답할 말이 생각나지 않는지 그저 무턱대고 '저리가.' 하고 호령을 하였다.

'어디로 가란 말이요.'

그때엔 룸펜는 '캡'을 벗어 들었다.

그러나 그 표정은 살기를 품은 것이 완전히 나타나 있었다.

'삼등 대합실로 가' '왜'

룸펜의 말소리는 조용하고 저력있는 음성이었다.

'여기는 1등 대합실이다'

'그런대 왜' '왜가 뭐야. 가'

'가 - 가 뭐야. 왜?'

'잔말 말고 저리가.' '잔말이 뭐냐. 왜'

'그래도 안 갈텐가.'

'응. 이 양반이 공연이 사람을 웃기는 구나. 왜 자꾸 가라는 가요'

'일등 손님이래야 여기 앉는 거지.'

'뭣이 어째. 해참 자꾸 웃기는 구나.'

그래 저기 앉은 저 색씨도 일 이등 손님인가. 구태여 나만 왜 그래.

룸펜씨의 가르키는 편에는 머리때 묻은 인조견 저고리에 가짜 금비녀를 꽂은 술집 작부인 듯한 색씨가 얼굴을 붉혔다.

'정 안 갈테야. 그렇게 앉고 싶거든 옷이나 좀 깨끗이 입고 오너라'

역부는 고소(苦笑)를 감추어 이렇게 말했다.

'해해 - 그 말 잘 했구나. 야 이 친구. 어느 빌어먹을 녀석이 새 옷입고 여기 앉으려 오겠느냐 말야. 자 - 봐라.'

룸펜씨는 벌떡 일어서며 주먹으로 쇼파를 쾅쾅 두들겼다. 쇼파 - 에서는 더러운 먼지가 풀신풀신 일어나며 남색 '비로 - 도'에 깐 쇼파 - 는 먼지 투성인 속판을 폭로 시켰다.

'자 이만하면 말 다 했지 뭐야. 내 옷이 암만 더러워 보여도 이 걸상보다는 깨끗하다.'

룸펜씨는 자기 가슴을 쾅쾅 두들겨 보이고

'당신은 나를 더럽다고 나가라지만 나는 이 걸상이 더러워 피해 나간다. 엊언 말인야.'

하고 그는 가가대소(呵呵大笑)하며 궁둥이를 툭툭 털며 나가 버린다.'[白信愛, 「停車場 四題」, 『삼천리』 제7권 9호(1935.10.1)][165]

"나는 조선 사람입니다. 어찌 알면 조선 사람이라 약한 것을 내보이는 듯 합니다만 경성역 정거장 일이등 대합실역에 뀌여둔 신문은 일본문 신문만 - '조선인 손님은 없단 말인가요'(경성역장의 말) 세상은 그렇게 오해가 많습니다. - '조선 손님은 돈을 내지 않고 차를 타나요. 조선인 손님을 차별하느라고 그럴 리가 있겠습니까' 대합실에 비부한 신문들은 모다 그 신문사에서 직접 용산관리국의 허가를 얻은 까닭입니다. 용산관리국에서만 허가하면 안꾀일 리가 있습니까."(『東亞日報』 1924.5.28)[166]

3) 세련된 에티켓으로 무장하라

객차나 대합실 문제뿐만 아니라 한반도 철도 부설의 주체가 한국이 아닌 일제였기에 철도 문화에는 서구와 일본이 만든 '근대 문화'로 포장되었다. 실제 한반도 철도의 가장 많은 이용자는 한국인이었음에도 이들을 배려한 문화는 쉽게 형성되지 못했다. 특히 식생활은 각 민족별로 그 특성이 분명한 것으로 쉽게 바꿀 수 있는 것이 아니다. 그러나 초기 한국의 철도역이나 기차 식당차에는 한국 음식이 판매되지 않았다.[167] 일본식 음식과 서양식 음식만 '문명'과 '세련'의 이름을 달고 기차를 차지했다. 이로 인한 한국인들의 불편과 불만은 높아질 수밖에 없었고, 1920년대 이후 그에 대한 변화가 조금씩 나타나고 있는 상황을 다음의 신문 기사가 보여주고 있다.

> "기차(여행 시) "가장 괴롭고 제일 마음과 같지 못한 일이나 또한 어찌할 수 없는 일"이 "배는 고프되 입에 맞는 음식을 사 먹을 수 없는"일이라 전조선 안에 있는 각 정거장에서 철도가 개통된 뒤로 조선 사람의 승객을 위하야 "조선음식을 팔게 한 일"이 없었으며 입에 맞는 음식을 사먹을 수 없는 괴로움은 누구나 다 아는 바이나 요사이 경성역 구내에는 "조선 사람이 만드는 조선 음식"을 팔기 시작—독특한 약밥이 팔리기 시작하였다. 너무도 의외의 일이오, 전에 없던 일—(인사동 石忠均) 지난달 하순에 판매허가원을 경성관리국에 제출하고 여러 가지로 교섭한 결과 간신히 지난 일일에 허가되어 삼사일 전부터 팔기 시작.— 늦었으나 승객 중 다수를 점령한 조선 사람을 위하야 이러한 새 계획을 한 것은 당연한 일— 아울러 서양음식과 일본음식밖에 없는 소위 식당차에도 드나드는 괴로움이 차차 없어질 것을 우리는 많은 승객을 위하야 기뻐한다. 팔리는 성적도 매우 좋다는데 그 값으로 말하면 보통 밥 한 그릇에 이십 전, 약밥 한 그릇에 삼십 전이라더라."(『東亞日報』 1923.3.7)[168]

반면 미국의 기차를 타고 여행한 한국인이 경험한 미국 기차의 식당차에 대한 인상을 보자. 동양의 낯선 이방인으로서 행여나 '선진국'인 미국에서 무시당하거나 놀림거리가 되지 않기 위해 무던히 애를 쓰고 있는 모습을 볼 수 있다. 물 마시는 소리가 날까 물도 마시지 못하고, 손 씻는 물의 용도를 잘 몰라 사용하지 못하는 모습, 자신의 입맛에 낯설고 맞지도 않는 고기와 빵, 커피를 무려 2원 30전의 비용을 들여 먹었으나 여전히 배를 채우지 못했다는 것이다. 1923년 한국 기차 식당차의 밥 한 그릇 값은 20전이었다. 10배가 넘는 돈을 지불하고도 배불리 맛있게 먹지 못한 미국 여행길이었다.

"씨스코에서 음식점하시는 개성우(開城禹)라는 이가 고맙게도 값어치 이상의 '샌드위치'를 하여 주어서 사흘은 잘 지내었다. 그 뒤에는 굶다시피 하다가 하도 허기가 지니까 식당차로 갔다. 음식점에 다니어 버릇을 아니하고 워낙 사람이 얼떠서 들어가기가 퍽 섬억섬억하다. 척 문을 열고 들어서니까 모두 어리어리한데 검둥이 Waiter가 저 쪽에서 손을 번쩍 든다. 나는 그것이 무슨 짓인지 모르고 오직 빈 자리에 가서 앉았다. 그 검둥이가 오더니 무에라 한다. 두 번째에야 무슨 소리인지 알아 듣고 모자를 벗었다. 꽤 허둥댓기에 모자 벗을 것도 잊었지.

음식표를 가지어 온다. 내가 양식을 아는 것이라고는 담뿍 '삐프스틱', '쁘레드', '커피' 세 가지 뿐이다. 나는 그 세 가지에 점을 찍어 '뽀이'를 주었다. 내가 본국서 골샌님 노릇 하느라고 '카페'에도 아니 가 보고 지내던 동네다. 그 세 가지도 어느 친구 덕분에 꼭 한 번 '카페'에 가서 먹어보고 안 것이다.

나는 행여나 실수할까 겁을 더럭더럭 내어 흘근흘근 남의 눈치를 보면서 먹었다. 물은 먹고 싶은데 본국서 누구에게 들으니까 물 먹을 때 꿀덕 소리를 내면 아니 된다 하여서 꿀덕 소리를 아니 내려다가 못 먹었다. 나중에 접시에 물은 떠오는데 마시라는 것인지 양치하라는 것인지 도무지 알 수가 없다. 그때에 어름어름 얼른 회계를 치르고 누가 등 뒤에서 비웃는 것처럼 빨리 나왔다. 내 자리에 앉아 보니 땀이 쭉 흘렀다. 꽤 혼났던 모양이다. 그런데 그 접시에 물은 나중 알고 보니 손 씻는 물이라고.

밥값은 얼마? 단 그 세 가지에 1불 15센트이다. 배는 여전히 고픈데 돈은 그만큼 썼다. 가슴이 뿌지지한 것이 여간 앵하지 않다. 본국 돈으로 치면 2원 30전이다. 나는 굶어 가면 갔지 다시는 식당차에 아니 간다고 맹서를 하였다.˝[任英彬, 「美國의 汽車旅行」, 『동광』 제11호(1927.3.5)][169]

1899년 최초 열차 개통에서부터 한반도에 철도가 놓이면서 한국인들은 이것을 먼저 사용하며 만들어진 선진제국의 이용규칙에 따라 '문명화'의 과정으로 체득하고 따라야 했다. 따라서 한국의 전통 관습이나 생활방식과는 차이가 있어도 이에 맞춰가기 위해 학습하고 노력했다. 앞에서 살펴본 기차내 음식 문제도 이러한 과정을 잘 보여주고 있다.

한국에서 근대 문명의 전파는 위로부터 이루어졌다. 그런 만큼 고도의 세련되고, 상위 수준의 문화라는 인식이 자리 잡았고, 이것을 제대로 따르는 것이 곧 '문명인' '교양인'이 되는 것이었다. 이에 기차 이용방법이나 기차 내에서 지켜야 할 에티켓 등에 대해 열심히 배우고 그것을 그대로 실천하려 했다. 그렇지 못하면 '촌뜨기' '무식쟁이' '야만인'이라는 지적을 들어야 했기 때문이다.

당시 경의선 열차의 '뽀이'를 했던 사람의 눈을 빌려 기차를 이용하는 한국인의 모습을 그리고 있다. 인상적인 것은 한국인이 외국인에 비해 매우 신사적이고 점잖다는 지적이다. 오히려 외국인의 무례함이 더 크다는 것이다. 이것은 서양문화에 대한 선망의식으로 인한 한국인들의 조심스런 태도에 기인한 것일 수도 있다. 반면 당시 한국에 와 있던 외국인[중국인, 일본인, 기타 서양인 포함] 들의 식민지인 '조선'에 대한 무시와 무례함이 깔려 있는 것일 수도 있다. 아마 한국 기차에서 무례함을 보여주었던 외국인들도 자국의 기차나 다른 선진제국의 기차를 탔다면 과연 같은 태도였을까.

"나는 조선 사람이 되어 그러한 지 알 수 없으나 기차 중에서 여러 나라 사람을 대하는 중에 제일 점잖고 구수하고 인정 많은 사람은 조선 사람 같은 사람은 없어 뵈입디다. 뽀이 노릇을 하는 까닭에 2등실이나 1등실 같은 데에서는 의례히 손님의 구두도 닦아주고 외투 같은 것도 입혀주며 행구도 들어다 줍니다. 그리고 손님의 인심대로 주는 돈 소위 '뽀찌'라는 것을 받습니다.(물론 청구하는 것은 아닙니다) 인심 좋은 이는 일원 내지 이원도 주고 그렇지 않으면 50전, 30전도 줍니다. 그런데 외국 사람은 구두를 닦아 준다던지 외투를 입혀 주면 의례히 해줄 것이거니 하고 아무 고마운 기색이나 미안한 기색이 없지만은 조선 손님은 퍽도 미안히 여기고 고맙게 생각하야 대개는 그만두라고 합니다. 돈이야 다 같이 돈을 주면서도 그러는 것을 보면 조선 사람이 남보다 특별이 인정이 많은 까닭인가 합니다. 그리고 조선 손님은 돈을 주어도 꼭 종이 같은 데다 싸서 주지만은 외국 사람은 그대로 줍니다. 그것이 무슨 관계는 없는 일이지만은 사람을 대우하는 데 퍽 관계가 잇는 것 같습니다. 또 차 중에서 하는 일을 보와도 조선 사람이 퍽 인정이 있고 남의 사정을 잘 알어 주는 것 같습니다. 조선 사람은 넓은 자리를 차지하고 누웠다가라도 다른 손이 앉을 자리가 없으면 자리를 먼저 비워 주며 앉으라고 하지만은 외국 사람들은 모른 척하고 혼자 누웠다가 앉을 사람이 말을 해야 마지못해 자리를 비켜줍니다. 그리고 조선 사람은 차 중에서도 말이 별로 없고 퍽 점잖지만은 외국 사람들은 어찌 말이 많은지 모르겠습니다. 그중에는 중국 사람의 퉁명스러운 말과 일본 사람의 잔소리는 참으로 귀가 아픕니다. 그리고 음식 먹는 것을 보아도 조선 사람은 점심이면 점심, 저녁이면 저녁 이외에는 별로 군것질이 없지만은 외국 사람들은 군것질이 많으며 책을 보는 것도 근래에 보면 외국 사람과 조선 사람이 큰 차이가 있습디다. 외국 사람들은 대개가 오락잡지 같은 것을 보지만은 조선 사람은 잡지도 사상잡지, 서적도 사상서류 같은 것을 잘 보는 것 같습니다. 그리고 차에서 내리는 데도 조선 사람은 남이 나가는 것을 보고 나가지만은 외국 사람들은 남보다 먼저 나가려고 야단입니다. 그것이 퍽 부지런한 것 같지만은 남의 생각은 하지 않고 자기만 먼저 나가려고 애를 쓰는 것보다는 퍽 너그럽고 도덕녁한 일이라 할 것입니다. 저의 본 것은 대개 이러할 뿐입니다."[京義線列車 金O興, 「요모조모로 본 朝鮮사람과 外國사람: 汽車 中에서 본 朝鮮 손님과 外國 손님」,『별건곤』제12・13호(1928.5.1)][170]

4) 여행의 무료함을 달래주는 독서

철도[기차]는 근대 문명 속에서 '속도'의 상징이었다. '총알 같은' 속도로 달리는 기차 안에서 바깥과의 소통은 쉽지 않다. 도보여행의 경우 자기가 지나는 길에서 만나는 사람들, 풍광, 자연의 소리, 냄새를 고스란히 느끼며 함께 호흡할 수 있었지만, 기차 안에서 바라보는 외부 풍경은 순식간에 지나쳐 버리고 만다. 개별 장면이 연속으로 이어지며 '파노라마 같은 장관'을 연출하기도 하지만 고개를 돌려 기차 내로 시선을 옮기면 열차 여행은 단조롭고 지루해 졌다. 이 무료한 여행 시간을 보내기 위한 활동이 필요했다. 여기에 기차 여행과 독서가 결합되었다. "증기열차의 움직임은 사람들이 그 안에서 다만 완벽하게 독서를 하는 데 머무는 것이 아니라, 심지어 무엇인가를 쓸 수도 있을 만큼 경미하고 부드럽고 또한 쾌적하기도 하다. 따라서 여행은 앞으로는 학자, 관리, 상인 등의 사람들에게 일상적인 사업의 휴식이나 단절을 의미하지 않게 된다"[171)는 것이다.

영국에서는 1840년대 말에 역 서점 조직과 여행 중 독서에 대한 일반 수요를 충족시켜 줄 수 있는 특이한 도서대여 거래조직이 생겨났다. 1페니의 수수료를 내고 여행자들은 기차를 기다리는 동안 서점에 들어갔고 얼마간의 수수료를 더 내면 목적지에서 반납할 수 있는 책을 한 권 대여할 수도 있었다. 이러한 수요를 만족시키기 위해 『철도총서』를 발간하기 시작했다.

> "여행자가 열차 칸에 들어서자마자 그는 아무 일도 못한다는 선고를 받게 된다. 여행의 단조로움이 눈에 띈다. 지루함은 그 모습을 나타내고, 더 심하게는 초조감이 기차에 의해 마치 하나의 탁송화물처럼 운반되어 가는 불행한 사람들을 엄습한다 … 아셰트와 동료는 장시간의 여행이 가져다주는 이 강요된 무위와 지루함을 모든 이들의 유희와 학습 시간으로 바꾸어 놓는 아이디어를 개발하였다. 그들은 편안한 형식과 저렴한 가격으로 제공되는 흥미 위주의 작품을 갖춘 철도역 서점의 건립을 생각하였다."[172)

일제강점기 조선의 철도에서도 독서문화가 자리 잡기 시작했다. 조선철도 위탁경영을 맡은 만철경성관리국은 1920년 용산에 만철경성도서관을 개관

했다. 경성도서관은 1925년 3월 31일 조선철도 경영권이 조선총독부로 이관됨에 따라 1925년 4월 1일 조선총독부 철도국 철도도서관으로 개칭했다. 또한 철도도서관은 철도문고를 운영했다. 이것은 이동도서관의 원조로서 장거리 열차에 비치되어 철도종사원과 일반 승객들이 무료로 빌려 읽을 수 있게 했다.

그러나 여행 중의 독서는 모든 이용자에게 해당되는 것은 아니었다. 열차를 이용했던 하층민들은 재정적으로 그것을 감당할 수 없을 뿐만 아니라 그에 대한 욕구를 가지고 있지 않았기 때문에 독서를 하지 않았다. 노동자 계급 소속의 여행객들이 밀어 넣어진 3, 4등석, 덩그러니 커다란 공간 하나로 되어 있는 찻간들은 여행객들 간의 끊임없는 이야기들로 특징지워진다.

식민지 조선의 경우 기차 안에서 신문이나 책을 읽는 풍경이 그리 흔치는 않았다. 책의 생산과 유통이 상대적으로 정체되어 있었기 때문이다. 『대한매일신보』는 기차 안의 풍경을 전하며 일본인과 한국인의 차이를 다음과 같이 비평하고 있다.

> "기자는 일찍이 경인철도와 경부철도의 기차를 타고 왕래하는 길에 차 안에서 광경을 살펴본 즉 일본 사람은 흔히 지도나 역사나 신문이나 잡지 등을 손에 들고 보고 읽는데 한국 의관을 입은 사람들은 책 한권을 가지고 보는 자가 없으니 이런 일은 비록 적은 일이나 또한 두 나라 사람 중에 누가 게으르고 누가 부지런함과 누가 추하고 누가 정한 것을 가히 헤아릴지라. 그런 고로 기자는 이것을 보고는 수일을 불평하게 지낸 바로다."[173]

한국인의 근대적 독서문화가 정착되지 못한 점도 기차 내 독서가 활성화되지 못한 이유였지만 기차 내 환경도 결코 독서에 적합하지 않았다. 염상섭의 『만세전』에 "심심파적으로 잡지를 꺼내 들었으나 불이 컴컴하여 몇 장보다가 덮어 버렸다"면서, 기차 안 환경의 열악함에 대해 "석웃불을 드문

드문 켠 써늘한 기차 속은 몹시 우중충하고 기름 냄새가 코를 찌른다. 외투를 벗어서 눈을 털었으나 몸은 구중중하고, 컴컴한 석웃불을 볼수록 조선은 이런 덴가 싶어 새삼스레 을씨년스럽다"고 하였다.174)

20세기 전반기까지 석탄으로 기차를 움직일 때는 기차의 승차감이나 내부 환경이 쾌적할 수 없었다. 그나마 1~2등급 칸은 좌석이나 승차인원의 제한, 조명 등에서 상대적으로 쾌적함을 갖출 수 있었지만 3~4등급 칸은 좌석 또한 제대로 갖춰지지 않고 어두컴컴한 환경이었다. 식민지 조선의 열차는 전체적으로 시설이 열악한 형태였다. 1930년대 소설가 이상은 조선 열차에 대해 이렇게 이야기하고 있다.

> "기차는 황해도 근처를 달리고 있는 모양이다. 가끔가끔 터널 속에 들어가 숨이 막히곤 했다. 도미에(프랑스 화가, 판화가)의 「삼등열차」가 머리에 떠올랐다."175)

철도는 근대 문명의 산물이다. 따라서 전통적인 인식이나 관습, 생활 방식과는 다른 세상을 만들어냈다. 자연적, 신체적 리듬에 입각한 시간 개념이 철도의 속도에 따라 시간을 만들어 이에 따르도록 하고, 한 사람이 평생 경험하고 이를 수 있는 공간이 확대되었다. 기차라는 교통수단은 성리학적 윤리관에 입각한 남녀 관계도 변화시켰다. 전통시대 여행은 남녀가 유별했다. 여행은 남성의 전유물이라 해도 과언이 아니었고, 그 교통수단도 도보, 말, 남여[열린 가마]였다. 때문에 여성들은 가마를 이용하는 것 외에는 방법이 없었고, 그것은 상당한 조력인을 필요로 하였기 때문에 좀처럼 여행에 나설 수가 없었다. 그러나 기차는 그런 장벽을 허물어 버렸다. '남녀칠세부동석'의 문화가 '남녀 동석'으로 변화되었던 것이다. 하나의 의자에 남녀가 서로 몸을 부딪치고 나란히 앉는 것을 거부할 수 없었다. 이러한 변화는 처음에는 상당한 거부감이나 불편함으로 느껴졌겠지만, 점차 기차 내의 남녀 불문의 동석 문화는 자연스러운 것이 되었다. 오히려 약자인 여성들을 배려한 서양식 'lady first' 문화의 전파는 이러한 현상을 촉진하고 당연시 여기게 했다. 기차 내 남녀 동석 문화가 가져온 에피소드가 있다. 여성의 뒷자태에 반해 불편함을 감수하고 자리를 양보한 남성이 여성의 앞모습에 실망하는 모습, 그 여성이 이혼한 신여성이라는 점, 결코 좋아할 수 없는 여성상이지만 짧은 시간의 접촉이 가져온 가벼운 설렘 등을 표현하고 있다.

"어느 결에 차는 용산, 서빙고, 왕십리 제역을 지내서 벌써 청량리에 도착하였다. 동대문 구멍이 쥐코 만하게 보인다. 정거장의 사람이 개암이[개미]떼 모양으로 몰려든다. 갓 쓴 사람, 장죽 든 사람, 봇짐 진 사람 애 업은 여자, 꽁지 긴 지나인[중국인], 방때 진 일인, 코 웃둑한 로인[러시아인] 각색인물이 다 있다. 아까까지 쓸쓸하던 차 안이 별안간 부자가 되었다. 그중에는 어떤 백의흑상(白衣黑裳)에 쇠똥머리한 여자 한 분이 북악산만한 책보를 끼고 내 근처에 와서 나를 등지고 섰다. 나는 무슨 동정이 그다지 많았던지 좁은 자리를 비켜주면서 곁에 앉으라고 권하였다. 그는 서슴지 않고 와서 앉는다. 웬 걸이요 뒤로 보매는 양귀비같더니 앞으로 보니 야차귀(夜叉鬼) 같다. 혼자 속으로 우스우면서 여복이 없는 놈은 차중에서 찰나 부인을 얻어도 이렇구나 하고 낙심천만하였다. 그래도 인사성은 많아서 '고맙습니다. 실례합니다. 미안합니다.'하고 연해 신식인사를 겹쳐 한다. 또 월변(越邊)에 앉은 어떤 노파하고 말을 받고 차기도 하면서 '그 놈 꿈에도 보기 싫소. 원숭이 같은 상이 생각만 하야도 진저리가 나오'한다. 눈치 빠른 나는 벌써 짐작하였다. 그 여자는 필경 자기의 남편을 소박하고 명색 독신생활하는 여자이거니 하고 아니나 다를까 알고 보니 과연 서대문 외 모 여학교 교원으로 근래에 새로 이혼을 하고 있다감 혼자 심심풀이를 하는 L씨라는 여자이다. 차는 또 창동역에 도착하였다. 그 여자는 그만 내려서 자기 친가로 간다고 작별을 한다. 아무리 미인도 아니요, 친치도 못하지마는 잠시 동석인연을 맺었다가 이별을 하니 참 섭섭하였다. 연애는 실로 미추가 없는 것이다 하고 허허 웃었다."[靑吾,「北國千里行」,『개벽』제54호(1924.12.1)][176]

07

차창 밖으로 보이는 풍경
철도 기행문

1) 빛나는 제국, 초라한 조선

한국 근대 문학에서 가장 중요한 소재로 등장한 것 중 하나가 '여행'이다. 최초의 신소설이라 불리는 이인직의 「혈의 누」는 옥련이 동경을 거쳐 '화성돈'[워싱턴]까지 가는 여정을 그린 소설이고, 최찬식의 「추월색」은 정임의 일본행과 영창의 '론돈'[런던]행 그리고 그들의 화려한 신혼여행이 흥미를 주는 소설이다. 이광수의 『무정』 역시 형식의 평양행과 형식 일행의 기차 여행이 주된 서사이며, 염상섭의 『만세전』은 일본으로부터 배와 기차를 타고 경성으로 돌아오는 여정을 따라 서사가 진행된다.[177]

근대 이전 시기에도 여행과 여행기에 대한 관심은 컸다. 특히 조선후기 사대부들은 낯선 곳을 여행하고 산악을 등반한 경험을 기록으로 남겼다. 근대에 접어들어 철도가 개통되자 대중적 여행이 가능해졌고 그 결과 여행과 여행기에 대한 관심이 고조되었다. 철도의 등장에 따른 새로운 감각의 형성은 새로운 문화에 대한 호기심을 불러일으켰다. 여행의 경험을 타인과 공유하고 싶은 열망이 커지고 신문과 잡지에서 여행기 창작을 권장하면서

수많은 여행기가 창작되었다.[178]

일제강점기 생산된 많은 여행기의 공간적 배경은 철도와 증기선 등 교통수단을 발달에 힘입어 전 지구를 대상으로 확대되었다. 한편으로는 한반도를 넘어 만주-중국 대륙, 시베리아를 거쳐 유럽대륙으로 까지 연장되었고, 다른 한편으로는 바다를 건너 일본-태평양을 넘어 아메리카 대륙까지 이르렀다.

일본의 식민지가 된 한반도 '조선' 내부를 여행한 사람들은 어떤 경험과 인상을 갖게 되었고, 무엇을 찾고자 하였을까. 개항 이후 근대문물을 접하며 개화한 신지식인층은 서구의 근대문명을 쫓아 부국강병한 근대 국민국가 수립을 목표로 하였다. 이를 위해 여전히 성리학적 세계관과 중화주의에 매몰되어 있는 구 지식 지배계급인 양반 유생층의 인식을 벗어버리기 위해 교육과 계몽을 강조했고, 그 방법의 하나로 여행이 권장되었다. 또한 그들은 청소년층이 여행을 통해 국토에 대한 인식을 바로 갖고 근대 문명과는 동떨어져 있는 자국의 현실을 직시하는 것, 나아가 세계를 돌아봄으로써 그들의 발전상을 직시하고 그러한 문명을 우리에게도 적용할 수 있는 지식과 의지를 갖게 하는 것이 필요하다고 생각했다.

최남선은 1908년 잡지 『소년』을 발간하며 이러한 주장을 펼쳐나갔고, 1914년 잡지 『청춘』에서 이광수, 현상윤, 이상준 등과 함께 청년에게 수양론의 일부로서 국토 여행의 중요성을 전파하고 국내 및 중국, 일본 여행기를 게재하였다. 『청춘』 창간호에는 '세계일주가'가 부록으로 게재되었는데 최남선은 "세계 지리역사 상 긴요한 지식을 득(得)하며 아울러 조선의 세계 교통상 추요(樞要)한 부분임을 인식케 할 주지(主旨)"의 목적으로 지었다고 하였다. 7·5조 창가 형식으로 지어진 '세계일주가'는 철도를 이용한 세계 여행으로 한양을 출발하여 평양, 요동, 만리장성과 블라디보스토크, 베를린, 마르세유, 파리, 런던, 뉴욕, 샌프란시스코, 호놀룰루, 요코하마, 오사카, 부산, 남대문의 여정으로 돌아온다. 중국을 통해 유럽과 아메리카를 순회하는 이 기차 여행은 각 나라의 산업과 교육, 승전지와 패전지, 각 국가의

국민성까지 언급하고 있다.[179)]

일제강점기 한국의 사상 지형은 근대성과 식민성, 민족주의와 계급주의 등이 복잡하게 얽혀 있어 양면성과 중첩성을 가지고 다양한 형태로 모순과 갈등이 발현되었다. 기차를 타고 가는 여행은 철도 자체가 갖는 근대성과 식민지 철도의 침략과 수탈성의 양가적인 모습을 그대로 느낄 수 있었기 때문에 많은 여행기들은 이러한 양면을 보여주고 있다.

기차 여행은 속도와 수송 능력뿐만 아니라 이용객의 구성 면에서도 근대 적이었다. 전통시대의 여행이 경제적 여유를 지닌 상층계급의 전유물이었 다면 철도 여행은 대중들에게도 열려진 공간이었다. 또한 계층, 계급, 민족 별이 아니라 객실 요금에 따라 탑승객의 등급이 정해지므로 같은 칸에 탄 이용객들은 동일한 권리를 향유할 수 있었다. 그렇지만 객차의 등급은 여 전히 사회적 신분과 계급을 반영했고, 식민지에서의 기차 여행은 민족적 차별이 함께 존재했다. 또한 철도 부설을 통해 새롭게 생긴 역과 도시가 보여주는 근대의 모습은 한국인 거주 지역의 열악함과 비교되었다. 식민지 인과 식민지배국인이 함께하는 기차 여행은 식민지 조선인들에게 민족적 각성을 제공하는 계기가 될 수 있었다. 최남선을 포함한 일본 유학생 출신 지식인들은 근대의 상징인 철도와 기차 여행을 통해 어떤 풍경을 봤으며 그들의 '시선' 속에서 민족이 어떻게 '재발견' 되었을까.

재일 유학생의 일본에 대한 인상은 기차 풍경으로 보이는 일본의 모습과 일본에 실제로 살면서 느끼는 체험을 통해 형성되었다. 일본 유학은 주로 고등교육기관이 밀집해 있는 대도시인 도쿄와 교토 중심으로 이루어졌다. 유학생들은 시모노세키에서 도쿄 혹은 교토까지 기차 여행을 하면서 식민 지 조선과 다른 이국적인 요소와 함께 문명개화적인 풍경에 깊은 인상을 받곤 했다. 그렇지만 기차 여행은 단시간 동안 이루어졌기 때문에 일본 시 골의 풍경은 곧 대도회지의 모습으로 치환되었다. 급행열차로 하루 만에 도달하는 시모노세키에서 도쿄로의 기차 여행은 "봄에서 별안간 겨울 천하

에 든 듯하다"는 표현에서 볼 수 있듯이 순식간의 여정이었다.[180]

> "간 곳마다 삼나무나 소나무의 우거진 산림이 있으니 반드시 신사가 있고 마
> 을 가운데 높고 큰 용마름이 보이는 것은 반드시 사원이요, 10리 혹은 5리씩 넓
> 은 운동장에 고동(高棟)이 창문 밖 풍경으로 연이어 있는 큰 건물은 소학교 혹은
> 중학교라."[한샘(최남선), 「東京 가는 길」, 『靑春』 7, 1917.5][181]

또한 최남선의 여행기에서는 식민지 조선의 '벌거벗은 민둥산'과 일본의
무성하게 우거진 산림이 대비되었다. 이와 함께 신사와 사원이라는 이국적
풍경에 대한 묘사가 자주 등장하며 일본 곳곳에 세워진 소학교, 중학교도
인상 깊게 서술하고 있다. 최남선의 입장에서 일본의 근대적 교육시설은
조선보다 앞선 선진 문명의 한 측면이었다. 그런데 철도의 신속한 이동 속
도로 인해 승객들은 일본의 농촌 지역을 하나의 풍경으로 이해할 뿐 그 내
부의 속사정을 자세히 살펴볼 수가 없었다.

철도 등 근대적 교통수단을 이용한 여행 감상은 일본의 도시와 식민지
조선의 도시를 비교함으로써 근대적이고 민족적인 양상으로 나타났다. 일
본 유학의 경로는 경부선을 이용해 부산으로 가서 배를 타고 일본에 가는
것이 일반적이었다. 일본 유학을 위한 기차 여행이 민족주의적 각성을 위
한 무대 장치로 활용된 소설로 이광수의 『무정』을 들 수 있다. 주인공들은
외국 유학을 가기 위해 부산으로 가는 도중 수해를 만나 "여러 가지 꿈을
꾸는 각가지 사람을 싣고 남으로 향"하던 기차가 그로 인해 장시간 정차하
게 된다. 주인공 일행은 수해를 입은 "불쌍한 동포들에게 한 끼라도 밥을
먹이기 위해" 자선 음악회를 개최하고 모금 활동을 전개한다. 우연히 같은
기차에 탄 주인공 일행의 다양한 갈등은 수재민의 재난 앞에서 해소된다.
나아가 수해로 인해 고통을 겪는 조선 사람들의 현실은 주인공들이 민족의
장래를 재인식하는 계기가 되었다.[182]

한편 일본에서 식민지 조선으로 오는 여행에서 유학생들이 느낀 주된 감상은 선진 문명을 지닌 일본에서 배우고 경험한 것을 조선 사회에서 이루겠다는 것이었다. 이광수는 귀국 소감을 밝힌 글에서 "우리가 사철 옷을 지어 입는 서양목, 옥양목 등 필육을 짜내는 후지(富士)방적회사의 굉장한 공장이 보인다. 어서 한강 가에도 이러한 것이 섰으면 좋겠다"[183]라고 희망했다. 이광수는 「나의 고백」에서 1910년 부산에서 서울로 오는 기차 안 민족별로 나누어진 객실에 대해 다음과 같이 기억했다.

> "내가 부산역에서 차를 타려 할 때 역원이 나를 보고 그 차에 타지 말고 저 찻간에 오르라고 하기로 연유를 물었더니 그 찻간은 조선인이 타는 칸이니 양복 입은 나는 일본 사람 타는 데로 가라는 것이었다. 나는 전신에 피가 거꾸로 흐르는 분격을 느꼈다. 나는 '나도 조선인이오' 하고 조선인 타는 칸에 올랐다."[184]

물론 기차 차량의 상하 등급은 탑승객의 경제적 능력 차이에서 비롯된다. 하지만 쾌적한 1등칸과 불편한 3등칸 사이에는 계층, 계급, 민족, 인종 등의 구별이 존재했다. 대표적으로 영국의 식민지에서도 인종에 따라 차량이 구별되었다. 마하트마 간디가 남아프리카에서 기차를 이용하려 했을 때, 양복 입은 변호사였던 그는 유색인종이란 이유로 1등칸 승차를 거부당했다. 심지어 그는 역부와 관리에 의해 기차에서 끌어내려졌고 짐도 내던져졌다. 일본 유학 시절 별다른 민족 차별을 경험하지 않았던 '양복 입은' 이광수에게도 귀국길의 경부선에서 일본인으로 간주되는 데 대해 반발했던 경험이 '조선인' 정체성을 자각하는 계기가 되었다.[185]

그러나 귀국하는 유학생에게 보이는 한국의 인상은 일반적으로 '벌거벗은 산'으로 대표되는 '초라한 조선'이었다. 당대 일본 유학을 경험한 '신지식층'은 근대 학문 수련을 바탕으로 사회활동을 펼침으로써 향후 '초라한 조선' 발전에 기여하겠다는 희망을 함께 피력했다. 철도를 통한 식민지 조선과 일본

사이의 공간 이동에서 보여준 민족주의적 감성은 식민지라는 공간 내의 기차 여행을 통해 일본 제국주의를 비판적으로 볼 수 있는 시야로 확장되었다.

> "초라한 조선의 꼬락서니가 분명히 눈에 띈다. 저 빨가벗은 산을 보아라. 저 바짝 마른 개천을 보아라. 풀이며 나무까지도 오랜 가물에 투습이 들어서 계모의 손에 자라나는 계집애 모양으로 차마 볼 수 없게 가엾게 되었다. 그러나 이제 비가 올 터이지 시원하고 기름같은 비가 올 터이지 … 네가 지금 이러한 새누리의 도안을 그리는 중이 아니냐. 그렇다. 그러나 바빠할 것 없다. 천천히 천천히 굉장하고 영원한 것을 그려다오"(이광수, 「東京에서 京城까지」, 『靑春』 9, 1917.7)[186]

그러나 기차 여행을 통해 비교해 본 식민지 조선과 일본의 차이를 제국주의 비판의 시선으로 발전시키는 것은 쉽지 않았다. 오히려 제국주의가 선전하는 문명에 압도되는 경우가 많았다. 이광수는 곧이어 그러한 길을 걷게 되었다.

한말 일제초, 일제가 주도한 철도사업은 식민지 조선의 풍경을 바꾸었다. 철도노선이 설치된 곳에는 대전과 같은 새로운 도시가 생겨났고, 역전의 풍경도 바뀌었다. 1910년대 중반 침략과 지배의 모습은 근대문명의 '발전'된 양상에 의해 감춰지기 쉬웠다. 당대 식민지 조선인이 기차 여행을 통해 본 식민지 조선의 풍경은 문명화와 일제의 지배가 함께 진행되는 모습이었다. 근대문명의 상징인 기차 여행을 민족적 현실에 비추어보면 문명과 침략이 중첩되는 공간이었다. 이광수는 1917년에 기차와 자동차를 이용해 삼남지역을 다녀와서 『매일신보』에 「오도답파기」를 연재하면서 식민지적 '근대'의 모습을 긍정적으로 이해하는 등 가치관이 혼란된 모습을 보였다.[187]

병합된 지 7년이 된 시점에서 이광수가 충남, 경상, 전라도 등지를 여행하며 느낀 감정과 정서는 무엇이었을까. 우선 문명화 논리에 압도당하는 경험으로서 군산, 전주, 대구 등 지방도시 발전이 먼저 눈에 들어왔다. 그는 전북 유일 개항장인 군산에 대해서는 "가구(街衢)의 정연함과 가옥이 정제함이 꽤

미관(美觀)이다"[188]라고 하였으며, 전주에서는 공업학교와 상업학교가 설립된 것에 대해 "당국의 주도한 용의에 감사를 표"하면서 "날마다 아름다워 가고 부(富)할 길 열려가는 반도의 전도를 축복하였다"[189] 이광수는 조선의 남부 지역을 다니면서 식민지배로 인한 조선인의 피해보다는 '발전'과 '당국의 노력'에 주목했다. 그에게 조선의 외형은 '벌거벗은 산'으로 대표되는 비관적인 모습이었다.

같은 시기 일본을 유학하며 이광수와 유사한 궤적을 밟은 최남선은 기차 여행과 여행기에 보다 민족적인 감수성을 투영했다. 한말 최남선은 기차 여행을 통해 근대의 편리성과 함께 민족적 차별을 경험하였다. 한 예로 서울에서 평양으로 가는 기차 여행 동안 그는 "호열자(콜레라)병의 혐의로 뒤로 조사하려 함인지 순사가 와서 온 곳과 가는 곳 그리고 성명과 연령을 일일이 기록한 뒤에 내어보내"는 일을 경험했다.[190] 최남선에게 기차 여행은 일제 통감부의 위생 검열과 감시가 조선인에게 적용되고 있음을 확인하는 민족주의적 체험을 동반했다. 아울러 기차 객석과 바깥 풍경을 통해 새로 생긴 기차역 중심으로 발전하는 일본인 도시 지역과 이에 비교되는 조선인 거주 지역의 열악함을 대비함으로써 민족적 각성의 계기로 삼았다. 남대문에서 대구로의 기차 여행은 그나마 발전한 도시와 열악한 환경의 조선 농촌 지역을 비교할 수 있게 해주었다.[191]

도시지역에서도 최남선은 일본인이 많이 거주하는 용산 신개지의 굉장한 일본 관사와 일인 시정(市井)에 놀랐다고 표현했고, 반면 조선인 주거지인 공덕동에서는 "불쌍한 이 사람아, 게으른 이 사람아"란 감정으로 조선인을 대비시켰다. 그는 평양지역의 풍경을 묘사하면서 일본인이 경영하는 연화제조소 및 일본인 소유의 이층집과 조선인 거주 지역을 비교하고 문명적인 건물의 소유주가 모두 일본인임을 강조했다.[192]

한편 일제강점기 기차 여행은 조선에 거주하는 일본인과 같은 객석에 앉아 그들의 식민지 조선에서의 경험을 듣는 공간이기도 했다. 일본인 역시 기차 여행을 통해 조선과 비교되는 자신들의 심정을 피력했다. 그는 같은 객석에 탄 채 민족적 우월성을 거침없이 보이는 재조 일본인을 풍자했고 그러한 표현을 통해 식민지배자의 근대를 비판할 수 있는 여지를 만들었다. 최남선은 1909년 서울에서 대구로의 기차 여행 도중, 청일전쟁 전투지였던 평택을 지날 때의 인상기를 다음과 같이 남겼다.

> "당시의 전쟁 이야기로 떠들썩한데 그 이야기의 주인은 거의 다 일본인이다 … '시루시반덴'[일본상점 고용인들이 입는 제복]에 맥고모자를 쓰고 목이 긴 서양 구두를 신은 반개화 일본인 하나다. 나를 향해 손짓 발짓 하면서 "저어기 어저께 어저께 시나인[일본인이 청인을 일컫는 말] 많이 많이 신단지 베리했소. 이 루본[일본] 사람 반사이 반사이 만세 알아 있소"라 하니 궁글리고 궁글려 듣건대 곧 저기서 지나간 갑오년 청일전쟁에 일본군 병사가 청나라 병사를 많이 죽이고 승리를 얻었다는 무공을 자랑하여 꼼꺽이지 못하는 혀로 반벙어리에 얼치기를 겸한 소리를 힘들여 함이다."[최남선, 「嶠南鴻爪」, 『少年』 2-8, 1909.9)][193]

1909년 국망이 진행되던 시점에 그가 기차 객실에서 마주친 일본인은 일본 제국주의의 무력 침략을 자랑하는 식민지배자이면서 어울리지 않게 서양식 구두와 맥고모자 등 서구식 복장과 일본식 복장을 혼용해서 입고 있는 '반(半)'개화인이었다. 심지어 떠듬떠듬 조선어를 섞어 쓰는 재조일본인은 최남선에게 '반벙어리'라는 조롱의 대상이었다.

기차를 포함한 근대 교통수단을 통해 식민지배자인 일본인의 시선은 제국의 영역을 확인하고 피식민자인 조선을 부정적으로 평가하는 형태로 나타났다. 반면 식민지 조선의 지식인들은 문명에 압도되기도 하면서 동시에 귀국과 출국, 국내 여행 등의 다양한 공간 속에서 민족적 의식을 체험했다. 최남선은 기차 여행을 통해 군사력, 기술력으로 대표되는 일본의 근대에 압도되기도 했다. 다른 한편 그가 이상적으로 생각하는 구미식 근대와 '반(半)' 개화'로 규정되는 일본식 근대를 대비시키면서 식민지적 상황 속에서 근대의 접목 과정을 비판할 수 있었다. 최남선은 1900~1910년대 기차 밖 풍경에서 보이는 도시의 형성 및 발전상을 통해 일본 근대를 높이 평가하면서도 같은 객석 안의 식민지배자의 일원인 재조 일본인에 대한 비판적 인상을 통해 일본의 근대를 서구의 근대와 비교하며 비판적으로 인식하고 있었다.[194]

그러나 이광수, 최남선은 1920년대를 거치며 일본 제국주의의 식민지배와 침략성을 근대성으로 치환하며 그들에게 동조해 갔다. 이광수는 조선민족이 빠르게 변화하지 못함을 탓하며 민족개조를 주창하게 되었고, 최남선 역시 일본 문명의 선진성과 위대함을 인정하면서 조선 역시 그와 다르지 않는 역사적, 정신적 뿌리가 있으며 이를 통해 결국 일본과 같이 위대한 민족이 될 수 있다는 논리를 갖게 되었다. 그러나 식민지 조선의 현실은 이 두 지식인의 바람처럼 되지 않았다.

2) 비참하고 고달픈 식민지 조선의 현실 바라보기

일제의 식민정책은 결코 조선 민중을 위한 것이 될 수 없었고, 이들은 지배와 수탈의 대상일 뿐이었다. 철도와 신작로, 우뚝 서있는 공장들과 드넓게 펼쳐진 논밭이 조선인의 삶을 향상시키지 못했다. 이러한 현실은 한반도를 X자로 가로지르고, 그 지선으로 뻗어나간 철도를 통해서도 엿볼 수 있었다. 당시 여행기에서 기차를 타고 떠난 여행에서 바라본 식민지 조선의 현실을 담은 몇 가지 에피소드를 정리해 보자.

1924년 잡지 『개벽』 기자 차상찬은 함경도 지방으로 여행을 떠났다. 경원선 열차를 타고 함경남도 원산을 거쳐 함경도 전역을 여행할 예정이었다. 그는 용산역을 출발하여 청량리역을 거쳐 철원역에 도착했다. 마침 그의 여정은 사이토 총독의 함경도 일대 순시와 맞부딪쳤다. 철원역에서 총독 일행을 만나게 된 상황과 그 총독을 영접하기 위해 나온 관료들, 지역 유지들의 굽신거림을 차상찬은 냉소적으로 바라보고 있다.

사이토 총독은 1924년 10월 함경도 지역 순시에 나섰다. 함경도는 석탄과 삼림 등 일제가 필요로 하는 원료 자원이 무진장한 곳이었다. 더구나 함경도는 일본 본토와 중국대륙을 연결할 수 있는 최단 루트를 형성할 수 있는 곳으로 일제는 1920년대부터 이 지역에 대한 개발 계획을 가지고 있었다. 이에 원산에서 회령에 이르는 함경선이 부분 개통되면서 1924년 10월 사이토는 함경선을 따라 순시에 나섰다. 특히 회령에서는 철도가 도문열차로 연결되어 간도 용정으로 이어졌다. 용정은 조선인들의 간도 이주 이후 중심지로 성장하면서 조선인들이 가장 많이 거주하는 상업 중심지였다. 이에 용정 순시는 국경 넘어 조선인들에 대한 감시와 통제를 위해서도 중요한 일정이었다. 사이토 총독은 1924년 10월 10일 원산에서 성진으로부터 국경의 회령에 이르기까지 392마일의 함경선을, 101마일의 미성선(未成線)을 자동차로 연결하여 개통식에 참석했다. 이후 국경 건너편의 간도를 시찰하기 위해 13일부터 회령에서 도문열차로 간도로 건너가 간도 제일의 상업지 용정촌에 이르렀다. 사이토는 이 함경도 순시를 위해 먼저 금강산 온정리호텔로 가서 여정을 푼 후 1924년 10월 8일 온정리호텔에서 원산으로 출발했다.[195] 차상찬은 금강산으로 가는 사이토 총독 일행을 만난 것이다.

> "철원역을 당도하니 벌써 야단법석이다. 철원에 있는 칼치장새경찰는 총출동을 하야 무슨 중대사건이 생긴 듯이 비상선을 느리고 오는 사람 가는 사람을 막 노려보고 관청 출입이나 좀하는 철원의 유지 신사 나으리들도 다 나왔다.
> 참 굉장하다. 나는 정신이 띵해서 대합실 안에 우두커니 앉았더니 조금 있다가 함흥행 차가 빅 소리를 지르고 온다. 뒤꽁무니에 임시로 단 특등실에서 몸이 깍지덩이 같고 머리가 목화박같은 총독이 나오더니 윤희성(尹希誠)군을 위시하야 영접 나온 여러 사람의 허리가 일시에 부러지고 코가 땅내를 맡는다. 또 칼치장사 측에서는 '척' '꽥' 하면서 손들이 모두 모자 위에 가 붙는다.[거수경례] 나는 잡담 제하고 이등차실로 들어가니 그 안에도 총독부 공기가 충만하였다. 관리는

물론이고 어용지 수행기자, 숙명여학교의 주택(澍澤) 여선생까지 있다. 당나귀 말뚝 같은 여송연(呂宋烟), 말오줌 같은 '위이식기'를 막 터치면서 '공고산'이 어 떠니 '헤이고'가 어떠니 하고 떠든다. 그러자 차가 떠난다. 나도 이, 박 양군의 따뜻한 손을 떠나게 되었다. 월정역을 지나 평강을 가니 그곳은 총독이 하차할 곳인 고로 경계도 철원보다 엄밀한 모양이오. 영접 온 사람들도 퍽 많다. 자동차 인력거가 역두(驛頭)에 빽빽하고 평강의 남녀노소, 학생까지 다 나왔다. 안전방 어하고 송장만 아니 온 모양이다. 또 육당 최남선군의 쇠똥모자가 遠*으로 뵈인 다.(그도 금강산행) 총독 일행이 다 내리고 보니 차 안은 다시 조용하여졌다. 나 는 혼자 생각하기를 이야 – 시간의 힘은 참 무서운 것이다. 삽시간에 차 안의 총독부 세력을 다 퇴출하야 버렸구나 하고 '벤도'와 차를 사가지고 점심을 먹었 다."[靑吾, 「北國千里行」, 『개벽』 제54호(1924.12.1)][196]

이렇게 총독부 관료 · 경찰의 총 출동, 지역 유지들은 물론 학생까지 총동 원하여 총독 일행을 맞이하며 그에 대한 충성심을 과시하고 있었지만, 막상 사이토 총독이 살펴보고자 한다는 함경도의 실상은 비참했다. 특히 대륙 침 략을 위한 교두보로 함경도 지역이 개발되기 시작하면서 자본과 사람이 모 였지만, 그 이면에서 가난한 농민의 딸들은 이들의 노리갯감으로 기생이나 매춘부가 되어 팔려갔다. 함경남도의 중심지인 함흥에는 '가련한 영남지역 출신 낭자'들이 하룻밤 노리개가 되어 그들의 몸과 정신을 빼앗기고 있었다.

"함흥의 개천거리나 철비석(鐵碑石)거리라 하면 누구나 다 술집 많은 곳으로 알 것이다. 그곳은 경성의 전일(前日) 수박다리, 금일 병목정(幷木町)과 같은 곳 이다. 수백여 호의 음식점 문패가 총독부 말뚝처럼 곳곳이 박혀 있는데 황소갈 보, 깨묵갈보, 호박갈보, 쳇다리갈보, 루덕갈보, 너덜갈보, 봉사버례 목사버례, 대구집, 진주집, 서울집, 원산집, 북청집 하는 가지각색의 별명을 가진 낭자군들 이 한집에 3, 4인씩, 1, 2인씩 들석 들석하고 술이라고는 독소주, 안주라고는 군 밤, 대추알갱이, 사과 쪽, 밥누룽지 등 빼빼 마른 것뿐이다. 그 낭자군들은 대개 경상도 출생으로 2, 3십 원 혹 4, 5십 원에 팔려서 악귀와 같은 영업주에게 몸을 매고 있다. 시험적으로 함흥 자미(滋味)가 어떠냐고 물으면 불과 몇 마디 말에

입을 비죽비죽하고 눈물을 흘리면서 '아이고 서울양반을 보면 친정부모 본 것 같구마. 함흥은 몬 살세. 춥고 사람들이 린(吝)하고 욕 잘하고 샘쌤 잘하고 말소리가 뚝뚝해세요—영감이 초면이시지만 몇 십원만 주시면 오늘이라도 몸값을 치러주고 댁에 가서 종노릇이라도 하겠습니다'라고 한다. 아- 이것이 무슨 비참한 말이냐 가련한 영남의 낭자군들을 그 누가 구제할가.'[靑吾, 「北國千里行」, 『개벽』제54호(1924.12.1)][197]

철도가 생기자 경상도 지역 가난한 농민의 딸들이 이에 실려 함경도까지 팔려온 것이다. 차상찬은 함경도 지역 여행 1년 전 바로 그 경상남도 지역을 여행했다. 서울에서 경상남도 함양까지의 여정이었는데, 경부선을 타고 가다 삼랑진역에서 마산선으로 갈아타고 마산으로 가서 거기서 다시 진주를 거쳐 단성–산청–함양을 여행했다. 그는 처음으로 마산과 진주 지역을 방문한 것인데, 이곳을 지나며 곡창지대인 삼남지방 인심과 민중들의 삶의 모습을 볼 수 있었다. 그는 자신이 살거나 다녀본 경성, 평안도 지역의 분위기와 남부 지역의 분위기가 다른 것을 실감할 수 있었다. 특히 북부지역에 비해 빈부격차도 더욱 심하여 하층민의 삶은 매우 비참하고 고달프지만, 오히려 이 지역 노동자들은 일본인이나 총독부 권력의 부당한 대우와 침탈에 순응하고 있는 모습을 안타까운 시선으로 바라보고 있다.

"시간의 관계로(마산) 시가지도 잘 보지 못하고 꿈속같이 떠났다. 마산만, 월영대, 두척산(斗尺山), 근위구(近衛丘)의 원경(遠景)만 바라보고 진주의 길로 향하였다. 천변(天邊)에 홍일(紅日)이 점점 높아오니 남국의 풍광은 여객(旅客)으로 하여금 상쾌를 감(感)케 한다. 산 위에는 눈이 다 녹고 물가에는 풀이 벌써 파릇파릇하며 연로(沿路) 좌우에는 집집마다 녹죽(綠竹)이 기기(猗猗)하다. 이 것은 경성에서 보지 못하던 기이한 일이다. 그러나 도로 연변의 빈민이 생활하는 왜소한 가옥을 보면 자연히 비감한 눈물이 흐른다. 아아 다 같은 자유의 민이오, 평등의 인(人)이지만은 어찌 이다지 사회의 제도가 불공평하고 불완전하야 어떠한 사람은 고대광실을 잘 지어 놓고 안락한 생활을 하며 어떠한 사람은 2,

3간 두옥(斗屋)에 창벽이 파괴하야 풍우를 잘 가리지 못하고 조석에 호구지책이 없어 밤낮으로 근심을 하는가. 이것이 자래(自來) 자본주의와 반벌주의(班閥主義)의 해독이 아닌가. 북선에도 물론 빈부의 차이가 있지만은 남선처럼 현격한 차이가 있는 것은 보지 못하였다. 이것을 본 나는 자연 불평이 심중에 충만하였다. 만일에 나의 불평이 중량이 있다할 것 같으면 그 자동차는 무거워서 가지 못할 뻔하였다.

그럭저럭 하는 중에 차는 벌서 중리(中里)를 다달았다. 노중(路中)에는 미구(未久)에 개통될 마목선(馬木線) 철도의 공부(工夫)들이 떼를 지여 간다. 길도 험하거니와 자동차가 낡아서 매우 위태하다. 한참 가노라니 진주로 향하는 우차 수십 대가 노상에서 휴게한다. 우리의 차를 보고 피하려고 하는 차에 마침 진주에서 마산으로 가는 자동차 1대가 풍우같이 몰아 오다가 어떠한 우차에 바퀴가 저촉된 모양이다. 운전수가 뛰어 내리더니 대짜고짜 없이 우차군의 상투를 잡어 끌고 발길로 차며 뺨을 따리다 못하야 길로 마치 개 잡어 끌 듯 한다. 그 우차군은 아무 말도 못하고 그저 애걸복걸하며 살려 달라 하나 패악무도한 그 운전수 놈은 자꾸 때린다. 다른 우차군은 수십 명이나 있지만은 남의 일이라고 먹먹히 보고만 있다. 우리 두 사람은 이것을 보다가 하도 기가 막히여서 저놈들 다 죽은 놈들이니 남선의 노동자는 심장이 없는 놈들이니, 경성이나 평안도 같으면 벌써 다른 우차군들이 운전수 놈을 때려 죽였느니 하고 분을 참다 못하야 말이라도 한 마디 하려고 차에 뛰어 내리니 그 자도 때릴 만큼 때렸는지, 양심이 회복되였는지 그만 그치었다. 떡메로 치는 놈은 떡메로 친다고 만일 우리 두 사람 사이에 한 사람이라도 완력만 있고 보면 그 자야 그만 두었던지 계속하던지 간에 인도(人道)를 위하여서도 한번 잡아 패고 싶지만은 완력이 능히 그 자를 굴복시키지 못할 진댄 또다시 문제를 일으킬 필요가 없다 하고 억지로 분을 참고 다시 차로 올랐다. 참 남선의 노동자야말로 너무도 유순하고 무능하다. 이것은 전일(前日)에 양반에게 절대 복종하야 자기의 귀중한 생명과 재산을 뺏기어도 아무 말도 못하던 유전성과 또한 근래에 헌병보조원과 순사에게 무상(無常)한 압박을 당하야 흔텔방이 양복만 입은 사람을 보아도 무서워서 불불 떨고 머리 깎은 보통학교 학생만 보와도 나리님하는 폐습에서 생긴 것이다. 조선 노동자 중에도 남선의 노동자는 참 비참하고 가련하다. 어찌하면 이러한 동포를 광명의 길로 인도할고 하며 두 사람이 무한의 개탄을 하였다."[車相瓚,「우리의 足跡 - 京城에서 咸陽까지」,『개벽』제34호(1923.4.1)][198]

3) 서구 세계를 달리는 열차에서 본 세상의 진실

1920년대가 되면 식민지 조선인의 세계는 일본과 중국을 벗어나 서구로 확장되었다. 특히 서구나 미주지역으로 간 유학생들의 실제 체험이 담긴 기행문이 신문과 잡지에 많이 실린다. 이 시기 유럽여행기는 내용적으로는 현재의 것과 크게 다르지 않다. 여행의 행로도 비슷하고 각 도시에서 보는 풍물과 그것에 대한 느낌 역시 대동소이하다. 당시 서구세계에 진입한 지식인들에게 서양은 일본 유학 경험과 서적 등 갖가지 풍문들로 이미 구체화되어 있었다.

서양에 유학을 하거나 여행을 다녀오면서 남긴 여행기의 내용이나 특징, 그 의의에 대해 분석이 진행되었는데,[199] 이 글에서는 1920년대 초반 미국과 서구지역으로 유학을 가서 공부한 후 주변 국가들을 여행한 노정일(盧正一)과 박승철(朴勝喆)의 여행기 중 기차 여행과 관련된 부분을 정리해 보고자 한다.

노정일은 귀국 후 1922년 1월부터 자신의 유학기를 『개벽』에 「세계일주, 산 넘고 물 건너(1~8)」로 연재했다. 그가 도쿄에서 미국으로 향하는 여정은 요코하마에서 오사카상선회사의 니혼마루(日本丸)를 타고 태평양을 건너 벤쿠버 – 시애틀을 거쳐

노정일은 평남 진남포부 신흥리 출신으로 1911년 도쿄 '청산학원'에 유학을 간 후 이어 1914년 미국으로 건너가 오하이오주 웨슬리안대학과 뉴욕 콜롬비아대학에서 문학사, 유니온대학과 드루신학교에서 신학사 학위를 받았다. 이어 영국으로 건너가 옥스퍼드대학 박사원에서 철학박사학위를 받았다. 이후 영국 각지와 스코틀랜드, 프랑스, 스웨덴, 이태리, 이집트 등을 돌아보고 남양군도와 중국을 거쳐 1921년 5월 9일 귀국하였다(「7년 만에 한양성에」, 『東亞日報』 1921.5.28). 귀국 후 연희전문학교 교수를 지내다가 1927년 다시 미국으로 유학을 가 네브라스카 주립대학에서 철학박사 학위를 받고 그해 9월 귀국했다. 1931년에는 『중앙일보』 사장으로 취임했다.

박승철은 1915년 도쿄 와세다대학에 유학하여 1920년 사학 및 사회학과를 졸업하고 귀국하여 1년간 국내에서 지내다가 1921년 12월 8일 독일 유학을 떠났다. 독일 베를린대학에서 사학을 연구하였고, 1924년 8월 영국 런던으로 가서 여러 가지 연구 자료를 수집한 후, 1925년 3월 16일에 런던을 떠나 다시 베를린과 기타 등지들 돌아 1925년 6월 6일 귀국했다(「박승철 씨 渡獨」, 『東亞日報』 1921.12.4; 「독일민족은 활민족」, 『東亞日報』 1925.6.8).

미국 워싱턴주 터코마(Tacoma)항에 도착하는 것이었다. 터코마시에서는 북태평양 열차를 타고 샌프란시스코로 향했다. 그의 여행기 중에는 미국에 첫 발을 디딘 후 곧 타게 된 터코마에서 샌프란시스코까지의 기차 여행에 대한 부분이 있다. 그는 북태평양 열차의 기차 내부의 안락함에 놀랐다. 1910년대 조선의 기차는 그 시설이 매우 열악했고, 1, 2, 3등칸의 차이는 경제력과 더불어 민족적 차별까지 더해져 기차를 타는 것 자체에서 강한 차별을 느껴야 했다. 그러나 미국의 기차는 객차의 등급이 없었던 것을 보인다. 노정일은 이것에서 "미국인의 평등주의 실현의 한 단면"이라고 감탄하고 있다.

"당일 오후 2시 10분에 북태평양철도의 열차로 샌프란시스코를 향해 출발했다. 기차의 내부 설비는 실로 나를 놀라게 했다. 의자는 붉은 모직으로 지은 뒤에 깨끗한 흰 천으로 씌워 놓았다. 의자 사용은 임의대로 할 수 있게 되어 앉고 싶으면 앉고 누우려면 누울 수 있게 되어 이틀을 여행해도 좌석 때문에 피곤할 일은 조금도 없었다. 미국에는 기차에 등급제가 없다는 말이 사실인 것으로 보고 깊이 감격하였다. 이것이 벌써 미국인의 평등주의 실현의 한 단면인 것을 감탄했다.

기차가 점점 속력을 더해 달려간다. 한없이 펼쳐진 평원은 추수철을 맞아 황금빛 세상을 이루었다. 오르락 내리락 하며 끝없이 뻗은 과수원은 귤과 사과 등의 명산지가 분명하다. 작은 강을 건너고 기적을 울릴 때마다 촌락의 주민들은 흰 수건을 흔들어 인사한다. 들판에서 일하는 늙은이들은 오른 손을 들어 경례도 해준다. 나는 마음 속으로 저 노인들은 아마 링컨 씨와 함께 남북전쟁에 나갔던 신사들이겠지 하고 생각할 때가 많았다. 제일 이상하고도 어여쁘게 생각되는 것은 열 살 안팎의 소녀들이 이따금 자기들의 좌우 손을 입에 대었다가 앞으로 던지곤 하는 모습이었다. 그때는 그게 무슨 영문인지 몰랐으나 얼마 뒤에 알고 보니 키스를 보내주는 것이었다. 항상 우리는 어린아이의 천진함을 볼 때 신비한 영감을 얻으며 루소를 선생님으로 모실 생각도 난다. 아, 우리들 성인은 왜 천진미를 잃어버렸는가! 참 슬픈 일이다.

붉은 해는 서쪽 하늘에서 떨어져 가고 찬 달이 동해에서 솟아오를 무렵, 산간

계곡에 흐르는 물은 점점 급류가 되고 기차의 속력은 점점 줄어든다. 록키의 서쪽 사면을 넘어가는 우리 승객들은 유리창을 통해 석양 풍경 속에 잠들어가는 촌락들을 굽어본다. 계곡의 물가에 떨어지는 누런 잎은 단풍인지 햇빛에 불타는 녹엽인지 의심해 물어볼 만하다.

　록키의 서쪽 기슭에서 밤을 보내니 눈도 쓰리고 마음도 피곤하다. 긴 밤이 다 가고 버클리역에 이르도록 나는 생각의 심연에 빠져 산이야 구름이야 달아나는 차의 진동도 거의 의식하지 못했다. 샌프란시스코로 가면 무엇을 하고 거기서는 어디로 갈 것인가? 스스로 묻고 스스로 대답하려 애는 썼으나 시원한 답은 못 얻고 말았다. 버클리에서 바지선이 기차를 싣고 샌프란시스코로 건너갈 때는 이상한 느낌이 들었다. 마켓역에서 터진 총소리가 쟁쟁히 귀에 들리는 듯해 이러지도 저러지도 못하고 우뚝 서서 마켓역만 바라보고 앉아 있었다. 때는 오후 1시 반이요 날짜로는 1914년 9월 20일이다."[盧正一, 「세계일주, 산 넘고 물 건너(3)」, 『개벽』 21(1922.3)][200]

　1921년 독일로 유학을 떠난 박승철은 1922년부터 1925년 사이에 유학생활 동안 틈틈이 유럽 각지를 여행하며 그 여행기를 『개벽』에 1922년부터 1925년에 걸쳐 게재하였다. 박승철은 독일에 있으면서 덴마크와 스칸디나비아 반도의 스웨덴, 노르웨이를 돌아볼 수 있는 기회를 갖고 싶어 했다. 그가 북유럽 여행을 원한 이유는 당시 유럽대륙은 제1차 세계대전으로 과거의 영광을 보여주는 많은 유적들이 사라지고 피폐한 상태였기 때문이었다. 1차 대전의 직접적인 전장(戰場)이 되지 않았던 북유럽 지역은 '유럽의 정수(精髓)' '서양다운 서양'을 볼 수 있는 곳이라 생각하여 꼭 그곳을 여행하고 싶었다는 것이다.

　"북구의 풍광을 보려고 동경한 지는 오래이였었다. 남들은 남구의 풍광이 더 좋다고 떠들어도 나는 북구의 풍광이 더 먼저 보고 싶었다. 구주대전으로 해서 혈하(血河)를 이루지 않았던 덴마크, 스웨덴, 노르웨이 등 스캔디나뷔아반도 열국(列國)이 보고 싶었다. 그곳에 가면 우리가 그림에서 보든 서양을 보리라고 생각하였었다. 금일의 구주대륙은 피폐하게 되어 전일에 시설하였던 유허(遺墟)

만 남어 있나니 이것이 중구(中歐)만 그런 것이 아니라 동구(東歐)의 일부인 폴란드가 그러하고 서구인 네델란드, 벨기에 양국이 그러하다. 구주대전의 참화는 교전국 간에만 미친 것이 아니라, 각 중립국간에 미치게 되었다. 그러나 대륙을 조금 떠난 스캔듸나뷔아반도 열국에는 그렇지 않으리라하고 서양다운 서양을 먼저 구경하리라고 생각하였던 것이다.[朴承喆, 「北歐 列國 見聞記」, 『개벽』 43(1924.1)][201]

그는 베를린에서 덴마크행 직행 열차를 타고 스칸디나비아 반도로 들어가 스웨덴, 노르웨이를 둘러보았다. 핀란드도 둘러보고 싶었지만 많은 여비와 노정의 불편함으로 핀란드까지의 여행은 이루어지지 못했다. 독일 베를린에서 덴마크 코펜하겐까지 가는 기차 여행에서 그는 독일 농부들이 대평원에서 발동기 등 기계농구를 이용해 농사짓는 모습을 보고 여전히 인간의 노동력과 낮은 수준의 농기구만을 이용해 농사를 짓고 조선 농민들의 모습을 오버랩 시키며 그들의 노고와 열악한 경제 수준을 한탄했다.

"북구를 구경하는 길에 노국[러시아]으로서 자주권을 찾아 가지고 독립국 노릇하는 북국 핀란드를 보는 것도 또한 흥미 있으리라 하야 영사관 사증까지 맡었으나 노비가 많이 드는 것과 노정이 불편한 것을 매우 염려하였다. 그럭저럭 4국 영사관의 사증을 맡어 가지고(1923년) 8월 31일 베를린서 덴마크 수부[首府, 코펜하겐]로 직행하는 열차를 타게 되었다. 기차에는 독일인보담 북구 열국인들이 많이 탔으며 덴마크인으로서 독일 물가가 고등하다는 불평을 듣는 나는 속으로 이렇게 생각하였다. 어디 보자 덴마크는 어떠한가. 기차는 쉬임 없이 달아나는 대로 평원 광야는 눈앞에 번적번적 살화살 닫듯 한다. 가장 학리를 잘 응용하고 기계를 이용하기에 선진되는 독일 농부들이 발동기로 짚단을 쌓는 것을 볼 적에 조선 농부의 고로(苦勞)가 얼마나 많으며, 조선의 농업이 아직도 유치할 뿐 아니라 얼마나 원시적임을 한탄하였다.[朴承喆, 「北歐 列國 見聞記」, 『개벽』 43(1924.1)][202]

베를린에서 출발한 기차는 독일 – 덴마크 국경 해안에 도착했고, 바다를 건너는 방법은 기차를 아예 기선에 싣고 건너는 것이었다. 이 또한 박승철의 눈에는 신기한 광경이었다. 덴마크는 독일과 달리 경제가 훨씬 활기찼고, 사회 분위기도 밝았다. 패전국 독일과는 다른 덴마크의 모습을 보며 전쟁으로 대독일제국의 영광을 잃고 '가난뱅이 중에 상 가난뱅이만 모여 사는' 침체에 빠져있는 독일의 상황을 돌아볼 수 있었다.

"살같이 달리는 기차는 벌서 국경에 닿았다. 해안에는 양국을 연락하는 기선이 등대하고 있다. 기차는 승객을 태운대로 기선으로 들어갔다. 네 시간만에 덴마크에 상륙하였다. 언어도 다르고 기차도 다르고 연변 가옥들도 다르다. 수부[首府, 코펜하겐]까지 가도록 큰 도시도 없고 가옥이 있대야 큰 것은 없고 모두가 조금 조금 지어 놓고 사는 것 같다. 승객은 기차를 타고 기차는 기선을 타고 건너기를 세 번이나 해서 밤에 덴마크 수부에 도착하였다. 정거장에 내리고 보니 시장은 하지마는 언어가 불통이니 어찌 하리요. 그러나 먹기는 먹어야 하겠음으로 정거장 식당에 들어가서 영, 독어의 힘을 빌어 밥은 먹게 되었다. 나는 정거장 식당이 이렇게 화려할 수가 있나 하고 놀래었다. 이것을 독일에 비하면 일등 요리집이로구나 하고, 한편으로는 옳지 참 서양은 이런 것이로구나 하였다. 독일서 정거장 식당이라 하면 음식이 맛이 없고 지저분한 것이 특색인데 이곳은 아주 반대의 현상인 것을 보았다. 그림에서 보면 독일도 전일에는 모든 것이 좋았지마는 전후에 그리 되었던 것 같다. 그러나 금일은 가난뱅이 중에 상가난뱅이만 모여 사는 것 같다. 식당에서 시중하는 여비(女婢)들의 비단 옷과 비단 양말이며 칠 피양화(皮洋靴)에는 놀래였으니 흡사히 부호가의 영양(令孃)같이 보였던 것이다. 주린 배를 채운 후에 여관을 얻어서 몸을 편히 쉬였다. 여관에도 독일어하는 사람이 있어서 불편은 없었다. 이로부터 우리 일행 2인은 자신이 생기었다. 옳지 영, 독어만 있으면 숙식에 불편이 없겠다 하였다. 과연 모든 것에 영, 독어의 힘을 많이 보았다. 코펜하겐의 밤은 어디 가든지 행인이 서로 이마를 아니 부딪치도록 까스등과 전등이 휘황하다. 베를린에 비하면 참으로 일국의 수부다워 보인다. 베를린도 전일에는 그렇지 아니하였겠지마는 공복을 채우기에 급한 베를린 시민들은 길에 켓든 가등(街燈)을 하나 씩 둘 씩 끄게 되었다. 이로부터 야백림(夜伯林)은 글자대로 밤백림(伯林), 컴컴한 백림(伯林)이 되고 말았다."[朴承喆, 「北歐 列國 見聞記」, 『개벽』 43(1924. 1)][203]

이렇게 건너간 스칸디나비아 반도의 풍광은 매우 흥미롭고 아름다웠던 것 같다. 특히 노르웨이의 '산악철도'는 관광의 중심으로 매우 이국적인 풍광이자 신기한 경험이었다. 무려 30시간의 기차 여행을 해야 하는 코스이지만 아름다운 호수와 멋진 산악의 풍경은 지루함도 날려버린 채 여행의 즐거움을 배가 시키는 멋진 여행이었다.

"적설(積雪) 중으로 기차는 돌진한다. 노르웨이를 관광하려는 사람은 누구든지 이 산악철도 연변을 보라고 권하는 것이다, 그것은 크리스티아니아(諾京)에서 뻬르겐이라는 곳까지 가는 것이니, 그곳으로부터 영미 기타 열국에 갈 수 있게 된 개항지이다. 이 철도는 급행차로 약 30시간이나 되나니 조석으로 2차 발착되며, 13년간의 장구한 세월과 3천만 원의 거대한 공비를 들여 된 것이다. 명불허실로 연로의 경치는 좋았다, 산악 사이로 달아나는 기차는 이 산모퉁이 저 산모퉁이를 돌고 높은 고개 얕은 고개를 넘으며 산빗탈에 목제의 2, 3가옥 씩 드문드문 박힌 것과 호수가 이곳 저곳 박혀 있는 것만 보이고 산악에는 가을이 깊었으며, 양편 절벽에서 떨어지는 폭포는 그 수효가 어찌 많은지 셀 수 없으며 큰 것은 넓이가 4, 5간 길이가 십수장(丈)이나 되며, 적은 것은 실뱀 같은 것도 있다. 단풍으로 붉은 옷을 입은 절벽에서 떨어지는 옥수(玉水) 소리는 천병만마를 모는 것도 같고, 옥쟁반을 부수는 것도 같다. 얼마쯤 있다 보면 좌우의 장산(壯山)으로 해서 창공이 아니 보이다가 기차는 별안간 골 속으로 들어 가나니 이렇기를 근 30번이나 지내는 중에 그중 긴 것은 5,300m 되는 것도 있었다.

기차는 헐떡이면서 자꾸 올라 가기만 한다. 해발 약 800m 되는 지점에 올라 가니 원산(遠山)에 백설이 보인다. 승객들은 불시인 백설을 보려고 창을 열고 내다보며 떠들기를 시작하였다. 그럭저럭 기차는 1,300m 되는 절정에 올라왔다. 지상에는 적설을 보게 되었다. 정거장에 내리니 구두는 눈에 파묻히고 한기는 품렬(凜烈)하다. 승객들은 더운 차며 카페를 마시며 기적같은 이 은세계에 대한 이야기로 떠들석 하였다. 그중에 젊은 남녀들은 눈덩어리를 뭉쳐 서로 설전(雪戰)을 하는 이도 있고, 늙은이는 그 짓은 못해도 눈을 밟아라도 보려고 차에서 내려서 어성어성들 한다. 기차는 이로부터 점점 내려가기 시작하야 밤중에 뻬르겐이라는 곳에 대었다. 왠만한 여관은 만원이 되고 너절한 호텔에서 일야를 지내고 고등한 숙박비만 내었다. 뻬르겐은 내외국의 선박이 출입하는 항구로서 인구라야 97,000밖에 아니 되지마는 제법 시가꼴이 난다. 신문사, 연극장도 있고 활동사진관들도 있으며 공원에 있는 음악당에는 주악이 있고, 이곳 역시 배산임수한 도시이라, 후면에는 불고불비(不高不卑)한 산이 있고 그 산을 올라가는 등산전차가 있으니 이것은 줄로 끌어 올리게 되었다. 두어 시간 이리저리 다니고 보니 더 볼 것은 업다. 야행 침대차 익조(翌朝)에 크리스티아니애諾京]에 다시 왔다."[204]

역시 북유럽은 1차 대전의 직접적 피해가 없었고, 멋진 자연 풍광을 가진 곳이었으므로 그야말로 여유롭고 풍요로운 아름다운 유럽의 상징으로 보였을 것이다. 박승철은 북유럽 여행을 마치고 남유럽을 돌아보았다. 스위스와 이탈리아를 거쳐 그리스 아테네에 왔고 여기서 터키를 거쳐 발칸반도 열국과 오스트리아, 헝가리, 체코슬로바키아까지 돌아보았다. 남유럽과 발칸반도는 중부 유럽이나 북유럽에 비해 열악하고 뒤쳐진 모습을 보이고 있었다. 특히 발칸반도의 동부유럽 지역은 식민지 조선과 크게 다르지 않았다. 발칸반도에서 탄 열차는 그 속도가 매우 느려 여행의 지루함을 더했다. 그는 특히 불가리아를 여행하며 터키의 오랜 지배에 고통받았던 역사와 그로 인해 현재의 침체된 상황 등을 보았고, 그것을 자신의 조국인 조선의 현실과 비추어 보고 있다. 초가지붕과 논은 조선에 대한 향수를 자아내는 풍경이기도 했다. 터키의 지배를 받은 불가리아의 역사를 현재 일본과 조선의 현실과 비추면서 "인류사회에서 강자가 약자를 먹는 것이 위도(僞道)"라고 제국주의의 식민지배를 비판하고, 국가나 개인 관계에서 "약육강식이라는 것이 사회진화며 인류생활의 표어"가 된 당시 세태와 시대인식을 개탄하고 있다. 그러나 이것을 극복할 의지는 드러내지 않는다.

"군뷔(君府, 콘스탄티노플/이스탄불)에서 뿔가리아 수부(首府) 쏘퓌아까지는 기차로 약 30시간이나 되나니 이것이 급행차이길래 그렇지 만일 보통차 일 것 같으면 얼마나 더딜는지 알 수 없을 것이다. 도대체 빨칸반도 열국의 기차가 더

딘 것은 유소문(有所聞)한 것이다. 급행차라는 것이 매 정거장마다 정차를 하니 급행차인지 보통차인지 구별이 나지 않는다. 좌우 연변에 보잘 것 하나 없고 산야에 인공적인 것이 보이지 않는다. 다른 곳 같으면 큰 도시가 보이거나 산야에는 인공적인 것을 볼 수 있을 것이다. 그러나 빨칸반도 열국에서는 하나도 볼 수 없다. 빨칸반도 열국은 아직도 후진이라 제 각각 수부(首府) 외에 몇 개 도시를 만들기에 전력을 다하는 것 같으며 아직도 여력이 있을 날이 멀어 보인다. 연변에 있대야 조선 철도연변에서 보는 것과 같이 초가와 수전(水田)뿐이다. 초가가 많기도 터키 경내이다. 작년 정월에 폴란드[波蘭]에 갔을 때에 초가를 보고 구라파 천지에서 희한한 일이라고 하였더니 금일에 빨칸반도 열국에서 초가를 보게 되니 구라파도 다 독일과 같지 않은 줄 알았다. 독일도 초가가 없는 것이 아니다. 작년 북구 열국가는 길에도 보았다. 그러나 그것은 말이 초가이지 벽돌담을 쌓고 치장을 낼대로 내여 지은 층집이었다. 그 외에서 본 초가들은 말대로 초가였다. 조금 조금 토담을 쌓고 지어서 게딱지 엎어 놓은 것 같다. 국경에서 조사하는 것은 너무도 심하다. 소국일수록 이러한 것은 심하게 보인다. 뿔가리아 국내에 들어서서 달포 만에 설경을 다시 보았다. 더위에 볶이다가 이 시원한 것을 보니 마음이 상쾌하다. 쏘퓌아는 인구 십만밖에 아니 되며 시가도 보잘 것 없다는 것보다는 아직도 덜 되었다. 정거장 앞에는 그저 빈 터가 많고 무슨 계획이 있는 것같이도 보인다. 19세기 말엽에 지은 희랍정교[그리스정교]당은 그리 크지는 못하여도 한 번 볼만하며 로마[羅馬]에서 보든 교당들이나 비슷하다. 시 중앙에 공원이 있대야 경성 빠고다 공원 밖에 아니 되는데 그 좁은데 사람만 가득 차서 여간 하야 교기(交椅)에 앉지 못하게 되었다. 전일 왕궁도 곧 잘 지었고 대학은 보잘 것 없다. 내용이 얼마나 충실하랴 마는 외형조차 탐탁해 보이지 않는다. 국립 박물관이라야 조그마한 집안에 벌려 놓은 것조차 보잘 것 없고 가지 수도 몇 가지 아니 되나 그중에 눈에 띄는 것은 뿔가리아인이 얼마나 많이 터키인에게 학살을 당했는가를 보이는 그림 두 장이 있으니 하나는 터키인이 뿔가리아인을 잡아서 눈동자를 빼는 것과 또 하나는 유약(幼弱)을 잡아서 중인(衆人) 앞에서 학살하는 것이었다. 우리가 그림을 보고 사지가 떨릴 적에 뿔가리아인이 보면 그 얼마나 피가 끓고 살이 떨릴 것이냐. 암만 생각해 보아도 인류사회에서 강자가 약자를 먹는 것이 위도(僞道)이건마는 부지불식간에 국가로나 개인으로나 약육강식이라는 것이 사회진화며 인류생활의 표어가 되고 말았다. 등에 각종 음료수를 지고 다니면서 길거리에서 팔고 이 곳 역시 가죽 한 조각으로 신을 맨

들어 신었으며 털마고자며 통 넓은 바지를 입었고 부녀들은 본국 부인들이 입는 긴 저고리와 통 넓은 치마를 입었으며 농가의 부녀들은 보통이에 여자를 싸서 짐들고 다니듯 하는 것도 기풍(奇風)이다."[박승철, 「希臘·土耳其·墺地利를 보던 實記」,『개벽』53(1924.11)][205]

1920년대 여행기에는 서양에 대한 추종과 선망이 드러난다. 유럽은 동아시아에 비해 선진적이라는 인식을 가지고 있다. 서양과 비교하여 열등한 조선의 이미지도 드러나고 있지만, 유럽 내에서도 지배-피지배 관계가 성립되었던 중서부 유럽과 동부, 남부 유럽의 격차도 직접 목격하고 있고, 1차 대전의 패전국인 독일의 쇠락과 침체도 목격하고 있다. 직접 여행을 하는 과정에서 각 지역, 각 국마다의 특징과 현상, 그 역사가 다양하며 역시 유럽세계도 균질적이지 않다는 점을 자각하면서, 막연한 서양에 대한 동경과는 다른 좀 더 현실적인 세계를 그려내고 있다.

4) 만주기행: 2등 국민의 환상

1930년대는 침략의 시대였다. 일제는 1931년 만주사변을 일으키면서 만주로의 침략과 진출을 성공했고, 나아가 중국 대륙 진출을 위한 침략전쟁을 획책하기 시작했다. 그것은 1937년 중일전쟁 도발로 현실화되었다. 이 시기 식민지 조선의 지식인과 청년들은 '만주붐'을 경험하게 된다. 일제는 자신의 침략에 동원할 협력자를 식민지 조선인으로 확대하고자 했다. 일본 본토의 1등 국민인 일본인과는 다르지만, 그들이 새로 차지할 만주와 중국의 중국인에 비해 조선인은 '2등 국민'으로서 그들보다 우월하다는 '아(亞)제국의식'을 조선인에게 퍼뜨리며 침략에 동참하게 했다. 이런 분위기에서 1930년대는 만주를 소재로 한 기행문과 소설이 쏟아져 나왔다.

1930년대 후반 만주 기행은 유럽의 경우와 다른 양상을 보인다. 신경(新京), 하얼빈 등은 경성보다 국제도시의 면모를 갖추었다는 점에서 유럽과 가까웠지만 이 도시를 여행하는 조선인의 태도는 유럽에서와 확연히 달랐다. 만주 여행에서는 '선진국'으로의 여행과는 다르게 새로운 공간에 대한 동경과 호기심이 드러나기보다는 식민주의자의 의식이 개입되었다. 만주를 여행하면서 조선인은 중국인과 구별되는 조선인의 위치를 표 나게 의식하고 있다. 만주여행은 주변으로 밀려나 있는 조선인에게 내지인[일본인]과 거의 동등한 위치에서 통제하고 제어할 수 있다는 희망을 갖게 하고 서양을 떠돌며 끊임없이 느낄 수밖에 없었던 인종적 열등감을 동양의 세력화를 통해 보상받으려는 욕망을 품게 했다. 만주는 식민지 조선인에게 일종의 희망 공간으로 인식된 것이다.206)

"만주국이 건립되면서부터 '오족협화(五族協和)'라는 신술어가 생겼다. 나는 이 '오족협화'의 이상을 매우 아름답게 본다. 그것은 지구상의 전 인류가 한 하느님의 자녀이기 때문에 이 '오족협화'에서 한 걸음을 더 나아가 '세계 전민족의 협화'의 실현을 이상하기 때문이다. 이는 정히 기독교인의 이상이 아닐 수 없다.

다음 지나사변[중일전쟁]이 일어나면서부터 '대동아공영권'이라는 신술어가 또 하나 생겼다. 이 역시, 문자 그대로 동아(東亞)의 각 민족은 한 형제와 같이 공존공영하자는 것인데, 이 아름다운 이상이 문자 그대로 실현되기를 바라는 동시에 다시 한걸음 더 나아가 '세계공영권'이 구현되기를 바라는 것은 기독교인의 욕망만이 아니라고 믿는다.

그런데 '대동아권'이라 하면 그것은 일, 만, 지만을 칭하는 것인가. 인도네시아[蘭印], 인도차이나[佛印], 인도까지 포함한 것을 칭함인가. 다시 한걸음 더 나아가 시베리아[西伯利亞]도 대동아권에 포함될 수 있는 것인가. 물론 지리적으로는 동아권에 포함돼야 할 것임은 자타가 공인할 것이다. 그러나 나는 정치가가 아니오 일 기독교인이기 때문에 여기에서 정치를 논하려는 것이 아니고 단지 대동아권이라는 신술어 밑에서 시베리아를 재음미하고 재인식하자는 의미에서 붓을 든 것이다."[申興雨, 「紀行 西伯利亞의 橫斷」, 『삼천리』 제12권 제9호(1940.10.1)]207)

이처럼 일제의 침략 논리에 빠져들어 만주가 새로운 낙원으로, 그곳에는 동아의 각 민족이 공존 공영하는 아름다운 이상이 실현되는 곳이라는 허언에 빠져들기도 했지만, 실제 만주의 현실, 그곳에 거주하고 있는 조선인들의 삶은 여전히 비참하다는 것을 파악한 이들도 있었다. 만주사변으로 만주국이 성립된 직후 만주를 여행한 임원근은 만주의 현실을 조금 더 내밀히 들여다보고 있다. 일제는 만주 지역이 독립운동의 근거지 역할을 하고 있었던 것에 대해 중국 침략을 준비하기 위해 그에 대한 대대적인 탄압과 토벌을 벌이며 무고한 조선인 양민들에 대한 학살도 서슴지 않는 상황이었다. 그는 압록강을 건너 안동현에서 봉천까지 급행열차를 타고 가는 도중에 기차 안팎에서 일본 군인들의 삼엄한 감시와 경계를 경험하며 '만주의 살인적 풍경'을 묘사하고 있다. 반일 독립군들의 만만치 않은 저항에 일본군은 살벌한 경계를 펴고 있는 모습으로 만주국의 성립이 결코 만주의 평화와 민족의 협력을 가져오지 못하고 있음을 보여 주고 있다.

> "나는 여러 번 생각한 나머지에 안동현(安東縣)으로부터 봉천까지는 급행열차를 탑승하기로 내 스스로 결정하고 말았다. 그러나 안동현 친구들은 만일의 염려와 100퍼센트의 안전을 위하야 주행(晝行)을 선택하는 것이 마땅하다는 '원칙론'을 주장하였다. 더군다나 그곳의 R군은 자기의 귀여운 아들이 안동(安東) 보통학교에 통학을 하고 있는데, 예년 같으면 물론 봉천 수학여행을 떠날 것이 었으나, 금번에는 특히 학부형들의 기우를 덜기 위하야 학교당국에서도 경성으로 그 목적지를 변경하였다고 까지 안봉선(安奉線)의 위험한 상태를 암시하였다. 그러나 그러면서도 그는 "무얼 아무런 상관없어 '선행차'가 있을 뿐더러 지금 또 대토벌이 개시되어 있는데 어림이나 있나 절대 안전해, 안전"하고 모든 것을 자유의사에 맡기려 하였다. 그래서 나는 얼마간 호기심에 끌리우는 것 같으면서 밤 급행을 선택한 것이었다. …(중략)…
>
> 야광이 희미한 3등 객차 실내에는 거의 공석이 없으리만치 일중선인(日中鮮人)의 승객으로 가득하였다. 그러나 중국인의 승객들은 입을 모아 약속이나 한 것 같이 제일 끝에 매달린 객차실로 거의 모두 몰려들었다. 그것이 승무원 지시

를 쫓음인지 또는 그 스스로의 의사로부터인지 그것은 나의 알 배가 아니다. 나는 되도록 안전을 도모하노라고 기관차와의 거리를 멀리하기 위하야 제일 끝으로 둘째 번 객차실에 몸을 의탁하였다.

황혼은 멀어졌다. 차창 밖으로도 죽음 같은 암흑밖에는 아무런 것도 시선을 통하는 것이 없었다. 객창의 커튼은 일제히 내리워졌다. 실내의 점등은 더욱 희미하여졌다. 그것은 말할 것도 없이 유리창을 통하야 외부에 비치는 광선의 명랑을 막고저 함이다. 우리가 간혹 신문지상에서 볼 수 있는 것 같은 뜻하지 못한 불의의 화를 예방하려는 계획적 용의(用意)이다. 차실(車室)마다 무장일본군인이 5, 6명씩 앉고 있다. 그리고 또 일본인의 무장경관과 헌병이 동승하고 있다. 기차가 정차할 때마다 승객이 오르고 나릴 때마다 그들은 자리를 옮기여 가며 경계의 임무를 충실이 이행하고 있다.

소란한 구두 소리에 나의 곤한 잠은 깨워지고 말았다. 기차는 발길을 멈추었다. 나의 눈 앞에는 5, 6인의 일본 군인이 서리발 같은 총검을 야광(夜光)에 번득이면서 서성거리고 있었다. 나의 신경은 무슨 커다란 재액(災厄)이나 나에게 닥쳐온 것 같이 갑자기 예민하여졌다. '이것이 별안간 어쩐 일인가? 기차는 왜 이렇게 오래 동안 정차하고 있는가. 무슨 탈선 고장이나? 생겼는가 예의 습격사건이나 일어났는가?' 이와 같이 혼자 걱정을 하면서 황급히 커튼을 들고 창외를 내다보았다. 그는 분명히 '교두(橋頭)'라는 스테-슌역이었다. 그리고 거기에는 내가 예기한 바 같은 아무런 사변도 없었다. 오직 군인들의 비상한 경계가 있을 뿐이었다. 그러나 그들의 감시의 목적은 승객 중에서도 특히 중국인인 모양이었다. 그들은 중국인 승객들을 차례 모두 일으켜 세우고 일일이 신체 수색하는 동시에 그의 행선지와 목적 등을 세밀히 질문하였다. 그리고 또 그들이 휴대한 행리(行李)까지도 일일이 검색하였다. 나는 수일 전 안동까지의 경의선 차중에서 이동경찰의 손에서 그 같은 일을 당하였다. 이제 목전에서 중국인의 피수색 광경을 바라보는 나의 심사는 피안의 불을 바라보는 류의 것이 아니었다.

일반적 불안의 하루 밤은 안과(安過)하였다. 위험을 전하는 안봉선의 야간여행도 안전한 그것이었다. 그러나 나는 몇날 후에 또 다시 같은 코쓰를 밟게 되던 때 비로소 안봉선 철도 연선의 위험이 일시 태심(殆甚)하였던 것을 알게 되었다. 도중 요처 중요한 역에는 역을 중심한 수 십정(町) 전후에다 광폭의 철조망을 부설하였으며 스테-슌 구내에는 그 위치 여하를 따라 방탄 설비의 마대축성까지 해놓고 일견 전시상태를 말하고 있었다. 그리고 또 어떤 곳에는 역도 아닌

외따론 지점에 일본군인의 보초가 시각을 노리고 정립(佇立)하여 있었다. 거친 만주의 살인적 풍경은 서울 처녀의 고요한 심장을 꽤 무던히 흔들어 놓은 모양 이었다.'[奉天에서 林元根, 「滿洲國과 朝鮮人將來, 滿洲國紀行(其二)」, 『삼천 리』 제5권 제1호(1933.1.1)][208]

이런 위험을 뚫고 찾아간 만주에서 그는 조선인들의 비참한 삶을 목격했다. '5전짜리 인생', 토벌과 피난. 고향에서 더 이상 살기 힘들어 남부여대하여 떠나간 만주도 이들이 편히 다리 뻗고 누울 안식처가 되지 못했다. 만주국이 내세웠던 '왕도낙토' '오족협화'의 표어와 슬로건이 얼마나 허황된 것인가를 말해주고 있다. 그러나 그보다 더 팍팍한 조선내의 식민지 현실은 많은 지식인과 청년들에게 만주 환상을 계속 재생산해 내고 있었다.

"금 오전(五錢)짜리 인생, 우리는 일찍이 서울에 있어 신문지상을 통하여 만주에서 쫓겨 다니는 불쌍한 조선인의 피난민들이 일금 오전야(五錢也)의 1일 생활비로써 그의 목숨을 연장하여 나간다는 소식을 들었다. 그러나 적어도 나 혼자만으로 그 보도의 정확성을 아니 믿으려 하였다. 그 이유로는 그런 류의 사실이 존재할 수 없다기보다도 '그래도 설마'하는 어리석은 생각으로 너무 눈물겨운 그런 참상을 억지로라도 자기 스스로나마 부인하고 싶었던 까닭이었다. 그러나 이제 실지에 와서 듣고 보니 나의 그 같은 우신(愚信)은 참말로 문자같은 우신(愚信)으로 깨달아 지고 말았다.

지금 봉천성 중에 있는 피난민 수용소로는 '박격포 창적(廠赤)'과 '산성자(山城子)'라는 곳의 양개처가 있어 그 전자에 3,180명 또한 그 후자에 7,500명 합계 만여 명이 수용되고 있다. 그리하야 그들의 생활비는 사실상 말과 같이 또 소문과 같이 물경 1일 1인분 일금 5전야(錢也)로써 그날 그날을 살아가는 것이다. '박격포'의 수용되어 있는 사람들은 봉천 조선민회의 취급분으로 전임 사무원과 의사 몇 사람을 두어 어찌 현상 유지의 사무를 취급하여 나가는 것이며, '산성자'의 분은 직접 조선총독부의 파견사무원으로서 그의 관할에 전속되어 있다.

'5전(錢)의 생활이라니? 그것도 3세 이상으로부터서만 지급되는 것이다. 가령 한 집안 가족이 다섯 사람이라면 1일 25전. 그들은 그것으로써 지정 상인으로부터 만주 좁쌀을 구입하여 가지고 그것으로써 물 반 쌀 반의 '미염' 같은 '죽' 같은 불건전한 음식물로써 오직 '생존'을 계속하여 갈 뿐이다. 그들의 존재는 결코 '생활'의 그것은 아니다. 내가 마침 이곳에 체류하게 되는 동안에 동변도 대토벌이 개시되었다. 지금 이곳에 수용되어 있는 피난민들은 모두 동변도에서 쫓겨온 사람들이다. 그런 까닭에 토벌이 끝나는 지방을 따라 차례로 이른바 '원지귀속'을 시키게 되여 24일로부터 31일까지에 그 전부를 완료한다는 것이다. 그들이 원지에 돌아가면 무엇을 먹고 살 것인가. 거기에는 이미 일본인의 전승 기분이 넘쳐 흘러 있고 또한 그들이 파종 이식까지 하여 놓고 쫓겨 왔으니 그것으로써 일시 미봉의 가능이 충분하다는 것이다."[奉天에서 林元根,「滿洲國과 朝鮮人將來, 滿洲國紀行(其二)」,『삼천리』 5-1(1933. 1. 1)][209]

3부

근대 대중문화 속의 철도

08

근대소설에 그려진 철도

1) 근대의 상징, 문명역을 향한 급행 티켓: 이광수 소설 속의 철도

1899년 11월 12일 경인선 완전 개통을 기념하는 개업식에서 시부자와는 조선 침략의 교두보로서 철도 부설권을 빼앗았다는 역사적 사실을 감추고 오히려 철도 부설이 조선을 위해 일본이 베푼 시혜라고 정당화하면서 다음과 같이 말했다. "교통기관이 우리나라에 반드시 필요한 것은 일부러 말할 필요도 없다. 그중에서도 철도와 같은 것은 교통운수로서 지극히 이롭고 편리하므로 황야를 개척하고 물산을 증식하고 공예를 일으키고, 상업을 통하게 하고 국가를 부강증진하게 된다. 하물며 대한국과 같이 대륙의 일단을 점하여 해양에 돌출하고 토양이 기름지고 바다와 육지의 천연자원이 풍부한 나라에서야 더 말할 나위가 없다. … 장래 철도 부설은 해마다 진척하여 동서를 서로 연결하고 남북을 서로 관통하여 변방의 멀리 떨어진 외진 곳까지 이르고, 안으로는 부의 자원을 개척하고 밖으로는 우리 일본을 비롯하여 각국과 통상하는 것이 번성하게 될 것은 깊이 믿어 의심치 않는 바이다."

이러한 미사여구로 철도가 가져올 부(富)와 확장될 세계를 기대했지만, 한국에 부설된 철도가 과연 한국인에게 그러한 세상을 가져왔을까. 제국주의 침략의 첨병이자 파이프로 놓인 철도는 한국인의 피와 땀으로 맺은 열매를 거두어갔다. 철도는 또한 무서운 병기였다. 엄청난 속도와 질량감은 그와 맞부딪친 사람의 몸을 산산조각 낼 수 있는 힘을 가지고 있었다. 이러한 현실은 한국의 근대소설에 녹아 있다. 최초의 근대소설이라 할 수 있는 신소설에 그려진 철도는 아직 문명이나 희망을 나타내기보다 시커먼 화차의 무게만큼이나 두려운 공포의 도구였다.

한국 신소설의 대표주자인 이인직의 『귀의 성』(1906)에서 철도가 험한 세상을 등지게 하는 도구로 활용되고 있는 상황을 묘사하고 있다. "춘천집이 모진 마음을 먹고 전기 철도에 가서 치여 죽을 작정으로 경성창고회사 앞에 나아가서 전기 철도에 가만히 엎드려서 전차 오기만 기다리는데 용산에서 오는 큰 길로 돌돌 굴러오는 바퀴 소리에 춘천집이 눈을 딱 감고 이를 악물고 폭 엎드렸는데 천둥 같은 소리가 점점 가까워지더니 무엇인지 춘천집 몸에 부딪쳤더라."[210]

이렇게 춘천집이 전차에 몸을 던져 세상을 떠난 상황을 회상하고 있다. "한참 그런 생각을 할 때에 인력거가 남대문 밖 정거장을 썩 지나면서 창고회사 벽돌집이 눈에 선뜻 보이는데 그 앞을 올라오는 전차 하나가 천둥 같은 소리가 나며 남문을 향하고 번개같이 지나가는 것을 보고 다시 혼자말로 "에 그 그 회사집 앞으로 전차 지나가는 것을 보니 생각나는 일이 있구나. 춘천집이 죽으려고 엎드렸던 곳이 저 회사집 앞 철도로구나. 저러한 전차에 치었다면 두 도막 세 도막이 났을 뻔하였지"[211] 철도가 희망의 공간이 아닌 죽음의 공간으로 연결되는 통로가 된 것이다. 그러나 철도의 속도감은 "나는 듯한" 속도로 좋은 소식, 나쁜 소식 할 것 없이 전해주며 세상을 변화시키고 있었다. "은밀한 편지가 나는 듯한 경부 철도 직행차를 타고 하루 내에 서울로 들이닥치더니 우편국을 잠깐 지나서 소문 없이 삼청동 김승지의 부인의 손으로 들어갔더라."212)

그러나 곧 철도는 문명과 희망의 상징으로 다가오기 시작했다. 한국 근대소설의 1세대를 대표하는 이광수가 그려낸 철도의 세계를 보자. 이광수에게 철도는 근대성의 상징이자 문명개화의 목표를 향해 일로매진하는 직선적 질서를 의미한다. 그에게 철도는 회의와 부정의 대상이 아니라 선망과 추구의 대상일 뿐이다. 그의 소설 『무정』(1918)의 한 대목을 보면 "도회의 소리? 그러나 그것이 문명의 소리다. 그 소리가 요란할수록 그 나라는 잘 된다. 수레바퀴 소리, 증기와 전기기관 소리, 쇠마차 소리. 이러한 모든 소리가 합하여서 비로소 찬란한 문명을 낳는다. 실로 현대의 문명은 소리의 문명이나 서울은 아직 소리가 부족하다. 그러나 불쌍하다 서울 장안에 사는 삼십여 만 흰 옷 입은 사람들은 이 소리의 뜻을 모른다. 또 이 소리와는 상관이 없다"고 하면서 이광수는 철도의 문명에 감복하여 그것이 가져온 식민지의 억압적·수탈적 질서와 현실은 지워버린다.

"평양서 올라올 때에 형식은 무한한 기쁨을 얻었다. 차에 같이 탄 사람들이 모두 다 자기의 사랑을 끌고 모두 다 자기에게 말할 수 없는 기쁨을 주는 듯하였다. 차바퀴가 궤도에 갈리는 소리조차 무슨 유쾌한 음악을 듣는 듯하고 차가 철교를 건너갈 때와 굴을 지나갈 때에 나는 소요한 소리도 형식의 귀에는 웅장한 군악과 같이 들린다. 형식은 너무 신경이 흥분하여 거의 잠을 이루지 못하고 차창을 열어놓고 시원한 바람을 쏘이면서 어스름한 달빛에 어렴풋하게 보이는 황해도의 연산을 보았다."213) 이광수에게 달리는 기차는 유쾌한 음악이 흐르고 웅장한 군악 연주와 같은 환희와 힘을 주는 공간이었다.

『무정』의 형식은 달리는 기차 안에서 차창 밖의 조선을 바라봤다. 기관차 굴뚝의 불빛에 비친 산골짜기 초가집을 보며 "형식은 십여 년 전에 떠난 자기의 부모를 생각하였다." 눈길을 객실 안으로 돌리니 거기에는 자신의 동포들의 애처로운 모습이 보인다. "바로 자기의 맞은편에 누운 어떤 노동자 같은 소년이 추운 듯이 허리를 구부린다. 형식은 얼른 차창을 닫고 자기가 깔고 앉았던 담요로 그 소년을 덮어주었다. 이 소년은 아마 어느 금광으로 가는지 흙물 묻은 무명 고의를 입고 수건을 말아서 머리를 동였다. 머리는 언제나 빗었는지 머리카락이 여기저기 뭉쳐지고 귀 밑과 목에는 오래 묵은 때가 꼈다." 애틋한 향수와 연민을 불러일으키는 기차 여행, 그러나 여기에 식민지 현실의 분노와 고통은 보이지 않는다. 기차는 결국 희망의 땅으로 이들을 인도할 것이므로.

기차는 자본주의적 계급질서가 적나라하게 드러나는 곳이다. 1등, 2등, 3등 객실의 차이는 승객의 인격을 대신한다. 병욱과 영채는 식민지 부르주아지라도 차마 1등 객실은 탈 수 없지만, 아쉽게도 2등 객실의 쾌적함은 누릴 수 있었다. 형식이 타고 온 3등 객실의 동포들과 그들은 결코 하나일 수 없었다. 그러나 이들도 서양인 선교사와 일본인 관리의 눈에는 어울리지 않는 불청객과 같은 취급을 받는다.

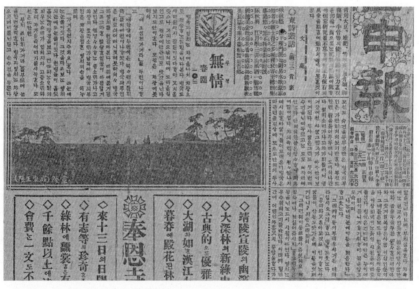

▲ 이광수, 『무정』(『매일신보』 1917년 5월 10일 '무정 103호')

"병욱과 영채는 차에 올라서 차창으로 전송하는 일행을 내다본다. 병국도 사리원까지 갈 일이 있다 하여 같이 올랐으나 자기는 오늘 저녁에 돌아올 길인 고로 걸상에 앉은 대로 바깥을 내다보지도 아니한다. 모친은 차창에 붙어서 "얘, 조심해 가거라"를 두어번이나 하고 …(중략)… "부디 조심해 가거라"를 부르며 눈을 한번 끔벅한다. 병욱과 영채는 차창으로 머리를 내밀고 손수건을 두른다. 모친도 수건을 두르건마는 병국의 부인은 가만히 서서 보기만 한다. 부친도 한번 팔을 들어 두르더니 돌아서 나간다. 덜컥 소리가 나고 차가 휘돌더니 정거장에 선 사람 그림자가 아주 아니 보이게 된다. 두 사람은 그래도 두어 번 더 수건을 내두르고는 도로 제자리에 앉는다. 앉아서 한참은 멍멍하니 피차에 말이 없다. 차의 속력이 점점 빨라지매 시원한 바람이 불어 들어온다. 병국은 맞은 편 줄 걸상에 모로 앉아서 두 사람을 건너다보며 부채질을 한다. 차 속에는 선교사인 듯한 늙은 서양 사람 하나와 금줄 두 줄 두른 뚱뚱한 관리 하나와 그밖에 일복(日服) 입은 사람 이삼 인뿐이다. 그네들은 모두 흰 옷 입은 이등객을 이상히 여기는 듯이 시선을 이리로 돌린다. 병국에 건너편에 앉아 누이에게 말이 들리게 하기 위하여 몸을 앞으로 숙이며 "나는 네 덕분에 이등을, 처음 이등을 탄다"하고 웃는다. "그렇게 이등이 부러우시거든 더러 타십시오 그려" 하고 병욱도 웃는다. "우리와 같은 아무것도 아니하는 사람들이 삼등도 아까운데 이등을 어떻게 타니? 죄송스러워서 …" "그러면 왜 이등표를 사주셨어요. 저 짐차에나 처실어주시지" 하고 병욱은 성을 내는 듯이 시침을 뗀다. 영채는 우스워서 고개를 숙인다."214)

청년 이광수에게 남대문역에서 보는 기차, 전차, 전기등, 전화, 이들이 내뿜는 소리는 '문명의 소리'로 들린다. 서울은 이러한 소리가 부족한 곳이라 안타깝지만, 더 불쌍한 것은 '제 손으로' 이 소리를 만들어 내지 못하는 식민지의 현실이었다.

"차가 남대문에 닿았다. 아직 다 어둡지는 아니하였으나 사방에 반작반작 전기등이 켜졌다. 전차소리, 인력거소리, 이 모든 소리를 합한 '도회의 소리'와 넓은 플랫폼에 울리는 나막신 소리가 합하여 지금까지 고요한 자연 속에 있던 사람의 귀에는 퍽 소요하게 들린다. '도회의 소리'! 그러나 그것이 '문명의 소리'다.

그 소리가 요란할수록에 그 나라가 잘된다. 수레바퀴 소리, 증기와 전기기관 소리, 쇠망치 소리, 이러한 모든 소리가 합하여서 비로소 찬란한 문명을 낳는다. 실로 현대의 문명은 소리의 문명이다. 서울도 아직 소리가 부족하다. 종로나 남대문통에 서서 서로 말소리가 아니 들리리만큼 문명의 소리가 요란하여야 할 것이다. 그러나 불쌍하다. 서울 장안에 사는 삼십여 만 흰 옷 입은 사람들은 이 소리의 뜻을 잘 모른다. 또 이 소리와는 상관이 없다. 그네는 이 소리를 들을 줄을 알고 듣고 기뻐할 줄을 알고, 마침내 제 손으로 이 소리를 내도록 되어야 한다. 저 플랫폼에 분주히 왔다 갔다 하는 사람들 중에 몇 사람이나 분주한 뜻을 아는지, 왜 저 전등이 저렇게 많이 켜지며, 왜 저 전보 기계와 전화기계가 저렇게 불분주야하고 때각거리며, 왜 흉물스러운 기차와 전차가 주야로 달아나는지. 이 뜻을 아는 사람이 몇몇이나 되는가."215)

이광수의 소설에서 보인 철도는 찬란한 문명의 도구이다. 놀라운 기술과 편리함을 우리 스스로 이루고 운영하지 못하는 것에 대한 아쉬움은 있지만, 그보다 문명의 힘과 선의가 그것을 앞선다.

『무정』의 숨은 주인공은 '기차'라 해도 과언이 아니다. 형식에게 보내는 유서를 남기고 평양으로 떠나는 영채가 기모노를 입은 동경유학생 김병욱을 만나 생전 처음 보는 샌드위치를 얻어먹고 삶의 새로운 전기를 맞는 곳, 영채를 찾아 평양으로 갔던 형식이 '지구의 돌아가는 소리, 별과 별이 마주치는 소리, 무한히 작은 에테르 분자의 흐르는 소리'를 들으며 '이제야 자기의 생명을 깨달았다'는 우주적 각성에 이르는 곳, 그리고 무엇보다도 형식과 선형, 영채 사이의 오랜 갈등이 해소되고 모든 인물이 하나의 뜻과 이념으로 굳게 결합하여 새로운 전망을 하는 무정의 대단원이 펼쳐지는 곳, 그곳은 바로 '기차'였다. 실로 무정에서 기차는 이른바 근대적 주체가 새롭게 태어나는 공간, 그 새로운 주체들의 이념과 실천이 수행되는 공간, 온갖 사회적 모순과 불합리가 해결되는 자유롭고 활기찬 희망과 개방의 공간으로 그려지고 있다. 요컨대 무정의 기차야 말로 20세기 식민지 조선의 새로운

공공영역(public sphere)을 표상하는 물체라 해도 과언이 아닐 것이다.216)

그러나 한반도에 부설된 철도는 일본 제국주의의 대륙으로의 야망을 실어 나르는 가장 핵심적 도구였다. 『무정』에서는 경부선 철도의 이러한 정치경제적 의미는 드러나지 않는다. 그 한편에서 "근대화의 욕망에 몸을 실은 20세기 한국인의 '희망찬' 자화상"으로서의 철도를 그리고 있다.

근대를 향한 이 직선적인 욕망에서 20세기 한국인들도 물론 예외는 아니었다. 한반도의 주민들은 일본을 통해 근대 국민국가를 처음으로 경험하였다. 그것이 '우리의 국가'가 아니었다고 해서 그 경험이 지니는 의미가 사라지는 것이 아니다. 오히려 '우리의 국가'가 아니었다는 사실로부터 근대화와 근대국가에의 욕망은 한없이 부풀어 오른다. 일제에 대해 어떠한 태도를 취하든 상관없이 근대화에 관한 한 20세기 이래의 한국인들은 목적지가 동일한 기차에 올라탄 승객들이다. 무정이 보여주는 것은 바로 그 기차에 오른 최초의 승객들의 모습이다. 그리고 21세기의 우리는 지금도 여전히 달리고 있는 그 기차에 타고 있다.217)

2) 절망의 끝에서 탈출의 통로가 된 철도: 1930~40년대 소설 속의 철도

일제 식민지배는 문명화를 가장했지만, 식민지로 전락한 한반도에 거주하는 한국인들의 삶은 철저한 2등 국민이자 피착취자로서 정체성 상실과 절대적 빈곤이라는 굴레에 얽혀 살아가게 되었다. 1918년 토지조사사업이 종결되고 식민지지주제가 극성을 부리며 대다수 농민들이 소작농으로 전락하여 고된 노동에도 불구하고 항상적 배고픔과 빈곤 상태를 벗어날 수 없었다. 그래도 고향에서 호미를 꽂을 땅이라도 얻을 수 있으면 가난한 이웃들과 의지하며 살아갈 힘을 얻을 수 있었다. 이러한 바람에도 불구하고 결국 모 한 줌 꽂을 땅을 얻지 못한 농민들은 남부여대하여 고향을 떠났다.

기차는 이들을 국경 넘어 황량하고 드넓은 만주벌로 실어 날랐다. 일제는 철도를 통해 한반도를 넘어 만주-중국 본토 또는 시베리아를 거쳐 러시아, 유럽으로까지 그들의 힘과 영향력을 뻗치고 싶어 했다. 한국인들은 일제의 탐욕에 고향을 뺏기고 낯설고 물선 황무지로 내몰렸던 것이다. 이렇게 떠나가는 농민과 여러 인간 군상들의 모습이 식민지기 소설가의 손에서 그려졌다. 대표적으로 최명익, 이태준의 작품이 그러한 모습을 묘사하고 있다.

최명익의 소설 『심문』(1939)은 주인공 '나' 명일이 하얼빈을 방문한 여행기이다. 이 작품에 나타난 시속 50㎞ 속도는 여행자에게 놀라운 경험이었다. 기차로 상징되는 근대적 문물의 속도감은 '흘러간다'는 말 속에 압축되어 있다. 『심문』에서 기차의 역할은 화자의 세계관을 보여주는 데 기여하고 있다. 기차의 속도감을 통해 아내를 잃은 상실감, 유동적인 태도의 화자의 내면세계를 보여준다.[218]

> "시속 50 몇 킬로라는 특급차 창 밖에는 다리 쉼을 할 만한 정거장도 역시 흘러갈 뿐이었다. 산, 들, 강, 작은 동리, 전선주, 꽤 길게 평행한 신작로의 행인과 소와 말. 그렇게 빨리 흘러가는 푼수로는 우리가 지나친 공간과 시간 저편 뒤에 가로막힌 어떤 장벽이 있다면 그것들은 캔버스 위의 한 터치 또 한 터치의 오일 같이 거기 부딪쳐서 농후한 한 폭 그림이 될 것이나 아닐까? 하고 나는 그러한 망상의 그림을 눈앞에 그리며 흘러갔다. 간혹 맞은편 플랫폼에 부풀듯이 사람을 가득 실은 열차가 서 있기도 하였다. 그러나 무시하고 걸핏걸핏 지나치고 마는 이 창밖의 그것들은 비질 자국 새로운 플랫폼이나 정연히 빛나는 궤도나 다 흐트러진 폐허 같고 방금 브레이크 되고 남은 관성과 새 정력으로 피스톤이 들먹거리는 차체도 폐물 같고 그러한 차창에 빈틈없이 나붙은 얼굴까지도 어중이떠중이 뭉친 조난자같이 보이는 것이고 그 역시 내가 지나친 공간 시간 저편 뒤에 가로막힌 캔버스 위에 한 터치로 붙어버릴 것 같이 생각되었다."[219]

이 작품에서 기차를 통해 자신의 의식세계를 보여주는 방식이 차창을 통해 보이는 바깥 풍경으로 표현되었다면, 『장삼이사』(1941)에서 여행자의 관찰 태도는 기차의 속도, 기차 내부구조와 상당한 관계를 갖고 있다. 새로운 역에서 승차하는 승객을 묘사하고 있고, 『장삼이사』의 승객들은 도망치다 붙잡힌 색시와 그녀를 폭력적으로 대하는 포주에게 관심을 갖는다. 식민지 작가들이 소설에 '기차'를 등장시키는 것은 기차 대합실과 객차 공간이 지닌 집약적 이미지 때문으로 전국의 국민들이 군집될 수 있는 장소로 기차는 가장 용이한 공간이었다.220)

한편 『심문』에서 주인공 명일은 기차의 속도감에 기댄 차창 밖 풍경을 묘사하면서 철도의 지배적 성격을 깨닫고 있다. 곧 속도란 일상으로부터의 해방을 뜻하는 것이 아니라 근대적 일상성이 지닌 대표적 속성이고, 철도는 도시와 도시를 연결하는 근대적 통로이지만 모든 곳으로부터 벗어나는 출구가 될 수 없었다. 군중들은 점차 속도가 준 충격에 익숙해졌고, 더 나아가 즐기기도 하였다. 명일은 모든 승차자들에게 엄청난 속도로 강요되는 근대의 숙명과 음모를 느끼며 철도의 속도를 경험했던 것이다.221)

기차를 타고 가는 행위는 단지 속도감을 느끼는 것에 한정된 것은 아니다. 근대에 발달된 대중교통 수단은 몇 명의 한정된 사람들이 타던 이전의 교통수단과는 달리 서로 무관한 많은 수의 사람들을 한꺼번에 태우고 있다. 승차는 속도와 함께 이름 모를 다수의 '동승자'를 경험할 수 있는 계기가 된다. 사실 이 같은 동승자들은 거리에서 주위를 스쳐가는 군중들과 다를 바 없다는 점에서 대중교통 수단은 거리(street)가 연장된 것이다. 그렇다면 기차를 타는 것 역시 거리 경험의 기회가 될 수 있을 것인데 어찌 보면 동승자는 차창 밖을 볼 때 느끼는 속도보다도 훨씬 직접적으로 거리를 경험할 수 있다. 대중교통의 성격상 옆 자리에 앉거나 중간 통로에 서 있는 동승자-군중-들과의 접촉이 불가피해지기 때문이다. 이는 산책과 비교할 때보다 분명히 드러난다. 요컨대 산책에서는 적당한 정도의 물리적 거리가 산책자에게 보장되어 산책자는 군중에 관심을 기울일 수도 기울이지 않을 수도 있지만 대중교통 승차자는 동승자에 대한 물리적 거리를 유지할 수 없으므로 그와의 접촉을 승차 시간 내내 강요받고 있는 것이다.[222]

> "이 찻간 한 끝 바로 출입구 안 짝에 자리잡은 나 역시 담배를 피어 물고 주위를 돌아볼 여유가 생겼던 것이다. '웬 사람들이 무슨 일로 어디로 가노라 이 야단들인가' 혼잡한 정거장이나 부두에 서게 될 때마다 이렇게 중얼거려보는 것이 나의 버릇이지만 그러나 '이 중에는 남모를 설움과 근심 걱정을 가지고 아득한 길을 떠나는 이도 있으려니' 이런 감상적인 심정으로보다도 지금은 단지 인산인해라는 사람 틈에 부대끼는 괴로운 역정일는지 모를 것이다. 그러하다고 지금도 그런 역정으로 주위를 흘겨보는 것은 아니다. 물론 또 아득한 길을 떠나는 사람의 서러운 표정을 찾아 구경하려는 호기심도 없었다. 만일 그런 것이 있다면 방심상태인 내 눈이 요깃거리는 되겠지만."[223]

최명익의 『심문』과 『장삼이사』의 주인공은 지식인으로서 기차에서 바라보는 풍경과 타자로서 같은 식민지 동포들을 바라보았다. 이와는 다르게 이태준의 소설 『철로』(1936)는 자그마한 어촌에서 답답한 식민지 현실을 살아가는 청년의 희망과 좌절이 기차를 모티프로 드러난다. 도시에서 놀러온 여학생을 흠모하며 그녀가 있는 공간으로 자신을 실어다 줄 수 있을 것이라는 기대감에서 기차는 마냥 흥미롭고 신기한 '장난감' 같았고, 자신에게 부(富)를 가져다주는 도구라고도 생각했다.

> "기차는 큰 장난감 같이 보였다. 객차나 기관차를 떼었다 달았다 하는 것이며 빽- 빽- 하는 기적소리, 언덕을 올라갈 때면 치치팡팡거리는 소리, 밤이면 이마에다 불을 달고 꼬리에는 새빨간 새끼등을 단 것, 모두 재미있으라고 만든 것 같았다. 그것을 타고 오는 사람, 가는 사람, 손님들도 모두가 무슨 볼일이 있어 다니는 것이 아니라 장난으로 타보기 위해 다니는 것만 같았다. '나는 언제나 한번 저 놈을 타보나?' 혼자 몇 달을 벼르서 한 냥 한 돈을 내고 고저까지는 타보았다. 그 눈이 아찔하게 빠르던 것, 굴속으로 지나갈 때 생판 대낮인데도 밤중처럼

캄캄하던 것, '야! 나도 육지에서 무슨 벌이를 하면서 늘 기차를 타고 다녔으면!' 하는 욕망이 절로 치밀었다."224)

그러나 그것이 부질없는 망상이었음이 드러난 현실에서 이제 기차는 이별과 절망을 극대화시키는 슬픈 산물이었다. "이윽고 기차가 들어왔다. 철수는 떨리는 가슴을 억지로 진정하면서 섶 초롱 놓아둔 데로 갔다. 전에는 장난감처럼 재미있게만 보이던 기차가 이렇듯 맘을 아프게 해줄 줄은 몰랐다."225)

이태준의 소설 『농군』(1936)의 화자는 고향을 등지고 만주로 떠나가야 하는 식민지배의 모순을 가장 밑에서 받아낸 농민 자신이었다. "봉천행 보통급행 삼등실, 내리는 사람보다 타는 사람이 더 많다. 세면소에는 물도 떨어졌거니와 거기도 기대고 쭈그리고 모두 자기 체중에 피로한 사람들로 빼곡하다. 쳐다보면 시렁도 그득, 가족가방, 헝겊 보따리, 신문지에 꾸린 것, 새끼에 얽힌 소반, 바가지쪽, 어떤 것은 중심이 시렁 끝에 겨우 걸쳐 급한 커브나 돌아간다면 밑에 사람 정수리를 내리치기 알맞다. 차는 사리원을 지나 시뻘건 진흙 평야를 달린다. 한쪽 창에는 해가 뜨겁다. 북으로 달릴수록 벌써 초겨울 풍경이긴 하나 훅훅 지는 사람 내 속에 종일 앉았는 얼굴엔 햇볕까지 받기에 진땀이 난다."226)

그런 농민이 타고 가는 기차에서는 더 이상 속도감이나 전진과 발전의 방향이 보이지 않는다. 이제 기차는 근대를 선취한 성공자들의 공간만이 아니다. 실패하고 떠나야 할, 도망가야 할 패배자들의 공간이기도 하다. 이들을 바라보고 감시하는 싸늘한 눈초리가 도사리고 있는 숨 막히는 공간이다.

"무엇이라는 소리인지 차 안은 한쪽 끝에서부터 수선스러진다. 차장이 들어섰다. 차장이니 남의 어깨라도 넘어 헤치고 들어오며 차표 조사다. 이 청년은 이내 조끼에서 차표 넉 장을 내어든다. 차장 뒤에는 그냥 양복쟁이가 하나가 뒷짐을 지고 넘싯넘싯 차장이 찍는 차표를 낸 승객을 둘러보며 따라온다. 차장은 청년의 손에서 넉 장 차표를 받아 말없이 찍기만 하고 돌려준다. 그런데 양복쟁이가 청년에게 손을 쑥 내미는 것이다. 청년은 조끼에 집어넣으려던 차표를 다시 내주었다. 양복쟁이는 차표에서 장춘까지 가는 것을 알았을 터인데도

'어디꺼정 가?' 묻는다. '장춘꺼지요' '차는 장춘까지지만 거기선?' '네…' 청년은 손이 조끼로 간다. 만주 어느 지명 적은 것을 꺼내려는 눈치다. '이리 좀 나와' 청년은 조끼에 손을 찌른 채 가족들을 둘러보며 일어선다. 가족들은 눈과 입이 다 둥그레진다. 청년은 속으로 경관이거니 하면서도 '왜요, 어디루요?' 맞서본다 '오래니깐…'

청년은 양복쟁이의 흘긴 눈을 따라가는 수밖에 없다. 찻간 끝에 변소만한 방, 차장의 붉은 기와 푸른 기가 놓인 책상, 그리고 양쪽에 걸상이 있었다. …(중략) … 마침 차가 꽤 큰 정거장에 머문다. 형사는 수첩을 집어넣더니 쓰단 달단 말도 없이 차를 내린다."[227]

근대문명의 전달자이자 개화 문명의 학교로서 선망과 찬양의 대상인 철도, 그러나 그 철도는 누구에게나 그러한 수혜를 베풀지는 않았다. 제국주의 세계체제하에서 철도는 누구의 손에 운영되는가에 따라 정복의 도구이기도 침략의 무기이기도 했다. 한반도에 부설된 철도는 근대 세계질서하에서 동아시아의 맹주를 꿈꾸는 일본제국주의의 대륙 침략의 칼이 되었다. 검은 화차만큼이나 그 철도가 빨아들이는 검은 탐욕은 식민지 조선 민중들의 삶을 갈라놓고 헤집어 놓았다. 그들의 기적소리와 뿜어내는 검은 연기가 잦을수록 식민지 민중의 애환은 깊어져 갔다.

09

신세계를 노래하라

철도창가

1) 경부철도노래: 제국창가 「만한철도창가」에 대응한 식민지 조선의 철도창가

철도의 근대적 의의는 무엇보다 문명의 성취와 확산에 크게 기여했다는 점일 것이다. 철도의 속도와 직선적 이동에 따른 대중들의 세계인식과 시각, 태도의 변화 역시 주목할 지점이다. 그러나 철도의 소유 및 운영 주체가 누구인가에 따라 철도의 의미는 확연히 달라진다. 제국의 경우 철도는 팽창과 지배의 도구로 기능하지만, 식민지의 경우 그것은 대개 문명성을 압도하는 식민성의 도구로 기능했다. 하지만 식민지에서 철도는 주체적 문명화에 필수불가결한 제도로 끊임없이 호출되었다는 점에서 매우 이율배반적인 존재였다.

러일전쟁 이후 제국으로 급부상한 일본은 한국에서 철도 부설을 장악하였고, 이것은 제국 판도와 경계의 실질적인 확장뿐만 아니라 식민지에 대한 심상지리는 물론 '상상된 공동체'로서의 제국 일본의 상(像)을 제공했다. 특히 한국의 철도 부설은 일본인에게 다양한 답사와 여행을 통한 본격적인 식민지 횡단을 가능하게 한 계기가 되었다. 이러한 과정에서 생산된 각종

기행문, 소설에서 특징적인 국면을 추출하여 만든 시가(詩歌)로 '철도창가(唱歌)'가 등장했다.[228]

그 대표적인 것이 일본의 오와타 다테키(大和田建樹, 1857~1910)[229]가 발표한 「지리교육 철도창가」(1900), 「만한철도창가(滿韓鐵道唱歌)」(1906)이다. 특히 「만한철도창가」는 경부선-경의선-만주철도 연변의 풍속과 문화, 문명화 양상, 그리고 임진왜란에서 러일전쟁에 이르기까지 일본의 대륙 진출사를 서사화하고 있다.[230] 경의선이 개통된 1906년 4월 발표한 작품으로 당시 일본 문부성 검정을 거쳐 간행된 고등소학교 창가과 아동용 교재였다. 이 창가는 독립된 음악 교과로서만이 아니라 다른 교과 교육의 교수법에도 응용되는 비중 있는 과목이었다. 특히 오와타 다테키의 일련의 철도창가는 지명 암기로부터 지리정보의 관찰과 서술 교육의 중요한 수단이기도 했거니와 일본으로 하여금 근대 국민국가로 일본의 심상지리를 형성하는 데 큰 역할을 했고, 이후 철도창가류의 원형이기도 했다.

시모노세키로부터 부산을 거쳐 뤼순(旅順)에 이르는 이 작품은 경부선과 경의선 그리고 남만주철도의 연선을 따라 한국과 만주 각 지역을 끊임없이 근대문명으로부터 단절된 원시의 공허한 공간으로 표상한다. 그리고 철도 연선의 지역에 깃든 임진왜란에서 러일전쟁까지 일본 진출 과정에서의 고투를 회고하는 철도여행 체험을 통해, 현재 일본인의 삶의 물리적 경계를 넘어서는 현존과 동일성을 향한 욕망을 드러낸다.[231]

이 작품은 총 60절로 구성되어 있는데, 출발지인 시모노세키로부터 부산까지는 항로를, 다시 부산부터 뤼순까지는 철로를 통한 여정을 묘사했다. 1절부터 28절까지는 한반도를, 29절부터 마지막 60절까지는 만주와 요동반도를 가로지르는 파노라마를 제시한다. 또한 철로를 통한 여정에 보다 주목해 보자면 한반도는 부산부터 경성까지는 경부선 연선을, 그 가운데 영등포에서 인천까지 경인선 연선을, 다시 경성에서 신의주까지 경의선 연선을 거쳐 가로지르고, 만주 이후는 남만주 철도의 주요 노선들을 거치는 여정을 묘사했다. 「만한철도창가」에 등장하는 한반도의 지명은 다음과 같다.

시모노세키[馬關](1) – 부산(2, 3) – 초량, 부산진(4) – 동래부, 동래온천, 범어
사(6) – 물금역, 증성(7) – 원동, 삼랑진, 마산포, 밀양(8) – 대구(9) – 왜관역(10)
– 김천, 추풍령(11) – 영동역, 낙화대, 금성산(12) – 심천역, 대전역, 계룡산(13)
– 금강, 부강역(14) – 갈거리, 전의, 소정리, 천안역, 온양온천(15) – 곡산, 성환,
안성천(16) – 아산(17) – 오산(18) – 수원, 부곡, 시흥, 영등포(19) – 인천항(20) –
월미도(21) – 한강(22) – 용산, 남대문, 경성(23) – 대동강, 평양부(24) – 목단대
(25) – 정주, 선천, 신의주, 압록강(27) – 안동현(安東縣)(28)

1. 기적울림 씩씩하게 시모노세키를 뒤로하고 저어 나와 거친 파도 백 해리
를 박차고 나아가니 계림팔도 어디더냐
3. 부산 이름난 항구라 손꼽히는 무역장 드는 배 나는 배 쉴 새 없이 잇따른
시가의 흥성거림
5. 삼백척 산위에다 쌓고 버린 보루 고니시 유키나가 천년 웅도 드러낸 훌륭
한 기념
7. 물금역 증성은 위풍초목 떨구고 귀신이라 불린 기요마사 적을 물리친 자
취인가
9. 봄가을 두 철 열리는 이름난 대구시장 모이는 장사꾼 만 명 땅은 또 얼마
나 비옥하던가
10. 토요토미 태합의 정한군 잠시 여기 머물다 그 이름 남긴 왜관역 위지 천
년 썩지도 않네
14. 물빛 고운 금강 언덕 따라 부강역 쌀장사 소금장사 장꾼 들끓는 은성한
장터
20. 인천항 거류 동포 일만 삼 천여 러일전쟁 나자마자 적함 가라앉힌 포구라네
21. 항구의 흥성거림 구경하고서 볼일 또한 마치고 한가하거든 일본공원 월
미도 들러보시길

본격적으로 경부선에 오르는 3절부터 경의선을 내리는 28절까지 경부선
과 경의선 노선의 모든 역들을 작품에 등장시키지 않는 가운데 유독 임진

왜란의 유서가 깃든 역들을 굳이 한 개의 절로 떼어 놓았던 것은 임진왜란이 여전히 현재적 의미를 지니고 있다고 보았기 때문이다.232) 이어 28절부터는 만주 지역을 묘사하고 있다.

> 34. 백만 근의 석탄을 밤낮으로 파낸다는 무순 탄광 오른편을 보고 지나며 이제야 도착하네 봉천부
> 38. 아라사군 아군에 대패한 옛 싸움터 沙河, 歪頭山 봉우리에 높게 걸린 무훈의 영예이리니
> 40. 오카자키 여단이 고군분투해 그 이름 남긴 오카자키 산, 바라보며 건너는 太子河 강물도 개가(凱歌)를 부르는 듯
> 47. 생사(生絲)시장이라는 개평 지나서 웅악성 성벽 네 면에 물결치듯 일어나 앉는 구릉을 바라보네
> 51. 서둘러 나아가는 차창 왼편으로 바라보는 절경의 화상도 무역으로 변화한 다롄만
> 54. 아침 햇살에 빛나는 일장기를 산과 산에 세우고 개가를 부르던 그때 아군의 마음 떠올려 보네

28절 이후 만주의 여정에서는 러일전쟁 당시 쿠로키(黑木) 부대가 도강을 하며 올렸던 함성을 떠올리면서 압록강을 건너는 바로 그 순간부터, 노키 장군의 고전과 히로세 중좌의 전사를 추모하며 여정이 끝나는 다롄만에 이를 때까지 만주를 가로지르는 모든 철도 연선들은 마치 러일전쟁이 전적지가 아닌 곳이 없는 듯하다.233)

이러한 철도창가는 조선에서도 발표되었다. 1908년 최남선은 「경부텰도노래[경부철도노래]」를 단행본으로 발행한 것이다. 작품의 내용은 철도 개통으로 대변되는 서구문화의 충격을 수용하고 있으며, 경부선의 시작인 남대문역에서부터 종착역인 부산역까지 연변 여러 역을 차례로 열거하면서 그에 곁들여 풍물, 인정, 역사적 사실들을 서술해 나가고 있다. 「경부철도노래」는 장편 기행체 창가로서 스코틀랜드 민요 '밀밭에서' 곡조가 붙어 있

는 총 67절로 된 7·5조의 창가이다.

「경부철도노래」에 소개된 역이나 지역을 보면 다음과 같다.

> 남대문(1) – 용산역(3) – 용산나루터(4) – 노량진역(5) – 영등포(6) – 부평역(7)
> – 시흥역(8) – 수원역(9) – 병점역(12) – 오산역, 진위역(13) – 평택(14) – 성환역
> (15) – 직산역(19) – 천안역(21) – 소정리, 전의역, 조치원(25) – 내판역, 부강역
> (26) – 대전(29) – 증약, 옥천역, 이원역(30) – 심천, 영동역(32) – 금천역(35) – 금
> 오산(36) – 약목역, 왜관역(38) – 신동, 대구군(39) – 경상군, 청도(43) – 유천, 밀
> 양(44) – 삼량진(47)(낙동강끼고 6정거장 지나감) – 원동역(48) – 물금역, 구포역
> (50) – 부산진(51) – 초량역, 부산항(56)

「경부철도노래」의 흐름은 남대문에서 출발하여 부산에 도착하는 경부선과 동일하다. 기차가 달리기 위해서는 심한 굴곡과 높낮이 없이 강과 산을 수평적으로 통과하는 철로가 필요하다. 철도는 수직적이거나 곡선적인 공간의 저항을 허용하지 않기 때문이다. 다리를 놓고 터널을 뚫으며 철도는 공간의 다양한 질적 차이를 수평적으로 균질화하고 일정한 시간과 거리 그리고 속도로 기존의 공간을 재배치한다. 최남선이 경부선을 타고 남쪽 지형을 둘러보는 일은 이렇게 이미 철도에 의해 균질화된, 즉 근대적 사고에 기반하여 재배치된 새로운 시공간을 경험하는 것이라 할 수 있다.234)

최남선은 「경부철도노래」를 오와타의 「지리교육 철도창가」를 모방하여 제작하였다고 당당히 고백했지만, 그보다 「만한철도창가」와 「경부철도노래」가 더 근친적이다. 이것은 집단의 계몽과 문명화에 대한 욕망이 컸음을 보여준다. 그러나 두 창가는 철도와 기차를 바라보는 태도와 시각, 노선을 따라 차례로 거치게 되는 역사(驛舍)와 주변 공간을 의미화하고 기록하는 방식이 달랐다. 오와타는 주로 전쟁, 그것도 승전에 대한 기억과 기록을 서사 구성방법으로 취했다면, 최남선은 문명화의 열망과 공간의 식민화 현상, 그리고 의미 있는 유적과 풍경 제시 등 다양한 관심을 동원했다.235)

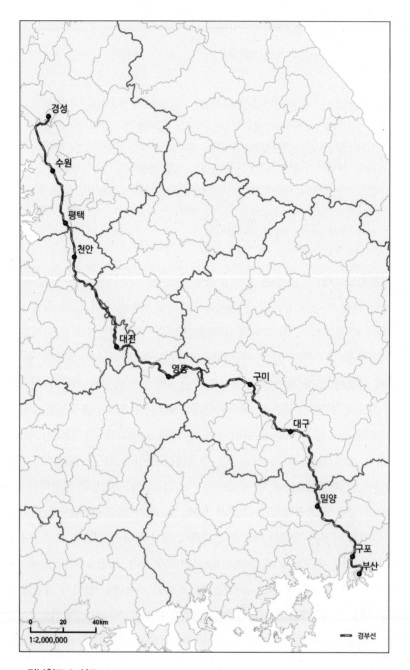

▲ 경부철도 노선도

「경부철도노래」는 남대문역을 출발하면서 바람보다 빠르게 느껴지는 철도의 속도성과 남녀노소, 외국인과 내국인이 뒤섞여 앉아 있는 기차간의 놀라운 풍경에 주목한다. 최남선은 철도에서 "민주주의, 국제적인 이해와 합의, 평화와 진보를 기술적으로 보장해주는"236) 놀라운 힘을 발견했다.

> 1. 우렁차게 토하는 기적소리에 남대문을 등지고 떠나 나가서 빨리 부는 바람의 형세 같으내 날개가진 새라도 못 따르겠네
> 2. 늙은이와 젊은이 섞여 안졌고 우리네와 외국인 같이 탔으나 내외친소 다 같이 익히 지내니 조그마한 딴 세상 절로 이뤘네

같은 경부선 객차에서 최남선은 사해동포주의를 꿈꾸었지만, 오와타는 조선과 만주라는 고토(古土) 정벌 혹은 회복을 상상했다. 그렇다면 그들이 달려와 다다른 종착역의 풍경과 여행자의 표정은 어떠했을까. 최남선은 문명에 대한 희망과 낙관이 가지고 있었지만 기차를 타고 달리면서 그 속에 들어있는 약육강식의 냉혹한 근대 문명화의 논리를 떠올리게 되었다. 한양이든 부산이든 제국 일본의 기술과 자본, 군사력이 점령한 상황에서 문명의 성장은 '실상 남의 것'이었다.

> 64. 우리들도 어느 때 새 기운 나서 곳곳마다 잃은 것 찾아 들이여 우리당사 우리가 주장해보고 내나라 땅 내 것과 같아 보일까
> 65. 오늘 오는 천리에 눈 띄우는 것 터진 언덕 붉은 산 우리 같은 집 어느 때나 내 살림 넉넉하여서 보기 좋게 집짓고 잘 살아보며
> 66. 식전부터 밤까지 타고 온 기차 내 것 같아 앉아도 실상 남의 것 어느 때나 우리 힘 굳세게 되어 내 팔뚝을 가지고 구을려 보나
> 67. 이런 생각 저 생각 하랴고 보면 한이 없이 뒤대여 연속 나오니 천리 길을 하루에 다다른 것만 기이하게 생각고 그만 둡시다

조선의 기차가 대양의 배와 육지 없는 신개지에서 갑작스럽게 멈춘 때문일까. 아니면 식민지 개척에 신바람 난 문명의 폭력성과 야비함에 주눅 든 탓일까. 마지막 67절에서 최남선은 피로감과 도피하는 모습을 보인다. 이러한 피로감은 최남선에게서 국민국가 '신대한'의 기획 역시 급속도로 활력을 잃어가게 했다. 온전히 상상과 정보 집적의 산물인 「세계일주가」 말고는 조선 땅을 달리던 철도에 대한 노래가 더 이상 제작될 수 없었다. 새로운 문명을 접하며 그것을 이용하고자 하나 기차라는 움쭉달싹할 수 없는 시공간 폐쇄의 감각은 빠르게 피로감을 느끼게 했고, 그것은 과거로의 도피, 폭력적인 일본 제국주의에 대한 굴복을 가져왔다. 오와타의 「만한철도창가」에 나타난 제국주의적 의식과 자신감에 비해 최남선의 「경부철도노래」는 이미 식민지로 접어든 조선을 수용하며 "이런 생각 저 생각 하랴고 보면 한이 없"으니 "천리 길을 하루에 다다른 것만 기이하게 생각고 그만 둡시다"라는 체념으로 마무리하고 있다.

2) 경인철도가: 제국과 식민지 조선의 첫 연결고리

1899년 9월 18일 인천~노량진 간 철도[경인선]가 완공되어 한국에서 최초로 기차가 달리게 되었고, 1900년 7월 5일 한강철교가 완공됨으로써 7월 8일 경성~인천 간 경인선이 완전 개통되었다. 1901년 8월 21일 경성~부산 간 철도[경부선] 건설공사가 착공되어 1905년 1월 1일 경성~초량 간 경부선이 개통되었다. 1904년 1월 3일 경부철도 마산선의 일부 삼랑진~낙동강안 까지의 철도공사도 착공되었다. 마산선은 1905년 5월 26일 삼랑진~마산역 간이 개통되었다.

1904년 러일전쟁을 일으킨 일제는 군용철도로서 경의선 부설을 서둘렀다. 1904년 3월 21일 용산~개성 간 공사를 착수하여 속성으로 공사를 진행하여 1905년 4월 28일 용산~신의주 간 열차가 운전을 시작했다. 경성에서 신의주까지 철도 부설이 1년 만에 완공된 것이다. 이것은 유례가 없는 속성공사로서 전쟁을 빌미로 일제는 토지와 노동력을 무제한으로 징발하여 최단 시간 내에 경의선 철도를 완공한 것이다.

한편 1904년 8월 27일 역시 군용철도로서 경성~원산 간 경원선 철도 부설을 결정하였다. 그러나 일제는 경의선 부설에 우선적으로 집중하면서 경원선 부설은 지연되었다. 경원선은 1910년 10월 1일에서야 착공되어 1914년 8월 16일 경성~원산 간 경원선 철도가 개통되었다. 이후 늦어지긴 했지만 1927년 9월 1일 원산에서 회령 간 함경선이 완전 개통됨으로써 함경도 지역에도 한반도 끝까지 철도가 부설되었다. 1914년 10월 1일 경원선과 같이 대전 이남에서 호남선 철도도 착공하여 1914년 1월 11일 대전~목포 간 호남선이 완전 개통되었다.

일제는 식민지 조선에 경인선, 경부선, 경의선, 경원선-함경선, 호남선을 종간철도로 부설하여 한반도를 X자로 관통할 수 있게 했다. 이렇게 한반도 내에서 뻗어나간 철도에 대해 일제는 식민통치의 치적으로 널리 선전하고자 했으며, 그 이용을 독려했다. 식민지 조선에 부설된 철도는 조선의 산물을 뽑아내는 파이프로서, 그것에 쌓여 운반되는 화물과 몸을 싣고 달리는 여행객들의 운임은 일본 제국의 식민통치 자금을 형성했다. 이에 대한 찬미는 당연한 것이었다.

현재 철도박물관 홈페이지[237)]에는 일제강점기 철도 개통과 그 운행을 홍보하기 위한 만들어진 철도의 노래가 소개되어 있다. 1908년 최남선이 「경부철도노래」를 만들었고, 그 이상 다른 노선에 대한 노래를 만들지 못한 상태였다. 이에 「경인철도가」, 「경의철도가」, 「호남철도가」, 「경원철도가」와 경부철도의 지선인 「마산선」 및 사철(私鐵) 조선중앙철도회사선 대구-경주-학산(포항) 선의 일부인 「경주선」에 대한 노래가 만들어졌다. 각 노래의 작자와 제작연도가 명확치 않지만, 당시 철도 노선과 주요 역에 대한 정보, 분위기를 파악할 수 있어 매우 흥미롭다.

먼저 「경인철도가」이다. 경성역(1923년 1월 1일 남대문역이 경성역으로 개칭)을 출발하는 경인선 열차가 남산을 뒤로 하고 달려간다. 경부선과 경원선이 분기되는 용산역을 지나 한강 철교를 건너 노량진역에 도착했다. 영등포역에서 경부선 열차를 먼저 보내고 오류역을 지나 소사벌의 소사역~부평역을 지나 주안역에 도착했다. 기차는 빠르게 달려 어느덧 종착역인 제물포역에 도착했다. 경인선의 여정이 생생히 묘사되어 있다.

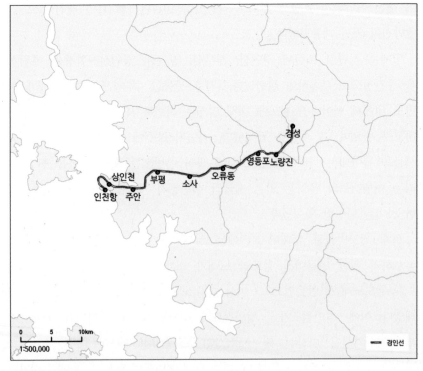

▲ 경인철도 노선도

「경인철도가」

1. 한양(漢陽)을 작별하는 기적소리는 연화봉(蓮花峰)을 진동하며 작별을 하고
   한 바퀴 두 바퀴는 차례로 굴러 종 남산의 취색은 등에 멀었네
2. 번화한 좌우시가 다투어 비키고 굉굉(轟轟)한 바퀴소리는 땅을 가르는데
   천지를 울리는 기적 일성은 장려한 용산역을 부수는구나
3. 경원선과 경부선을 서로 나누어 한마디 기적으로 고별을 하고
   웅장한 남한강의 철교를 지나 철도요람 노량진역에 다 달았도다
4. 살 같이 나타나는 장엄한 기차 어언듯 영등포 잠간 거치어
   부산행 급행을 멀리 보내고 오류동 정거장 지내였고나
5. 넓고 넓은 소사벌을 갈라 나가면 소사역과 부평역도 차례로 거쳐
   산 넘고 물 건너 급히 달하니 속(速)하다 주안역도 지내였고나
6. 원산(遠山)을 굽으려 가깝게 하고 근산(近山)을 뻗치어 멀게 하면서
   살 같이 빨리 부는 나는 새 같이 어느덧 제물포에 다달았도다

3) 경의철도가: 대륙으로의 관문을 향해

다음은 「경의철도가」이다. 남대문역(경성역으로 개칭 이전)을 출발해 천여 리를 달려 신의주에 도달하는 경의선 철도가 출발했다. 신촌과 녹번리를 지나 북쪽으로 달리는데, 녹번리가 동(銅) 산출지라는 점을 강조하며, 여기서 산출되는 자연 동은 천연약품으로 쓰일 만큼 매우 질이 좋다고 하였다. 수색을 지나 문산역에 도착하니 그곳은 임진강 포구로 상선이 가득하다.

임진강 철교를 건너 장단을 지나 개성에 도착했다. 개성 시가의 번화함과 풍부한 물류는 개성의 풍요로움을 보여주고, 옛 고려의 영화와 몰락을 보여주는 만월대와 선죽교에서 세월의 무상함을 느끼지만, 삼포에서 돋아나는 새싹에서 희망을 보기도 한다.

이제 예성강을 건너 황해도 땅으로 들어간다. 신막, 서흥역을 지나니

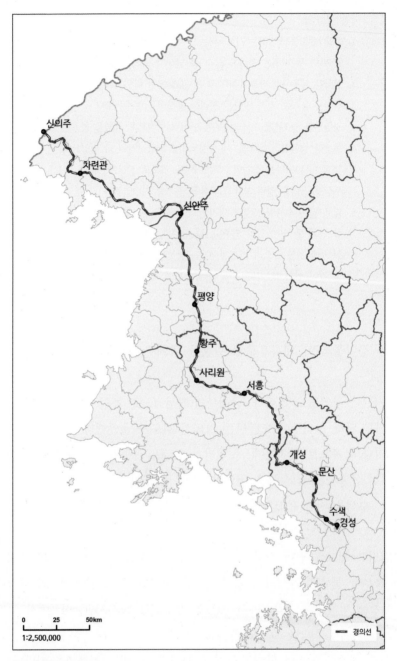

▲ 경의철도 노선도

멀리 아연광이 보이고 사리원의 넓은 들이 펼쳐진다. 이곳이 바로 일망무제의 재령벌이다. 황주는 황해도 제일의 역(驛)으로 제철공장으로 유명한 겸이포로 가는 철도가 분기된다. 목화로 유명한 중화를 지나니 경의선 제일의 역인 평양에 도착한다. 모란봉 부벽루 바라보며 양각도 철교를 두 번 건너 도착한 평양역에는 주변 지역에서 채굴한 무연탄이 역내 가득 쌓여있다. 여기서부터 평안도 지역의 광산물이 각 역마다 그득하다. 순안역은 사금, 흑연, 운모의 산지이다. 태조 이성계가 조선왕조를 개창한 후 변경에 쌓은 성이 안주성이고, 안주역에는 이 태조 전공 기념비가 우뚝하다. 곽산−선천−차련관−비현을 지나니 만주족 청나라의 사나운 말발굽에 맞서 싸운 임경업 장군의 충혼이 깃든 백마역에 도착했다. 이제 기차는 마지막 힘을 다해 달려 의주성을 바라보며 신의주에 도착했다.

경의선의 여정은 개성−사리원−황주−평양−안주−선천−의주로 이어지는데, 고려왕조의 영욕이 서린 개성과 옛 고구려의 웅혼이 서린 평양을 지나며 국권을 빼앗긴 식민지 백성의 마음을 달랜다. 그러나 일제는 그보다 경의선 철도에 제국의 확장을 위한 침략에 동원할 광물자원을 싣고 달렸다. 녹번리의 동, 황해도 신막·서흥의 아연, 겸이포 철광, 평양의 무연탄, 순안의 사금, 흑연, 운모가 경의선 철도를 타고 반출되어 갔다.

「경의철도가」

1. 남대문을 떠나는 기적 일성은 삼천만구 경성 천지 진동을 하고
   한 바퀴 두 바퀴 차례로 굴러 천여 리 의주를 달하려 하네
2. 어언 듯 천지를 진동하느니 태산을 뚫고 교악(橋岳)을 넘어
   경성의 번화함은 뒤에 버렸고 의주의 앞길이 차차로 가까워
3. 터어널과 터어널을 차례로 지나 신촌의 정거장을 잠간 거치니
   보이다가 안 보이는 저 녹번리엔 천연적의 자연동(自然銅) 산출지로다
4. 독일의 약재가 세계를 덮고 독일의 의술이 천술같으나
   천연적 약품의 자연동(自然銅)만은 동위(同位)된 특산이 없을 지로다

5. 구르는 바퀴는 쉬임이 없이 어언 듯 수색역 당도하니

　강류의 물빛은 새로이 빛나 일면의 수색이 가려(佳麗)하도다

6. 일산의 고릉(古陵)을 멀리 배관(拜觀)코 파평산 죽립석(竹立石) 금촌(金村)서 보아

　순식간에 문산역 당도해보니 상선의 돛대가 포구에 가득

7. 임진강 철교 월편(越便) 화석정 거쳐 장단역 잠간 쉬어 개성이르니

　시가의 번화함과 화물의 번창 경성을 떠난 후로 제일이로다

8. 선죽교 충렬혼은 혈적을 두고 만월대 옛 궁궐은 빈터뿐이라

　공원의 홍백도화 무르 녹았고 삼포(蔘浦)의 춘엽(春葉)들은 새로 푸르다

9. 태산을 움직이는 기적 일성은 개성을 발하여 산을 뚫으고

　어언듯 토성역 득달해 보니 왕조의 성지는 희미하도다

10. 계정(鷄井)과 금교역 차례로 거쳐 예성강 철교를 얼른 건느고

　한포(汗浦)와 남천역 거쳐 넘으니 위악산 웅장함이 하늘을 괴인 듯

11. 물개(物開) 신막 서흥역을 차례로 거쳐 멀리 뵈는 아연광을 바라다보며

　귀진사(歸津寺)의 원경을 잠간 살피니 어언 듯 흥수역(興水驛)도 지내였고나

12. 청계(淸溪)와 마동역(馬洞驛)도 차례로 넘고 사리원의 넓은 들을 꿰어 뚫으니

　농산물의 풍부한 소작지(所作地)로서 일망 무제 유명한 재령벌이라

13. 심촌역(深村驛) 잠간 거쳐 황주 이르니 황해도의 제일 큰 정거장이라

　유명한 겸이포의 흑철 재료도 이곳의 채굴갱이 중심이로다

14. 별안간 기적은 천지 울리고 또 다시 기적이 병창하드니

　하나는 겸이포로 하나는 의주로 갈리어 가는 것도 기차경이라

15. 흑교를 얼른 건너 중화이르니 면화의 산지로 저명한데오

　동북의 길 메운 많은 사람들 청량산 꽃구경 가는 길이라

16. 역포역(力浦驛) 거치고 평양 이르니 화려한 금수강산 본선의 제일

　모란봉의 부벽루를 멀리 바라고 양각도 철교를 두번 건넜네

17. 삽시간 기차는 역에 머무니 창문을 열고서 두루 살피매

　조선의 유명한 무연탄광이 본지의 소산으로 산같이 쌓였네

18. 평양과 서포를 차례로 거쳐 기적 일성 순안역에 당도해 보니

　즐비한 읍호는 역을 둘렀고 사금(沙金) 혹연 운모의 산산지(産山地)로다

19. 어피(漁波)와 용천(甬川)을 차례로 거쳐 만성(萬城)을 넘으니 신안주로다
    고명한 안주성과 백상루(百祥樓)는 이태조 건국초 축조함이라
20. 춘풍은 창틈으로 향기 전하고 류엽(柳葉)은 속력을 나풀거리네
    맹중리(孟中里) 영미역(嶺美驛)도 벌써 넘었고 운전역과 고읍역 지내였
    고나
21. 굴고 구는 차바퀴 형세 더하여 어언듯 안주역에 당도하였고나
    남문내 성적비(聖跡碑)는 홀로 섰으니 이태조 전공하신 기념비로다
22. 곽산을 거치고 노하(路下)를 지나 선천의 시가를 잠시 살핀 후
    동림(東林)과 차련관(車輦館)을 얼른 지나고 남시(南市) 책(策) 시현역
    (柴峴驛) 거쳤네
23. 빨리 닿는 기차도 백마역 이르러 임장군의 충혼을 엄배하노나
    백마의 성지도 현존하였고 성내의 현충사도 현존하고나
24. 형세에 형세를 더하는 기차 급함이 번개같고 바람같아서
    태산과 장강을 뚫고 건느며 도회와 촌락을 넘고 닳도다
25. 어언 듯 석하역(石下驛)도 마저 지났고 따라 오든 까마귀도 뒤떨어지며
    천리밖의 한양성은 아득 했으나 반갑게 부딪치니 의주성이라

4) 호남철도가: 한반도 제일의 곡창지대를 달리다

이제 다시 남쪽으로 달려 한반도 제일의 곡창지대 호남벌을 간다. 호남
철도는 대전까지는 경부선 철로를 이용하고 대전에서부터 목포까지 이어
졌다. 미호천을 끼고 큰 밭이 펼쳐져 있는 대전이 호남선의 출발지다. 산을
끼고 달리다 보니 백제의 예술혼이 숨 쉬는 부여의 8경을 보며 논산에 도
착한다. 금강의 제일 포구 강경은 돛배들이 포구 가득하다. 황금 오곡이 자
라는 함열과 황등을 지나 이리에 오니 백제 무왕의 꿈이 서린 왕궁탑(미륵
사지 석탑)이 보인다. 호남벌에서 생산된 쌀의 집산지이자 일본으로 실려
나가는 군산항, 금산사와 벽골제는 호남벌 생산력의 상징이고, 녹두장군

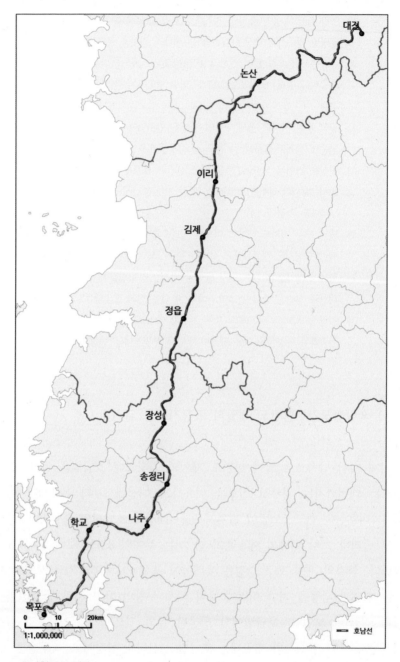

대전

논산

이리

김제

정읍

장성

송정리

나주

학교

목포

0   10   20km
1:1,000,000

━━ 호남선

▲ 호남철도 노선도

호령하에 보국안민, 척양척왜의 기치를 높이 들었던 농민군의 혼이 서린 백산, 부안, 김제, 태인은 '천하태평' 신태인으로 모아지니, 과연 그러할까. 내장사의 푸른 폭포 구경하고 정읍에 도달하고, 진시황의 만리장성 떠올리는 장성에 도착한다. 이어지는 드넓은 평야를 바라보니 어느 덧 송정리다. 호남의 옛 중심지 나주를 지나고 나그네 여정 쉬어가는 고막원을 지나 학다리, 영산강 월출 바라보며 몽탄을 지나 고향 떠나 타향에서 고향을 생각하는 삼향리에 도착한다. 이제 왜군 가슴 철렁하게 만든 노적봉의 유달산이 보이니 삼학도 파도치는 목포에 도착하였다.

호남은 쫙 펼쳐진 넓은 벌에서 오곡이 풍성한 곡창지대이지만, 임진 · 정유년 왜적의 침입에 귀 베이고 코 베이며 유린되는 아픔을 겪으면서도 이순신 장군 지략과 민초들의 충심이 모여 끝내 왜적을 몰아 낸 호국의 고장이기도 하다. 그러나 일제의 지배하에 놓인 호남은 이것을 자랑하지 못한다.

「호남철도가」
1. 기호남단 뚝 떨어진 미호천변에 산전 수전 끝없으니 대전이로다
2. 청옥류를 부감(俯瞰)하며 송림 헤치고 수촌(水村) 산랑(山廊) 청정하니 가수원(佳水院)이라
3. 속력 더해 가는 기차 두계(豆溪)를 지나 산에 산이 이어지는 연산(連山)이로다
4. 오중탑의 대철부(大鐵釜)를 구경하면서 부여 팔경 조망하니 논산이로다
5. 이 다음 볼 정거장은 어느 곳일까 원포(遠浦) 귀범(歸帆) 석양천(夕陽天)의 강경이로다
6. 오일일풍(五日一風) 십일우(十日雨)는 농민의 함열, 사야(四野)심는 황금오곡 황등(黃登)이로다
7. 왕궁탑을 돌아보며 이리에 오니 저 유명한 군산항이 지척이로다
8. 군산항을 뒤에 두고 부용(芙蓉)을 지나 금산사(金山寺)의 벽골제터 김제에 왔네
9. 산천경개(山川景槪) 명미(明媚)하고 백성이 순해 여민동락 천하태평 신태인이라

10. 내장사의 청천폭포 구경하면서 착정음(鑿井飮)에 경전식(耕田食)의 정읍에 왔네
11. 십자로가 사통(四通)하니 사가리(四街里)인데 없던 촌락 생겼으니 신흥리(新興里)인가
12. 오동(梧桐) 냉천(冷泉) 보려하고 갈재를 넘어 진시왕의 헛된 사업 장성에 왔네
13. 이 다음 볼 정거장은 어느 곳인가 만수장림 울울창창 임곡(林谷)이로다
14. 어등산을 바라보는 황막한 평야 간반송(澗畔松)에 안정란(岸汀蘭)의 송정리 왔네
15. 우뢰같이 나는 기적 길게 울면서 장사진을 이루고서 노안(老安)에 왔네
16. 금성산(錦城山)을 바라보며 삼리(三里)만 가면 상목물(商木物) 명산 명소 나주역이라
17. 용흥사(興龍寺)의 유허지를 돌아보면서 납상정(納爽亭)을 찾으려고 영산포왔네
18. 신선 도사 전설깃든 똑다리 두고 철도연변 여막(旅幕)들의 고막원(古幕院)이라
19. 나산백룡(羅山白龍) 합류하는 고막강(古幕江) 넘어 학을 타고 양주(楊州)가는 학다리인가
20. 영산강에 빗긴 월출 바라보면서 착어환등(穿魚煥燈) 저 어부는 몽탄에 왔네
21. 이향(離鄕) 타향(他鄕) 사향(思鄕)하니 삼향리인데 백리분의 수영목에 임성리(任城里)라오
22. 유달산의 송도공원 경치도 좋고 삼학도가 멀리 뵈는 목포에 왔네

5) 경원철도가 및 영남지선: 고산준령을 뚫고, 식민지의 혈맥을 연장하다

한반도 동서남북, 이제 남은 곳은 함경도다. 험준한 산세에 추운 날씨는 이 지역민을 강하고 억세게 만들었다. 그러나 함경도는 그 초입에 옛 선비들의

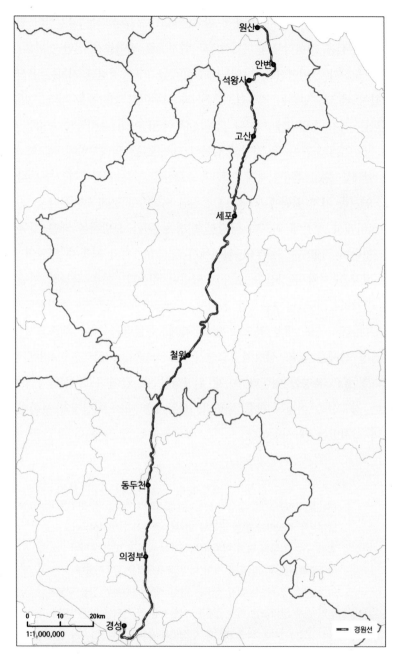

▲ 경원철도 노선도

이상향, 중국의 지식인들마저 평생 한 번 보고 죽고 싶다는 금강산이 펼쳐져 있다. 경원선은 경성역에서 본격적으로 함경도로 접어들기 전인 함남의 주요 항구인 원산까지 이어진다. 남대문역[경성역]을 떠난 경원선 기차는 용산역에 도착하여 남으로 달리는 경인선, 경부선과 나뉘어져 한강변을 따라 서빙고─왕십리를 거쳐 청량리에 이른다. 삼각산[북한산] 아래 우이동의 풍경을 바라보며 창동역에 도착한 후 경원선 길목의 요새(要塞) 의정부역에 당도하고, 수락산 산세를 뚫고 동두천역에 이르니 소요산을 찾는 관광객이 가득했다. 전곡리, 연천을 거쳐 철원에 도착하니 철원의 번화함이 눈에 들어온다.

월정리에서 평강에 이르니 금강산 탐방을 위한 관광객을 태운 자동차가 길을 잇는다. 1918년 6월부터 철원에서 내금강까지의 자동차 영업이 개시되어 평강을 거쳐 금강산을 오가고 있었던 것이다. 이후 금강산 관광객이 계속 증가하자 1931년 7월 1일 철원에서 내금강까지 금강산 전기철도가 개통되었다.[238] 이제 계속 북으로 달려 복계, 검불랑을 지나 세포역에 이르고, 거친 산세를 뚫고 삼방역─고산역에 도착했다. 고산역은 우리에게 '신고산타령'으로 유명한 역이다. 이제 원산항을 코 앞에 두고 석왕사역에 도착하며 경원선의 여정은 막을 내린다. 석왕사는 태조 이성계와 무학대사의 전설이 서려있는 대 사찰이다.

「경원철도가」

1. 떠남을 고하는 기적 일성의 종남역(從南驛)의 취색을 등에다 두고
   남대문을 하직하여 들들 굴르니 번화한 좌우시가 비켜서도다
2. 빨리 구는 기차는 형세 더하여 날개가진 새라도 밋지 못하니
   연화봉과 관왕묘 얼른 볼 사이 어언간 용산역을 당도하였네
3. 이리 저리 얼크러진 기차 선로는 경인 경부 경원선의 길을 나눴고
   경인 경부 갈라지는 기차 철교는 이편저편 양 언덕을 이끌어왔네
4. 다시 구는 기차는 역을 떠났고 한강물의 쪽빛을 끼고 돌으니
   노들강의 인도교는 이어져 있고 서빙고의 경색이 가려하도다

5. 서빙고와 왕십리를 잠간 거치어 청량리에 잠간 쉬고 다시 동하니
   오십리에 늘어 섰는 버드나무는 제멋대로 흥에 겨워 척 느러졌다
6. 삼각산의 산성을 우럴어 보고 우이동의 춘경을 바라보면서
   잠시 동안 창동역을 거쳐 가지고 경원 요새 의정부를 당도하였네
7. 경원선의 신작로는 영(嶺)을 끊었고 수락산의 폭포는 날빛에 비쳐
   거울 같은 그 속으로 산이 비치고 서방 일우 밤나무는 들을 덮었네
8. 덕정리의 수풀 속을 헤치고 나와 속 시원히 동두천역 당도해보니
   소요산의 먼 폭포는 뵈지 않으나 골을 메는 남녀노소 인산 인해라
9. 한 여울의 철교를 얼른 건느니 전곡리의 정거장도 등에 버렸고
   연천(漣川) 대광(大光) 두 정거장 잠간 거치니 철원색(鐵原色)의 번화함
   이 눈을 흐리네
10. 월정리를 잠간 거쳐 평강 이르니 금강산의 탐승객은 끄치지 않아
    길을 덮고 팔을 메여 오고 가니 자동차는 승객 운반 분주하구나
11. 복계역과 검불랑(劍佛浪)을 잠간 거치어 세포역을 당도하여 얼른 살피니
    산에 길든 양의 떼는 이리로 저리 목자들을 이리 저리 따라 다니네
12. 닥치이는 터어널은 차를 삼키고 멀리 뵈는 삼방역은 차를 이끄니
    봄동산의 기화요초(奇花瑤草) 무르 녹았고 삼방폭포 기암폭(奇岩瀑)은
    자웅이로다
13. 산도 뚫고 물도 뛰는 기차바퀴는 다섯 곳의 터어널도 뚫어버렸고
    여나문개 다리도 뛰어 넘으니 나는 듯 고산역이 이에 당했네
14. 용지원(龍池院驛) 잠간 거쳐 석왕역(釋王驛)이라 수림속에 우뚝 솟은 저
    기 저 사찰
    이태조의 창건하신 대찰이 되니 기암괴석 절경으로 대찰이로다

한반도의 종간 철도가 놓이고 그 지선들도 조금씩 늘어가고 있었다. 1905
년 경부선이 개통됨과 거의 동시에 삼랑진역에서 마산까지의 마산선이 개통
되었다. 한적한 어촌이었던 마산이 개항 이후 부산과 더불어 일본인이 많이
이주해 오면서 개항장 거류지가 되었고 일제는 마산부로 승격시켰다. 이를
위해 경부선과 연결된 마산선이 1905년 개통된 것이다. 「마산행진곡」은 이
마산선을 노래하고 있다. 삼랑진에서 낙동강 철교를 건너 진영, 창원을 거쳐

마산에 도착했다.

「마산행진곡」

1. 삼랑진을 갈려 오는 기적소리는 산악이 울리는 듯 강물이 요동
   차례로 바퀴를 굴리울 때에 흑연은 만공(滿空)하여 구름을 편 듯
2. 바람 같은 형세의 번개와 같이 낙동강 정거장에 득달하니
   무수한 돛대는 강을 덮었고 번창한 물화(物貨)는 수륙(水陸)을 잇네
3. 넓고 넓은 철교를 얼른 건너서 어언간에 한림정(翰林亭)을 지내였고나
   빨리 닿는 기차는 속력을 더해 진영역도 어언 듯 넘어섰고나
4. 창원역의 번화함을 잠시 살피고 구마산 정거장에 당도하여서
   왕거(往去)의 유적(遺跡)을 듣고도 보며 광천의 욕장(浴場)도 멀리 뵈도다
5. 기적이 해수(海水)를 놀래 일 듯이 진해만 포성(鋪聲)을 같이 하는 듯
   산악을 무늘 듯 크게 울리니 어언 듯 종점의 마산역이라

경주는 고대 천년 왕국의 수도로 그 자체가 역사적 문화유산이었다. 경주는 망국의 설움을 잊고 민족적 자부심을 느끼게 하는 유적지로서 많은 사람들이 찾게 되었다. 특히 1920년 이후 본격화된 학생들의 주요 수학여행지로서 각광받았다. 이런 수요에 대응하여 1919년 6월 25일 사철(私鐵) 조선중앙철도회사는 대구-경주-학산(포항)선을 개통하였고,[239] 그것은 천년 고도 경주를 지났다. 「경주행진곡」은 그 여정을 담고 있다.

「경주행진곡」

1. 기차가 이리로 따라 오면은 하천은 저리로 쫓기어 가고
   쫓기고 달아나고 하는 동안에 임포(林浦)와 아화(阿火)를 또 넘었고나
2. 근산(近山)을 돌아갈 제 원경(遠景)을 보고 벌판을 가를 때는 산이 맴도니
   어언 듯 건천역(乾川驛)도 마저 넘었고 경주선 서악역(西岳驛)에 당도하였네
3. 기차는 여기서 잠시 머무니 차타는 승객은 모두 나리니
   동서양 심승(深勝)의 예술대가로 경주의 고예술(古藝術)을 시찰함이라

이상에서 살펴 본 '철도 노래'는 정확한 제작연도와 제작자를 알 수 없고, 그 의도도 정확히 알 수 없다. 최남선의 「경부철도노래」는 새로운 문명에 대한 환희와 더불어 약육강식의 제국주의 세계질서 속에서 남의 손에 의해 건설된 철도의 운명을 피로감으로 표현했다. 그러나 여기에서 살펴본 '철도 노래'는 철도 노선에 대한 소개에 머물고 있다. 경의선의 광물자원 수탈도, 호남선에 서린 왜적 침입을 물리친 역사, 동학농민전쟁 농민군의 아우성도 들리지 않는다. 따라서 이 노래는 총독부 철도국의 선전홍보가로 만들어진 것이라 추측해 볼 수 있다.

10

식민지 설움을 싣고 달린 근대 대중가요

1) 식민지배와 수탈의 고통 및 애환

철도의 속도감과 노래의 리듬, "칙칙 폭폭 칙칙 폭폭, 기차 소리 요란해도 아기 아기 잘도 잔다" 기차가 달리는 소리는 그 자체로는 소음이지만 규칙성 있는 소리에 그것은 아기의 자장가를 대신할 정도로 음률을 갖는다. 근대 문명의 대명사인 철도와 근대 문화의 상징인 대중가요는 서로 상관성을 가지고 있다. 한국에서도 철도의 등장을 노래로 찬미했다. 대중들의 애환과 사랑, 삶의 모습을 대변하며 그들을 위로하고 격려해주는 대중가요 속에 비친 철도의 모습을 살펴보고자 한다.

대중가요란 명칭은 일제강점기에는 존재하지 않았다. 대중가요란 용어는 광복 이후에야 일반화된 것으로 보이는데 지금은 특정 부류의 노래들을 지칭하는 일반적인 용어로 자리 잡았다. 개화기부터 일제강점기까지 우리나라 사람이 향유하던 노래 문화는 매우 다양하고 복잡한 양상을 띠고 있었다. 대중가요는 이 시기 노래문화의 일부분에 불과하다. 우선 조선시대까지 내려오던 노래 문화들이 이 시기에도 여전히 존재하면서 향유되었다. 시조와 가사 등 양반이나 중인들 스스로가 부르던 노래들, 판소리, 잡가, 유행민요 등 전문적 창자(唱者)들에 의해 불리며 향유되던 노래와 비전문가인 일반 백성들이 향유하던 노동요, 의식요 등의 민요 등이 그것이다.

한편 조선조 말 찬송가로부터 비롯하여 외래적 음악전통을 지닌 새로운 노래 문화가 유입되어 향유되기 시작했다. 찬송가, 창가, 동요, 가곡 등이 그것이다. 이들 노래의 상당수는 서구 근대 조성음악의 어법이나 이에 영향을 받은 일본 창가의 어법들로 이루어진 작품들이다. 이러한 새로운 노래는 신교육을 받은 개인 창작자에 의해 창작되거나 번역, 소개되었고 교회, 학교 언론매체 등 근대적인 문화제도와 긴밀한 관련 속에 생산되거나 유포되는 경우가 많았다.

다른 한편 이러한 토대 위에서 새로운 구전 노래들이 만들어졌다. 독립군 등 항일무장투쟁 가운데에서 불렸던 노래, 국내 사회운동 속에서 불렸던 노래, 그 외 구전가요들이 생성되어 불려졌다. 이들 노래는 조선시대와는 다른 식민지시대의 체험이 좀 더 두드러진다는 점에서도 차이를 보인다.[240]

일제강점기 조선에서 불린 다양한 노래 중 대중가요는 그 시대의 새로운 에너지들이 결집되는 영역으로 당대적인 긴장감이 넘친다. 대중가요는 도시의 개화된 문화의 한복판에서 숨 쉬고 있었고 당대 도시에 사는 대중들의 경험과 욕구, 욕망, 취향, 인간과 세상에 대한 태도 등이 응집되어 나타나는 문화였다.

한편 대중가요는 공식적인 음반시장과 공연시장을 통해 발표되는 노래 문화였으므로 그 시대의 상업적 이윤 체계와 무관하지 않고 특히 그 시대의 보수적 사회의식의 한계를 크게 벗어나지 못했다. 음반 생산 과정의 사전 검열, 공연에 대한 감시는 항상적으로 이루어졌고, 특히 일제 말에는 총독부의 노골적인 친일과 전쟁 협력 요구를 받아들이지 않으면 대중가요 활동 자체가 불가능한 상태였기 때문에 이른바 군국가요라고 지칭되었던 친일가요의 생산은 피할 수 없는 일이기도 했다.

대중가요에서는 대중의 다양하고 다층적인 경험과 욕구, 욕망 중 정치권력과 그 시대 보수적 사회의식이 허용하는 범위 내의 것에만 포용될 수 있었다. 또한 대중가요가 생산, 유통되는 공식적 영역에서 대중들은 자신의 다양한 욕구와 욕망 중 보수적인 욕구 욕망을 집중적으로 드러내는 양상을 보인다. 대중들 안에 있는 좀 더 활발하게 잘 먹고 잘 살고 싶은 욕구, 마음 편하고 안전하게 살면서 사랑하고 사랑받고 싶은 욕구, 남에게 무시당하지 않고 살고 싶은 욕구 등은 엄혹한 식민지 통치의 공식적 영역 안에서도 충분히 어떤 방식으로든 드러낼 수 있는 것들이었기 때문이다.[241]

일제의 식민지로 전락한 암울한 현실하에서 대중가요는 어떤 감성을 노래했을까. 앞에서 언급한 바와 같이 대중가요는 거대한 역사의 흐름 속에서 시대를 선각하고 시대의 갈등과 모순을 지적하거나 계몽적이고 진보적인 선전, 선동을 하지 않는다. 그 근본적 원인을 깊이 생각하기보다는 힘든 현실 속에서 지쳐있는 대중들에게 하루하루를 살아갈 수 있는 따뜻하고 달콤한 위로가 대중가요가 맡은 역할이었다. 이 때문에 오히려 대중가요에는 식민지의 아픈 현실이 잘 녹아 있었다.

기차와 철도는 근대를 대표하는 사물이다. 기차는 농업과 어업으로 생활을 영위하는 작은 마을들을 단일한 경제권으로 묶어내었고 이로써 중세적인 농촌공동체의 질서를 넘어선 국민국가의 성립을 가능하게 했다. 그러나 철도가 끝나는 곳에는 바다가 열려 있었다. 국가와 국가를 이어주는 것은 바다요 항구였다. 유럽인들은 바다에 나가 다른 나라와 교역을 하였고 아직 근대국가에 이르지 못한 나라들을 점령하고 식민지로 삼았다. 따라서 기차와 바다는 산업혁명과 근대적 교역을 의미하는 강인하고 진취적인 이미지를 주게 된다.

과연 우리도 기차와 바다를 그렇게 진취적 이미지로 받아들일 수 있었을까? 한국의 철도는 일본의 강압에 의해 놓여 졌고 그것은 곧 굴욕적인 국권 침탈을 예비하는 것이었다. 또한 한국은 바다를 통해 들어온 사람들로부터 고통받았고 그 항구로 쌀이 실려 나갔으며 한국인들은 '대일본제국'의 군인과 노동자가 되어 배를 타고 나갔다. 기차와 바다는 결코 희망의 사물이 아니었다.[242]

일제강점기 철도가 한국인의 삶에 들어온 지는 얼마 되지 않았지만, 식민지배의 민족적 차별과 경제적 수탈은 자신의 고향을 등지고 떠나야 하는 이주민을 양산했고, 철도가 그들을 실어 날랐다. 이 열차에는 농민, 노동자의 땀과 피가 어린 농산물, 광물자원, 생산품들이 실려 나갔고, 세련되고 신기한 일본 상품이 실려 오며 농민들의 주머니는 가벼워졌다.

그러나 철도 연변의 주민들은 태어나서 처음으로 보는 철마에 경이의 눈길을 보냈고, 생활환경이 갑작스레 변해감을 느끼고 있었다. 그러한 감정을 일명 「어랑 타령」이라고 하는 민요로 나타냈는데 그 대표적인 것이 「신고산 타령」이다. 신고산은 함경남도 남단 삼방을 지나 원산 바로 전 30여 km 지점에 있는 마을이다. 그 근처에는 고산이라는 마을이 있었는데 철도가 부설되어 정거장이 생김과 동시에 정거장을 중심으로 하여 새로 생겨난 마을을 신고산, 지금까지의 마을을 구고산이라고 부르게 되었다.[243]

> 「신고산 타령」
> 신고산이 우르르 기동차 가는 소리에
> 구고산 큰 애기 반의 반봇짐만 싸누나
> 장진강 물은 수력 전기만 되고
> 네 물과 내 물은 옥동자만 되누나

일제는 1920년대 들어 함경도 지역의 동고서저의 지형을 이용하여 수력발전소를 건설하기 시작하는데, 주로 함경남도 장진강을 중심으로 만들었다. 일본 자본이 이번에는 조선의 값싼 노동력을 표적으로 하여 물밀 듯 밀려온다는 전조이기도 했다. 서민들은 변화하는 생활환경을 이 노래와 같이 실감했으리라. 많은 민요가 그러하듯이 「신고산 타령」도 여러 가지 다른 가사가 붙어 불리고 있다. 그중 몇 가지를 소개하면 다음과 같다.[244]

신고산 우루루루 함흥군 가는 소리   구고산 큰 애기 반봇짐만 싼다
(후렴, 이하 후렴 생략) 어랑 어랑 어허야 어러럼마 뙤여라   연사 연이로구나

노랑 대가리 물렛줄 상투   언제 깎아서 벙거지를 씌우나

어린 아해 밥 달라고 발버둥질 치는데   영감님은 술만 먹고 양산도만 하누나

십오야 밝은 달은 운무 중에서 놀고   우리 같은 무산자는 조방 중에서 논다

정든 님을 데리고 산나물을 갈까   우리 오빠 따라서 봉천차 탈까

청류벽 변하여 수병풍이 되고   능라도 변하여 꽃방석이 되누나

우수 경칩에 대동강이 풀리고   당신의 말씀에 나의 가슴이 풀린다

장기를 두려면 맥붙이 장기만 두고   사람을 치려면 밥통만 땅땅 친다

바람 많은 세파에 부대끼는 이내 몸   언제 언제나 걱정 구름을 면할까

상개굴 큰애기 님 오기만 기다리고   푸릇푸릇 봄배추는 봄비만 오기 기다린다

부령 청진 가신 님 돈 벌면 오고   공동묘지 가신 님 언제나 오나

청진은 함경북도의 도청 소재지이며 동북지방 제1무역항이었으나, 그 이전에는 쓸쓸한 작은 어촌에 지나지 않았다. 1908년 개항 이래 급속히 발전하였고, 1923년 함경선, 1933년 도문선 등 철도 개통으로 물자의 집산지가 되었을

뿐만 아니라 일제의 만주 침략과 함께 북만 철도의 관문으로서 교통의 요지가 되었다. 부령은 청진시내 중앙을 흐르는 유성천 상류에 있으며 본래는 육진의 하나인 영북진이었다. 읍 서쪽에는 수력발전소가 건설되었고 부근에서 생산되는 지하자원을 이용하여 야금 공업, 시멘트 공업이 융성했으며 군내 연해지방에서는 수산업이 활발했다. 그러나 공업이 활발해짐과 동시에 희생자도 많이 나왔다. 공동묘지에 묻힌 채 가족 품으로 돌아가지 못한 사람이 많았던 모양이다.

1920년대 후반부터 시작된 세계대공황과 농업공황은 식민지 조선에도 심각한 영향을 미쳤다. 농가경제 파탄과 농민들의 저항으로 식민지배체제 위기에 직면한 조선총독부는 1920년까지 농업에 집중했던 식민지 경제정책을 전환해야 했다. 1931년 조선총독으로 부임한 우가키(宇垣一成)는 '조선공업화' 정책을 실시했다. '조선공업화'가 가능한 근거로 조선이 섬유와 경금속 공업 원료가 풍부하고 만주산 원료의 이용에도 유리한 지점에 위치해 있다는 점, 석탄, 전력, 노동력 등이 풍부하고 값이 저렴하다는 점이 제시되었다. 이에 따라 '조선공업화'는 '북선(北鮮) 개척'을 통해 실현해 갔는데, 만주와 연결되어 있고 지하 광물자원과 전력 생산이 가능한 북한지역[평안도, 함경도 지역]이 공업화의 적지였다.

이를 위해 물자와 인력을 수송할 철도가 험준한 지형을 뚫고 북한지역 곳곳에 건설되었다. 이 철도를 이용해 농가경제 파탄으로 더 이상 자신의 고향에 머물 수 없었던 중남부 지역의 청년들이 가족의 생계를 위해 혈혈단신 북한지역 공장 및 광산 노동자로 모여들었다. 이런 배경하에 건설된 철도 중에 만포선(滿浦線)과 백무선(白茂線)이 있다.

만포선은 평안북도[현 자강도] 지역 개발을 위해 부설한 철도로 평안북도 최북단 지역, 중국과의 국경이 접해있는 압록강 상류 만포에서 평안남도 순천까지 299.9km로 1932년 11월 1일 순천 방면 건설공사가 착수되어 1939년 2월 1일 강계~만포 간 공사를 끝으로 완공되어 개통되었다. 만포선 준공으로 매집선(梅輯線)과 연결되어 중국 집안으로 건너갈 수 있게 되었고, 현재까지도 운행되는 철도다. 만포선이 운행되면서 압록강 상류의 험난한 산세로 좀처럼 찾아가기 힘든 지역으로 떠난 이와 고향에서 이를 기다리는 연인의 안타까운 이별, 무사히 돌아올 것을 바라는 마음을 그린 「만포선 길손」(박영호 작사, 이재호 작곡, 백년설 노래, 1941) 「만포선 천리길」(화산월 작사, 문호월 작곡, 황금심 노래)이 불렸다.

「만포선(滿浦線) 길손」
만포진 구불구불 육로길 아득한데
철쭉꽃 국경선에 황혼이 서리는 구나
날이 새면 정처 없이 떠나갈 양치기 길손
뱃사공 한 세상을 뗏목 위에 걸었다

오고성 부는 바람 피리에 실어 올 제
꾸냥의 두레박엔 봄꽃이 처절철 넘네
봄이 가면 지향없이 흘러갈 양치기 길손
다시야 만날 날을 칠성님께 빌었다

낭림산 철쭉꽃이 누렇게 늙어 간다
당신의 오실 날짜 강물에 적어 보냈소
명마구리 울어 울어 망망한 봄 물결 위에
님 타신 청포 돛대 기다리네 그리네

「만포선 천리길」
만포선 천리 길에 이 편지를 부칩니다
쌍고동에 울음 엮어 만난 사연 아룁니다
당신도 울어주세요 꼭꼭 울어주세요

만포선 눈물 설 밤 이 편지를 드립니다
한자 쓰고 휴우 한번 두자 쓰고 통곡이냐
당신도 울어주세요 꼭꼭 울어주세요

새벽달 안개 속에 만포선은 아득한데
꿈자리에 찾아들던 옛사랑이 가엾구려
당신도 울어주세요 꼭꼭 울어주세요

백무선은 함경북도 백암에서 무산까지 연결되는 협궤 산악철도로 함경북도의 산림자원 개발을 위해 부설된 철도이다. 공사 기간이 12년이 넘게 걸렸고 고도가 1,000m 이상인 데다 북계수역은 해발고도가 1,720m로 당시 일본 제국[조선, 일본, 대만] 내에서 가장 높은 위치에 있는 역이었다. 1932년 11월 16일 백암 방면 공사가 착공되어, 1944년 12월 1일 연사~무산 구간 공사가 준공되어 완전 개통되었다. 현재는 하루에 한 번[실제로는

1주일에 한 번] 부정기적으로 운행하고 있으나 선로는 이미 보수가 불가능한 상태고 열차도 '고철로 만들어야 할 정도'로 상태가 심각하다고 한다. 이 지역은 도로 사정도 좋지 않고 폭설이 자주 내리기 때문에 이 철도가 유일한 교통수단이었을 것이다. 깊은 산 속으로 파고드는 백무선은 겨울의 시작도 빠르고 폭설이 자주 내리는 지역으로 고향을 떠나 깊은 산속 벌목 노동자로 떠나는 이와 이를 보내는 연인의 심정은 기약 없는 생이별이었을 것이다. 「눈 오는 백무선」(불노초(이영호) 작사, 이재호 작곡, 진방남 노래)은 그런 심정을 담고 있다. 백무선 연변에 내리는 눈은 '목단눈'이라 할 만큼 목화송이를 연상하는 엄청난 폭설이었고, 눈 내린 고개는 자동차는 힘에 겨워 달릴 수 없기에 백무선만이 아득한 길을 조금씩 나아가고 있었다.

「눈오는 백무선」
목단눈 오는 밤은 첫 사랑이 그리워
북랑성 흐르는 하늘 턱을 고이고
불러보는 망향가는 눈물의 메(마)디냐

목단눈 오는 밤은 고향집이 그리워
남포불 얼룩진 창에 이마를 대고
까닭모를 옛 사랑은 마음의 곡조냐

시발차 허덕이는 고개 넘어 또 고개
백무선 아득한 길에 그 누굴 찾어
가는 거냐 우는 거냐 실없슨 발길아

▲ 백무선 노선(朝鮮總督府 鐵道局 編 『朝鮮鐵道狀況』, 1942)

　　일제 말기 국내에서는 날로 격렬해지는 일제의 억압정책에 시달리는 생활을 한탄하는 노래를 불렀다. 「화물차 떠나는 소리」라는 제목을 불린 이 노래는 1930년대 말부터 1940년대에 걸쳐 일제의 대륙침략이 진행되고 조선에서 황국신민화 정책이 강행되던 무렵의 노래이다. 지원병제, 여자정신대근로령, 그리고 전선에서 부족한 탄피를 제조하기 위한 원료로 금속류 일체가 공출로 빼앗긴 상태를 노래하고 있다. 마지막 구절은 창씨개명으로 이름을 빼앗기고 일본식 이름을 강요당하여 조상 대대로 내려온 족보를 들고 우는 민족의 모습을 그려내고 있다.[245]

「화물차 떠나는 소리」
신고산이 우루루 화물차 가는 소리에
지원병 보낸 어머니 가슴만 쥐어 뜯고요
어랑 어랑 어허야   양곡 배급 적어서 콩깻묵 먹고서 사누나

신고산이 우루루 화물차 가는 소리에
정신대 보낸 아버지 딸 가엾어 울고요
어랑 어랑 어허야   풀만 씹는 어미소 배가 고파서 우누나

신고산이 우루루 화물차 가는 소리에
금붙이 쇠붙이 밥그릇 마저 모조리 긁어 갔고요
어랑 어랑 어허야   이름 석 자 잃고서 족보만 들고 우누나

2) 디아스포라의 눈물

일제강점기 사랑노래는 대부분 떠나간 님, 기다리는 여인 등 버림받은 자들의 고통으로 점철되어 있다. 이러한 사랑노래는 으레 항구와 포구, 철도와 고갯길을 등장시켜야 제격이었다. 일제강점기는 유랑의 시절이었다. 삼남 지방의 흉년과 일제의 경제적 착취, 그로 인한 남부여대의 행렬들, 혹은 일제에 대한 저항으로 망명이나 독립투쟁의 길을 떠났던 전사들, 이들은 모두 유랑민들

이었다. 이들은 목포에서 만포진까지, 부산에서 신의주까지 유랑의 길을 떠났고 만주로 가는 길목이나 현해탄을 건너가는 부두에서는 어김없이 눈을 돌려 고향산천을 돌아보았다.[246]

일제강점기 사랑과 이별 노래는 단순히 개인적인 관계의 슬픔만을 노래할 수 없었다. 특히 일제의 식민정책으로 자의든 타의든 고향을 떠나 만주와 연해주 지역으로 이주하여 그곳에 정착하게 된 디아스포라를 노래하는 경우가 많았다. 고향을 떠나 타관으로 가는 심정을 노래한 디아스포라 소재 대중가요의 가사 내용은 슬프면서도 음악적으로는 빠른 템포를 이용하고 기차나 썰매와 같이 속도감을 나타내는 소재를 활용하는 것이 특징적이다. 그 대표적인 노래가 「국경열차」(조명암 작사, 박시춘 작곡, 송달협 노래, 1938), 「국경특급」(처녀림 작사, 이용준 작곡, 김영춘 노래, 1939), 「눈물의 국경」(박영호 작사, 이시우 작곡, 김정구 노래, 1938), 「향수열차」(조명암 작사, 박시춘 작곡, 이인권 노래, 1940) 등이다.[247]

일제는 '제국의 생명선'으로 일컫던 만주에서 영향력을 확대하기 위해 일본 본토와 만주를 접속시키는 교통 인프라를 가장 빠른 시간에 구축하는 것을 지상과제로 삼고 있었다. 이러한 배경에서 등장한 기차는 우리 민족을 만주를 지나 중국으로까지 실어 나르는 구실을 했다. 기차를 타고 타국으로 이동하는 사람들의 만감은 대중가요에서 다양하게 표출되었다.

「국경열차」와 「향수열차」는 기차를 소재로 하고 있고, 「국경특급」과 「눈물의 국경」은 썰매를 소재로 하고 있는데, 이러한 경우 이동 수단의 속도감을 묘사하는 한 방편으로 빠른 템포를 차용했다. 기차를 소재로 한 노래에서 어김없이 등장하는 기차의 기적소리와 썰매를 소재로 한 노래에 나타나는 방울 소리는 이동 수단의 속도감을 실감나게 표현하기 위한 장치였다.[248]

「국경열차」의 시선은 지금 이동 중인 기차 안에 있다. 기차에 올라탄 승객에게 창밖의 자연 경관은 스쳐 지나가며 단편적인 흔적만을 남기고 사라진다. 외부의 풍경은 깊이와 내용을 상실하고 인간의 내면에 새겨지지 못한 채 날아가 버린다. 그 때문에 승객의 시선은 창밖을 보고 있지만 실제로는 자신의 과거를 바라보고 있는 경우가 많다. 이제 기차 안에서 외부의 풍경을 상실한 이들이 집중하는 것은 자신의 과거와 기차 안의 상황이다. 이들의 회상은 옛사랑과 고향을 서성거린다. 떠나가는 기차에서 마음에 떠오르는 것은 '잊지 못할 옛사랑'의 추억이다. 게다가 '다시 못 올 고향을 생각하니' 사무치는 기적소리에 마음은 울음으로 가득 찬다.

이어서 3절에는 '낯선 타관 여자'가 등장한다. 사실상 기차에 탄 사람들은 그저 우연히 같은 차에 탄 낯선 이방인들이다. 자기 자신을 드러낼 필요도 없고 다른 사람들에 대해 알아야 할 까닭도 없다. 그 때문에 친밀함을 가장할 필요도 없고 상대방의 시선을 의식하지 않고 자신의 세계에 몰두할 수 있다. 「국경열차」에 오른 이는 객실에서 낯선 타관 여자와 마주 앉아 밤을 새웠다. 그리고 그 낯선 타관 여자에게 옛 사랑의 얼굴을 중첩시키면서 슬픔에 빠져든다. 타관 여자는 내 앞에 있으나 사랑하는 여인은 내 곁에 없는 현실을 절감하면서 '슬프고 처량한 못 잊을 로맨스'를 노래하고 있다.

이처럼 기차를 타고 이동하는 상황을 묘사한 노래들은 주로 창밖의 풍경을 묘사하기보다는 자신의 과거에 대한 회상과 감상을 드러내고 그것은 고향이나 옛사랑과 같이 떠나온 것들에 대한 슬픔과 비감으로 이어지는 특징이 있다.

「국경특급」
어서 가자 어서 가자 어서어서 어서 가자
썰매야 썰매 핏결은 울고 살은 떨린다
끝없는 눈보라 속에
오늘은 이 주막에 술잔에 울고
내일은 저 주막에 사랑에 운다

어서 가자 어서 가자 어서어서 어서 가자
썰매야 썰매 추억은 얼고 살은 깨진다
아득한 눈보라 속에
고달픈 이 여로에 끝이 어데냐
유랑이 속절없어 방울도 운다

어서 가자 어서 가자 어서어서 어서 가자
썰매야 썰매 고향도 멀고 타향도 멀다
한 많은 이국의 하늘
차라리 닿을 곳을 구름에 맺자
내일은 내일이요 오늘은 오늘

「눈물의 국경」
하염없이 지향 없이 눈썰매는 달린다
광야에도 오로라 정처없이 달린다
구름 따라 바람 따라 휘더듬는 국경선
썰매의 한 세상이 야속하고 무정해

지향 없이 향방 없이 눈썰매는 달린다
북국에도 저문 날 한정 없이 달린다
하소 맺힌 방울소리 흘러가나 내 신세
한 많은 보헤미안 얼어 떠는 피눈물

안타까운 기타소리 마디마디 애절해
타향 도는 몸이라 슬프기만 하구나
눈물어린 방울소리 오나가나 외로워
무정한 눈썰매는 갈 길 몰라 우노나

그런가 하면 썰매 같은 이동수단을 소재로 활용한 노래의 경우는 그 시선이 과거보다 현재나 미래로 향해 있다. 「국경열차」의 시선이 과거로 향했던 것과 달리 「국경특급」에서는 현재에 머물러 있거나 미래로 향하고 있다. 그런 만큼 「국경특급」은 가벼운 방울소리와 흥겨운 선율이 이어지지만 가사 내용은 극한 상황에 처해 있는 현실을 보여준다. 한편 「국경특급」에서는 단지 슬픔과 비애만을 토로하지 않는다. '한 많은 이국의 하늘'이지만 '닿을 곳을 구름에 맺자'며 단념과 체념의 정서를 드러낸다. 결국 마지막 행의 '내일은 내일이요 오늘은 오늘'이란 구절은 알 수 없는 미래는 하늘에 맡기고 오늘을 살자는 결의를 표현하고 있다.[249]

한편 디아스포라와 관련된 노래 중에는 빠른 선율을 활용해 만주로의 이주를 장려하는 듯한 노래도 있다. 이러한 노래는 가사에서도 슬픔이나 절망보다 기쁨이나 희망이 나타나는데, 「울리는 만주선」(조명암 작사, 손목인 작곡, 남인수 노래, 1938), 「꽃피는 북만선」(박향민 작사, 전기현 작곡, 이인권 노래, 1943), 「행운의 밤차」(박영호 작사, 박세환 노래, 1938) 등이 그러한 예이다. 이전까지는 곡조는 빠른 템포로 이루어져도 가사는 슬픔과 절망을 말했던 것과 달리 1938년 이후에 나온 노래 중에는 북쪽 지역으로 가는 것을 기쁨과 희망의 길로 묘사한 노래가 등장한 것이다.

1931년 만주사변과 만주국 성립으로 일제의 만주 진출이 현실화되면서 식민지 조선에서도 '만주붐'이 일기 시작했다. 일본은 한국인들을 식민지 피지배자로 차별해 왔지만, 이에 대한 한국인들의 저항도 만만치 않았다. 만주와 중국대륙으로의 침략을 시작한 일제는 후방으로서 식민지 조선의 안정과 한국인의 협력이 필요했다. 이에 만주를 왕토낙원, 새로운 희망의 땅으로 선전하며 피지배민족인 한국인이 만주에 가면 오히려 중국인을 지배할 수 있는 제국의 일원이 된다는 '亞(아)제국의식'을 퍼뜨리며 '만주붐'을 조성했다. 암울한 식민지 현실에 갇혀 있던 조선의 지식인, 청장년층은 돌파구로 만주로의 이주를 꿈꾸고 실행하기도 했다. 이런 분위기를 돋구는데 대중가요가 활용되었다.

"고향에서 못살 바엔 아 타향이 좋다"「울리는 만주선」 "북만벌 신천지에 새 고향의 별이 곱다 … 아 꾸냥의 웃음소리 당연히 마음 편쿠나"「꽃피는 북만선」 "흘러서 닿는 곳이 우리들의 새 고향, 밤차야 어서가자 새 고향을 찾아서"「행운의 밤차」와 같이 새로운 고향에 대한 희망을 담고 있는 노래들은 편차가 있기는 하지만 대체로 총독부의 만주 이민정책에 부응하는 노래로 볼 수 있다. 그러나 그러한 노래조차 알 수 없는 곳에 대한 동경과 희망보다는 두려움과 막막함을 표현하면서 노래가 끝나기도 한다.

「울리는 만주선」의 경우 마지막 3절에서 "찾아가는 그 세상은 나도 나도 나도 나도 모른다 모른다"라고 하여 희망을 품긴 했으나 그에 대한 확신보다는 불확실성에 대한 막연함이 앞선다는 것을 강조하고 있다. 한편 「간도선」(처녀림(박영호) 작사, 이재호 작곡, 백난아 노래)에는 어쩔 수 없이 고향을 떠나는 애틋한 마음이 녹아 있다. 이제 꿈에나 볼 수 있는 고향의 산천, 밤길을 달려가는 간도행 기차에서 고향에 대한 미련을 안고 떠나가는 아픈 심정을 표현하고 있다.

「울리는 만주선」
푹푹칙칙 푹푹칙칙 뛰이~ 떠난다 타관 천리 안개 서린 음 벌판을
정을 들고 못 살바엔 아 이별이 좋다
달려라 달려 달려라 달려 하늘은 청황적색 저녁 놀 떠돌고
차창에는 담배 연기 서릿서릿 서릿서릿 풀린다 풀린다

푹푹칙칙 푹푹칙칙 뛰이~ 넘는다 고량 수풀 파도치는 음 언덕을
허물어진 사랑에는 아 이별이 좋다
달려라 달려 달려라 달려 한정없는 동서남북 지평선은 저물고
가슴속엔 고향 산천 가물가물 가물가물 비친다 비친다

푹푹칙칙 푹푹칙칙 뛰이~ 건넌다 검정 다리 달빛 어린 음 철교를
고향에서 못 살 바엔 아 타향이 좋다
달려라 달려 달려라 달려 크고 작은 정거장엔 기적 소리 남기고
찾아가는 그 세상은 나도 나도 나도 나도 모른다 모른다

「꽃피는 북만선」
꽃을 실은 기차냐 봄을 실은 기차냐 북만벌 천리길에 태고향의 해가 뵌다
낭낭객 비파 우는 청춘의 고개 넘어
달려라 달려 아~ 아 마구뿜는 검은 연기 사랑의 기쁨이냐

노래 실은 기차냐 춤을 실은 기차냐 북만벌 대토지에 태고향의 달이 뜬다
풍년조 두견 우는 축복의 물을 건너
달려라 달려 아~ 아 구성진 기적소리 황금의 군호러냐

웃음 실은 기차냐 감격 실은 기차냐 북만벌 신천지에 태고향의 별이 곱다
농산대 놀이 좋은 광명의 들을 지나
달려라 달려 아~ 아 꾸냥의 웃음소리 당연히 마음편쿠나

「간도선」
푸른 불 간도선 붉은 불 간도선 산머리 안타까운 산도 간도선
아아아 방울소리 하늘을 넘어 꿈에나 본다 본다 고향을 고향을 본다

꽃구름 간도선 달구름 간도선 기러기 고향가는 밤하늘 많은 간도선
아아아 호궁소리 그 노래 실어 달이나 본다 본다 당신을 당신을 본다

눈물의 간도선 사랑길 간도선 밤길에 지향없는 밤길도 멀은 간도선
아아아 고동소리 바람에 불어 마음에나 본다 본다 향촌을 향촌을 본다

3) 애달픈 사랑, 이별의 눈물

암울한 식민지 현실 속에서 어쩔 수 없이 고향을 등지고 남부여대하여
낯선 만주로 떠나는 이들의 아픈 이별은 시대의 아픔이었지만, 그 속에도
동서고금을 막론하고 나타나는 사랑하는 연인과의 이별은 다양한 형태로
표현되었다. 「눈물의 경부선」(박영호 작사, 이용준 작곡, 울금향 노래, 1937)은

「눈물의 경부선」
구름다리 넘을 때에 몸부림을 칩니다
금단추를 매만지며 몸부림을 칩니다
차라리 가실 바엔 맹세도 쓸데 없소
아 부산차는 떠나갑니다

플랫홈 그늘 속에 소리소리 웁니다
붉은 댕기 매만지며 소리소리 웁니다
차라리 가실 바엔 눈물도 보기 싫소
아 부산차는 떠나갑니다

「남행열차」
끝없이 흔들리는 남행열차에
홍침을 베고 누워 눈물집니다
사랑하는 까닭에 사랑하는 까닭에 떠
나를 가며
가엾다 내 청춘을 누구를 주나

세상이 다 모르는 내 가슴 속에
눈물을 가득 싣고 떠나가건만
사랑하는 까닭에 사랑하는 까닭에 버
린 내 사랑
야속한 추억만이 괴롭습니다

「꿈꾸는 타관역」
불꺼진 책상머리 울다가 말다가   비몽사몽 떠나서는 만주선 이천리
비오는 타관역에 헤여진 설움을
십년이 지난 이날 이때 삼년이 지난 이날 이때 아 소식 한 장도 없구나

생각튼 옛사랑에 졸다가 말다가 글자 쓰인 일기장을 베개로 삼은 채
눈오는 타관 청년 만나던 사람을
희미한 꿈길 가다오다 희미한 꿈길 가다오다 아 또 다시 만나봅니다

애타는 사연 편지 쓰다가 말다가 붓을 들고 넘어지는 싸늘한 베갯잇
여자로 태어난 것을 원망을 하건만 내 몸을 바친 님의 사랑에
아 시들어감을 어쩌나

"금단추를 매만지며" 몸부림을 치는 것으로 보아 일본 유학을 위해 부산으로
떠나는 연인과의 이별을 노래하는 것일까. 「남행열차」(조명암 작사, 박시춘
작곡, 이난영 노래) 역시 목적지는 알 수 없으나 연인을 두고 남쪽으로 떠나

는 이의 아픈 마음이 절절하다. 혹시 징용이나 지원병으로 원하지 않는 이별을 하는 젊은 연인의 이야기일지도 모르겠다. 「꿈꾸는 타관역」(이성림 작사, 김해송 작곡, 이난영 노래)은 우연히 만나 사랑하고 '타관역'에서 만주로 그 연인을 떠나보내고 그리워하며 소식 전할 길 없는 애타는 마음을 표현하고 있다.

예부터 남 몰래 어쩔 수 없어 도망치는 '야반도주'가 아니라면 이별은 따뜻한 밥 한끼 먹이고, 떠오르는 해를 바라보며 무사히 돌아올 것을 염원하며 보내는 것이 일반적이었고, 떠나는 사람도 도보로 떠나는 길은 밤이면 숙소를 정해 여정을 잠시 멈추어야 한다. 그러나 기차의 등장은 여행의 시간적 제약을 없앴다. 밤낮 구별 없이 기차는 달릴 수 있다. 오히려 효율적인 시간 운영을 위해 밤에 출발하여 밤새 달려 아침에 목적지에 도착하는 여정이 적극 활용되었다. 1908년 4월 1일부터 경부선에서 처음으로 야간열차(밤차)가 운행되기 시작했고, 1911년 12월 1일부터는 경부선 야간열차 '융희'가 매일 운행되었다. 이어 1913년 4월 1일부터는 경의선에서도 야간열차가 운행되었다.[250]

밤차의 등장은 이별의 아픔을 극대화시켰다. 어두운 밤길에 사람을 떠나보내는 심정은 더 절절할 수밖에 없다. 「정한(情恨)의 밤차」(박영호 작사, 이기영 작곡, 박세명, 이은파 노래, 박세명, 신은봉 대사, 1935), 「무정한 밤차」(김능인 작사, 김송규(김해송) 작곡, 김연월 노래), 「밤차에 실은 몸」(조명암 작사, 박시춘 작곡, 고운봉 노래, 1940)은 '밤차'라는 소재를 통해 이별의 아픔을 더 절실하게 표현하고 있다.

「정한(情恨)의 밤차」

기차는 떠나간다 보슬비를 헤치며
정든 땅 뒤에 두고 떠나는 님이여

님이여 가지마오 가지마오
당신 없는 세상은 회오리바람 불어가는 어두운 사막이외다
그리고 피라도 얼어 떨리다는 모질고 사나운 눈보라 속이외다
차라리 차라리 가시려면 정은 두어 무엇하오
정 두고 몸만 가시다니 이 아니 서러운가요

간다고 아주 가며 아주 간들 잊으랴
밤마다 꿈길 속에 울면서 살아요

기차는 가자고 목메어 우는데
어찌타 님은 옷소매를 잡고 이리도 슬피 우느뇨 낭자여 잘 있으소
마음이 천리오면 지척도 천리요 / 마음이 지척이면 천리도 지척이라오
달뜨는 밤 꽃지는 저녁 명마구리 소리 처량한 황혼에
만학천봉 굽이굽이 서린 새빨간 안개를 타고 꿈길에서 만나지이다   오 낭자

「무정한 밤차」

산빗탈 정거장에 봄날도 늦어
이별을 다해 보니 설기도 하오
인제가면 언제 오리
아~ 무정한 차는 떠나오

황혼에 버레 소리 구성진 소리
이별이 아까워서 부는 갈피리
잘 가세요 잘 계세요
아~ 연기는 살어집니다

그대는 청춘인데 피는 뛰는데
어이다 봄은 눈물 끄치줄 몰나
윈닐인가 윈닐이요
아~ 무정한 차는 떠나오

「밤차에 실은 몸」

안타까운 이별에는 차라리 웃어라
웃지를 못할 바엔 차라리 울어라
치마끈 입에 물고 말고 없더니
천리라 가는 몸을
천리라 가는 몸을 어쩌란 말이냐

가는 내가 그립다면 차라리 잡아라
뜬사랑 싫타면은 차라리 밀쳐라
머리를 수그리고 말이 없으니
떠나갈 내 발길을
떠나갈 내 발길을 어쩌란 말이냐

하소연을 못할 바엔 차라리 잊어라
잊지도 못할 바엔 차라리 믿어라
가슴만 어루만져 말이 없으니
밤차에 실은 몸을
밤차에 실은 몸을 어쩌란 말이냐

기차는 빠르게 변하는 근대사회에서 그 변화를 실어 나르는 도구였다. 기차는 사람과 물자를 싣고 바쁘게 돌아가고 그 과정에서 우리는 만남과 이별을 반복한다. 이러한 기차의 움직임은 역시 자신의 의지와 상관없이 돌아가는 환경에 맞춰 살아가는 인생사를 투영시킬 수 있다. 「인생선(人生線)」(김다인 작사, 이봉룡 작곡, 남인수 노래, 1942)은 세상에 태어나 함께 살아가는 인생에서 무슨 이유로 부귀영화와 흥망성쇠가 갈리는지, 달리는 기차처럼 때로는 정해진 길을 거듭 달리는 인생, 그 길에서 만나는 뜻밖의 사건을 레일을 달리는 기차에 비유하고 있는데, 이는 기차가 인생의 은유로 충분히 활용될 수 있는 까닭이었다.

> 「인생선」
> 똑같은 정거장이요 똑같은 철길인데   시름길 웃음길이 어이한 한 길이냐
> 인생이 철길이냐 철길이 인생이냐   아득한 인생선에 달이 뜬다 해가 뜬다
>
> 똑같은 시그널이요 똑같은 깃발인데   고향길 타관길이 어이한 한 길이냐
> 인생이 철길이냐 철길이 인생이냐   아득한 인생선에 비가 온다 꿈이 온다
>
> 사나이 옷고름이 바람에 나부낄 때   연기는 꾸불꾸불 희망의 깃발이냐
> 인생이 철길이냐 철길이 인생이냐   아득한 인생선에 밤이 온다 꿈이 온다

한편 한 코미디언의 재미있는 동작과 함께 불려 지금까지도 회자되고 있는 「유쾌한 시골영감」(범오 작사, 존슨 작곡, 강홍식 노래·대사, 1936)의 기차놀이가 우스꽝스럽다. 새로운 문명의 도구를 사용하게 되면서 겪게 되는 당혹감과 실수가 재미있는 에피소드로 살아난다. 기차는 그야말로 희로애락이 뒤섞여 세상을 도는 공간이었다.

「유쾌한 시골영감」

시골 영감님께서 서울 구경을 떠나시었는데 자못 유쾌한 장면이 많았겠다 흠

시골영감 처음 타는 기차놀이라 차표 파는 아가씨와 승강을 하네
이 세상에 에누리없는 장사가 어디 있나
깎아 대자고 졸라대니 원 이런 질색이 하하하

기차란 놈 뛰하고 떠나갑니다 영감님이 깜짝 놀라 돈을 다내며
깎지 않고 다 낼테니 날 좀 태워다 주
저 기차 좀 붙들어요 돈 다 낼테니 하하하

다음 차는 만원이라 자리가 없어 옆에 칸을 슬쩍 보니 텅텅 비었네
옳다구나 땡이라고 슬쩍 앉았더니
표검사에 이등이라고 돈을 더 물어 하하하

이럭저럭 서울에를 도착하여서 인력거를 타시는데 발판에 앉아
위로 올라 앉으라니 영감님 말씀 이등타면 돈 더 받게 나는 싫구매 하하하

11

해방과 전쟁, 고도성장의 길에 울려 퍼진 대중가요

1) 해방의 감격과 전쟁의 아픔을 노래하다: 환희와 이별의 철도

1945년 8월 15일 일제의 식민통치에서 벗어나 해방을 맞이했다. 그러나 갑작스럽게 다가온 해방은 내부적으로 차분히 준비하며 맞은 것이 아니었기에 오히려 일본 식민지배자의 빈자리가 크게 보였고, 이것을 채워가기에는 시간이 부족했다. 가요인들도 해방으로 우리말 노래를 다시 찾은 기쁨에 들 떴고 창작의욕도 넘쳐났다. 그러나 레코드 제작시스템은 아무것도 갖춰져 있지 않은 열악한 상황이었다. 해방 가요 제1호라 할 수 있는 「4대문을 열어라」(고려성 작사, 김용환 작곡, 1945)가 미군이 입성할 때 노래할 곡목으로 정해졌다. 그런데 녹음 기자재가 없어서 미군의 협조를 받아 겨우 녹음을 마쳤다.

1946년 김해송은 충무로 3가 폴리돌레코드사가 있던 자리에 창고를 개조해서 녹음실을 만들었다. 이 녹음실에서 최초로 녹음된 노래는 장세정이 부른 「해방된 역마차」(조명암 작사, 김해송 작곡, 1946)로, 태극기 물결이 전국을 수놓았던 해방 후의 시대 분위기를 잘 나타내고 있다.[251]

한편 해방과 더불어 멀리 일본, 만주와 시베리아로 흩어졌던 동포들이 벅찬 가슴을 안고 귀국길에 올랐다. 만주는 조선후기부터 일제강점기 내내 한국인들이 꾸준히 이주해 가서 정착한 사람들이 많았다. 그러나 일본으로 간 사람들은 대다수가 일제강점기 일시적으로 돈을 벌기 위해 노동자로 도 일하거나 일제 말 강제 징용과 징병으로 떠나야 했던 이들이었다. 이들은 해방과 함께 더 이상 자신들을 차별하고 수탈했던 일본에 있을 이유가 없었고 해방된 조국으로의 귀환을 서둘렀다. 이들은 바다를 건너야 했기에 기차가 아닌 감격의 귀국선에 올랐다. 이들의 심정을 그린 노래가 이인권의 「귀국선」(손로원 작사, 이재호 작곡, 1946)이다.

해방의 기쁨도 잠시, 일제 총독부를 대신하여 미국과 소련은 38도선을 경계로 한반도를 남북으로 분할 점령했다. 뜻하지 않은 분단은 이념적으로 좌우의 극심한 대립을 초래했고 결국 1948년 한반도에는 두 개의 정부가 수립되었다. 분단을 극복하고 통일국가로 나아가야 한다는 것은 거부할 수 없는 명분이자 목표였고 그것은 평화적인 방법으로 이루어져야 했다. 하지만 현실은 남북 간의 전쟁으로 나타났다. 전쟁은 민족 모두에게 엄청난 고통과 시련을 안겨 주었다. 일진일퇴를 거듭하며 3년간이나 전쟁이 계속되면서 물적 피해는 말할 것도 없고 무엇보다 수많은 사람이 목숨을 잃었고, 생이별을 해야 했다. 1·4후퇴로 전 국민을 피난민으로 만들어 민족의 대이동을 초래하며 수많은 이별을 만들어냈다.

이런 전쟁의 참상 속에서 대중가요는 애틋한 사랑과 이별의 아픔을 노래하며 같은 경험을 하고 있는 대중들의 마음을 달래주었다. 남인수가 노래한 「이별의 부산정거장」(호동아 작사, 박시춘 작곡, 1953)은 전쟁의 아픔을 대변하는 가장 대표적 노래로 코끝을 찡하게 한다. 또한 1953년 박시춘은 38선을 넘어온 수많은 피난민의 애환을 그린 「굳세어라 금순아」(강사랑 작사, 박시춘 작곡, 현인 노래, 1953)를 발표해 큰 반향을 불러일으켰다. 두 노래 모두 최대의 피난처였던 부산이 무대이다.

「이별의 부산정거장」
보슬비가 소리도 없이 이별 슬픈 부산정거장
잘 가세요 잘 있어요 눈물의 기적이 운다
한 많은 피난살이 설움도 많아 그래도 잊지 못할 판잣집이여
경상도 사투리에 아가씨가 슬피 우네 이별의 부산정거장

「굳세어라 금순아」
눈보라가 휘날리는 바람 찬 흥남 부두에 목을 놓아 불러봤다 찾아를 봤다
금순아 어디로 가고 길을 잃고 헤매었던가
피눈물을 흘리면서 일사 이후 나홀로 왔네

일가친척 없는 몸은 지금은 무엇을 하나 이 내몸은 국제시장 장사치기다
금순아 보고 싶구나 고향 꿈도 그리워진다
영도다리 난간 위에 초생달만 외로이 떴다

2) 독재권력의 질주에 분노하다

1948년 대한민국 정부가 수립되었다. 곧이어 1950년 한국전쟁 발발과 1953년 휴전협정 체결로 남북한은 냉전체제의 최전선이 되면서 이념적 대립상태가 더욱 심화되었다. 이승만 정부는 분단 상황에 따른 강력한 반공·반북이데올로기를 내세우며 정치적으로 독재체제를 형성했다. 그러나 이에 대한 국민들의 저항의식이 높아지면서 1956년 대통령 선거는 이승만의 승리를 장담할 수 없는 상황에 이르렀다. 당시 민주당 해공 신익희 후보의 지지가 높아지고 있었는데 투표일을 불과 열흘 앞둔 1956년 5월 5일, 선거 유세를 위해 이동하던 신익희가 호남선 열차 안에서 갑자기 서거하는 충격적인 사건이 발생했다.

「비 내리는 호남선」(손로원 작사, 박춘석 작곡, 손인호 노래, 1956)은 처음에는 크게 유행하지 않았으나 신익희 후보의 급서 사건을 계기로 국민가요가 되었다. 신익희의 갑작스런 서거로 시름에 빠져있던 국민들에게 마침 "목이 메인 이별가를 불러야 옳으냐, 돌아서서 피눈물을 흘려야 옳으냐…"는 가사의 「비 내리는 호남선」이 발표된 것이다.

> 「비 내리는 호남선」
> 목이 메인 이별가를 불러야 옳으냐   돌아서서 피눈물을 흘려야 옳으냐
> 사랑이란 이런 가요 비 내리는 호남선에
> 헤어지던 그 인사가 야속도 하더란다
>
> 다시 못 올 그 날자를 믿어야 옳으냐   속는 줄을 알면서도 속아야 옳으냐
> 죄도 많은 청춘이냐 비 내리는 호남선에
> 떠나가는 열차마다 원수와 같더란다

이 곡은 어느새 해공 신익희의 죽음을 그린 노래로 알려져 일명 '해공선생 애도가'로 제목이 바뀌어 민주당 당가처럼 불렸고, 해공선생 부인이 작사했다는 풍문이 나돌았다. 조사 결과 이 곡은 신익희 서거 3개월 전에 만들어졌다는 사실이 드러났지만 작사자인 손로원은 많은 괴로움을 당했다. 이후 이 노래에 착안하여 현재 국민들의 가장 애창하는 성인가요로 뽑힌 "비 내리는 호남선"으로 시작되는 「남행열차」가 만들어졌다.

> 「남행열차」
> 비 내리는 호남선 남행 열차에 흔들리는 차창 너머로
> 빗물이 흐르고 내 눈물도 흐르고 잃어버린 첫사랑도 흐르네
> 깜빡깜빡이는 희미한 기억 속에 그때 만난 그 사람 말이 없던 그 사람
> 자꾸만 멀어지는데 만날 순 없어도 잊지는 말아요 당신을 사랑했어요
>
> 비 내리는 호남선 마지막 열차 기적소리 슬피 우는데
> 빗물이 흐르고 내 눈물도 흐르고 잃어버린 첫사랑도 흐르네
> 깜빡깜빡이는 희미한 기억 속에 그때 만난 그 사람 말이 없던 그 사람
> 자꾸만 멀어지는데 만날 순 없어도 잊지는 말아요 당신을 사랑했어요
> 만날 순 없어도 잊지는 말아요 당신을 사랑했어요

4년 후인 1960년 다시 대통령 선거가 있었다. 1960년 대통령 선거의 민주당 유석 조병옥 박사가 선거를 1개월 앞둔 2월 15일 위장병으로 갑자기 쓰러져 미국 월터리드 육군 병원에 입원했다가 숨지고 말았다. 이번에도 '유석 애도가'가 나와 대대적으로 불렸는데 원곡은 「유정천리」(반야월 작사, 김부해 작곡, 박재홍 노래, 1959)이다. 이 노래는 '유석 애도가'로 개사되어 대중들에게 불려졌다.[252]

그러나 이승만 정권의 권력욕과 부정부패는 더욱 심해져 결국 3·15 부정선거를 자행하기에 이르렀고, 국민들은 4·19 민주화운동을 일으켜 이승만(자유당) 정권은 붕괴되었다. 이제 「유정천리」는 "민주당에 꽃이 피네 자유당에 눈이 오네"로 바꿔 불리며 기쁨의 노래가 되었다.

3) 고향 떠나 도시로, 향수의 서정

이승만－자유당 정권의 붕괴로 제2공화국 장면 정부가 세워졌지만, 분출된 국민들의 요구를 수렴하기에는 역부족이었다. 이러한 혼란을 빌미로 1961년 박정희는 5·16 군사쿠데타를 감행했고 1963년에는 제3공화국 박정희 정권이 탄생했다. 박정희 정권은 취약한 정통성을 '경제개발계획'을 통한 경제성장으로 넘어서고자 했다.

해방 후 기차는 더욱 많은 사람들이 탈 수 있는 것이 되었다. 기차가 주는 위압감은 사라졌지만 그만큼 사람들의 이동이 많아지고 그에 따라 이별도 많아졌다. 사람들은 돈을 벌기 위해 도시로 향했고 1960년대 경제개발계획이 추진되면서부터 '무작정 상경'이란 말이 유행어가 될 정도로 꾸역꾸

역 서울로 올라왔다. 이때도 역시 기차는 이별의 이미지였다. 그런데 흥미롭게도 그 애절한 트롯의 이별은 대개 호남선에서 이루어졌다.[253]

왜 하필이면 호남선일까? 이것은 경제개발정책과 그에 따른 이농과 관련 있을 듯하다. 경제개발정책에 따른 성장의 열매는 편중되기 시작했다. 영남지역에는 주요한 공업단지가 집중 건설되면서 주변의 농업인구를 흡수했지만 여전히 농업지역으로 남아 있던 호남지방 사람들은 먹고 살기 위해서 가난한 농촌을 떠나 서울로 올라올 수밖에 없었던 것이다. 「대전 블루스」(최치수 작사, 김부해 작곡, 안정애 노래, 1959), 「남행열차」 등이 모두 호남선을 무대로 하고 있다.

「대전 블루스」는 실화를 소재로 했다는 탄생비화가 있다. 1950년대 대전역 부근, 자정이 넘어가는 시각에 목포로 가는 '대전발 0시 50분' 열차를 타러 사람들이 삼삼오오 모여 들고 있었다. 그때 대합실 청소를 막 끝낸 열차 승무원은 하루의 피곤을 달래려 기지개를 쭉 폈다. 그런데 플랫폼에서 청춘 남녀 한 쌍이 두 손을 마주잡고 애절한 눈빛으로 서로를 바라보고 있는 장면이 눈에 들어왔다. 한참을 움직이지도 않고 바라보던 두 사람은 증기기관차가 들어오자 남자 혼자서 열차에 올라탔다. "대전발 0시 50분 목포행 완행열차가 곧 발차하겠습니다." 졸린 목소리의 안내방송이 역사에 울려 퍼지면서 목포행 완행열차는 천천히 플랫폼을 빠져 나갔다. 홀로 남겨진 여자는 눈물을 흘리며 배웅하고 난 후, 열차가 다 떠나간 뒤에도 주룩주룩 내리는 비를 맞으며 한참을 그렇게 서 있는 장면을 연출했다. 한참 동안 이 광경을 지켜보던 열차 승무원은 문득 영감을 받아 그 장면을 훗날 가사로 옮겼다.

그때 그 열차 승무원이 바로 아세아레코드 대표가 된 작사가 최치수다. 경남 울산 태생인 그는 음반 산업에 투신하기 전에 오랜 기간 열차 승무원으로 일했다고 한다. 14년 넘게 열차와 희로애락을 같이한 그는 기억에 생생한 당시의 풍경을 떠올리며 신신레코드 영업부장으로 있던

1956년 「대전 블루스」의 가사를 처음 썼던 것이다.[254]

> 「대전 블루스」
> 잘 있거라 나는 간다 이별의 말도 없이
> 떠나가는 새벽열차 대전발 영시 오십분
> 세상은 잠이 들어 고요한 이 밤 나만이 소리치며 울 줄이야
> 아~아 붙잡아도 뿌리치는 목포행 완행열차
>
> 기적 소리 슬피 우는 눈물의 푸렛트홈
> 무정하게 떠나가는 대전발 영시 오십분
> 영원히 변치말자 맹세했건만 눈물로 헤어지는 쓰린 심정
> 아~아 보슬비에 젖어가는 목포행 완행열차

1960년대부터 이루어진 도시로의 상경, 고향을 떠나 타향에서 새로운 인생을 시작해야 하는 두려움과 사랑하는 가족, 연인과의 이별은 기차와 역을 소재로 하는 이별 노래를 만들어냈고, 대중들의 큰 호응을 얻었다. 「애수의 타향열차」(김광남 노래, 1964)도 그런 느낌을 가지고 있는 노래이다.

1970년대가 되면서 이제 세상의 모든 관심은 도시로 쏠려 있었다. 농촌은 고향을 떠나 서울에 정착한 이농 첫 세대들의 향수를 불러일으키는 공간으로 비쳐졌다. 시골과 바다를 떠나 서울로 오고 싶어 했건만 서울 생활은 그리 만만치 않았다. 기껏 일해야 입에 풀칠하고 살기 힘든 서울 생활에 지친 도시 서민들에게 이제 그곳은 돌아가 쉬고 싶은 고향인 것이다. 기차는 이들의 고단한 삶을 달래주고 어머니의 따뜻한 품과 같은 고향으로 실어다 주는 위안제가 되었다. 기차를 타고 달려가면 꿈에 드리던 어머니와 옛 친구들이 달려와 반겨줄 것을 상상하며 고된 삶을 달랬다.

「애수의 타향열차」

산도 물도 물든 언덕 꽃도 새도 물든 언덕
삼등차 유리창엔 황혼빛이 서리는데
손바닥에 운명선을 말없이 따지면서
이리 갈까 저리 갈까 내 갈 곳이 어디메냐
한없이 흐느끼는 애수의 타향열차

지금에도 물든 언덕 달도 별도 물든 언덕
쌍갈래 철길 위에 밤안개가 낮익는데
잊어버린 사나이의 꽃다운 이 내 청춘
이리 갈까 저리 갈까 내 갈 곳이 어디메냐
낯설은 무정 천리 애수의 타향열차

경부선도 물든 언덕 호남선도 물든 언덕
달래꽃 향기 속에 취해보는 이 내 신세
안타까이 기다리는 그 님을 생각하며
이리 갈까 저리 갈까 내 갈 곳이 어디메냐
이 밤도 울고 가는 애수의 타향열차

「고향역」(임종수 작사, 작곡, 나훈아 노래, 1970)은 이런 이농민들의 마음을 가장 잘 표현한 노래로 대중들에게 엄청난 사랑을 받았다. 「고향역」의 모델은 작곡가 임종수의 고향인 익산 황등역이다. 임종수는 "익산군 삼기면 형님 집에서 산길을 넘어 황등역으로 가 통학열차를 타곤 했어요. 아침밥을 해먹고 이십 리 산길을 넘어 열차 시간에 맞춰 가는 게 고통의 연속이었죠. 뛰다시피 해서 겨우 열차에 타면 발판에 걸터앉아 이리역에 도착할 때까지 숨을 몰아쉬곤 했어요. 그때 기찻길 옆에 핀 코스모스를 보면서 고향의 어머니가 생각나 얼마나 많이 울었는지 모릅니다."[255]라고 회상하였다.

> 「고향역」
> 코스모스 피어있는 정든 고향역
> 이쁜이 곱분이 모두 나와 반겨 주겠지
> 달려라 고향열차 설레는 가슴 안고
> 눈감아도 떠오르는 그리운 나의 고향아
>
> 코스모스 반겨주는 정든 고향역
> 다정히 손잡고 고개 마루 넘어서 갈 때
> 흰머리 날리면서 달려온 어머님을
> 얼싸안고 바라 보았네 멀어진 나의 고향역

그러나 1970년대 이후 대중가요에서 지배적인 기차와 바다의 이미지는 여행과 휴가였다. 여행이 아니면 기차를 타볼 기회가 없는 도시의 청소년들이 기차와 바다에서 휴가 여행을 연상하는 것은 당연하다. 1970년대부터 여태까지 한 번도 등장한 적이 없는 새로운 바다, 기차의 모습이 등장한다. 바다는 행락지이며 사랑이 싹트는 낭만적인 곳으로 그려진다. 기차는 서울로부터 탈출하게 해주는 낭만적이고 행복한 사물이었다. 가끔 청년들은 자신의 순수함과 고민을 받아주지 못하는 기성세대에 대한 절망으로 '삼등완행열차'를 타고 깨끗한 동해바다의 고래를 찾아 떠나자고 외치기도 했지만, 그 역시 일상으로부터의 탈출을 꿈꾸는 것이었다. 이제 더 이상 바다와 기차역은 생활의 고달픔이나 절절한 이별이 있는 곳이 아니다. 이들 도시의 청년들에게 기차가 인생의 아픔과 관련되어 경험되는 것은 기껏 해야 「입영열차 안에서」 정도이다.256)

한편 민중가요, 포크송들이 보여주는 기차의 모습은 주목할 만하다. 1970년대 한강변 풍경을 수채화처럼 그려낸 김민기의 「강변에서」, 기차는 '공장 굴뚝 시커먼 연기'와 순이네 집 작은 굴뚝, 철교 위 호사스런 기차와 작은 나룻배가 대조를 이룬다. 근대화와 거대한 금속성의 공장은 우리의 삶을 풍요롭게 하는 듯하지만, 그 밑에서 힘겨워하는 공장 다니는 순이와 강에 떠 있는 작은 나룻배로 보통 사람들의 고달프고 힘겨운 삶을 담담하게 포착해 냈다.

「갈 수 없는 고향」에서도 이농으로 고향을 떠나 도시의 하층민이 된 주인공의 슬픔을 잔잔하게 흔들어 놓는 사물이 기차이다. 이들은 왜 하필 철교가 보이는 한강변에 앉아 있었을까? 한강철교는 대방동, 영등포와 노량진으로 연결된다. 즉 도시 하층민들의 게딱지집과 공단 지역으로 연결되는 것이다.[257]

> 「강변에서」
> 강 건너 공장 굴뚝엔 시커먼 연기가 솟아 오르고
> 순이네 뎅그란 굴뚝엔 하얀 실오라기 피어 오른다
> 하늘은 어두워가고 물결은 춤추는데
> 건너 공장에 나간 순이는 왜 안 돌아오는 걸까
> 높다란 철교 위로 호사한 기차가 지나가고
> 강물은 일고 일어나 작은 나룻배 흔들린다

> 「갈 수 없는 고향」
> 이따금씩 지나가는 기차를 보면
> 내 고향 산 하늘이 그리워지네
> 뜨겁던 지난 여름날 더운 바람 속에
> 설레이던 가슴 안고 서울로 서울로
> 갈 수 없는 그리운 그리운 내 고향
> 나는 가고 싶지만 내가 갈 수가 없네

4) 고도성장의 길에서: 철도와 자동차의 대결

근대의 상징이었던 '철도[기차]'가 강력한 경쟁자를 만났다. 자동차였다. 한국 최초의 수입 자동차는 1903년 고종 황제 즉위 40주년에 미국 공관을 통해 포드 또는 캐딜락 승용차 1대를 칭경식 의전용 어차로 들여온 것이었다. 일제 강점 이후 1911년 조선 초대 총독 데라우찌가 고종 환심용으로 자동차를 들여오기 시작했고 일본인들과 고위 관료들이 자가용으로 몰고 다니기 시작했던 1913년경부터 자동차가 일반 대중들에게 선보이기 시작했다. 1913년 서울 낙산 부자 이봉래 씨와 일본 청년 곤도 그리고 장사꾼 오리이 3인이 합자해 20만 원으로 첫 자동차회사를 세우고 '포드T형' 승용차 2대를 도입해 서울에서 시간제로 임대 영업을 시작하였다. 이는 한국에서 택시의 시초이며. 이때가 한국 운송사업의 출발점이었다. 1920년대로 들어서면서 차비가 택시보다 훨씬 저렴한 승합버스가 지방에서부터 생겨나기 시작했다. 그러나 식민지 조선에서 자동차 보급은 속도를 내지 못했다.

자동차를 직접 생산할 수 있는 능력이 없었기 때문에 자동차는 모두 수입품으로 가격도 비쌌고 기술적으로도 한계가 있어 속도나 연료 등에서 기차와 경쟁하기에는 역부족이었다. 한국에서 첫 국산차가 제조 생산된 것은 1955년 서울에서 정비업을 하던 최무성 씨가 미군에게서 불하받은 지프의 엔진과 변속기, 차축 등을 이용하여 드럼통을 펴서 만든 첫 지프형 승용차 '시발(始發)'을 내놓았다. 이 첫 국산차는 국산화율이 50%나 되어 긍지가 대단했으나, 한 대 만드는 데 4개월이나 걸리고 가격도 8만 환으로 사가는 사람은 별로 없었다. 그러다가 1957년 광복 12주년 기념 산업박람회 때 최무성 씨가 시발차를 출품하여 최우수 상품으로 선정되면서 '시발차'에 대한 관심이 쏟아지게 되었고, 곧 양산 체제로 돌입하여 1963년까지 3천여 대를 만들어 시판했다.

1962년 5월 31일 박정희 군사정권은 국가재건 방안의 하나로 국내 자동차 공업을 육성한다는 취지로 「자동차공업 보호육성법」을 제정·공포하였다. 그에 앞서 1962년 1월 29일 재일교포 박노정 씨가 닛산과 기술 제휴로 새나라 자동차를 설립하고 '새나라' 자동차가 생산되었다. 이어서 1962년 기아산업[현 기아자동차]은 최초의 경3륜화물차인 K-360을 생산하였고, 1962년 12월 하동환 자동차공업[현 쌍용자동차]이 설립되었다. 1964년 8월 20일 「자동차 공업 종합육성계획」이 발표 되면서 자동차 산업은 도약의 기회를 마련했다. 1965년 7월 아시아자동차 설립, 1967년 12월 현대자동차가 설립되어 자동차 양산이 가능해졌다. 그러나 여전히 기술적인 면에서 부품이나 모델 등의 100% 국산화 길은 멀고 험했다.

1975년 12월 현대자동차는 국내 최초로 설계부터 생산까지 전 과정을 국내 기술진에 의해 이루어낸 첫 고유 모델 승용차인 '포니'를 개발하였으며, 1984년 단일 차종으로서는 처음으로 50만 대 생산을 돌파 하였다.

1960년대 이후 경제개발계획이 진행되면서 고도성장의 상징으로 고속도로 와 그 위를 씽씽 달리는 자동차가 등장했다. 1967년 6월 2일, 전국을 큰 대(大) 자로 연결하는 '대국토 건설계획'이 발표되었고, 그 핵심으로 경부고속도로 건설이 확정되었다. 1968년 2월 1일, 서울~수원 구간이 착공되었는데 자본과 장비, 기술력의 부족으로 건설 과정은 순탄치 않았다. 수많은 목숨을 앗아가며 붕괴를 거듭하던 당재터널[충북 옥천]이 완공되면서 1970년 8월, 2년 6개월 만에 서울과 부산을 연결하는 경부고속도로가 완공되었다.

이로 인해 그때까지 가장 빠른 육로 교통수단이었던 기차는 뒤로 밀려나게 되었다. "이제 기차는 도시와 근대화의 느낌이 아닌, 시골과 자연을 연상시키는 사물이 된다. 험한 서울생활에 찌든 가난한 이농민은 향수에 젖어 나훈아의 「고향역」을 부르고, 대학생들은 서울의 문명에는 없는 순수함을 찾아 삼등 완행열차를 타고 동해바다를 달리고 싶어 했다."258)

또한 지금까지 수많은 사람들의 애환을 실어 나르며 사랑과 이별의 아이콘 이었던 기차와 함께 고속도로와 그 위를 달리는 자동차가 등장했다. 경부고속 도로가 완공된 후인 1971년 「안개 낀 고속도로」(박춘석 작사 작곡, 강정화 노래, 1971)가 발표되었다. 지금은 고속도로 통행량의 증가로 끝없이 달리는 것은 좀처럼 힘들지만, 당시 고속도로는 기차와는 달리 쉼 없이 '끝없이' '한없이' 달려볼 수 있는 공간이었기에 사랑의 아픔을 달래려는 마음을 표현하는 데 적합했다.

「안개 낀 고속도로」
하염없이 하염없이 내리는 밤비는
지나간 사랑 가슴에 안은 슬픔의 눈물이던가
너무나 사랑한 당신 이길래 그리움을 못 참아
끝없이 달려보는 밤도 깊은 안개 낀 고속도로

지나버린 꿈이라고 슬픔을 달래도
너무나 깊이 당신만을 사랑한 내 가슴은
꽃잎에 새겼든 추억마저도 비바람에 시들어
한없이 달려보는 밤도 깊은 안개 낀 고속도로

또한 1970년대 자동차는 성장과 부의 상징이었다. 특히 각 가정에서 개인적으로 소유하는 자가용은 부자의 상징이었다. 경부고속도로가 개통되고, '마이카'족들이 레저를 만끽하기 시작한 1970년대, 실로 마이카 열풍은 대단했다. 20년 전만 하더라도 불과 200여 대에 불과했던 승용차는 1970년대 중반에 이르면 무려 3만여 대에 다다를 정도였다. 특히 자가용은 고향 가는 사람들에게 자신의 성공을 과시하는 데 필수품이 되어 버렸다. 옛날의 금의환향(錦衣還鄕)은 비단옷으로 상징되었지만 이제 금의환향은 안테나 달린 자가용으로 상징되었다. 귀성길이 붐빌 걸 알면서도 굳이 자가용을 이용하는 것에는 이러한 심리가 들어있었다. 자가용의 등장과 과시욕, 이런 분위기를 보여 주는 것이 「자가용 타고 친정 가세」(최희준, 1971)라는 노래였다.

무작정 상경하여 고된 노동과 숨 돌릴 틈도 없이 살아갔지만 자가용 한 대 마련하지 못하고 기차로 귀향하는 길은 서글펐고, 강렬한 속도감을 느낄 수 있는 자동차, 특히 도시 생활의 성공을 과시하는 자가용을 타고 가는 고향길은 너무도 흥겹고 즐거운 것이었다. 「뛰뛰 빵빵」(혜은이 노래, 1977)은 기차에서 찾을 수 없는 흥겨움이 가득하다.

「뛰뛰 빵빵」

버스를 타고 고속도로를 바람처럼 달려가자
파도 소리가 들려오는 정다운 그 거리로
뛰뛰 뛰뛰 뛰뛰 빵빵 뛰뛰 뛰뛰 뛰뛰 빵빵

가슴 쓰라린 어제 일들은 깨끗하게 잊어야지
찌푸린 얼굴 주름살 펴고 크게 한번 웃어보자
뛰뛰 뛰뛰 뛰뛰 빵빵 뛰뛰 뛰뛰 뛰뛰 빵빵

부산에 가면 만날 듯 싶은 마음속의 연인인데
부풀은 가슴 가득한 꿈이 남쪽으로 달려간다
뛰뛰 뛰뛰 뛰뛰 빵빵 뛰뛰 뛰뛰 뛰뛰 빵빵

「밤차」

멀리 기적이 우네 나를 두고 멀리 간다네
이젠 잊어야 하네 잊지 못할 사랑이지만
언젠가는 또 만나겠지 헤어졌다 또 만난다네
기적소리 멀어져가네 내님 실은 마지막 밤차

멀리 기적이 우네 그렇지만 외롭지 않네
언젠가는 또 만나겠지 헤어졌다 또 만난다네
기적소리 멀어져가네 내님 실은 마지막 밤차
멀리 기적이 우네 그렇지만 외롭지 않네

　자동차는 흥겨운 리듬을 타고 빠르게 달리고 있었다. 반면 기차는 자동차의 속도감을 따라잡지 못하면서 기차는 트롯가요의 소재로, 사랑과 이별의 슬픔을 구슬프게 담고 있었다. 이제 기차도 자동차와 견주어 속도감을 높이기 시작했고, 기차를 통해 이루어지는 이별도 흥겨운 리듬을 타고 자동차의 '뛰뛰 빵빵' 경적음에 대응하는 '삑삑삑삑 칙칙칙칙' 기적을 울리며 떠나갔다. 1978년 발표된 「밤차」(이은하 노래, 1978)는 신나는 율동과 함께 전 국민의 사랑을 받았고, 뒤이어 발표된 혜은이의 「새벽비」(혜은이 노래, 1979)도 이별의 아픔을 흥겨운 리듬으로 노래하고 있다.

「새벽비」
새벽비가 주룩주룩 철길을 적시네
새벽비가 주룩주룩 지붕을 적시네
삑삑삑삑 기적이 울리면 이제 정말 나는 갑니다
새벽비가 주룩주룩 창문을 적시네
새벽비가 주룩주룩 얼굴을 적시네
삑삑삑삑 여음을 남기고 새벽차는 떠나갑니다
아 사랑하고 있는데 아 내 마음 어디로 가나

비를 뚫고 칙칙칙칙 기차는 달려가네
정을 두고 칙칙칙칙 한없이 달려가네
삑삑삑삑 메아리를 남기고 이제 정말 나는 갑니다
아 사랑하고 있는데 아 내 마음 어디로 가나

비를 뚫고 칙칙칙칙 기차는 달려가네
정을 두고 칙칙칙칙 한없이 달려가네
삑삑삑삑 메아리를 남기고 이제 정말 나는 갑니다 이제 정말 나는 갑니다
이제 정말 나는 갑니다 이제 정말 나는 갑니다

4부
성공의 열망을 싣고 달린 열차, 그 빛과 그림자

12

배움의 열망을 실어 나른 통학열차

1) 일제 식민교육하에서 분출된 교육열

전통적 신분제사회가 근대사회로 전환되면서 교육에 대한 관심이 높아졌다. 사회적 위치가 출생 신분에 의해 결정되는 것이 아니라 개인의 능력에 따라 바뀔 가능성이 열리면서 교육이 가장 중요한 사회적 이동 수단이 되기 때문이다. 근대 산업사회는 이런 점에서 '학력사회'로 특징 지을 수 있다. OECD 보고서에도 "오늘날 취업과 사회적 선발에 있어서 학력이 갖는 중요성이 높아졌다"고 지적하고 있다.

근대 산업사회의 특징인 학력주의의 문제를 처음 본격적으로 지적했던 사람은 막스 베버(M. Weber)이다. 그는 조직의 관료제화에 대해 분석하면서 관료임용제의 합리화와 관련하여 학력주의에 주목했다. 전문교육과 경쟁시험을 통해 선발된 관료의 자격증명서를 베버는 '교육면허장'이라 불렀고, 이것은 '학력' 내지 '자격증'과 동의어로 볼 수 있다. 조직의 관료화가 진행될수록 학력은 '직무 취임자격'으로 중요성을 갖게 된다. 따라서 관료제화를 특징으로 하는 산업사회는 동시에 학력주의화를 피할 수 없는 사회가 된다. 베버가 산업사회의 학력사회화를 필연적 방향이라 했던 것은 당시 독일이 유럽제국 중에서도 가장 학력주의화가 잘 진행된 사회였기 때문이다. 독일은 행정관료 임용제와 대학에서의 전문교육을 경쟁적인 시험제도에 결합시킨 최초의 나라이고, 학력을 공통문화로 해서 형성된 '학식층'을 하나의 신분집단으로 유지한 최초의 나라였다.[259]

19세기 후반 유럽 제국주의가 동진(東進)하면서 동아시아는 이들의 침략대상이 되었다. 중국을 필두로 일본, 조선이 불평등조약을 통해 '개항'하며 문호를 개방하고 서구식 근대 문명과 자본주의체제를 받아들이게 되었다. 이 중에서 일본은 이것을 빠르게 학습하며 '후발 효과'를 극대화했다. 이 과정에서 일본은 독일을 능가하는 '학력사회'로 전환했다. 이러한 일본의 '학력주의'는 그 식민지였던 조선에도 적용되기 시작했다.

현재 한국의 교육열은 세계 최고라 해도 과언이 아니다. '입시지옥', '고3병', '치맛바람', '과외열풍', '기러기아빠' 등의 풍자어는 한국의 교육열을 반영하는 용어로 회자되었고, 한국의 교육비 지출은 세계 최고이다. 특히 사교육비 지출은 2004년 기준 국내총생산(GDP) 대비 3.4%로 일본의 1.2%보다도 거의 3배에 달한다. 세계적 수준의 공교육비에도 불구하고 엄청난 비용을 또 개인적으로 교육에 투자하고 있는 것이다. 한국의 경제위기 때에도 다른 소비지출은 감소해도 교육비는 꾸준히 증가해 왔다.[260]

살펴본 바와 같이 '학력주의' '교육열'은 한국만의 특수성이라 할 수는 없다. 신분제 붕괴와 근대 산업사회의 관료제 발달하에서 합리적이고 객관적인 지표이자 개인 능력의 표상으로서 '학력'이 제기되었고, 학력은 권력 및 사회, 경제적 지위 상승의 사다리가 되었다. 이에 산업사회가 진전될수록 교육과 학력에 대한 열망이 확대되었던 것이다. 그렇다면 현재 한국사회의 교육열 '과잉'도 이러한 맥락으로만 설명될 수 있을까. 독일은 말할 것도 없고, 근대 이후 최고의 '학력사회'였던 일본마저도 넘어서는 한국의 '학력주의' '교육열'은 어떻게 설명할 수 있을까.

일제의 조선에 대한 식민 교육정책은 1911년 8월 「조선교육령」 제정으로 시작되었다. 1911년부터 1919년 개정될 때까지 실시된 제1차 「조선교육령」에서는 조선인 교육의 목적으로 '시세(時勢)와 민도(民度)에 적합한 교육'을 내세우면서 일본인 교육에 비해 저급한 교육을 실시했다. 일본인은 소학교 6년, 중학교 5년의 교육을 실시하였지만, 조선인에게는 보통학교 4년, 고등보통학교 4년으로 교육 기간이 3년 정도 짧았다. 또한 대학과 같은 고등교육기관은 설립하지 않았다. 이에 고등보통학교는 학제상으로는 일본의 중학교와 유사한 위치에 있었지만, 상급학교 진학을 준비하는 아카데믹한 성격의 중학교와는 달리 실업교육의 종결단계 성격을 지닌 교육기관으로 운영되었다.261)

일본과는 차별적인 식민지 학제의 문제뿐만 아니라 당시 조선에는 학교수 자체가 매우 적었다. 조선총독부가 나름 신경을 쓴 초등교육 단계의 보통학교가 1918년 현재 '6면 1교' 수준에 머물렀다. 군(郡)의 중심지에 해당하는 면(面)이 아니면 학교는 언감생심이었고, 그에 따라 등교하는 어린 학생들에게도 그 통학거리는 너무 멀었다. 그러나 한국인 중에서도 식민지체제하에서 전통적인 유교적 교육방식이 공인되지 못하자 새로운 입신출세의 방안으로 근대 학교를 통한 학력 취득에 관심을 갖는 층이 증가했다. 소위 '교육열'이 일어나기 시작한 것이다.

조선총독부는 이러한 한국인의 요구를 무조건 묵살할 수 없을 뿐 아니라 효율적 식민지배를 위해서는 보통교육을 확대할 필요가 있었다. 1918년 총독부 당국은 향후 '3면 1교'를 목표로 보통학교를 증설할 것을 천명했다. 1919년 3·1운동 발발 이후 언론, 출판, 교육 등 기본 권리에 대한 요구가 분출했고, 특히 교육의 확대를 통한 전 민족적 각성과 실력양성, 중등·고등교육에 대한 확대 요구가 거세게 일어났다.

1920년대 소위 '문화통치'하에서 보통학교 증설은 꾸준히 이루어져 '3면 1교' 목표는 실현 단계에 있었다. 이어 총독부는 1929년 '1면 1교'로 다시 보통학교 증설을 더욱 확대할 것을 밝혔다. 이제 적어도 1면에 1개 이상의 보통학교를 설립한다는 것이었다. 전국적으로 1936년에 이르러 '1면 1교'가 완성되었다. 보통학교의 증설은 상당 부분 이루어졌다고 할 수도 있지만, 여전히 학교는 부족했다. 이제 최소한의 경제적인 여지만 있다면 자녀가 보통교육을 받게 하고자 하는 열망이 커져가면서 1920년대 이후 꾸준히 입학을 희망하는 학생 수가 증가했고, 학교가 그것을 다 수용하지 못하는 '입학난'이 계속되었다.

그래도 보통학교는 사정이 나은 편이었다. 중등학교 단계로 올라가면 그야말로 낙타가 바늘구멍을 뚫고 나가는 것만큼이나 입학이 힘들었다. 특히 중등학교 이상에서는 일본인과 한국인의 차별이 심했다. 1938년 제3차 「조선교육령」 이전까지는 한국인 학교와 일본인 학교가 분리되어 있었다. 초등교육은 보통학교와 소학교로, 중등교육은 고등보통학교와 중학교로 그 명칭 및 교과 내용, 수업연한 등에서 차이가 있었다.

인문 중등교육기관에 한국인과 일본인 취학 실태를 살펴보자. 절대 학생 수로 보면 고등보통학교(한국인) 학생 수가 중학교(일본인) 학생 수보다 1913년 이후 많았고, 1922년 이후에는 두 배 이상의 차이를 보이고 있다. 그러나 당시 식민지 조선에 거주하는 일본인 인구와 한국인 인구에 근거한 취학율을 보면 완전 다른 실상이 보인다. 한국인 고등보통학교의 취학율은 1912년 0.1%로 매우 미미했고 이후 아주 조금씩 증가하여 1937년 1.3%가 되었다. 한국인 취학연령인구의 1% 정도만 중등교육을 받았던 것이다. 일본인의 경우는 중학교 취학율이 1912년 4.6%로 조선인에 비해 높았고 1925년 이후에는 30%에 근접할 정도로 증가했다.[262] 한국인과 일본인의 차이가 30배 이상이었던 것이다.

1920년대 전반 한국인 민족부르주아지 중심의 실력양성운동이 활발히 전개되면서 1922년 교육에 관심을 가진 한국인 모임인 '조선교육개선회'가 조직되었다. 조선교육개선회는 일본인에 비해 열악한 중등교육 기회의 분배를 개선하기 위해 1922년까지 고등보통학교는 1도에 3개교를 설립할 것을, 여자고등보통학교는 1도에 1개교를 설립할 것을 요구했다. 과연 당시의 실상이 어떠했는지 살펴보자. 다음 〈표 1〉, 〈표 2〉는 1918년부터 1933년까지 한국인, 일본인 중등교육기관인 고등보통학교, 중학교의 분포를 정리한 것이다.

〈표 1〉 1918~1933년 한국인 고등보통학교(남)

1918	1922	1926	1933	위치		구분
	경성제2고등보통학교	경성제2공립고등보통학교	경성제2공립고등보통학교	경기도	경성부	공립
경성고등보통학교	경성제1고등보통학교	경성제1공립고등보통학교	경성제1공립고등보통학교	경기도	경성부	공립
		청주공립고등보통학교	청주공립고등보통학교	충청북도	청주군	공립
	공주공립고등보통학교	공주공립고등보통학교	공주공립고등보통학교	충청남도	공주군	공립
	전주고등보통학교	전주공립고등보통학교	전주공립고등보통학교	전라북도	전주군	공립
	광주고등보통학교	광주공립고등보통학교	광주공립고등보통학교	전라남도	광주군	공립
대구고등보통학교	대구고등보통학교	대구공립고등보통학교	대구공립고등보통학교	경상북도	대구부	공립
	동래고등보통학교	동래공립고등보통학교	동래공립고등보통학교	경상남도	동래군	공립
		진주공립고등보통학교	진주공립고등보통학교	경상남도	진주군	공립
	해주고등보통학교	해주공립고등보통학교	해주공립고등보통학교	황해도	해주군	공립
평양고등보통학교	평양고등보통학교	평양공립고등보통학교	평양공립고등보통학교	평안남도	평양부	공립
	신의주고등보통학교	신의주공립고등보통학교	신의주공립고등보통학교	평안북도	신의주부	공립
		춘천공립고등보통학교	춘천공립고등보통학교	강원도	춘천군	공립
함흥고등보통학교	함흥고등보통학교	함흥공립고등보통학교	함흥공립고등보통학교	함경남도	함흥군	공립
	경성고등보통학교	경성공립고등보통학교	경성공립고등보통학교	함경북도	경성군	공립
사립송도고등보통학교	사립송도고등보통학교	송도고등보통학교	송도고등보통학교	경기도	개성군	사립
	사립중앙고등보통학교	중앙고등보통학교	중앙고등보통학교	경기도	경성부	사립
사립양정고등보통학교	사립양정고등보통학교	양정고등보통학교	양정고등보통학교	경기도	경성부	사립
사립보성고등보통학교	사립보성고등보통학교	보성고등보통학교	보성고등보통학교	경기도	경성부	사립
사립휘문고등보통학교	사립휘문고등보통학교	휘문고등보통학교	휘문고등보통학교	경기도	경성부	사립
사립배재고등보통학교	사립배재고등보통학교	배재고등보통학교	배재고등보통학교	경기도	경성부	사립
	사립고창고등보통학교	고창고등보통학교	고창고등보통학교	전라북도	고창군	사립
			김천고등보통학교	경상북도	김천군	사립
사립동래고등보통학교	사립동래고등보통학교			경상남도	동래군	사립
사립광성고등보통학교	사립광성고등보통학교	광성고등보통학교	광성고등보통학교	평안남도	평양부	사립
			오산고등보통학교	평안북도	정주군	사립
			영생고등보통학교	함경남도	함흥부	사립
11	21	24	26			

※ 자료: 조선총독부, 「조선제학교일람」 각 해당 연도.

1918년 공립 고등보통학교는 경성(경기), 대구(경북), 평양(평남), 함흥(함남) 각 1개교씩 총 4곳뿐이었고, 사립고등보통학교가 경성에 4개, 개성에 1개, 평양 1개, 부산 1개교가 있었다. 교육의 중심은 역시 경성으로 전국 각지에서 유학을 오거나 장거리 통학을 해야 했다. 1920년대 들어 고등보통학교 수가 늘어 1926년 시점에서는 '1도 1교'가 이루어졌다. 경남에는 부산과 진주 2곳에 공립고등보통학교가 세워졌지만, 사립동래고등보통학교가 폐교되어 실제로는 같은 수준이었다. 1930년대는 전체 중등교육기관(고등보통학교, 중학교)이 거의 증가하지 않았다. 일본인 중학교는 모든 도에 설립된 것은 아니고 일본인이 밀집 거주하고 있는 경성과 개항도시에 설립되었다.

〈표 2〉 1918~1933년 일본인 중학교(남)

1918	1922	1926	1933	위치		구분
경성중학교	경성중학교	경성공립중학교	경성공립중학교	경기도	경성부	공립
용산중학교	용산중학교	용산공립중학교	용산공립중학교	경기도	경성부	공립
대전중학교	대전중학교	대전공립중학교	대전공립중학교	충청남도	대전군	공립
		군산공립중학교	군산공립중학교	전라북도	옥구군	공립
		광주공립중학교	광주공립중학교	전라남도	광주군	공립
	대구중학교	대구공립중학교	대구공립중학교	경상북도	대구부	공립
부산중학교	부산중학교	부산공립중학교	부산공립중학교	경상남도	부산부	공립
평양중학교	평양중학교	평양공립중학교	평양공립중학교	평안남도	평양부	공립
		신의주공립중학교	신의주공립중학교	평안북도	신의주부	공립
	원산중학교	원산공립중학교	원산공립중학교	함경남도	원산부	공립
		나남공립중학교	나남공립중학교	함경북도	경성군	공립
5	7	11	11			

※ 자료: 조선총독부, 「조선제학교일람」 각 해당 연도.

　이러한 중등교육기관 실태를 볼 때 특히 한국인의 경우 고등보통학교를 자신의 집에서 다니는 경우가 드물었고, 대부분 학교 주변 친지집이나 하숙집에 기거하는 경우가 많았다. 그러나 이것은 경제적 비용을 필요로 하기 때문에 웬만한 장거리라도 기차와 같은 통학수단이 있다면 이를 이용해 통학을 하는 경우도 있었다.

2) 식민지배의 암울, 통학열차로 돌파하라

일제강점기 빠르고 많은 사람이 이용할 수 있는 대표적 근대 교통수단이 기차였다. 학생들도 기차가 다니는 노선에 거주한다면 이를 이용해서 장거리 통학을 하는 경우도 많았다. 중등학교 이상은 오히려 이러한 통학이 불가능한 지방으로부터 유학 온 경우가 많지만, 보통학교는 아무리 멀어도 같은 군내에 있는 학교이므로 철도노선이 있는 곳이라면 기차 통학이 가능했다. 그 대표적인 곳이 바로 경성을 중심으로 한 경기도 지역이었다.

1934년 경기도 관내에서 열차로 통학하는 아동은 "보통학교 남자 1,088명, 여자 182명, 소학교 남자 144명, 여자 105명으로 1,519명"263)에 달했다. 한국인 남학생이 가장 많았고, 일본인의 경우도 도시지역이 아닌 농촌지역에 거주하는 경우는 대부분 소학교가 도시지역에 있었기 때문에 장거리 기차 통학을 하는 경우가 있었다. 어린 학생들이 매일 기차를 타고 통학을 하는 것은 힘들고 위험한 일이었지만, "학령아동을 수용할 만한 기관이 없는 조선으로서는 무엇보다도 의무교육제도의 실시와 이에 따르는 학교 증설이 아니고는 해결할 수 없는 문제"264)라고 지적될 뿐이었다.

1934년경이면 보통학교의 경우 '1면 1교'가 어느 정도 실현되고 있는 시점이었지만, 그렇다 해도 도보 통학 거리 이상의 학교를 다녀야 하는 경우가 많았고, 자전거나 버스 등의 대체 교통수단은 이용하기 어려운 것이어서 기차만이 장거리 통학을 위한 유일한 수단이었다. 그런데 기차는 여러 노선 간의 연락체계나 계절적 요인 등으로 열차 시간을 변경하는 경우가 있다. 당시에는 지금처럼 기차가 자주 다니는 것이 아니어서 열차 시간이 변경되면 학교 등교 시간이나 하교 시간을 맞출 수가 없어 고통을 겪는 경우가 있었다.

1934년 11월 1일 조선 내 철도노선의 전체적인 열차 시간 변동이 있었다. 경부선, 경의선, 호남선, 경원선 등의 간선 철도 열차 시간 변동에 따라 각 지선들도 열차 시간이 변동되었다. 충청북도의 도청 소재지인 청주는 보통학교, 소학교뿐만 아니라 청주고등보통학교도 있는 곳으로 주변 지역 학생들이 기차 통학을 하는 경우가 많았다. 충북선 열차(일제강점기 충북선 역: 조치원-오송-청주-오근장-내수-청안(증평)-도안-음성-대소원(주덕)-충주)도 시간이 변동되면서 "청안, 도안, 음성, 충주 방면에서 청주로 통학하던 통학생 300여 명이 학교에서 퇴학[하괴하고 혹은 역에서 혹은 노상에서 3시간 이상 방황하다가 차를 타고 돌아가면 충주방면에는 밤 8시 38분에 내리게 되나 종(終)열차[막차]는 항상 연착되어 9시가 보통이므로 어린 아이들이 기진하여 행보를 맘대로 하여 장래가 위험할 뿐 아니라 아침 첫차가 6시 10분이므로 조석으로 밥 먹는 시간을 제하면 시간 여유가 7시

> 충북선: 충청남도 연기군 조치원읍에서 충청북도 청주시, 괴산군 증평읍, 음성군 음성읍, 충주시를 경유해 제천시 봉양읍에 이르는 복선철도. 총연장 129.2km, 영업구간 115.0km이다. 본래 이 노선의 조치원-충주 간 94.0km의 광궤선은 조선중앙철도회사의 사설철도로 1920년 3월에 착공하여 1921년 11월에 조치원-청주 간이 개통되었고, 1923년 9월 조선철도회사로 이관되어 1928년 12월에 조치원-충주 간이 개통되었다. 1946년 5월에 국유화되어 충주-봉양 간 35.2km 중 1차로 충주-목행 간(6.1km)이 1956년 4월에, 목행-봉양 간(29.1km)이 1958년 5월에 각각 개통됨에 따라 충북선의 전구간이 완성되었다. 이 노선의 개통으로 충주 비료공장에 공급할 무연탄과 유류를 비롯한 여러 자원을 종래의 영암선·영월선·함백선에서 중앙선을 경유해 청량리·용산-조치원으로 우회하여 수송하던 것을 봉양-목행 간 29.1km로 단축할 수 있게 되어 국토의 동-서를 연결하는 철도망으로서의 중요성을 더하게 되었다. 그후 수송수요의 증가에 따라 1975년 10월에 조치원-봉양 간 113.2km의 복선공사를 실시하여 1980년 10월에 완공했다. 소백산맥의 천등산 준령을 넘는 이 노선에는 길이 1,000m의 백악 터널을 비롯하여 8개의 터널이 연이어져 있어 총연장 3,229m의 인등 터널을 이루고 있다. 교량은 154개소가 설치되어 있으며, 16개역을 포함하고 있다. 연간 여객수송은 126만 7,000명이며, 화물수송은 발송이 24만 3,000t, 도착이 143만 3,000t에 이르고 있다.(1991년 기준)

간밖에 없음으로 그 시간을 이용하여 잠도 자고 공부도 하려니까 수면도 부족하고 공부도 아니되"[265]는 상황이 발생했다.

이러한 철도 시간 변경에 따른 통학난은 1937년 일제가 중일전쟁을 도발하며 군용열차를 위한 철도 시간을 변경하면서 다시 전국적으로 발생했다. 1937년 8월 4일부터 9월 30일까지 전 조선의 모든 열차노선에 대해 군용열차를 주

로 하는 임시열차 운행을 실시하면서 기존 열차 운행 시간을 조정 · 변경했다. 일제강점기 보통학교를 비롯한 각 학교의 여름방학은 대체로 7월 20일경 시작하여 8월 20일 경까지 약 1달간이었다. 따라서 8월 4일의 열차 시간 변경은 곧 이어질 개학과 더불어 기차 통학을 하는 학생들에게 큰 문제가 될 수 있었다. 또한 군용열차 위주의 편성으로 일반 여객열차는 상당 부분 열차 운행이 감소되어 방학을 끝내고 귀경하는 중등학교 이상의 학생들도 어려움을 겪었다. 당시 기차 통학난에 대한 보도를 살펴보자.

"경기도 학무과와 보도연맹에서는 이번 열차시각의 임시 변경으로 열차 운행의 제한을 보게 되는 동시에 여객의 제한까지 보게 되었으므로 오는 20일 부내각 학교의 개교를 기하여 귀향하였던 생도들은 전부 귀경할 터인데 그들을 어떠한 방법으로 귀경시킬가 하는 문제로 머리를 … 즉 4일부터 열차 운행을 제한한 결과로 열차의 승객 상황은 크게 혼잡을 이루고 있어 승객의 대부분은 서서있는 상태이다. 그런데 오는 20일을 기하여 귀경할 학생의 총수는 도 학무과에서 조사한 바에 의하면 8천 명에 달하는데 그들을 지난 7월 15일 방학 당시와 같이 각 선 별로 학교를 편대를 작성하여 귀경을 시키지 않으면 안 될 것이다."(열차 운전 감축으로 일시에 상경이 문제, 당국은 대책에 고려), 『東亞日報』1937.8.6)

"원래 평남선은 주요 선로로 객차만으로 1일 9회 왕복이나 하던 것이 지난 4일부터 2/3나 축소되어 화물과 여객에 일대 이상이 생김은 물론 개학기를 앞두고 통학생들은 통학이 불능케 됨으로 4백여 통학생에게 큰 문제가 생겼다."(「열차시간 변경, 통학 불능사태」, 『東亞日報』 1937.8.14)

평남선(일제강점기): 평남~진남포 간 55.3㎞인 이 노선은 러일전쟁 시기 일제 임시군용철도감부가 부설을 계획하여 1905년 8월 측량을 마치고 용지도 일부 매수하였으나 선로 부설까지는 이르지 못했다. 그 후 대동강 수력발전소가 건설되자 민간에서 평양 가도 상에서 전차를 함께 경영하려 했으나 역시 실현되지 못했다. 평남선 부설계획은 1908년 다시 제기되어 1909년 9월 5개 공구로 나누어 공사가 시작되었다. 노선의 경과지는 평양에서 평남가도를 따라 태평에 이르러 대동강변을 따라 기양을 지나 진남포 동단에 이르는 구간이다. 1913년 완공되었다.

"경성 인천시내의 40(개) 중등학교 생도의 상경열차를 각기 제한하게 되어 개학날인 21일에 등교가 완료되지 못하는 학교가 상당히 많은데 이런 학교의 개학과 수업에 대하여 경기도 학무과에서도 의견의 내시가 있는 동시에 각 학교가 형편에 적용하여 선처하기로 결정했다. 열차 형편에 지장이 없는 학교는 관계없으나 그러치 않은 학교라도 기정한 개학일자를 변경하지 않고 등교할 수 있는 생도만으로 가지고라도 개학을 한다는 것이다. 일단 개학은 하나 열차 관계로 등교치 못하는 생도는 결석으로 치지 않는 동시에 학과도 진전시키지 않고 하기휴가의 과제장 정리와 복습 등으로 융통하다가 등교일자의 경과를 기다리어 수업을 시작하기로" (「등교열차 제한되었으나 각교 개학일은 불변」, 『東亞日報』 1937.8.17)

"지난 4일부터 개정된 임시 전시체제 '다이아'로 말미암아 경원, 함경, 동해북부 등 각 연선에서 기차 통학을 하던 학생들은 그 시간에 맞는 차가 없어서 앞으로 통학을 할 수가 없다 하여 그들 어린 학생들의 가슴을 조리게 하고 있다고. 함남 강원 양도 당국에서는 현재 각 학교의 통학생을 자세히 조사 중이나 일방 철도국에서는 단지 통학생을 위해서 임시열차를 증가시킬 수 없는 형편이므로 결국 초등학교의 일부에서는 하기휴가를 앞으로 연장한다는 설도 있고, 중등학교에서는 기차 통학생을 전부 학교 기숙사에 수용하든가 혹은 학교 부근에 기숙시킬 수밖에 없게 될 모양인데 좌우간 교육상으로 보아 중대 문제이다."(「시간변경으로 기차 통학이 곤란」, 『東亞日報』 1937.8.18)

"경성을 중심으로 하여 경부선과 경의선의 기차 통학생의 특별대우를 당분간 폐지. 이로 말미암아 경성~수원 간 통학생 3백여 명, 경성~개성 간 2백여 명 외에 통학하는 학생 수까지 합하면 1,500~1,600명은 훨씬 넘는 그들의 수업하는 앞길에 큰 기로가 생겼다. 그들 중에는 경성에 하숙을 정하고 통학할 수 없는 빈민계급 자제들도 상당히 많은데 이들은 학업을 중도에 그만두지 않을 수 없어 개학일이 이틀 지난 23일 결근한 통학생이 각 학교에 놀랄 만큼 많았다 한다. 경성시내에는 하숙난이 생겼으니 통학생들이 경성으로 몰려들어 학생 하숙 한방에 두 사람들로 최하 16원부터 19원까지 고가에도 방이 없어서 개학 전후 경성의 거리에는 하숙을 찾아 헤매이는 학생 떼를 어느 곳에서나 볼 수 있게 되었다."(「기차 통학의 중지로 천여 명 학생 수난」, 『東亞日報』 1937.8.24)

이처럼 각지에서 열차 운행 감소와 시간 변경으로 귀경하지 못해 개학을 할 수 없거나, 통학이 불가능하게 되어 새로이 하숙을 찾아야 하는 학생들이 크게 증가하여 '하숙난'에 경제적 어려움이 겹쳐, 아예 학교를 그만두는 사례까지 발생하였다. 전쟁 수행이라는 명분을 내세웠지만 일상생활에 막대한 지장을 주는 열차 운행 감소와 시간 변경은 많은 비판과 저항에 직면하게 되었다. 특히 이로 인해 학생들이 수업을 받을 수 없고, 학교를 그만두는 사태에 이르게 되자 총독부에서도 이를 보완할 필요가 있었다. 이에 곧 열차 증편 방침이 제시되었다.

> "원산 철도사무소에서는 그들 통학생을 위하여 래 4일부터 당분간 다음 구간 내에 통학열차를 운전한다는 바 ⋯ 이로 인해 통학생의 수난은 임시 해결된 셈이다. 경원선(고산~복계 간 1왕복), 함경선(1. 원산~영흥 간 1왕복 2. 함흥~신북청 간 1왕복 3. 용담~천내리 간 2왕복), 동해북부선(원산~흡곡 간 2왕복)"(「원산 철도 관내는 통학열차 운전」, 『東亞日報』 1937.9.5)

> "철도국에서는 경성 근교에서 통학하는 학생을 비롯하여 일반 여객에게 편의를 주기 위하여 10일부터 경성을 기점으로 수원, 천안, 복계 방면에 열차를 증발할 예정이다."(「경성 근교에 열차 증발」, 『東亞日報』 1937.9.10)

장거리 통학의 경우 유일한 교통수단은 기차였다. 그렇다면 당시 기차 통학의 실태와 관련된 에피소드를 살펴보자. 먼저 기차 통학 학생들의 통학 요금은 얼마였을까. 1936년 시점에 1개월 단위로 "15km 미만이면 1원, 30km 미만은 1원 50전, 45km 미만은 2원, 46km 이상은 2원 50전"[266]이었다. 1936년 당시 현미 1석(20말) 가격이 약 30원으로, 현미 1말(18ℓ)은 1원 50전이었으니 대개 쌀 1말 가격이 통학비로 들어간 것이다. 교육기관의 도시 집중으로 주변 지역 학생들의 기차 통학은 계속 증가추세였다. "경성을 중심으로 경의선은 개성, 경부선은 수원, 경원선은 의정부와 연천을 중심으로, 경성부 외곽인 수색 영등포 청량리 등지에서부터 통학하는 아동이나 생도가 1,783명", 개성, 수원, 인천 등의 통학구역 내에서가 971명, 이외가 251명"[267])에 달하여 거의 3천여 명이 매일 주변지역에서 경성으로 기차 통학을 한 것이다.

이러한 기차 통학은 "하차 후 등교 시간과의 관계와 하학 후 기차 시간의 연락 시간이 늦게 될 때에 다음 차 시간과의 연결과 야학생들의 돌아가는 시간문제 등이 있고 통학 중의 풍기문제"[268]) 등으로 상당한 지도가 필요한 상황이었다. 이미 1921년 기차 통학 학생들이 증가함에 따라 "아침 열차나 하오 열차에는 통학하는 학생이 떼를 지어 정거장으로 왕래하는 터인데 남녀학생이 한데 몰리어 타고 그중에 품행이 아름답지 못한 학생 사이에는 간혹 풍기를 손상하는 사실이 있을 것을 염려, 경찰당국에서는 특별히 주의를 시키어 남자학생과 여자학생이 타는 차실을 구별하여 남자는 앞차실에 여자는 뒷차실에 각각 나누어 타게 하여 각별히 주의를 하게 한다"[269])는 것이었다. 그야말로 '남녀칠세부동석'의 시대였다.

학교는 절대적으로 부족하고, 그럼에도 교육열이 높아지면서 기차 통학은 학창 생활의 중요한 부분이 되었다. 그러나 근교 통학은 그래도 나은 편이었다. 보통학교 학생이나 여학생의 경우 유학을 보내는 것이 어려워 도(道) 경계를 넘나드는 원거리 통학을 하는 경우도 있었다. 하루에 기차에서만 4~5시간을 보내야 했다. 또한 배움에 대한 열망으로 중등학교 야학부에 다니는 학생은 황해도 서흥에서 서울까지 통학을 하는데, 집에서 오전 6시경에 출발하여 50분을 걸어 7시 13분 차로 무려 6시간을 달려 오후 1시 26분에 경성역에 도착하여 야학 수업을 마친 후 오후 11시 10분에 다시 경성발 열차를 타면 오전 2시 28분에 서흥역에 도착, 걸어서 새벽 4시에야 집에 도착한다. 겨우 2시간 눈을 붙인 후 다시 새벽 6시에 등굣길에 올랐다. 고단한 통학길을 살펴보자.

"가장 문제되는 것은 소위 통학구역 이외의 원거리에서 기차 통학하는 아동 학생들이다. 경부선은 조치원, 전의 등지에서 경의선은 서흥, 신막 등 원거리에서 경원선은 복계, 평강 등지에서까지 통학자가 있는 중으로 이들은 기차에서 4~5시간을 보내게 될 뿐 아니라 중간에서 바꿔 탈 때 시간을 대기에 여러 가지 곤란이 있다. 이런 학생은 경부선 합계 102명, 경의선 23명, 경원선 50명으로, 식사는 대개 어머니 손으로 하는데 자기 손으로 하는 여 생도가 6명이었다. 가족들은 아무래도 발차 한 시간 반 전에 일어나야 되므로 조치원, 복계, 신막 등에서는 매일 밤중인 3시에 일어나야 되고 이것이 졸업 때까지 계속된다. 경의선 서흥에서 통학하는 중등학교 야학생은 집에서 나와 50분을 걸어 역으로 나와 오전 7시 13분 차로 오후 1시 26분 경성역 도착, 야학을 마치고 오후 11시 10분 경성역 발로 돌아가면 오전 2시 28분, 서흥역에 내려 4시가 지나 집으로 돌아간다. 주학 1개년 간은 새벽 2시 12분 발차로 떠나 오후 9시 43분에 서흥역에 도착. 신막역에서 통학하는 생도는 겨울에는 새벽 5시 29분에 차를 타서 8시 30분 경성 도착. 여름은 새벽 2시 40분에 떠나 7시 20분 경성역 도착, 따라서 밤 1시 경에는 일어나야 … 식사에 대해서는 끼니 사이가 뜨게 되므로 배가 고프고 차간이 복잡하여 피로하거나 독서를 하여 눈병이 나고 수면부족을 일어나는 문제가 많다."(「야반출가, 야반귀가 차속이 식당 겸 복습방」, 『東亞日報』 1939.3.6)

식민지 차별하에서 그나마 사회적 지위와 신분 상승을 도모할 수 있는 유일한 방법이 바로 '학력'의 획득이었기에 편도 6시간의 기차 통학을 불사할 정도의 교육에 대한 열망이 컸던 것이다. 그러나 어린 학생들의 기차 통학은 위험한 상황을 만들기도 했다. 다음 기사처럼 기차 통학 중에 안타까운 사고들이 발생했다.

"지난 11일 오후 2시 2분 경부선 김천역을 출발하여 대신역으로 가는 열차에 타고 있는 통학생 김기만(14)이 학과를 마치고 집으로 돌아가는 길에 열차에 타고 있든 중 차가 김천역 구내에 들어와 장차 정거하려 할 즘 차실에서 급히 뛰어내리다가 승강대에 떨어져 차바퀴에 바른편 발목과 왼편 엄지발가락이 갈리어 참혹한 부상을 하였음으로 대구 자혜의원에 수용하여 치료하던 바 12일 드디어 사망했다."(「열차통학생의 횡사」, 『東亞日報』 1921.6.23)

"인천 박문보교 제1학년인 부천군 다주면 도화리 홍선표 장남 성윤(10)은 지난 11일 오후 0시 24분 상인천역발 제412호 열차로 귀가 도중 29분경 열차가 주안역 구내에 들어설 때 정거도 하기 전에 비강타가 잘못되어 플랫폼에 나가 떨어져 기절하였는데, 응급수단을 가하여 회복했다."(「통학하는 보교생 跳降타 기절」, 『東亞日報』 1935.7.13)

3) 광주학생항일운동의 도화선이 된 통학열차

일제강점기 통학열차는 독립운동사에도 중요한 계기를 제공했다. 바로 1929년 '광주학생항일운동'의 도화선이다.[270] 1929년 6월 26일 광주학생동맹휴교 1주년을 기념하여 광주고등보통학교 학생들이 수업을 거부하고 하학하는 사태가 발생했다. 그런데 바로 이날 아침 통학열차가 운암역을 통과할 때 일본인 중학생 하나가 내뱉은 "한국인은 야만스럽다"라는 말이 문제가 되어 일본인 중학생과 광주고등보통학교 학생들의 충돌 사건이 일어났다. 이 사건으로 인해 광주지방의 한·일 학생 간의 감정은 더욱 악화되고 있었으며, 특히 광주 주변에서 기차로 통학하는 한국인 학생과 일본인 학생들 사이에는 긴박한 긴장감마저 돌게 되었다.

이러한 한·일 학생 간의 대립은 1929년 10월 30일 오후 5시 반경 광주발 통학열차가 나주에 도착하였을 때 폭발했다. 이날 나주역에서 통학생들이 집찰구로 걸어 나올 때 일본인 학생 몇 명이 광주여자고등보통학교 3학년 학생 박기옥(朴己玉), 이금자(李錦子), 이광춘(李光春) 등의 댕기 머리를 잡아당기면서 모욕적인 발언과 조롱을 하였다. 그때 역에서 같이 걸어 나오고 있던 박기옥의 사촌 남동생이며 광주고등보통학교 2학년생인 박준채(朴準琛) 등이 격분하여 이들과 충돌하였다. 그때 출동한 역전 파출소 경찰은 일방적으로 일본인 학생을 편들며 박준채를 구타하였다. 이에 광주고등보통학교 학생인 최희선(崔熙善), 김보섭(金普燮) 등 10여 명이 박준채와 합세하여 한·일 학생 간의 대결이 계속되었지만 더 이상의 큰 충돌은 일어나지 않았다.

▲ 광주학생항일운동 보도(『동아일보』 1929년 11월 6일)　　　　▲ 박준채

　　그러나 11월 1일의 광주역사건으로 사태는 급전되었다. 당일 통학생도 아닌 일본인 중학 5학년 학생 4, 5명이 광주고등보통학교의 정세면(鄭世勉)에게 도전해 옴으로써 한·일 학생 간의 충돌 사건이 다시 일어났다. 양교의 교사들이 충돌 사건을 수습하기 위하여 현장에 왔으나 일본인 중학교 교사들은 중학생들을 오히려 선동하였으며, 교사끼리의 교섭도 일본인 중학교 교사들의 교만한 발언으로 옥신각신하다가 간신히 동시 퇴각을 결정하였다.

　　그 뒤 광주고등보통학교 학생들은 이러한 사태에 대한 대책을 세우기 위해 학교로 돌아가 5학년 학생 노병주(盧秉柱)와 통학생 단장 채규호(蔡奎鎬) 등이 사실을 보고하고, 의견을 교환하였으나 묘안 없이 귀가하였다. 11월 2일 하학 열차에는 양교 교사와 경찰이 동행하였으며, 아침에는 전라남도 지사가 양교 교장에게 통학생들에 대한 엄중한 감독을 지시했다. 그러나 이러한 총독부의 형식적이고 관료적 차원에서의 수습책이 광주 학생들의 민족의식에 기조를 둔 대일항쟁정신을 퇴화시키거나 변질시킬 수는 없었다. 1929년 10월 30일 이후 고조되어 가던 광주고등보통학교를 비롯한 광주 학생들의 대일 항쟁심은 '독서회중앙본부'의 적극적인 활동으로 하나로 뭉쳐졌고, 1929년 11월 3일 대항일학생운동이 일어났다.

4) 해방된 조국, 그러나 여전히 멀고 험한 배움의 길

1945년 8월 15일, 일본의 패망과 함께 식민지 조선은 해방이 되었다. 이제 차별과 억압에서 벗어나 우리 민족 스스로 독립된 국가를 건설하고 그 속에서 자유롭게 자신의 능력을 펼쳐 나갈 꿈을 꿀 수 있게 된 것이다. 그러나 이러한 꿈과 희망은 냉혹한 국제질서하에서 쉽게 이룰 수 있는 것이 아니었다. 해방과 더불어 한반도 38도선을 경계로 각각 미군과 소련군이 점령하는 분단 상황이 초래되었다. 이것 또한 상상도 하지 못했던 현실이었다. 한반도를 종관하여 달리던 열차도 38선을 경계로 멈춰 섰다. 의주까지 달리던 경의선은 개성을 지나지 못했고, 원산을 향해 달리던 경원선도 철원을 넘어가지 못하게 되었다.

해방과 쌍생아로 한반도에 들어선 미소 점령군은 갑작스런 38도선 긋기로 한반도의 허리를 끊어버렸고, 해방 정국은 기쁨과 환희도 잠시 정치적, 경제적, 사회적 혼란이 퍼져가기 시작했다. 일제의 식민지 경영은 한반도를 자신의 이해관계에 따라 '개발'과 수탈을 행했기에 한반도 북부와 남부는 자연적 조건의 차이와 겹쳐 산업별 격차가 커졌다. 별다른 지하자원과 공업시설이 없었던 38도선 이남 지역에서는 연료와 생필품 부족이 심각해졌다. 특히 석탄을 주 동력으로 사용하는 기차의 경우 운행에 상당한 지장을 받게 되었다. 이에 기차 이용객을 제한하기 위해 승차권을 판매 제한하는 조치를 취하기도 했지만, 기차로 통학하거나 통근하는 인구가 많았던 서울과 수원 구간 등에서는 통근 통학 전용열차를 운영하기도 했다. 그러나 계속되는 석탄 부족으로 점차 여객열차 운행을 줄이게 되자, 서울~수원 간 통근 통학열차 운행이 중단되어 서울로 통근 통학하는 많은 사람들의 엄청난 불편을 초래하였다.[271)]

1948년 8월 15일 남한만의 대한민국 정부가 수립되었고, 북쪽도 단독정부를 수립하여 한반도에는 두 개의 정부가 성립되었다. 이제 다시 통일국가 수립이라는 힘들고 험한 준령과 맞닥뜨리게 된 것이다. 그러나 한반도는 세계적 냉전체제의 최전방 보루가 되었고, 그에 따른 혹독한 이데올로기적 갈등과 권력 쟁탈의 아비규환은 결국 1950년 한국전쟁이라는 최악의 결과를 낳았다. 해방, 분단, 전쟁을 거치며 모든 것이 파괴되어 한국인들은 그야말로 폐허에서 다시 일어서야 하는 시련을 겪어내야 했다. 국가도, 어떠한 정치적 언변과 조직도 굶주림과 공포에 지친 개개인의 울타리가 되어주지 못했다. 결국 나와 내 가족만이 유일한 안식처이자 버팀목이 된 것이다.

3년간의 '동족상잔의 비극'은 전쟁의 명분이었던 통일은커녕 남북한 간에 더 깊은 갈등과 증오만을 심어놓은 채 종결되었다. 전쟁으로 너무도 많은 것을 잃었지만, 사람들은 또 하루하루 살아나가야 했다. 1950년대 한국 사회는 보릿고개가 일상이 될 정도로 가난하고 힘든 삶이었지만, 그 삶을 견디고 앞으로 나아가기 위한 교두보로 삼은 것이 교육이었다. 한국인들에게 익숙한 전통적인 유교문화에서 학문[지식]=권력이라는 인식이 뿌리 깊었고, 일제강점기 식민지 차별 속에서도 유일하게 계층 상승의 꿈을 실현해주는 것이 바로 학교 교육을 통해 획득한 '학력'이라는 것을 경험했기에 아무리 가난해도 똘똘한 자식 하나는 가르쳐야 우리 집안이 살 수 있다는 믿음이 커져 갔다.

전쟁으로 인한 혼란과 가난 속에서도 배움에 대한 열망은 막을 수 없었다. 1953년 휴전협정이 체결된 후 재건이 시작되었고, 학교도 모두 문을 열었다. 그러나 배움에 대한 열망을 받아낼 학교는 턱없이 부족했기에 장거리 통학은 피할 수 없었다. 통학에 중요한 수단은 열차였는데, 철로 피해와 연료 부족 등으로 전쟁 이전보다 운행이 중단되거나 운행 횟수가 크게 감소하여 많은 불편을 초래했다. 전쟁이 종결되고 일상이 회복되기 시작한 1954년에는 통근 통학열차에 대한 불만과 복원 요구가 빗발쳤다.

> "광주~목포 간 통학열차 운행이 6·25동란 이후부터 중지되었으므로 점차 심각한 경제적 핍박 속에서 신음하는 농촌학생들의 학업 지속에 커다란 암영을 던지고 있다. 근간에는 학비 부담력의 쇠퇴로 퇴학하는 학도의 수가 날로 증가, 동 열차의 운행이 시급히 요청되어 오던바 당시에 2,500명 통학희망자를 위하여 시내 각 기관장[각 학교장 포함] 연서로 통학열차 운행을 건의했다."(「광주와 목포 간 통학열차 운행 진정」, 『東亞日報』 1954.3.10)

이에 정부에서는 2학기가 시작되는 9월 1일 부로 통근 통학열차 증차와 더불어 요금 인상을 단행했다. 그런데 요금을 무려 5배 인상키로 하여 이에 대한 불만이 매우 컸다. 학비 부담만도 버거운 학생들이 5배나 오른 통학열차를 이용하는 것은 그야말로 '엎친 데 덮친 격'의 부담이었다.

> "교통부에서는 9월 1일부터 통근통학열차 대폭 증발 … 증발될 열차는 경부선을 위시한 경의선, 경인선 등 각선에 걸쳐 증발될 것이다. 동 열차 증발은 대용객차 2백량이 제작 완료되는 것으로 충당하는 한편 화차까지 동원하여 증발열차에 배당할 것"(「광주와 목포 간 통학열차 운행 진정」, 『東亞日報』 1954.3.10)

통근 통학열차 운임을 갑자기 5배로 인상키로 한 당국의 조치에 대해 "아무리 수지가 맞지 않는다 할지라도 배쯤 인상한다면 몰라도 5배씩이나 인상한다는 것은 언어도단이다, 교통부의 적자 예산을 아주 통학열차와 통근열차에서 봉창을 할 작정인가. 관 자체가 이 따위 정책을 쓰기 때문에 물가는 올라가고 백성들이 살아가기 힘든 것"이라며 통렬히 비판하였다.[272] 당시 절대적 빈곤에 시달리던 대다수 시민들에게 5배의 요금 폭탄은 학업이나 생업을 그만둬야 할 정도로 심각한 것이었다. 이런 요금 인상을 고스란히 부담해야 하는 통학 통근자들은 "고율 인상은 급기야 그나마의 직장과 학업도 단념이라는 비운에 빠지게 된다"[273]며 고충을 호소했다.

통학열차 증가에 대한 열망에 기대어 5배 요금 인상을 단행한 정부[교통부]는 1954년 9월 10일부로 먼저 6개선의 통근 통학열차를 신설한다고 발표했다. 김천~대구선, 영천~경주선, 대구~삼랑진선, 광주~보성선, 김천~대전선, 대구~영동선이었다.[274] 그러나 통학열차에 대한 요구가 크자 다시 모두 10개선을 신설하기로 했다. 대구~삼랑진, 대구~김천, 대전~김천, 경주~영천, 광주~보성, 광주~목포, 광주~장성, 청량리~원주, 서울~청량리, 용산선(서울-신촌-당인리-용산 회선)이었다.[275]

무려 5배 요금 인상을 바탕으로 통학열차가 증설되었지만, 여전히 시설은 열악했고 연착 연발은 다반사였다. 찬바람이 불기 시작함에도 열차의 유리창은 깨어진 채 달려 통학생들은 추위에 시달려야 함은 물론 열차 사고의 위험도 도사리고 있었다. 1956년 겨울, "혹한이 계속되고 있는 이 즈음의 추위에 금년에도 각 지방 구간열차의 난방장치는 전연 실현될 가능성이 없어 여객들은 추위에 떨면서 여행할 수밖에 없게 되었다. 지방구간선 여객의 대부분은 통근 통학하는 학생과 회사원들로서 더욱이 이들이 열차에 승차하는 시간은 아침 일찍과 저녁 늦은 때이므로 영하 14도를 오르내리는 이즈음의 추위에 막심한 고통을 겪고 있다"[276]는 것이다.

통근 통학열차는 시간 준수가 매우 중요하다. 학교는 수업 시작 시간 이전에 학생이 도착할 수 있어야 한다. 오직 통학열차에 의존할 수밖에 없는 학생들은 열차가 연착된다면 자신의 의지와 상관없이 지각하게 되고, 그만큼 학업에 지장을 받게 된다. 또한 하교 시간에도 열차가 연발되어 귀가 시간이 늦어지고, 역 주변을 배회하며 여러 가지 문제를 낳기도 했다. 경인선의 경우 근거리여서 많은 통근 통학자가 이용하고 있는데, 거의 매일같이 연착 연발을 하고 있어 통학하는 학생과 일반 공무원 집무에 허다한 지장을 초래하였다. 등교 및 귀가가 늦는 데서 오는 학생 풍기문란도 문제로 제기되었다. 1954년의 상황, 학생들이 가장 많이 이용하는 경인선 오후 7시 30분 서울역발 열차는 정시 운행된다면 소사역에 8시 20분에 도착하게 된다. 그러나 연발로 인해 통행금지 시간 가까이에 도착하는 경우도 많아 늦은 귀가로 학생들은 피로에 시달렸다. 더욱이 철로도 제대로 정비되지 않아 부평역 같은 지점에서 3번이나 열차가 탈선되거나 전복되는 사고도 있었다. 이런 경우 열차는 또 제대로 운행되기 어려웠다.[277]

1954년에는 아직 전쟁 복구가 제대로 이루어지지 않은 상황이었으므로 어느 정도 감안할 수 있는 불편이었으나, 이러한 상황이 빠르게 나아지지는 않아 이후에도 각지에서 통학열차에 대한 증설 요구는 이어졌다. 4·19 민주화운동으로 정권이 바뀌었지만, 통학열차 사정은 크게 나아지지 않았다. 많은 통학생이 이용하고 있는 경의선은 1960년 이용자들의 불편이 극에 달하면서 승차거부 사태가 발생하기도 했다. 학생들이 화차에 짐짝처럼 실려 통학하는 상황을 더 이상 견디기 힘들었던 것이다.

> "(1960년 9월) 20일 하오 서울역 2번 홈에서는 경의선 통학생 약 1천 명이 "화차를 타고 통학할 수 없으니 객차를 태워 달라"고 운전조역에 강경히 항의하고 승차를 거부하여 통학열차가 정시보다 25분간 연발한 사건이 발생했다. 동열차는 객차 부족으로 화차 10량과 객차 3량을 연결한 것이었다. 통학생들은 불도 없고 의자도 없는 화차를 타고 다니면서 공부할 수 없다고 수삼차 교통부당국에 진정했으나 아무런 대책도 세워주지 않아 이날 승차를 거부하고 운전조역실로 몰려가 항의한 것이다."(「객차를 타게 해주오. 경의선 통학생들 승차거부 소동」, 『東亞日報』 1960.9.21)

경의선 문제는 이러한 항의로 화차에서 객차로의 전환은 이루어졌지만,

여전히 운행 횟수가 적고, 연착 연발로 통학생들의 불편은 크게 나아지지 않았다. 1963년에도 "경의선 일산역에서 아침 통근열차 운행실태를 살펴보면 지난 1일부터 9일간 문산을 떠나 서울로 가는 아침통근열차가 정시 7시 4분서울 도착 7시 47분에 도착한 것은 3회뿐, 나머지 6일간은 최저 27분에서 최고 1시간 5분까지 연착되었다. 매일 이 통근열차를 타고 서울에 다니는 통근 통학자들의 수는 문산 일산 금촌 운정 능곡 등지에서 일반 통근자 230명, 통학생 400명으로 도합 630명이나 된다"[278]고 보도되었다.

조금씩 열차 사정이 나아지는 것은 자연스러운 것이었으나, 각 노선별로 그 변화 속도는 차이가 컸다. 경인선은 수도권의 통근 통학자가 가장 많은 노선이므로 이에 대한 개선은 빠르게 이루어졌지만, 같은 수도권이라도 상대적으로 이용객이 적고 농촌지역을 오가는 경의선은 화차를 여객차로 이용할 정도로 그 시설이 열악했다. 1960년 경의선 통학열차 항의소동과 같은 열악한 통학열차 상황은 지방에서는 여전히 지속되고 있었다. 1963년 전남 무안의 호남선 통학열차 탑승담을 통해 그 실상을 살펴보자.

> "목포발 광주행 학생 통학열차를 타보았다. 이 엄동에 깨어진 창문에서는 살결을 엘 듯 찬바람이 들어왔다. 게다가 연착이 보통이라고 이구동성으로 말한다. 원거리 통학생이란 열차 내에서 공부하지 않으면 시간이 없다. 그런데 이 통학열차는 방한 시설도 불비하거니와 조명 및 좌석 등 이루다 말할 수 없이 불비하다. 경인간의 교통이란 보통열차가 호남선의 태극호 못지않은 시설을 갖추고 매시간 운행되고 있다. 금상첨화격으로 경인간에는 전기 철도까지 시설한다고 하는데 이 좁은 나라에서 춥고 더운 곳이 있어서야 되겠는가, 균등한 교통시설을 갖추어서 시간에 가장 구애받는 학생들에게 시간생활을 할 수 있도록 정시 운행에 힘써주기 바라며 추위에 떨며 희미한 촛불 속에서 공부하는 통학생들이 어딘지 측은한 마음이 들었다."(「통학열차의 시설 개선을」, 『경향신문』 1963.1.12)

통학열차 시설의 열악함, 절대적인 열차운행 부족 등은 좀처럼 나아지지 않았다. 1960~70년대 한국 경제는 고도성장을 하고 있었지만, 여전히 사회 인프라는 충분하지 못했다. 1974년부터는 경인선과 경수선에 전철이 운행되기 시작했다. 전철 운행 상황을 보면, 경인선은 11분마다 배차, 경수선은 22분마다 배차되어, 경수구간의 혼잡은 더욱 심했다. 경수선은 특히 출근 시간에는 단 한 대의 열차로 모든 출근자를 감당해야만 했는데, 1대를 놓치면 50분을 기다려야 했다. 그나마도 신호대기 등으로 10~20분씩 연착되어 그 불편함이 더했다.[279)

불편한 교통사정으로 그야말로 고행길의 통학이었지만, 교육은 어려운 삶을 헤쳐 나갈 수 있는 유일한 동아줄이었기에 학생은 이것을 기꺼이 감수했고, 학부모는 안타깝지만 자랑스럽게 바라보았을 것이다.

5) 열악한 통학열차, 사건 사고에 치인 통학생

열차운행의 부족, 시설의 열악함과 더불어 기차 통학 학생들을 힘들게 했던 또 하나는 기차 내에서 벌어진 다양한 폭력이었다. 학교 폭력문제는 그 형태와 내용, 대상 등에서 변화해 왔지만 여전히 해결되지 못하고 있다. 1950년대부터 장거리 기차 통학이 이루어졌던 1970년대까지 기차 칸에는 어린 학생을 갈취하는 '깡패'들의 폭력, 학생들 간의 집단 패싸움 등이 빈번히 일어났다. 달리는 비좁은 기차 안에서 어린 학생들에게 위압적으로 행해지는 폭력은 두려움의 대상이었다. 1955년 신문에는 폭력에 피해를 당한 통학생의 다음과 같은 호소문이 실렸다.

"모든 악조건을 무릅쓰고 오직 배워야 한다는 일념으로 기차 통학을 하고 있는 학생입니다. 그런데 뜻하지 않은 괴로움에 부닥쳐 그 고통을 견디기 어려워 경찰에 호소하는 바입니다. 소위 '깡패'들을 발판으로 하여 탄생한 지도반이라는 자들은 매일같이 통학생을 공갈 협박하여 학생의 생명인 서적을 비롯하여 만년 필, 시계 등을 강탈하는 일을 감행하고 있습니다. 우리들이 병신이니까 물건을 빼앗긴다고 할지 모르지만 직업적으로 노는 깡패 무리에는 어떻게 대항할 도리 가 없습니다. 우리는 경인선 통학생이지만 아마 각선이 다 이 따위들에게 고통 을 받고 있다고 단정해도 좋을 것입니다."(「통학생을 울리는 열차 내 지도반」, 『東亞日報』 1955.5.15)

1950년대 경찰력을 비웃고 사회 곳곳에서 활개 쳤던 '깡패' 집단의 조무 래기들이 '지도반'을 사칭하며 열차에서 학생들의 용돈이나 학용품을 갈취 하는 행위가 비일비재하게 발생하고 있던 상황을 잘 보여주고 있다. 이러 한 외부세력에 의한 학생들의 피해는 점차 사그라졌지만, 이후에는 학생 간의 패싸움과 폭력이 문제가 되었다. 물론 이러한 폭력에 가담하거나 피 해를 입은 학생이 소수이긴 하지만 열악한 환경은 '질풍노도'의 청소년들을 보호하지 못하고 이들의 일탈과 탈선을 방치하는 상황을 만들었다. 당시 신문에 보도된 몇 가지 사례를 살펴보자.

"(1969년) 서울행 경의선182호 통학열차안에서 통학생들이 패싸움을 벌여 남 산공전(2년) 이모군(18)이 등산용 피켈로 파주군 이현승군(18)을 10여 군데나 찔러 숨지게 했다. 싸움은 금촌역에서 승차한 최모군(16)등 20여 명이 문산역파 조모군(19)등 20명에게 폭행당한 앙갚음을 하려고 금촌역파 이모군(18) 등 10여 명이 문산역파 이모군(18)등을 때려 일어났다. 패싸움이 벌어지자 숨진 이현승 군은 변소로 달아나 문을 잠궜으나 뒤따라온 이군이 문을 부수고 들어가 피켈로 이현승군의 허벅다리 등을 마구 찔렀다. 열차 승무원이 달려와 싸움을 말리고 동맥이 끊긴 이군은 병원으로 옮겼으나 숨졌다."(「열차통학생 패싸움, 피켈에 찔 려 1명 숨져」, 『경향신문』 1969.3.15)

"(1970년) 천안발 서울행 통근열차가 영등포구 시흥역쯤을 달릴 때 동학생인 용산공고 자동차과 2년 최홍식군이 같은 통학생 원모군 등 2명과 시비 끝에 드 라이버로 등을 찔려 중상을 입고 병원으로 후송 중 숨졌다. 숨진 최군은 수원역에서 통근열차를 타고 자리에 앉아 안양역까지 왔으나 안양역에서 차를 탄 원모 군과 S고교 퇴학생이 최군 옆으로 다가가자 까닭모를 시비가 벌어져 그중 1명이 최군의 등을 찌르고 시흥역에서 내려 도망쳤다."(「시비 끝에 드라이버로 등 찔려, 통학고교생 피살」, 『東亞日報』1970.3.10)

"(1973년) 서울을 떠나 인천으로 가던 열차가 부천군 소사읍역에 이르렀을 때 통학생인 인천모고 학생 30여 명과 타교생 27명이 망치와 몽둥이를 들고 패싸움을 벌여 양쪽 학생 27명이 중경상을 입었다. 이날 싸움으로 열차승객 5백여 명이 이리저리 피하며 불안에 떨었는데 경찰은 통학생이 서로 열차 내에서 주도권을 잡기 위한 싸움 같다고 말했다."(「망치 몽둥이질 열차통학고교생 50명 패싸움, 주도권 다툼?」, 『東亞日報』1973.3.16)

폭력 사고 외에도 여러 가지 기차 교통사고로 인한 학생들의 피해도 컸다. 이른 아침 바쁘게 가방 들고 뛰어간 자식들을 졸지에 떠나보내게 된 부모들의 애끓는 심정은 무엇으로 표현할 수 있었겠는가.

"(1958년) 상오 7시 40분 정각에 인천을 출발한 406통근열차는 정시에 영등포역에 도착한 후 8시 32분 서울역을 향해 출발운행 중 출발 1분 후인 33분 기관차 다음에 연결되었던 객차 1량이 탈선 후 전복하여 객차 밑에 3명이 깔려 사망하고 31명이 중경상을 입었다."(「경인선의 통근열차 탈선 전복, 5명 사망」, 『경향신문』1958.2.4)

"(1965년) 오후 5시 45분경 이리발 대전행 제1612통학열차가 이리 기점 2km 지점을 지날 무렵 술에 만취 철길을 건너가는 노인을 발견, 급정거하려다 15량째의 연결기가 끊어지는 바람에 승강구에 탔던 5명이 즉사하고 10명이 중경상을 입었다. 이리여고 여학생 여러 명이 사망했다."(「만원 통학열차 두 동강이 5명 즉사, 급정거하다 연결기 끊겨」, 『東亞日報』1965.9.9)

"(1975년) 아침 전남 장성군 장성읍 영천리 서삼건널목에서 장성군 서삼면에서 승격 100여 명을 태우고 장성읍으로 가던 광일여객 버스가 일단정지를 무시하고 달리다 대전발 목표행 완행열차와 충돌, 차체가 대파, 12명이 숨지고 64명 중경상을 입었다. 이날 사고버스는 서삼면에서 장성읍으로 통학하던 중고교생 20여 명과 신체검사를 받으러 가던 장정 10명, 마침 장성장날에 장보러 가는 사람 등 정원을 초과하여 100여 명을 태우고 가다 철도건널목에서 일단 세우지 않고 그대로 건너다 열차와 충돌했다."(「백여 명 태운 버스 열차와 충돌, 12명 참사, 64명 중경상, 전남 장성 건널목서」, 『東亞日報』 1975.6.14)

이런 대규모 열차 사고 외에도 통학과 관련 가슴 아픈 사연도 이어진다. 1969년 중학교 무시험 진학에 따른 학군제가 실시되면서 학교가 강제로 배정되어 전학을 못하고 50리길을 기차 통학하던 경기도 양주군 진건면 진건초등학교 6학년 태현길 군이 귀가하던 중에 기찻길에 떨어져 3일째 의식불명으로 중태에 빠졌다. 태 군은 6시 반경 수업을 마친 후 경춘선 완행열차를 타고 오다 서울 성북역과 신공덕역 간 철교에서 떨어졌다. 태완식 씨(46, 동대문구 용두동)의 2남인 태 군은 농사짓던 아버지가 2년 전 서울로 이사 온 후 중학무시험 진학제도로 타도 전학이 안 되자 매일 7시 반경 집을 나와 기차 통학을 해왔으며 저녁 7시가 넘어서야 집으로 왔다고 한다.[280]

성장의 시대, '개천에서 용이 나는 시대', 교육은 성공과 명예, 부를 얻을 수 있는 가장 믿음직한 길이었다. 따라서 한국사회의 교육열은 치맛바람, 과외, 우골탑 등 큰 사회적 비용을 초래하면서도 더욱 더 활활 타오르고 있었다. 이로 인한 사회적 부작용은 커져서 결국 진학 과정에서 무시험, 평준화라는 정책을 시행하게 되었다. 초등학교(당시는 국민학교)부터 일류학교 진학을 위한 경쟁에 학생과 학부모 모두 큰 비용을 들이고 있었다.

중학교 무시험 진학 제도는 1968년 2월에 제정되어 1969년부터 시행되었다. 정부가 중학교 무시험 진학 제도를 도입하게 된 이유는 아동의 정상적인 발달 촉진, 국민학교(초등학교) 교육의 정상화, 가열된 과외공부 지양, 극단적인 학교차 해소, 학부모의 교육비 부담 감소에 있었다. 중학교 무시험 진학 제도의 시행은 지역에 따라 차이가 있었다. 이 제도는 1969년에는 서울특별시에서, 1970년에는 부산, 춘천, 청주, 대전, 전주, 광주, 대구, 제주 등 10개 시에서 시행되었고, 1971년에는 전국적으로 이루어졌다. 중학교 무시험 진학제도를 시행하면서 중학교 진학률이 크게 증가되었다. 중학교 진학률은 1968년에 55.9%였으나, 1969년도에 61.8%, 1970년에 66.1%, 1971년에 69.6%, 그리고 1972년에는 71.0%로 급격하게 상승하였다.

1969년도에 무시험으로 중학교에 입학한 학생들이 졸업하게 된 1972년도에는 고등학교 입시가 매우 심각한 문제가 되었다. 많은 학생들이 고등학교 진학을 희망하였으며, 특히 일류 고등학교에 진학하려는 경쟁으로 인하여 과열 과외와 재수생 문제가 발생하였다. 문교부는 이런 문제를 해결하고 교육을 정상화하기 위하여 고교의 평준화, 과학기술 및 실업교육의 진흥, 지방학교의 육성 등을 골자로 하는 개선 방향을 제시하였다. 이어서 1972년 12월에 입시제도연구위원회가 구성되고, 이 위원회의 연구를 기반으로 하여 1973년 2월 고교평준화에 초점을 맞춘 새 입학제도가 마련되었다. 새 입학제도에 의한 고교입학은 1974년에 서울과 부산에서 실시되었고, 이듬해에는 인천, 광주, 대구의 3대 도시로 확대되었다. 이후 여러 단체의 반대에 부딪혀 확대가 보류되었지만, 1979년부터 수원, 춘천, 청주, 대전, 전주, 마산, 제주 등 7개 도시까지 추가 적용되었다.[281]

위의 '태군의 사례'는 중학교 무시험 진학제도로 인해 학교의 자율 선택권이 없어져 어쩔 수 없이 장거리 통학을 하게 된 경우였다. 반면 평준화가 시행되기 전에는 시험을 거쳐 소위 명문고에 진학하기 위한 피나는 노력이 이어졌고, 합격만 한다면 어떠한 비용이나 고생도 감내했다. 아예 집을 떠나 하숙이나 자취를 하며 학교에 다니는 경우도 있었지만, 장거리 통학을 하는 경우도 많았다. 어쩌면 장거리 통학을 마다 않는 학생들은 자신의 우수한 실력을 바탕으로 좋은 학교에 진학하려는 열망을 가졌을 것이다. 그러나 그러한 열정조차도 감당하지 못하는 어려움이 장거리 열차 통학에 있었다. 학생들의 장거리 기차 통학은 열악한 시설에서 많은 시간을 소비하여 학업 및 건강상에도 큰 지장을 주었고, 예기치 않은 사건 사고도 이어졌다. 당시 기차 통학생의 실태를 조사한 보고서를 통해 그 현실을 다시 한번 들여다보자.

> "일류학교 도시 편재에 따라 필요악 기차 통학생은 학생 불량화의 요인과 청소년 건강문제로 학생 선도의 중요한 과제이다. 부산시 카운슬링연구회의 「기차통학실태조사」에 의하면 기차 통학생의 지능지수가 학교 평균 지능지수보다 월등히 좋지만 나쁜 환경으로 건강을 해치고 여인숙을 이용하는 불량학생이 급증하고 있다. 부산시 고등학생의 1%가 이용하는 기차 통학은 21%의 학생이 안전에 대해 불안을 느끼는 문제, 학생전용 객차 마련 희망, 승무원의 따뜻한 지도와 교사의 특별지도 역설, 열차내의 혼잡이 학생 풍기를 문란케 하고 차를 기다리는 지루한 시간을 이용한 역 앞 여인숙 출입은 무엇보다 위험한 일로서, 통학생을 위한 특별대기실이 요구된다. 열차 안의 등불도 하나 건너 켜고 있어 책 보기가 힘들다, 열차 안의 탁한 공기는 통학생 중 1년의 10%는 건강을 해치고 있다. 열차 속에서 보내는 시간이 평균 1시간인데 23%는 책을 보고 45%는 창밖을 본다. 통학생의 평균 IQ는 121~133, 학교 평균보다 5가 높지만 평균 석차는 30등 이하로 나쁜 편. 45% 학생은 지각, 65%가 위장병과 수면 부족. 통학생 중 하급생에게 금전요구 35%, 통학생 중 높은 소리로 대중가요를 불러 분위기가 좋지 않다는 학생 60%, 불량학생에 대한 공포 70%, 이성문제 고민 30%."(「교육, 오늘의 현실: 열차통학생」, 『경향신문』 1971.10.29)

기차 통학생의 IQ가 학교 평균보다 높지만, 오히려 성적은 낮다는 조사 결과가 눈길을 끈다. 어두운 조명과 탁한 공기로 그냥 앉아 있어도 힘든 공간에서 23%는 책을 본다고 한다. '입신양명' '배움만이 살 길이다'라는 생각으로 학업을 이어가야 했던 그 시절 우리들의 자화상이었다.

1972년 경인선 통학열차이다. 인천에서 서울로 기차 통학을 하는 학생들이 기차에 잔뜩 매달려 있다. 학생들은 객차는 물론 화물차에 짐짝처럼 실려 통학을 했다. 이들은 기관차 난간에까지 대롱대롱 매달려야만 했다. 모자에 「高」字 모표(帽標)를 달고 있는 것으로 보아 고등학교 학생들이다. 당시 대중교통 사정이 얼마나 열악했는지를 보여 주는 사진이다

▲ 경인선 통학열차

그러나 고된 기차 통학은 다양한 학창 시절의 추억을 만들어준 공간이기도 했다. 60~70년대 기차 통학을 해야 했던 세대들은 자신들의 학창 시절을 다음과 같이 추억하고 있다.

"유천역과 대구역
한장의 정기 통학권에 젊음과 함께했던 편린의 한조각
아련히 떠오르는 그 시절 그립다
때때로 청도역 실꾸러미 사과와

경산역 삶은 계란으로 정을 키워가던 꿈 많던 청년 시절
가도 가도 끝없는 인생 여정 길

지천명 오춘기에
어린 시절 고운 꿈 가슴에 여려
세월 지나 아름다운 동심 우정
추억으로 지난 날 그리워한다"282)

또 다른 추억의 자락이다. 보성 벌교에서 순천으로 통학하던 분의 추억을 들여다보자.283)

"지금으로부터 40여 년 전 보성군 벌교에서 순천까지 필자를 3년 동안 통학시켜준 증기 기관차와 디젤 기관차가 생각났다. 지금 생각하면 추억 속의 기관차가 아닌가 싶다. 2년 동안은 증기 기관차를 타고 다녔고, 1년 동안은 디젤 기관차를 타고 다녔다. 새벽 밥 먹고 동네 땅꼴[장좌리: 월곡]에서 3km 남짓 되는 기차역으로 눈썹이 휘날리도록 뛰어서 철다리를 건너가야 겨우 통학 기차를 타거나, 여의치 않을 경우에는 고물 자전거로 허벅지가 까지도록 네 번씩 작은 논도랑을 건너서 타고 가야 겨우 기차를 탈 수 있었고, 경우에 따라서는 출발하는 기차에 뛰어 올라타야 하는 일도 비일비재했다.

증기 기관차란 녀석은 속도가 느린 관계로, 그때 당시에는 개문발차[문을 잠그는 장치가 있었지만 마음대로 문을 열 수 있었음] 관계로 겁없이 출발하는 기차에 뛰어 오를 수 있었던 것 같다. 벌교에서 순천을 가는 기차길의 진트재 터널을 통과할 때면, 아래 증기기관차 사진처럼 시커먼 연기를 뿜어내는 관계로 기차 창문을 닫느라 정신이 없었다. 하지만 창문 틈새로 들어오는 연기 때문에 깔끔하게 차려 입은 교복의 목덜미가 시커멓게 되기가 보통이었다.

통학열차의 차량 칸은 4량으로 그중에 맨 마지막 차량 칸이 여학생 전용 칸이고, 나머지는 남학생 칸이었으니 지금 생각하면 우스꽝스러운 일이 아닐 수 없었다. 순천 장날이 되면 기차는 보따리에 갖가지 물건을 챙겨서 장사하러 가는 사람들로 많이 혼잡했는데, 짓궂은 녀석들은 이 틈을 이용해서 여학생 칸에 침입(?)하여 선반위에 올려져 있는 여학생들의 도시락을 훔쳐서 먹기도 했다는

훗날 이야기도 있었다.

순천역은 구례방면, 광양방면, 여수방면, 보성방면의 학생들과 승객들이 한곳에 모이는 장소이기도 하다. 특히 통학시간이 되면 순천역은 그야말로 피난민 집합소처럼 붐비기도 했었다. 가끔은 각 방면끼리의 학생들이 서로 보이지 않는 힘겨루기를 하기도 하고, 싸움박질이 일어나기도 하였으며, 자기쪽 방향의 여학생을 찝쩍거리기라도 하면 피 터지는 싸움이 일어나기도 했다. 과거 순천역 철도 건물[지금은 없어졌음] 작은 공원에는 아주 깔끔하고 부드러운 금잔디가 깔려있었는데, 기차를 기다릴 때 지루하면 승객들의 쉼터가 되기도 했었다.

때로는 정기 통학권[1/3/6개월]을 가지고 정기코스만 다녀야 하였건만, 약간의 융통성?을 부려서, 광주도 다녀오고 여수는 밥 먹는 듯이 싸다니는(적절하지 못한)일이 많이 일어나기도 했었다. 검표원이 차량에서 검표를 하면[대체로 가장 긴 역구간에서 함], 검표를 피하기 위해 차량과 차량이 연결되는 곳에 매달려서 검표를 피해야하고, 기차역에서도 철조망을 빠져 나가야만 했던 위험천만한 일이 일어나기도 했었다.

옛날 통학을 하면서 기차 창밖으로 보였던 누런 보리나 벼들이 익어가는 시원한 들판과 기찻길 옆에 줄지어 피어 있던 색색의 코스모스, 기차 창문으로 스며드는 여름철의 시원한 바람, 기찻길과 거의 평행으로 있는 포장 안 된 도로에 고물버스가 지나가면서 생긴 뿌얀 먼지와 늦가을 버드나무 가로수의 황금빛 낙엽이 휘날리는 모습, 기차를 타기 위해서 보따리를 머리에 이거나 등에 메고 역으로 달음박질치던 아주머니와 아저씨들의 모습, 평소 마음에 두었던 여학생이 구룡역에서 타거나 내리면 일부러 고개를 기웃거려 보았던 일, 등 증기기관차 차창 밖으로 펼쳐지는 수많은 풍경 들이 생각난다."

모두 힘들고 어려웠던 시기였다. 그러나 꿈과 희망을 키워갈 수 있는 시기이기도 했다. 지금 우리는 보다 편리한 교통수단을 이용하여 빠르고 쾌적하게 통학을 하고 통근을 한다. 그러나 편해진 몸만큼 우리의 마음과 미래는 가벼워지지 않았다. 개천의 용은 사라졌고, 점차 부와 학력이 세습되는 '금수저-흙수저' 사회를 살아가고 있다. 땀과 희망이 함께했던 통학열차는 어디로 달려간 것일까.

13

산업화와 고도성장의 주역, 그들의 상경기

1) 가난한 고향을 등지고 올라탄 상경 완행열차

근대 문명의 총아로 속도와 발전의 상징인 철도. 1899년 처음 한반도에 철도가 부설된 이후 한반도 전역에 철도가 생겼지만, 그 주인은 한국인이 아니었다. 일본 제국주의의 침략과 수탈의 도구로 기능했던 36년을 보내고, 1945년 8월 15일 해방과 함께 한반도 위에 놓인 철도는 한국인의 것이 되었다. 그러나 한국의 종단 철도였던 경의선과 경원선은 분단과 함께 단절되었다. 1948년 대한민국 정부 수립 이후 경부선과 호남선을 근간으로 확장해 간 철도는 한국사회의 성장과 발전, 슬픔과 고통을 함께 나누며 달리고 있다. 한국 경제성장의 주역들이 타고 달렸던 철도 속으로 들어가 보자.

일제의 식민지배는 그들의 침략전쟁을 위해 물질적 자원의 동원과 수탈뿐만 아니라 징용과 징병, 심지어는 군위안부 동원까지 서슴지 않으면서 식민지 조선인의 삶을 최악으로 끌어내렸다. 다행히 1945년 8월 15일 일본의 패전과 함께 해방을 맞이했다. 해방은 차별과 수탈, 배고픔으로부터의 해방일 줄 알았다. 그러나 해방과 함께 미소군에 의한 분할 점령은 상상치도 못했던 한반도의 분단을 가져왔고, 이것은 영토의 분단에 그치지 않고 이념의 분단, 국가의 분단으로 확대되면서 결국 한반도를 남북으로 가른 2개의 정부가 수립되었다. '통일'을 명분으로 내세운 1950년 6월 25일 한국전쟁의 발발은 식민지배의 트라우마를 극복하기도 전에 또 전쟁의 상흔을 입혔다. 식민지와 전쟁을 겪은 한국인의 삶은 최악의 빈곤과 기존 질서의 해체에서 오는 혼란으로 너덜거렸다.

1950년대 한국 사회의 과제는 재건과 부흥이었다. 한국전쟁의 결과로 분단은 고착화되었고, 반공 이념하에 일제 식민지배의 제도적·인적 유산은 고스란히 온존되어 친일파가 애국자로 둔갑하는 세상이 되었다. 전쟁으로 인한 인적 손실은 휴전과 함께 베이비붐으로 이어져 인구 압력이 나타났고, 이에 더해 월남민 증가에 따른 인구압의 가중과 도시화의 진전, 사회적 변화도 컸다. 아직 농업을 근간으로 인구의 70% 이상이 농촌에 거주하고 있던 상황에서 농촌은 한국전쟁과 농지개혁을 거치면서 전래의 반상의식이 해체되고, 공동체적 유대도 붕괴되어 갔다. 반면 국가, 정부의 제도적 조직체는 규모가 커지고 형식화되면서 관료제가 강화되는 국가 비대화가 이루어졌다. 대통령을 정점으로 하는 집권세력 및 정부 관료는 무소불위의 공권력을 휘두르며 독재체제를 구축했고, 정경유착을 통해 물적 기반을 마련했다. 권력은 깡패와 같은 사적 폭력세력을 자신의 통제하에 두며 자신의 충견이자 경호대로 활용했다.

1950년대는 정치적 독재체제와 사회적 혼란, 극단적 이념의 시대였고, 모든 국민은 '평등한 가난'에 시달렸다. 그러나 실제 경제 상황은 1953~1959년간의 GNP가 매년 5% 이상 성장하고 있었다. 이것은 절대적으로 높은 수준은 아니지만, 전쟁의 잿더미 속에서 극심한 궁핍과 혼란, 각종 부정부패, 지배계급의 사치와 향락 속에서 일구어낸 성장이라는 점에서 이후 성장의 잠재력을 엿볼 수 있다.

그러나 국민들의 경제적 생활수준이 바로 향상된 것은 아니었다. 1959년

1인당 국민소득이 100달러에도 미치지 못하는 절대 빈곤 상태였다. 1950년대 한국 경제는 농업생산이 차지하는 비중이 높았고, 제조업에 비해 3차 산업이 비대한 구조를 가지고 있었다. 총생산은 주로 소비지출에 사용되었고 아직 본격적인 투자 자본은 형성되지 못한 상황이었다.

당시 한국사회의 인적 구성에서 가장 큰 부문을 차지하고 있었던 농민들의 생활수준을 살펴보자. 1950년대 농촌사회는 여전히 보릿고개를 면치 못하는 절량농가가 넘쳐났다. 그 원인은 농지개혁의 불철저함으로 인한 영세 소농구조의 고착화와 임시토지수득세와 저곡가정책 등의 반농민적 농정, 잉여농산물 도입으로 면화와 밀재배 농가의 파탄 등이었다. 그럼에도 농업생산성은 상승 추세였다. 이 시기 농가수지의 적자 원인이 농업 지출의 증가에 있었던 점도 농업생산성 상승과 연결된다. 대표작물인 미곡 생산성의 추이를 보면, 일제강점기 최고의 생산량을 기록한 1930년대 후반이 단보당 200kg 정도였는데, 한국전쟁 직전에 해방 전 단보당 생산량을 회복하였다가 전쟁으로 다시 파괴되었지만, 1950년대 후반에는 단보당 생산량이 200kg을 상회하고 있었다.[284]

또한 농지개혁으로 인한 소작료 감소 역시 농촌경제를 지탱해주는 주요한 원인이었다. 전후 베이비붐으로 농촌인구는 계속 증가했고, 그에 따른 교육비 급증 등 가계지출 비용이 크게 증가했음에도 농가경제를 유지해 갈 수 있었던 것은 생산관계의 변화[지주제 해체]와 농업생산성 증가가 기여한 바가 크다. 특히 이 시기에 교육수준의 상당한 발전이 있었다. 당시의 교육열은 한국전쟁이 가져온 공동체의 해체와 최소 생존단위로 축소된 가족의 미래지향적 생존을 보장하기 위한 측면이 강했다. 1950년대는 초등학교 취학율이 급격히 증가했다. 1940년 31.7%였던 것이 1945년 64%, 한국전쟁 직전 81.8%로 급증했는데, 전쟁 기간 일시적 감소 이후 1954년에 다시 전전 수준을 회복했고, 1960년에는 95.3%에 달했다.[285]

이처럼 농민들은 자구책을 마련하며 자신들의 삶을 영위해 나갔지만,

한국전쟁 이후 농촌사회는 전통적인 공동체 질서가 해체되고 원조 농산물, 정부의 반농민적 농정 등으로 농민들은 여전히 절대적 빈곤에서 벗어날 수 없었다. 이에 50년대부터 농민들의 도시로의 이농이 나타나기 시작했다. 그러나 이 시기 경제 상태나 도시 상황은 농촌으로부터의 노동력 유입을 그다지 필요로 하지 않는 상황이었다. 당시 서울의 산업구성은 대부분 3차산업에 집중되었고 잠재적 실업자가 넘쳐나고 있었다. 또한 농촌에서 빠져나온 인구 중에 여성이 남성보다 많았다. 농촌의 여성 과잉인구는 도시로 나와 서비스업 중심의 3차산업 노동력을 제공했을 가능성이 높다. 실제 농촌에서는 여전한 남존여비적 인식하에 '입 하나 덜자'는 심정으로 어린 딸들을 도시 가정에 식모로 보냈다. 50~60년대 도시의 '살만한' 가정에는 '식모언니' 한 명은 함께 살고 있었다.

반면 남성의 경우는 교육 동기에 의한 유출이 많았다. 고등학교 이상 교육기관은 대개 도시에 있었기 때문이다. 1945년 학생 수 대비 1960년 학생 수를 비교해 보면 인문고등학교는 327%, 실업고등학교는 299%, 고등교육기관은 1,292%로 크게 증가했다. 이러한 중등교육 이상의 학생 증가 중에는 농촌지역 남학생의 도시로의 전입이 상당한 부분을 차지했다. 즉 도시의 교육기능이 농촌인구를 유인했던 것이다.

이농 현상은 개인적으로 일자리를 구하기 위해, 더 높은 기회상승을 꾀하기 위해, 혹은 좀 더 나은 문화시설을 이용하고 향유하기 위해 이루어지지만, 한국사회의 1960년대 이후 이촌향도 현상은 개인적 차원의 문제뿐만 아니라 사회 전체의 절박한 문제로서, 산업화가 낳은 가장 큰 사회변동이었다.[286]

1950년대 이미 상당한 사회, 경제적 변화가 일어나고 있었지만, 한국사회의 대규모 이촌향도와 급속한 도시화는 1960년 이후에 본격화되었다. 도시를 중심으로 한 산업화가 본격화되면서 수백만의 농촌인구가 도시로 대거 이동하여 노동자나 도시빈민을 형성하면서 실업문제는 더욱 악화되었다. 전국 인구에 대한 도시 인구의 비율은 1949년 17.2%, 1955년 24.5%, 1960년 국세조사 결과로는 전국 인구의 28%로 증가했다.

1960~70년대 급격한 산업화와 함께 농민들의 도시로의 대대적인 이동은 더욱 가속화되었다. 1960년대에만 이촌향도자가 400만 명을 넘어서는 것으로 추정된다. 1960년 전체 인구 중 27개 도시 인구비율은 28.0%였는데, 1970년에는 32개 도시 인구 비율이 41.1%, 1975년에는 35개 도시 인구 비율이 48.4%로 증가했다. 1965~1970년 사이에는 최대의 농촌 탈출이 일어났던 시기로 도시 순전입률은 19.5%에 달했다.[287]

농촌의 이농 형태는 가구원 전체가 이동하는 전 가족 이농, 가구원 중 일부만 이동하는 부분가족 이농의 형태가 있다. 전 가족 이농의 경우 영세 소농층을 중심으로 이루어졌는데, 주로 60년대 일어난 이농의 형태이다. 70년대로 올수록 부분가족 이농이 늘고 있고, 이는 대농층에서 교육을 통한 지위상승의 통로로서 이농을 시도한 것으로 보인다. 한편 70년대 중반부터 산업구조 고도화에 따른 비숙련노동력의 공급이 제한되고 숙련노동력의 수요가 증가되면서, 단신 유출이 가속화되기 시작했다.[288]

1950년대 후반부터 시작되어 1960년대 본격화된 이촌향도의 붐, 특히 한국의 행정수도이자 정치, 경제, 사회, 문화의 중심지인 서울은 농촌인구를 빨아들이는 블랙홀과 같았다. 그리고 이들을 싣고 달린 것은 바로 완행열차였다. 각 지역에서 혈혈단신 작은 보따리 하나 들고 무작정 상경하는 어린 소녀, 소년들로 기차와 철도역은 북적였다. 1960년대 중반까지는 10대 후반에서 20대 초반의 젊은 여성들이 대부분을 차지했다. 공장 여공이나 식모로 취직할 수 있다는 희망으로 올라왔는데, 어리고 젊은 여성들에게 서울은 그리 녹록한 곳이 아니었다. 이들을 인신매매 형태로 윤락가로 팔아넘기는 브로커들이 활개를 치면서 연고 하나 없이 무작정 상경한 어린 여성들을 미끼로 삼았던 것이다. 바로 이런 아픔이 시작되는 곳이 서울역을 비롯한 철도역이었다.

2) 이촌향도, 팍팍한 도시의 삶 속에서 일구어낸 희망

1960~70년대 한국 고도성장의 주역이라 일컬어지는 세대의 역사, 농촌에서 태어나 뼈 빠지게 일해도 헤어날 수 없는 가난에 시달리는 가족의 생계를 위해 도시로 나가 식모나 공장노동자가 되고자 했던 어린 누이, 언니들의 고달팠던 상경기를 살펴보자. 이들은 대부분 야간 완행열차에 몸을 싣고 달려와 새벽녘 서울역에 도착하며 팍팍한 서울생활을 시작하였다.

1957년 돈벌이 시켜 준다고 유인하여 양공주가 될 상황에서 모면한 두 여성의 이야기이다.[289] 이 양은 부산 범일동 '동아고무공장'에 취직해 집안 생계를 보태고 있었다. 그러던 중 이 양은 오빠의 취직비용을 조달하기 위해 친구 박 양의 어머니로부터 6천 환을 빌려야 했다. 열심히 일해 이 돈을 갚으려 했으나 쥐꼬리만 한 월급으로는 도저히 감당하기 힘든 액수였다. 이때 박 양의 어머니는 "서울 가면 돈벌이 잘되는 곳에 취직시켜주겠다"고 꾀였고, 이를 믿은 이 양은 다른 친구 강양과 함께 2, 3개월 돈을 벌어 빚을 갚고 다시 돌아올 생각으로 밤열차로 서울에 상경했다. 그러나 돈벌이 좋은 취직자리가 무엇일까. 이들은 미군들이 출입하는 사창굴로 팔려가는 것이었다. 이 양은 구사일생으로 도망쳐 고향으로 돌아가게 되었지만, 고무공장 여공으로 일하며 오빠 취직을 위한 빚과 가족의 생계를 짊어진 이양과 같은 사연은 곳곳에 있었다.

1960년대 경제개발5개년계획 실시와 함께 빠르게 산업화가 진행되기 시작했다. 1~2차 경제개발계획 기간 동안에는 경공업 중심으로 공업화가 진행되면서 우선적으로 여성노동자가 필요했다. 또한 도시 삶을 동경하며 식모로라도 서울살이를 꿈꾸는 어린 처녀들이 줄을 이었다. 이에 고향을 떠나는 여성들이 밤차를 타고 서울로 서울로 몰려들기 시작했다. 그러나 세상을 그리 호락호락하지 않았다. 식모도, 여공도 되지 못하고 윤락의 함정에 빠질 수밖에 없는 안타까운 실정이 도처에 깔려 있었다. 1964~65년 서울역의 상황을 보자.

　"호남선 완행열차가 새벽 4시 5분과 5시 35분에 서울역에 도착, 집찰구를 빠져 나가지 못하는 처녀들이 종종 있다. 요즘 1주일간 매일 이런 처녀들의 모습이 눈에 띄어 역전안내소와 파출소에 인계되고 있다. 2월 1개월간 역 앞 안내소에 '식모살이'를 구해달라고 요청해온 상경처녀의 수가 56명, 하루 평균 2명꼴이다. 역전파출소에는 하루 4~5명씩 된다고 한다. 지난해 봄철도 이런 현상이 뚜렷했는데, 1월 14명, 2월 31명, 3월 36명, 4월 35명 등 지난해 경우 쌀값 폭등 파동 때 이런 현상 부쩍 증가했다. 단조로운 시골생활에 염증을 느끼고 어떻게 되겠지 하는 막연한 기대로 상경했다가 꿈이 깨져서 귀향시켜 달라고 찾아오는 처녀의 숫자는 대충 이의 반절쯤이다. 1년간 무모한 상경을 했던 식모 지망자가 296명, 귀향시켜 달라고 찾아온 수가 143명이었다. 무모한 상경처녀들은 집에서 나올 때 그래도 단단히 계획하고 올라온다. 상경 여비는 꼭 준비하고 대개 완행열차편으로 올라오는 것이다. 상경 이유는 천편일률 가족이나 친척을 찾아왔다고 하나 봄과 더불어 마음이 서울을 찾는 것이다."(『경향신문』 1964.2.29)

　"남대문서 보안계에 의하면 지난 1월 무작정 상경자가 192명, 하루 평균 15명 꼴로, 2월에 접어들어 5일 현재 83명으로 갑작스런 증가 현상을 보였다. 83명 중 여자가 45명으로 남자보다 많고 나이가 15세부터 20세 전후가 대부분이다. … 지난 달 31일 아침께 호남선 열차가 도착했을 때 5명의 식모지원자가 한꺼번에 몰렸다. K여순경은 추운 날씨라 안내소방에 들어오게 하고 연설을 했다. "서울이 좋다더라고 너희들이 올라 왔겠지만 결국은 너희들 몸만… "말이 한창이었다. 그럴 즈음 "저 집에 보내줘여" 빨간 핏덩이를 안고 어떤 처녀가 들어섰다. 지난해 전남 완도에서 식모 취직하러 올라왔던 공모양(19). K여순경이 차표까지 마련해서 돌려보냈던 처녀가 이런 꼴로 나타났다. 식모 취직도 서울은 만원이다. 윤락될 수밖에. 지난달 남대문서는 서울역 주변 무허가 하숙집에서 46명의 무작정 상경자를 발견했는데, 그중 여자가 39명, 남자는 7명이었다. "무작정 상경했다가 처녀들이 이렇게 윤락여성이 되고 마니 또 될 수밖에 없으니 시골에서의 계몽이 시급하다"고 안타까워했다."(『경향신문』 1965.2.6)

이촌향도의 물결은 거셌다. 정부는 이 시기에도 '인구 분산과 도시집중 억제' 정책을 제시하며 농민들의 이촌을 막았으나 농촌을 떠나는 농민들을 막을 수 없었다. 농촌에서도 살 수 없어 떠나는 영세한 농민들이기에 서울에서도 따뜻하게 그들의 등을 붙일 만한 곳은 없어서 결국 도시의 가장 험한 변두리, 산꼭대기 무허가촌으로 몰려들 수밖에 없었다. "서울시에 지난 1년간[1964년] 31만 2,910명의 농어촌 영세민이 밀려들었다. 지난 5년간 해마다 30만 명 이상씩 몰려드는 농어민은 모두가 영세민으로 이들은 덮어놓고 서울만 가면 밀가루 배급 등 구호양곡을 주겠지 하는 막연한 희망을 걸고 상경하고 있는데, 이들에 대한 구호가 제한되어 이대로 방치하면 커다란 사회문제가 제기될 형편에 놓여있다. 서울의 평균 인구증가율은 13.14% 인데 이중 도시 집중 등 사회증가율이 10.26%, 판잣집과 실직자들만 늘어나 무주택가구는 총 가구수의 46%에 달하는 28만 3,704가구"[290]나 되는 실정이었다. 가난한 농민들이 도시 빈민으로 바뀔 뿐이었다.

이촌향도의 파도는 시간이 지날수록 쓰나미가 되어 몰려왔다. 1967년은 가뭄이 심했던 해였다. 이미 시작된 이농 행렬은 막을 수가 없었다. 이들을 방치할 경우 서울은 가난한 이농인들로 치안문제와 더불어 각종 사회문제가 발생할 수밖에 없었다. 정부는 이에 대한 대책을 강구해야만 했다. 일단 우선적으로 이들에 대한 '선도대책'을 만들어 다시 귀향하게 하거나 서울에 연고가 있을 경우 이들을 이용해 정착할 수 있도록 한다는 방침이었다.

"남대문경찰서는 요즘 가뭄에 시달려 농토를 버리고 상경하는 이농 한해민이 격증하는데 대비, 이들에게 취업을 알선하고 연고자를 찾아주는 등 선도보호책을 세웠다. 경찰은 이들이 낯선 서울에 첫발을 디디게 되는 서울역을 중심으로 남대문시장, 서울역앞 무허가 하숙촌 등에서 굶주리다 못해 우범지대로 휩쓸리지 않도록 1) 서울역전 안내서에 정사복 경찰관 20명 배치, 호남선, 경부선 등 야간 완행열차를 타고 오는 이농 상경자를 발견하는 대로 설득 귀향 조처 시킨다 2) 무의무탁한 이농민들은 시립보호소에 수용 조처한다. 3) 이농민중 서울에 연고자가 있을 경우 이들을 찾아 주기로 한다 4) 이농가족 중 신원이 확실한 청소년들에게는 이발사양성소, 식모, 공장 등에 취업을 알선해 준다는 등의 선도보호방침을 세우고 있다."(「이농상경 선도책 마련」, 『東亞日報』 1967.10.13)

전 가족이 모두 함께 상경하는 경우에는 미리 상경하여 정착한 지인이나 연고를 찾아오는 경우가 많았다. 하지만 홀로 상경하는 경우, 특히 여성들의 경우는 그야말로 불구덩이로 뛰어드는 처지가 많았다. 당시 상경하는 여성들의 상태를 다음과 같이 보도하고 있다.

"완행 3등열차에서 내린 그들을 기다리는 것은 직장도, 하얀 이밥도 아닌 껌팔이로 가장한 포주 아니면 불량배다. 가출 동기는 구직 50%, 무단가출 25%. 구직이 반이나 된다는 것은 농촌경제의 빈곤을 단적으로 보여주는 것. 연령별로는 16~20세 53%, 10~15세 22%, 20세 이상에서는 그 비율이 급격히 감소. 학력은 국졸이 44%, 국교중퇴 24%, 무학 16%로 교육수준이 매우 낮은 것. 따라서 가난은 교육을 불가능하게 하고 이 가난과 무지에 사춘기의 변태심리가 겹쳐 가출을 부채질. 출신지역별로는 전남 23%, 충남 15%, 제주도가 제일 낮다. 이것은 지리적 인구밀도의 차이에서 오는 영향도 크지만 대도시 인접한 입지 조건의 영향도 크다."(「시골처녀들 상경」, 『東亞日報』 1968.6.13)

10대 여성이 전체 상경 여성 중 75%를 차지하고, 초등학교 졸업이 44%, 초등학교도 졸업하지 못한 경우가 40%에 달할 정도로 여성들의 교육수준은 낮았다. 지역별로는 전라남도가 가장 높았다. 이는 당시 전라도 지역이 농촌 인구밀도가 높았던 곳이라는 점도 있지만, 경상도 지역은 1960년대 경제개발계획의 수혜지로서 대규모 공업단지 조성 등으로 지역 내에서 농촌의 과잉인구를 소화할 능력이 있었기 때문에 서울이라는 먼 도시로 상경하는 비율이 높지 않았던 것이다.

이러한 상경 행렬 속에서 가슴 아픈 사연도 많았다. 난생 처음 타보는 기차에 어린 처녀들은 심한 멀미를 하는 경우가 많았다. 전라북도 부안에서 1970년대 초반 가족 모두 상경한 나의 외할머니도 평생 차멀미에 시달리셨다. 서울로 식모살이하러 상경하던 어린 여성은 멀미를 못 이기고 실족하는 사건이 보도되고 있다.

> "(1964년 3월) 23일 남원발 서울행 열차가 서울 신길동 54지점을 달릴 때 승객 김**(17), 최**(18)양이 실족, 추락되어 실신된 채 선로 변에 쓰러져 있는 것을 노량진역 선로반 안씨가 발견… 이 두 시골 처녀는 처음으로 기차를 타고 서울로 식모살이를 하려고 상경하던 중 차멀미로 승강구에서 토하고 돌아서려다가 실족한 것이다."(『경향신문』 1964.3.24)

이렇게 실족하여 몸을 크게 다쳐 고통받는 처지도 서럽지만, 아무런 연고 없이 무작정 상경하던 두 형제가 결국 배고픔에 세상을 떠나는 아픈 사연도 있었다. "(1965년 11월) 10일 오전 서울역 구내 제12열차 안에서 정**(13) ##(11) 두 형제(고아)가 배고파 실신해 있는 것을 서울역 경비원이 발견 곧 병원으로 옮겼으나 동생 ##군은 숨졌다."(『東亞日報』 1965.11.11) 고향에서조차 돌봐줄 수 있는 친지 하나 없는 고아 형제는 일말의 희망을 품고 오른 상행 열차 안에서 배고픔에 웅크리고 고통에 떨어야 했다.

이런 어려움을 감내하고서 시작한 서울살이도 그리 녹록한 것은 아니었다. 그러나 이 악물고 온갖 설움 견디며 버틸 수 있었던 것은 보다 내일을 위한 터전을 만들 수 있을 거라는 희망이 있었기 때문이다. 그러나 '벼룩의 간을 빼먹는' 파렴치한들이 있으니 몇 년을 피땀 흘려 모은 돈을 한 순간에 날치기 해버리는 일 또한 기차 안에서 일어났다.

> "13년간 식모살이하여 모은 돈 10만 원을 소매치기에게 몽땅 털린 할머니… 대구시내 D식당에서 식모살이를 했다는 박**(55) 씨는 지난 5일 상경할 때 경부선 완행열차 안에서 속바지에 꿰매찼던 전 재산 10만 원을 깜박 조는 틈에 도둑맞았다는 것이다. 박 씨는 그 돈을 밑천으로 식모살이를 청산하고 편안히

좀 살아보려고 서울로 올라오다 변을 당했다"(『東亞日報』1963.2.15)

이런 안타까운 상황도 있지만, '고진감래(苦盡甘來)'라 했던가. 어려운 상황을 이겨내고 자신의 목표를 이룬 미담도 전해진다. "식모살이 4년 만에 셋집이나마 내 집이라고 갖게 되니 꿈만 같다 … 4년 전에 집을 떠나 남의 집 식모살이를 시작했을 때 꼭 5년만 고생하고 생활 밑천을 마련하겠다고 맹세했는데 4년 만에 내 소원이 이루어진 것 … 군에 입대한 동생 때문에 언젠가 상경하셨던 아버님께 내가 열차에서 저녁이라도 사 잡수시라고 50원을 드린 일이 있다. 그러나 휴가 온 동생 편에 아버님은 그 돈을 돌려보내셨다. 네가 피땀을 흘려 번 돈을 부모가 어찌 함부로 쓰겠냐고. 이제 부모님께 이 기쁜 소식을 전하고 월남의 그분이 오시면 결혼할 준비를 해야겠다."291)

1960년대 중반부터 본격화된 이촌향도, 상경 물결은 1970년대에도 계속 이어졌다. 1970년대에도 제3, 4차 경제개발계획이 계속 이어지며 성장의 속도를 멈추지 않았다. 그러나 성장 위주의 경제성장이 과연 우리 모두를 행복하게 해주었을까. '보릿고개'로 상징되는 절대적인 빈곤에서 벗어나기 시작했지만, 세상은 갈라지고 있었다. '평등한 가난'에서 '불평등한 풍요'로의 변화는 농촌사회도 더 이상 '꿈에도 잊지 못하는 고향'이기보다는 문명의 세례를 받지 못한 그야말로 '촌스러운' 곳, 경제·문화적으로 소외되고 낙후된 공간으로 전락하게 되었다. 이에 도시의 삶이 아무리 팍팍하고, 도시 변두리의 '하꼬방'을 벗어날 수 없는 빈민이 될 지라도 서울은 '기회의 땅'으로 인식되었기에, 젊은이들은 계속 도시로, 서울로 향했다.

그러나 도시는 이들을 너그러이 받아들여 줄 수 있는 곳이 아니었다. 60년대부터 특히 어린 여성들을 노려 윤락가로 팔아넘기는 일이 비일비재했는데, 이것은 70년대, 80년대에도 변함이 없었고 오히려 더 악질적이고 조직적으로 발전해 갔다. 신문에는 무작정 상경 여성을 노리는 인신매매에 대한 기사가 줄을 이었다.

> "인신매매 봄철이 피크, 역전 일대가 타락의 길목, 직업소개소, 도박가, 윤락가, 범죄, 구걸"(『東亞日報』 1971.3.30)
> "언제나 그렇듯 올해도 농한기에 접어들면서 완행열차의 종착지인 서울 용산역에는 보따리를 든 시골소녀들이 하나둘 모습을 보이기 시작했다. 어린 가슴에 고향을 등져야만 했던 그 많은 사연들을 안은 이 미스양들의 앞날에 어떤 인생이 기다릴까."(『東亞日報』 1975.12.5)
> "서울, 용산, 청량리역 주변, 열차서 내리는 시골티 소녀에 '일자리 준다'고 포주 접근"(『東亞日報』 1976.3.26)
> "인근에 경찰서, 파출소 있어도 무색. 무허가 직업소개군, 소매치기, 유객행위 활개, 시골사람 괴롭히는 검은 손 득실"(『東亞日報』 1978.10.14)
> "아직도 역 주변에 인신매매자들이 있는 것 같아 걱정스럽다. 며칠 전 지방에 있는 동생 친구가 밤 열차를 타고 새벽 3시 40분쯤 영등포역엘 도착하여 마중 나올 동생을 기다리고 있는데 몇몇 남자들이 다가와 유혹을 하더라는 것이다."
> (『경향신문』 1984.6.13)

한국은 60년대 이후 80년대까지 고도성장의 시대였다. 이는 곧 산업화, 도시화의 진전을 의미했고, 농촌은 더 이상 인정이 넘치고 풍요로운 고향으로만 여겨지지 않았다. 특히 수도인 서울은 정치, 경제, 사회, 문화 모든 면에서 그야말로 특별한 곳이고 중심이었다. 호남선, 경부선 완행열차를 타고 서울로 올라온 이들이 처음 발을 내딛는 곳은 용산역, 영등포역, 서울역이었다. 이 중 영등포역은 1960~70년대 한국 경제성장의 진원지였던 경인공업지대의 중심지였던 만큼 상경자들이 가장 많이 내리는 역이었다. 이촌향도, 상경의 시대에 영등포역은 이렇게 회고되었다.

> "서울의 관문 영등포역, 만남과 헤어짐, 성공과 실패, 기쁨과 슬픔이 교차. 노장년 세대에겐 그 곳은 성공을 향한 꿈의 문턱이었다. 처음 본 도회지의 화려함,

밤열차를 타고 와 아침 역 광장에 내동댕이쳐진 꾀죄죄한 몰골의 그들은 이제 서울의 주인이 되었다. 대통령, 장관, 국회의원, 교수, 대기업 대표, 더러 뒷골목으로 빠져 만신창이가 되었지만 역은 부푼 희망의 문턱이었다. 역 주변엔 유난히 방직공장, 철공소, 맥주공장, 제과공장 등이 많았다. 가까운 곳에 구로공단이 있다. 젊은이들은 이곳에서 꿈을 일궜다. 가난의 악몽을 씻고자 푼돈을 모아 영등포행 열차를 탔다. 먼지 낀 공장에서 허리를 필 줄 모르고 일했다. 고향이 그리우면 동료들과 함께 역 앞 시계탑과 다방을 맴돌곤 했다. 수수하고 정겨운 영등포역은 그들을 '서울사람'으로 잉태한 자궁이었다. 부모님이 올라오면 작업복 차림으로 마중을 나갔다. 지팡이를 든 노인은 짐보따리를 이고 자식들을 찾아왔다. 덜컹거리는 완행열차 그것은 여행이 아닌 삶의 일부였다."(「서울의 문턱 영등포역: 애환의 100년」, 『경향신문』 1998.1.27)

1960~70년대 한국은 '조국근대화' '산업화'를 모토로 고도성장을 구가했다. 당시 국내외적인 여건이 성장을 견인하였지만, 무엇보다 오늘의 한국 사회를 이끈 주역은 밤 완행열차에 몸을 싣고 도시로, 공장으로 향했던 언니, 오빠들이었다. 그러나 이들의 고된 도시 생활, 공장 생활을 버틸 수 있었던 것은 부모님 계시는 고향 농촌이 있었기 때문이었다. 지금도 명절이면 귀성행렬이 줄을 잇는다. 멋진 자가용을 타고 트렁크에 선물 한보따리 싣고 갈 수 있는 '성공'도 거두었지만, 여전히 귀성에는 열차가 제맛이다. 꽉 막힌 교통체증 없이 정확한 시간에 목이 빠져라 기다리고 계신 부모님에게 달려 갈 수 있으니까.

하지만 이보다 많은 사람들이 고향을 잃었다. 60년대 이후 남부여대하여 온 가족이 고향을 떠나 서울로, 도시로 향한 경우가 많았다. '천 만 인구의 서울', 이 외의 대도시 인구가 전체 인구의 절반을 넘게 차지한다. 이제 슬픈 이별의 열차는 없지만, '광속도'로 달리는 KTX가 각 지방 사람들을 다시 서울로 끌어모으고 있다. 상경열차는 계속되고 있는 것이다.

14

젊음과 낭만, 국방의 의무도 지고 간다
3등 완행열차의 낭만과 입영열차

1) 청년문화의 낭만과 젊음의 고뇌: 달리고 싶은 청춘열차

2014년 '미생(未生)', 윤태호 작가의 웹툰과 그것을 원작으로 한 드라마가 크게 회자되었다. 청년 실업과 나쁜 일자리인 비정규직의 양산이라는 현실 속에서 고통받는 청년세대와 그 선배들의 자화상으로 많은 사람들의 호응을 받았다.

젊은 남성을 뜻하는 '청년'이라는 용어는 전통사회의 안정성이 흔들리고 민족, 국가라는 거대 지평이 사라졌던 위기의 1910년대 한국 사회에서 각광을 받기 시작했다. 이후 청년기는 생명이 자유롭게 분출하는 역동적인 시기로 관심의 대상이었고, 이들은 사회의 희망을 상징했다.[292]

한편 근대 이후 대중문화가 등장하면서, 청년세대는 이 문화의 주요 소비자로 대두했다. 그런 만큼 대중문화는 세대 간의 차이와 갈등이 가장 첨예하게 드러나는 영역이다. 서구의 역사에서 청년문화는 청년세대가 부모 세대와 구별되는 가치와 취향, 태도와 행위를 보여주기 시작한 1950년대와 1960년대를 통해 사회학적 담론의 주제로 등장했다. 영미권에서 청년문화는 주로 노동계급 청소년 계층의 일탈적이거나 저항적인 하위문화(subculture)에 관한 관심과 함께 조명되었다. 1960년대에는 구미의 중간계급 청년세대를 중심으로 베트남 전쟁과 인종 차별에 반대하고 기성 사회의 지배적 가치와 문화를 거부하는 운동[예컨대 히피 운동]이 벌어졌는데 이처럼 기성의 지배 문화에 저항하는 청년문화를 대항문화(counterculture)라 부르기도 했다.

한국에서 청년문화는 주로 1970년대 초반 대학생층에게 크게 유행했던 대중문화의 경향을 지칭하는 용어로 사용되기 시작했다. 특히 당시 청년 대학생층에게 인기를 모았던 통기타 음악과 생맥주, 청바지, 장발 등은 당대 청년문화를 대표하는 요소들이었다. 이들은 서구에서 들어온 문화라는 공통점이 있는데 이 시기 청년문화는 기본적으로 청년세대의 서구 문화에 대한 지향과 동경의 산물이었다.

1960년대 말에서 1970년대 초 사이에 대학생이 된 세대는 대체로 해방 이후에 태어나 미국식 교육제도 속에서 성장한 세대이다. 서구 문화의 영향 속에서 청년으로 성장한 이들 세대가 일본 문화의 절대적 영향 속에서 살아 온 기성세대와 생활 감각이나 가치 체계, 미적 취향에서 차이를 갖게 된 것은 당연하다. 말하자면 이 시기는 그때까지 헤게모니를 유지하고 있던 식민지세대의 문화가 서구 문화의 세례를 받은 전후세대의 부상하는 문화와 격렬한 문화적 갈등을 일으킨 시기이며, 청년문화는 그런 갈등 과정의 산물이었다고 할 수 있다.

이 시기 대학생들은 고도성장 과정에서 나름의 독자적인 구매력을 확보한 새로운 소비 주체들이었다. 이들이 생맥주를 마시고 청바지를 입고 통기타를 배우고 노래 부르며 적극적으로 음반을 구매함으로써 청년문화는 구체적인 시장의 현상으로 등장하게 된다. 어느 시대에나 문화산업은 늘 가장 민감하고 적극적인 소비층을 겨냥하기 마련으로, 이 새로운 시장을 대상으로 한 상품 생산이 활기를 띠면서 청년들의 문화가 시장의 주류로까지 오르게 되는 것이다. 이는 당대의 청년문화가 다분히 소비문화의 성격을 가지고 있었음을 말해 준다. 1970년대 초 청년세대가 청바지를 사 입고 생맥주를 마시며 통기타를 사서 배우는 행위는 단순히 물질적 욕망을 충족시키는 행위였다기보다는 그 세대 특유의 문화적 정체성을 표현하는 행위였다고 할 수 있다. 상품의 소비가 기능적 의미 외에 기호적 의미를 도드라지게 갖는 이런 현상은 우리 대중문화사에서 대단히 새로운 현상이었다고 할 수 있다. 1970년대 초의 청년문화가 가진 이런 소비문화의 성격은 그것이 대학생이라는 사회적으로 혜택받은 계층의 문화였다는 점을 다시 한 번 일깨워 준다.

하지만 군사 정권은 그런 청년세대의 자유주의적 소비문화조차도 퇴폐적이고 방종하며 불온한 체제 불안의 요소로 간주하여 각종 검열과 단속을 통해 억압하였다. 1975년 유신정부는 당시까지 발표된 모든 대중가요를 재심사하여 청년세대의 인기를 모았던 많은 가요들을 금지시켰다. 또 당대 청년문화의 아이콘이었던 상당수의 가수와 연주자, 영화감독 등이 대마초를 피웠다는 이유로 활동 정지됨으로써 1970년대 초반의 청년문화 붐은 사실상 시장에서 퇴출되었다.[293]

1970년대 청년문화의 실상과 그것을 향유하는 대학생들의 고민과 방황, 유신독재체제의 경직된 사회상을 잘 드러낸 대표적 작품이 1975년 최인호(崔仁浩)의 동명 소설을 원작으로 하길종(河吉鍾)이 감독하고 윤문섭, 하재영, 이영옥 등이 출연한 영화 「바보들의 행진」이었다. 당국의 검열로 30여 분의 분량이 잘려나갔지만 영화는 흥행에서 큰 성공을 거두었다.

철학과에 재학 중인 병태(윤문섭)는 미팅에서 영자(이영옥)라는 불문과 여대생을 만나 사귀게 된다. 얼마 후 영자는 병태가 돈도 없고 전망도 없다는 이유로 절교를 선언한다. 한편 부잣집 외아들인 병태의 친구 영철(하재영)은 적성에 맞지 않는 대학생활을 하며 무료한 시간을 보낸다. 전국적으로 대학에 휴교령이 내려진 상황에서 갈 곳 없는 대학생들은 술로 스트레

스를 푸는데, 술만 마시면 동해바다로 고
래사냥을 가고 싶다고 말하던 영철은 어
느 날 정말로 동해바다로 떠나 자살을 하
고 병태는 군대를 선택한다. 병태를 태운
입영열차가 막 출발하려는 순간 어디선가
영자가 나타나 열차의 창문에 매달린 채
병태에게 입맞춤을 하는 장면으로 막을
내린다.

▲ 바보들의 행진(1975)

「바보들의 행진」에 삽입되면서 청년문
화의 정점을 찍었던 노래가 「고래사냥」
(송창식)이었다. 1970년대 젊은이들의 좌
절과 불안한 삶 등 상실감과 비애를 풍자
적으로 묘사한 노래 「고래사냥」은 대학가 응원전에서도 모두가 악에 받쳐 고
래고래 함께 부르던 청춘의 노래였다. 그러나 「고래사냥」이 「왜 불러」와 함께
대학가 시위 현장에서 단골로 불리자 공연예술윤리위원회는 이 노래를 금지곡
으로 판정했다. 답답한 현실 속에서 자신들의 뜨거운 열정을 어떻게 표출할지
몰랐던 청년들은 '삼등 삼등 완행열차'를 타고 동해바다로 떠나자고 목에 터져
라 불러댔던 것이다.

> 「고래 사냥」
> 술 마시고 노래하고 춤을 춰 봐도 / 가슴에는 하나 가득 슬픔뿐이네
> 무엇을 할 것인가 둘러보아도 / 보이는 건 모두가 돌아 앉았네
> 자 떠나자 동해바다로 / 삼등삼등 완행열차 기차를 타고
>
> 간밤에 꾸었던 꿈의 세계는 / 아침에 일어나면 잊혀지지만
> 그래도 생각나는 내 꿈 하나는 / 조그만 예쁜 고래 한마리
> 자 떠나자 동해바다로 / 신화처럼 숨을 쉬는 고래 잡으러

우리들 사랑이 깨진다 해도 / 모든 것을 한꺼번에 잃는다 해도
모두들 가슴 속에는 뚜렷이 있다 / 한 마리 예쁜 고래 하나가
자 떠나자 동해바다로 / 신화처럼 숨을 쉬는 고래 잡으러

1970년대 답답한 청년들의 탈출구를 상징했던 '삼등 완행열차'와 함께 1980
년대 대학문화의 상징은 MT와 '대성리역'이었다. 1980년대 이후 대학에 다닌
사람들에게 대성리는 '대학 가서 처음 MT 간 장소'로 각인된 경우가 많다. 1988
년 차표를 전산발매 하기 전까지는 입석표를 무제한으로 팔았는데, 72석짜리
기차 한량에 300명 넘게 학생들이 타서 열차와 바퀴 사이의 스프링이 주저앉아
연착되는 소동이 벌어지기도 했다.

80년대 대성리역 광장은 통기타를 치며 노래 부르는 학생들로 시장통보
다 더 북적였다. 당시 대학생들은 지금은 없어진 비둘기호 열차를 많이 탔
다. 비둘기호 열차는 요즘 전철처럼 좌석이 차량 벽에 기다랗게 붙어 있었
다. 학생들은 대성리에 닿기 전부터 열차 바닥에 발 디딜 틈 없이 둘러앉아
마른오징어를 씹으며 소주와 맥주를 마셨다. 당시 대성리 등 주 MT촌에는
대학생뿐만 아니라 노동운동이나 각종 사회운동가들도 MT를 갔다. 그래서
정보과 형사들이 인근 민박집에 방을 잡아놓고 동태를 감시하곤 했다고 한
다. 이 또한 1980년대의 시대상을 보여주는 한 장면이다. 대성리역을 거치
는 경춘선 열차는 오늘도 'ITX 청춘열차'라는 이름으로 사랑과 우정을 간직
하고 싶은 청춘들을 실어 나르고 있다.

2) 분단된 조국, 내 나라 위해 떠나는 입영열차

한국의 청년 남성들에게는 피할 수 없는 관문이 있다. 바로 군대다. 「바
보들의 행진」에서 '삼등 완행열차'를 타고 떠난 영철의 자살과 함께 병태는

입영열차를 타고 떠난다. 한반도는 일제의 침략전쟁을 거치며 식민지에서 해방되었고, 미소 외국군에 의한 점령으로 국토가 분단되고 결국 남북에 두 개의 정부가 수립되었다. 그 결과는 참담해서 3년에 걸친 전쟁을 거쳐 분단은 고착화되었다. 휴전 후 60여 년이 지난 현재도 대한민국은 징병제가 유지되는 사회이고, 두 차례에 걸친 군사쿠데타와 군사독재정권이 30여 년이나 지속되었다. 1950년대 한국전쟁, 1960년대 베트남 파병, 이 시대 젊은 청년들은 직접 전쟁터에서 생사의 갈림길을 오갔던 경험을 가진 실전용사들이었다.

1970년대는 앞에서 살펴본 바와 같이 청년문화가 시작된 시기이고, 70년대 이후 청소년기에 도달한 세대는 60년대 이전과는 달리 평화시기의 군인 생활을 체험했다. 즉 병역의무와 입영체험이 전부였다. 직접 전투를 하지 않는 안전한 의무이자 체험이지만 고등학교 졸업 이후 새롭게 학업과 사회활동을 시작해야 하는 20대 초반의 군복무 2~3년은 결코 짧은 시기가 아니기에 그에 대한 중압감은 컸다. 입영열차에 올라탄 '병태'의 심정은 「입영전야」(1978, 최백호)라는 노래로 표현되고 있다.

「입영 전야」
아쉬운 밤 흐뭇한 밤 뿌얀 담배연기
둥근 너의 얼굴 보이고 넘치는 술잔엔 너의 웃음이
정든 우리 헤어져도 다시 만날 그날까지
자 우리의 젊음을 위하여 잔을 들어라

지난날들 돌아보면 숱한 우리의 얘기
넓은 너의 가슴열리고 마주 쥔 두 손에는 사나이 정이
내 나라 위해 떠나는 몸 뜨거운 피는 가슴에
자 우리의 젊음을 위하여 잔을 들어라
자 우리의 젊음을 위하여 잔을 들어라

이 노래가 나온 이후 1980년대 입대한 남자치고 「입영 전야」를 부르지 않았던 사람은 없었을 것이다. 「입영 전야」는 당시 대학생이 쓴 시를 바탕으로 노래가 만들어졌고, 검열을 통과하느라 '내 나라 위해 떠나는 몸' 등으로 가사가 수정되었다고 한다. 그러나 이 노래에는 겉으로 말은 못하지만 불편하고 힘들고 피하고 싶은 마음이 당시 입영 전야 청춘의 마음을 대변해주었기에 오랫동안 사랑을 받았던 이유일 것이다.[294]

그로부터 약 10여 년이 흐른 뒤 입영열차를 타고 군 입대길에 올랐던 청년은 조금 달라졌다. 김광석의 목소리로 아련히 불린 「이등병의 편지」는 그 모습을 대변한다. 이 노래는 1990년 『한겨레신문』의 '겨레의 노래' 사업 일환으로 김민기가 기획 총괄하여 대대적 공모를 통해 뽑힌 노래를 모아 만든 『겨레의 노래』 음반에 수록되었다. 발표 당시에는 그다지 대중성을 얻지 못했는데, 1993년 김광석이 리메이크 하면서 주목받기 시작했다. 그러나 정작 이 노래는 영화 「공동경비구역 JSA」(2000)에 삽입되면서 대중적 관심을 받으며 인기곡으로 떠올랐다. 「이등병의 편지」에는 「입영 전야」와 달리 '나라' '애국' 같은 단어가 한 마디도 등장하지 않는다. 입대는 부모와 친구들과 아주 오랫동안 떨어져 있는 사건일 뿐이다.

「이등병의 편지」 / 김광석(1990)
집 떠나와 열차 타고 훈련소로 가는 날
부모님께 큰절 하고 대문 밖을 나설 때
가슴 속엔 무엇인가 아쉬움이 남지만
풀 한 포기 친구 얼굴 모든 것이 새롭다
이제 다시 시작이다 젊은 날의 생이여

친구들아 군대 가면 편지 꼭 해다오
그대들과 즐거웠던 날들을 잊지 않게
열차시간 다가올 때 두 손잡던 뜨거움

기적소리 멀어지면 작아지는 모습들
이제 다시 시작이다 젊은 날의 꿈이여

짧게 잘린 내 머리가 처음에는 우습다가
거울 속에 비친 내 모습이 굳어진다 마음까지
뒷동산에 올라서면 우리 마을 보일런지
나팔소리 고요하게 밤하늘에 퍼지면
이등병의 편지 한 장 고이 접어 보내오
이제 다시 시작이다 젊은 날의 꿈이여

　　청년들의 군입대에 대한 이러한 인식 변화는 「입영열차 안에서」(1990)에
도 나타난다. 짧은 머리의 쑥스러움, 애인과 긴 헤어짐, 군대 내 힘든 생활
로 애인을 생각할 수 없을 거라는 두려움, 애인의 변심을 걱정하면서도 이
를 애써 담담하게 받아들이려는 태도가 고스란히 녹아있다. 나라를 지켜야
한다는 절실함도, 멋진 군인이라는 선망도 사라지고 군입대가 오직 의무로
만 다가올 때 그것은 고통이자 짐으로 다가올 뿐이다. 세계적으로는 탈냉
전의 기류가 흐르는 시대에 한국의 젊은 청년들은 육체적 고통과 기존 삶
의 단절이 수반되는 군입대를 피하고 싶지만 피할 수 없는 현실에서 애인
과의 이별만큼 힘든 것으로 형상화되었다.295)

　　「입영열차 안에서」 / 김민우(1990)
　　어색해진 짧은 머리를 보여주긴 싫었어
　　손 흔드는 사람들 속에 그댈 남겨두긴 싫어
　　삼년이라는 시간 동안 그댄 나를 잊을까
　　기다리지 말라고 한건 미안했기 때문이야
　　그 곳의 생활들이 낯설고 힘들어
　　그대를 그리워하기 전에 잠들지도 모르지만
　　어느 날 그대 편질 받는다면
　　며칠 동안 나는 잠도 못자겠지

이런 생각만으로 눈물 떨구네
내 손에 꼭 쥔 그대 사진 위로

삼년이라는 시간 동안 그댄 나를 잊을까
기다리지 말라고 한건 미안했기 때문이야
그 곳의 생활들이 낯설고 힘들어
그대를 그리워하기 전에 잠들지도 모르지만
어느 날 그대 편질 받는다면
며칠 동안 나는 잠도 못자겠지
이런 생각만으로 눈물 떨구네 내 손에 꼭 쥔
그대 사진 위로 이런 생각만으로 눈물 떨구네
내 손에 꼭 쥔 그대 사진 위로

이상에서 기차와 관련된 청년들의 삶의 애환과 열정을 살펴보았다. 1910년대 국가의 주권을 잃고 식민지로 전락한 현실에서 그 난국을 타개하고 새로운 사회로 나아갈 수 있는 희망으로서 '청년'이 불렸지만, 우리의 현실은 그리 녹록치 않았다. 일제의 침략전쟁과 동족 간 3년간의 전쟁, 타국에서 '용병'으로 싸워야 했던 베트남전쟁 용사들도 역시 청년이었다. 이런 아픔과 희생을 딛고 한국은 '고도성장'이라는 경제적 발전을 이루었고, 청년들은 이 시대를 구가했지만, 이들의 열정과 욕망은 거대한 국가권력에 짓눌렸다. 1970년대 청년문화라 불리는 새로운 사회문화적 현상이 나타났지만, 기성세대와의 불화, 권력과의 불화로 고도성장의 풍요가 번져가는 속에서 결국 '삼등 완행열차'를 타고 이룰 수 없는 꿈을 찾아 떠나고자 했다. 그럴 용기가 없다면 이들의 젊음은 '내 나라'를 위한 국방의 의무를 다하기 위해 입영열차에 올라 권위적이고 '엄숙한' 사회질서에 적응하는 과정을 거쳐야 했다.

한국 근대사회의 청춘들이 몸을 싣고 달려온 열차는 삼등 완행열차와 입영열차였다. 그 열차는 청춘의 열정을 동력으로 성공과 좌절, 기쁨과 고통을 통과하여 오늘에 이르렀다. 그러나 오늘을 살고 있는 청춘은 쾌속질주하며 주변 풍경을 돌아볼 수 없게 하는 KTX 열차보다 삼등 완행열차의 정감과 여유 속에서 확 트인 동해바다와 같은 희망찬 미래를 꿈꾸고 있지 않을까. 여전히 '미생'의 청년들은 번민하고 있다.

1) 페르낭 브로델, 주경철 옮김,『물질문명과 자본주의 Ⅰ-2 일상생활의 구조 下』, 까치, 2008, 595~596쪽.

2) 페르낭 브로델, 주경철 옮김,『물질문명과 자본주의 Ⅰ-2 일상생활의 구조 下』, 까치, 2008, 606~612쪽.

3) 뽈 망뚜, 정윤형·김종철 옮김,『산업혁명사 上』, 창작과비평사, 1997, 130~136쪽.

4) 볼프강 쉬벨부쉬, 박진희 옮김,『철도 여행의 역사』, 궁리, 1999, 10~11쪽.

5) 이재광,『식민과 제국의 길』, 나남출판, 2000, 197쪽.

6) 박천홍,『매혹의 질주, 근대의 횡단』, 산처럼, 2003, 63쪽.

7) 에릭 홉스봄, 전철환·장수한 옮김,『산업과 제국: 산업시대 영국 경제와 사회』, 한벗, 1984, 102~105쪽.

8) 정해본,『독일근대사회경제사』, 지식산업사, 1991, 85~87쪽.

9) 정해본,『독일근대사회경제사』, 지식산업사, 1991, 113~117쪽.

10) 박천홍,『매혹의 질주, 근대의 횡단』, 산처럼, 2003, 66~67쪽.

11) 주명건,『미국경제사』, 박영사, 1983, 160~170쪽

12) 에릭 홉스봄, 전철환·장수한 옮김,『산업과 제국: 산업시대 영국 경제와 사회』, 한벗, 1984, 106쪽.

13) 볼프강 쉬벨부쉬, 박진희 옮김,『철도 여행의 역사』, 궁리, 1999, 48~49쪽.

14) 볼프강 쉬벨부쉬, 박진희 옮김,『철도 여행의 역사』, 궁리, 1999, 51쪽.

15) 볼프강 쉬벨부쉬, 박진희 옮김, 『철도 여행의 역사』, 궁리, 1999, 59~60쪽.

16) 한국철도기술연구원 엮음, 『일본 철도의 역사와 발전』, BG북갤러리, 2005, 44쪽.

17) 한국철도기술연구원 엮음, 『일본철도의 역사와 발전』, BG북갤러리, 2005, 67쪽.

18) 한국철도기술연구원 엮음, 『일본철도의 역사와 발전』, BG북갤러리, 2005, 43~79쪽.

19) 鄭応洙, 「조선사절이 본 메이지(明治) 일본: 김기수의 『일동기유』를 중심으로」, 『日本文化學報』 45, 2010, 311쪽.

20) 韓哲昊, 「제1차 수신사(1876) 김기수의 견문활동과 그 의의」, 『韓國思想史學』 27, 2006, 285쪽.

21) 韓哲昊, 「제1차 수신사(1876) 김기수의 견문활동과 그 의의」, 『韓國思想史學』 27, 2006, 289쪽.

22) 鄭応洙, 「조선사절이 본 메이지(明治) 일본: 김기수의 『일동기유』를 중심으로」, 『日本文化學報』 45, 2010, 318쪽.

23) 金綺秀, 『(譯註) 日東記游』, 부산대학교 한일문화연구소, 1962, 62쪽.

24) "軒(승강구)으로써 오르고 내리며, 집에 앉게 되었다. 밖에는 文木으로서 장식하고 안에는 가죽과 털 담 등속을 꾸몄다. 양쪽은 의자처럼 높고 가운데는 낮고 편편한데 걸쳐 앉아서 마주 대하니 한 집에 6인 혹은 8인이나 되었다"(金綺秀, 『(譯註) 日東記游』, 부산대학교 한일문화연구소, 1962, 62쪽).

25) 金綺秀, 『(譯註) 日東記游』, 부산대학교 한일문화연구소, 1962, 62쪽.

26) 차에 화륜이 한번 구르면 여러 차의 바퀴가 따라서 모두 구르게 되니 우레와 번개처럼 달리고 바람과 비처럼 날뛰었다. 한 시간에 3, 4백 리를 달린다고 하는데 차체는 안온하여 조금도 요동하지 않으며 다만 좌우에 산천, 초목, 옥택(屋宅), 인물이 보이기는 하나 앞에 번쩍 뒤에 번쩍하므로 도저히 걷잡을 수가 없었다. 담배 한 대 피울 동안 벌써 신바시(新橋)에 도착되었으니 즉 90리나 왔던 것이다. … 즉시 불을 뿜고 회오리바람처럼 가버려 눈 깜짝할 사이에 보이지 않으니 머리만 긁고 말문이 막히며 서운하게도 놀랄 뿐이로다"(金綺秀, 『(譯註) 日東記游』, 부산대학교 한일문화연구소, 1962, 62~63쪽).

27) 허동현, 「1881년 朝士視察團의 明治 日本 社會,風俗觀: 시찰단의 『見聞事件』을 중심으로」, 『한국사연구』 101, 1998, 145~146쪽. 조사들은 자신들이 견문, 시찰하며 획득한 지식과 정보를 각종 견문기로 정리해 놓았다. 박정양, 조준영, 엄세영, 강문형, 심상학, 이헌영, 민종묵의 『見聞事件』과 어윤중의 『財政見聞』 및 『隨聞錄』 등이 그것이다.

28) 허동현, 「1881년 朝士視察團의 明治 日本 社會,風俗觀: 시찰단의 『見聞事件』을 중심으로」, 『한국사연구』 101, 1998, 153~154쪽.

29) "화차와 철로는 여행객과 화물을 싣고 수송하는 것이다. 산허리를 끊고 강과 계곡을 다리를 놓아 도쿄에서 요코하마까지 고베에서 오사카까지 모두 300리가 넘는다. 철조(레일)로 나란히 길을 놓아 바퀴가 그 위로 굴러가는 것인데, 수십 량의 차를 연결해

앞차가 끌고 가면 뒤의 차가 꼬리를 이어 따르니 일시에 100여 리를 주파한다. 수 십 리마다 역을 두어 행인들이 갈아타는 곳으로 삼고 아울러 요금을 받는다"(허동현, 『일본이 진실로 강하더냐』, 당대, 1999, 173쪽).

30) 허동현, 『일본이 진실로 강하더냐』, 당대, 1999, 175~176쪽.

31) 韓哲昊, 「初代 駐美全權公使 朴定陽의 美國觀: 『美俗拾遺』(1888)를 중심으로」, 『韓國學報』 66, 1992, 54쪽.

32) 朴定陽, 「美俗拾遺」, 『朴定陽全集』 6, 아세아문화사, 1984, 633~634쪽.

33) 『서유견문』은 총 20편으로 내용상 세계의 지리(1~2편), 서양의 정치, 경제, 교육제도(3~14편), 서양의 관습과 문명(15~18편), 서양의 주요도시(19~20편)으로 구분할 수 있다.

34) 유길준 지음, 허경진 옮김, 『서유견문: 조선지식인 유길준 서양을 번역하다』, 서해문집, 2004, 492쪽.

35) 조선에서 부설된 경인선, 경부선의 철도 부설비용은 1㎞당 약 43,000원(1리당 17,000원)에 달했다. 경부선 철도(총431㎞) 총 건설비용은 1,878만 엔이었다(村上勝彦 지음, 정문종 옮김, 「조선 철도건설과 자본수출」, 『식민지: 일본산업혁명과 식민지 조선』, 한울, 1984, 66~85쪽).

36) 유길준 지음, 허경진 옮김, 『서유견문: 조선지식인 유길준 서양을 번역하다』, 서해문집, 2004, 494쪽.

37) 철도청, 『한국철도사 제1권: 창시시대』, 1974, 35쪽.

38) 穆麟德 夫人 편, 고병익 역, 「穆麟德의 手記 「P.G. Von Mollendorff-Ein Lebensbilo」」, 『진단학보』 24, 1963, 192~193쪽.

39) 『漢城旬報』는 1883년 10월 1일자 첫 호가 발행된 이후 1884년 12월 4일자를 마지막으로 월 3회 순보로 발간되었다. 1882년 수신사로 일본에 간 박영효 일행이 국민대중의 계몽을 위한 신문발간 필요성을 절감하여 신문제작을 도울 기자와 인쇄공 등 몇 명의 일본인을 데리고 돌아와 신문발간을 진언하였다. 1883년 2월 28일 고종으로부터 한성부에서 맡아 신문을 간행하라는 명을 받아 박영효, 유길준 등이 신문발간 실무작업을 맡았으나 이들이 관직에서 물러나면서 일시 중지되었다가, 1883년 8월 17일 고종은 다시 통리아문에 박문국을 설치하여 신문을 발간하도록 허락하였다. 1883년 10월 첫 호를 발행하게 되었다. 기사내용은 크게 내국 기사와 각국 근사(近事)의 기사로 나누어진다. 내국기사로는 관보·사보(私報)·시치탐보(市直探報)를 싣고 있으며, 각국 근사 기사로는 당시 강대국과 약소국 사이의 전쟁이나 분쟁, 근대적인 군사장비나 국방방책, 개화문물 등을 중점적으로 소개하고 있다. 이 신문은 1884년 12월 4일 갑신정변이 실패로 끝나면서 박문국 사옥과 활자, 인쇄시설 등이 모두 불타버려 부득이 1년여 만에 종간되었다.

40) 『漢城周報』는 1886년 1월 25일 『漢城旬報』 복간 형식으로 박문국(博文局)에서 창간되었다. 갑신정변으로 『漢城旬報』가 폐간되자 朝野에서는 다시 신문 발간의 필요성이 거론되었으며, 김윤식 역시 신문이 개화의 도구로서 매우 유익함을 인식하고, 정변의

뒷수습이 어느 정도 마무리되자 신문의 속간을 추진하게 되었다. 이에 1885년 5월 12일 고종은 박문국을 광인사(廣印社)로 옮겨 신문을 발간하라고 명하였다. 이렇게 발간된 『漢城周報』는 1888년 7월 7일 박문국이 폐지됨에 따라 총 120여 호를 발행하고 폐간되었다.

41) 이하영의 외교 활동에 대해서는 한철호, 「대한제국기(1896~1900) 주일 한국공사의 외교활동과 그 의의: 이하영을 중심으로」, 『진단학보』 97, 2004 참조.

42) 文一平, 『湖岩 文一平全集 제1권: 대미관계 50년사』, 민속원, 2001, 185~186쪽.

43) 철도청, 『한국철도사 제1권: 창시시대』, 1974, 38쪽.

44) 財團法人 鮮交會, 『朝鮮交通史 一』, 1986, 17쪽.

45) 철도박물관홈페이지 / 역사관 / 한국철도 역사 / 철도사화. http://info.korail.com/ROOT/2007/ kra/gal/gal02000/w_gal02126.jsp

46) 財團法人 鮮交會, 『朝鮮交通史 一』, 1986, 18쪽.

47) 「잡보」, 『독립신문』 1896.7.7: 서울서 의주 까지 철도를 놓는데 이것은 불란서 사람이 놀 터이요. 시작하기는 삼년 안으로 시작하고 마치기는 아홉 해 안으로 할 터이요. 마친지 열다섯 해 후에는 만일 조선 정부에서 그 철도를 사라면 팔게 약조 하였다더라.

48) 송병기 외 편, 『韓末近代法令資料集』 2, 대한민국국회도서관, 1971, 96~97쪽.

49) 송병기 외 편, 『韓末近代法令資料集』 2, 대한민국국회도서관, 1971, 128쪽.

50) "철도와 광산은 백성들의 편의와 이익에 관계되는 것이다. 그러므로 우리 정부에서는 일찍이 미국과 프랑스 양국 회사에 합동으로 철도를 부설하도록 하였는데, 해당 합동 회사에서 부설하는 해당 철도의 선로에 필요한 부지와 건물을 짓는 데 필요한 부지 및 기타 긴요하게 필요한 부지를 모두 우리 정부에서 자비(自費)로 그 값을 지불하고 해당 양국 회사에 값을 물린 바가 없다. 그런데 현재 우리나라의 재정이 넉넉하지 못하여 부지를 더는 마련할 수 없으니, 명을 반포한 오늘부터 1년 동안은 각국 사람들에게 합동으로 철도를 부설하도록 허락할 수 없다. 우리의 모든 대소 신민들은 다 잘 알도록 하라"(국사편찬위원회 한국사데이터베이스 국역 조선왕조실록 고종 33년(1896) 11월 15일).

51) 송병기 외 편, 『韓末近代法令資料集』 2, 대한민국국회도서관, 1971, 326쪽.

52) 「관보」, 『독립신문』 1896.11.19: 11월 15일 조서하여 가라사대 철도와 광산은 인민들에게 이익이 됨이라 그런 고로 우리 정부에서 임의 철도를 미국 법국 두 나라 회사에 허락하여 함께하고 함께하는 속에 철도에 선로 작만하는 땅과 집 지을 땅과 달리 긴히 쓸 땅이다. 우리 정부에서 자비 하고 값을 두 나라 회사에 물리지 않고 다만 이제 우리나라 재정이 넉넉지 못하야 능히 다시 땅을 출판치 못하오니 지금 반령한 날로부터 일년까지는 철도를 각국 인민들과 허락지 안할터이니 대소 시민은 다 알라고 하옵셨더라.

53) 「경인철도」, 『황성신문』 1899.5.18: 인항 우인의 서를 접한 즉 경인철도의 공역은 이미

착수하여 금년 8월간에는 한강까지 통하겠고 노량철교의 竣竣하는 적기는 예언키 어려우
나 명춘에는 무려히 성립할 듯 하고 교량은 미국의 최신법으로 만든다더라.

54) 「輪車 行式」, 『황성신문』 1899.9.12: 경인철도회사에서 해 철도가 노량까지 부설됨으
로 본원 15일에 각부 대관들과 각국 공영사들을 청하여 輪車 시운예식을 행하는데 노
량에서 搭乘하고 인항까지 왕하였다가 당일에 환착한다더라.

55) 「경인선철도규칙」, 『독립신문』 1899.9.16.

56) 「화륜거 왕래 시간」, 『독립신문』 1899.9.16: 경인철도에 화륜거 운전하는 시간은 좌와
같다는데 인천서 동으로 향하여 매일 오전 7시에 떠나서 柚峴 7시 6분, 우각동 7시 11
분 부평 7시 36분 소사 7시 50분 오류동 8시 15분, 노량진 8시 40분에 당도하고 또
인천서 매일 오후 1시에 떠나서 柚峴 1시 6분, 우각동 1시 11분 부평 2시 36분 소사
2시 50분 오류동 2시 15분, 노량진 2시 40분에 당도하고 또 노량진서 서로 향하여 매일
오전 9시에 떠나서 오류동 9시 33분, 소사 9시 51분, 부평 10시 5분, 우각동 10시 30분,
유현 10시 35분, 인천 10시 40분에 당도하고 또 노량진서 매일 오후 3시에 떠나서 오류
동 3시 33분, 소사 3시 51분, 부평 4시 5분, 우각동 4시 30분, 유현 4시 35분, 인천 4시
40분에 당도한다더라.

57) 「경부철로」, 『황성신문』 1898.9.12: 경성과 부산 간 철로 개설하는 사건을 일본인에게
준허하기로 외부에서 일본공사에게 知照하였다 하고 전설이 수일 낭자하더니 일작에
해 조안을 정부에서 회의결정되었다 하는데 해 사건의 전말을 약문한 즉 개국 503년
7월에 외부대신 김윤식 씨와 일본공사 大鳥圭介 씨가 조일잠정합동을 의정하는데 해
합동 제2조에 경성부산 간과 경성인천 간 철로를 일본인에게 의한다하는 句語가 유한
바 경인 간 철로는 505년 외부대신 이완용 씨가 미국상회에 허설하였고 경부철로는
이차에 일본인에게 준허하였다하니 김대신이 始定한 暫字가 이대신을 경하여 박서리
에게 당하여 確字가 되었도다. 해 약서 요지는 경인철도 약서와 略同하여 약정일로 기
하여 한 3년내에 개공하고 개공후 10년내에 준공하고 준공후 제15년에 아 정부에서
估價 매입하되 만일 약정 후 3년내에 개공치 못하거나 개공후 10년 내에 준공치 못하
면 이 約은 자귀 폐지라 하고 철도 광협은 必照 경인철도라 하였다하니 아국 철도규칙
에 광협척량이 자재하거늘 필조 경인이라 함은 유심 이유한지.

58) 「별보」, 『황성신문』 1899.3.23: 일본시사신보···한국에 이민이라는 제목··· 그 내용은···
일본 농민을 이주하야 한국 산물의 발달을 모함은 즉 양국의 이익이라. 我輩가 이민의
목적을 주장한 바이니, 이에 대하여 필요함은 경부철도의 속성이라. 해 철도선로에 접
근한 전라 경상 충청 3도 지방은 한국 중에서도 가장 풍요한 토지오 물산의 소출이
불소하여 일본에 수출하는 곡물은 특히 이 지방에 많으니 만약 철도 준성한 후에는
그 수이기은 다시 의심할 바가 없다. 또한 하물며 이민 계획을 실행하여 선로 연도에
일본농민을 이주하여 개간 경작에 종사할 때면 토지는 더욱 열리고 산물을 더욱 증하
여 철도의 번창을 가히 견할지라. 아울러 한국의 이주는 남양남비의 변에 비하면 그
편리함은 동일하다 말할 수 없다. 현금에 부산에 이를 것 같으면 실상이 일본 市町이
라고도 가히 칭할 만한 것이 일본인이 한국 내지로 종하여 귀국하는 역로에 이땅에
止宿한 즉 고향에 돌아감과 흡사하여 感欣이 있다 하니 필경 왕래 편리함으로써 多多

이주하는데 不外할지라. 그러한 즉 경부철로 개통하는 때는 그 연도에 속속히 일본인을 이주하여 물산의 발달을 務致하며 또 양국 무역의 관계를 종밀히 하면 양국이 동일한 이익을 균점할 지니 아배는 일본인이라 이일에 주목하여 철도 속성과 이민사업을 계획하기를 바라노라. 혹자는 한국 정부에 대하여 폐정을 운운하나만 일 다수의 일본인이 내지에 이주하면 생명 재산의 보호법도 자연히 일변할 것이오 한국 인민도 자연히 그 여택을 받을 수 있을지라. 즉 일본인의 이주는 실로 한국 폐정으로 改하는 효력이 있을 뿐더러 철도도 열리며 이주도 행하는 대로 한국에서는 일본이해의 관계가 더욱 커지리니 그 이해를 옹호하는 필요가 더욱 크면 자연히 독립 부식의 목적도 가히 달하리라 … 철도의 속성과 이민의 계획에 大用力 하는 일을 희망하노라."

59) 「경부철도 기공식」, 『황성신문』 1901.8.21: 경부철도회사에서 작일 상오 11시에 해철도기공식을 영등포 정거장에서 행하는대 먼저 신위를 설하고 일본신궁 6인이 地鎭제문을 낭독한 후 철도원총재 민병석 씨와 해회사 사무총판 죽내강 씨가 신위전에서 일추토식 굴개하여 기공을 표하고 죽내강 씨가 축사를 읽고 궁내로서 파견하신 완순군 이재완 청안군 이재순 양 씨와 내빈을 사하고 또 해 철도의 前頭 흥왕함을 축함에 민병석 씨가 답사를 읽어 죽내강 씨의 請邀(청요) 급 축사를 치사하고 해 철도 성공 후 내외국 상무의 흥왕함을 축하고 또 아국 인민은 금일 차 철도 창설되는 이유를 기념하여 장래 아국 권리의 근본 손상치 않도록 탐구함을 절망이라 하였더라. 축필에 빈주가 식당에 입하여 입식례로 다과를 진하고 일공사 임권조 씨가 헌축함에 외부대신 박제순 씨가 답축하고 식필함에 동일 하오 1시에 특별 기차를 승하고 귀산하였더라.

60) 「별보(長崎영자보 의역)」, 『황성신문』 1899.11.27.

61) 정재정, 『일제침략과 조선철도』, 서울대출판부, 1999, 635쪽.

62) 「논설」, 『독립신문』 1896.7.2.

63) 「논설」, 『독립신문』 1896.12.29.

64) 『독립신문』 1896.10.10.

65) 『독립신문』 1897.7.10.

66) 「논설」, 『독립신문』 1898.8.6.

67) "하나님은 기름진 땅과 지하자원을 쓰지 않고 내버려 두는 것을 원하지 않는다. 하나님은 그것들을 인간의 이익을 위해 만드셨기 때문에 어느 나라 사람이든지 그것을 사용해야 한다. 이 자원과 토지를 개발함으로써 그 이익을 세계의 모든 사람들이 누릴 수 있다 … 역사는 우리에게 서양문명이 등장한 곳마다 새로운 나라가 건설되었음을 보여준다"(「Editorial」, 『The Independent』 1896.11.12).

68) 「철도 개업 예식」, 『독립신문』 1899.9.19.

69) 「논설: 二客論 鐵道」『황성신문』 1900.10.19.

70) 「논설: 二客論 鐵道」, 『황성신문』 1900.10.19.

71) 『漢城旬報』 1884.7.22(28호).

72) 『漢城周報』1887.2.28(52호).

73) 『漢城周報』1887.6.13(67호).

74) 『漢城周報』1887.6.27(69호).

75) 주진오, 「독립협회의 대외인식의 구조와 전개」, 『學林』8, 1986, 86쪽.

76) 「논설」, 『독립신문』1898.9.15.

77) 「논설: 二客論 鐵道」, 『황성신문』1900.10.19.

78) 「別報」, 『황성신문』1899.3.23.

79) 「別報(長崎영자보 의역)」, 『황성신문』1899.11.27.

80) 「경부철도와 농민이주」, 『황성신문』1900.10.26.

81) 「嗚呼晚矣」, 『황성신문』1901.5.17.

82) 「논설: '思患 예방」, 『황성신문』1901.5.20.

83) 「논설: '개관 경인철도」, 『황성신문』1900.12.18.

84) 「경부철도 운전 개황」, 『황성신문』1903.12.7.

85) 박찬승, 「한말 자강운동론의 각 계열과 그 성격」, 『한국사연구』68, 1990, 126쪽.

86) 「논설: '글을 번역ᄒ는 사람들에게 흔번 경고홈」, 『대한매일신보』1909.1.9.

87) 「시사평론」, 『대한매일신보』1908.8.16.

88) 『是言』1874년 8월 10일: 걸어서 서울에 다녀오기로 했다.
8월 22일: 늦게야 동작강을 건너… 남문으로 들어가 남대문내 소공동에 있는…

89) 『是言』1월 19일: 서울행을 떠났다…(중간에 여러 날 礪山에서 유숙)… 저녁에 군산포에 머물렀는데…
2월 4일: 저녁에 제물포에 도착했다. 화륜선에 몸을 맡긴 채 하루 1400리를 달렸다. 저녁에 영등포에 유숙했는데 시흥에 있으며 제물포와의 거리는 80리라 한다… 공덕 앞 도화동에 있는 三浦를 건넜다. 서울에 들어가 정오쯤 숭례문에 들어섰다.

90) 서울의 첫 전차는 1898년 10월 18일부터 궤도를 깔고 전선을 잇는 공사가 시작되어 12월 25일에 서울 종로에서 청량리까지의 1단계가 완공되었다. 차량은 40명이 앉을 수 있는 개방식의 것을 수입하였고, 황실 전용의 고급 차량 1대도 따로 도입되었다. 전차의 운전사는 일본 쿄토(京都) 전차회사에서 경험 있는 일본인을 초청하여 왔고, 차장은 한국인이 맡았다. 1899년 음력 사월 초파일(양력 5월 17일)에 전차 개통식이 열렸다. 많은 사람들이 신기한 전차의 등장에 환호하였고, 그 과정에서 인파에 깔려 다치거나 전차에 부딪쳐 부상을 입는 불상사도 일어났다.

91) 1902년부터 1903년까지 서울에 주재한 이탈리아의 총영사 가를로 로제티(Carlo Rossetti)는 그의 저서 『한국과 한국인(Corea e Coreany)』에서 한국의 전차에 대하여 이렇게 적고 있다. "공사는 1896년 12월부터 준비되었지만, 미국으로부터 전차의 도착이 지연되어 영업을 시작하지 못했고, 1899년 5월 16일에야 영업을 시작할 수 있었다.

그러나, 우연하게도 개통 무렵에 심한 가뭄이 계속되었는데, 한국인들 중 일부는 이러한 큰 가뭄이 바로 서울 중심에 마구 전찻길을 깔고 무시무시한 기계(전차)가 거리를 왕래하기 때문이고, 그 기계가 야만족(서양인)들의 손짓에 복종하며 도시의 가로를 누비고 있어 재난이 일고 있다는 소문들이 퍼져 나갔다. 정부는 국민들을 설득해야만 했다. 그러나 국민들의 그러한 시각은 변하지 않았고, 결국은 성난 국민들이 전차를 공격하는 사태로까지 발전했다. 이 때문에 전차의 운행 영업은 곧 중단되었다. 그 후 비가 내리면서 가뭄이 해소되어 한국인들의 마음이 가라앉자 전차 영업은 8월 10일에 복구되었고, 더 이상은 방해받지 않았다."

92) 『渚上日月』1904년 6월 14일.

93) 1910년대 국유철도의 수송은 1919년에(1911년 대비) 여객은 5배, 화물은 3.4배 증가했다, 1930년에는(1911년 대비) 여객은 8.5배, 화물은 5.6배 증가했다. 전체적으로 꾸준한 증가추세였지만, 1910년대의 증가율이 보다 높았다(정재정, 『일제침략과 조선철도』, 서울대출판부, 1999, 408·411쪽).

94) 철도는 단지 장소로 드러나는 출발, 정지 그리고 도착만을 안다. 그리고 이들은 대부분 서로 멀리 떨어져 있다. 철도는 이들을 사이를 가로질러 가고, 거기서 단지 '쓸모없는' 풍경만을 제공하는 그 사이의 공간과는 아무런 연관도 갖지 않는다(볼프강 쉬벨부쉬 지음, 박진희 옮김, 『철도여행의 역사』, 궁리, 1999, 54쪽).

95) 기차 여행에서는 대부분 자연 조망, 산이나 계곡의 아름다운 전망은 아예 사라져버리거나 아니면 왜곡되어 버린다. 지형을 오르고 내리는 것, 건강한 공기 그리고 '거리'라는 말로 연결되는 다른 모든 기분좋은 연상들은 사라지거나 아니면 황량한 단절들, 어두운 터널들, 그리고 위협적인 기관차의 건강하지 않은 가스분출이 대신한다(볼프강 쉬벨부쉬 지음, 박진희 옮김, 『철도여행의 역사』, 궁리, 1999, 73쪽).

96) 柳時賢, 『崔南善의 '近代' 認識과 '朝鮮學' 研究』, 고려대 박사학위논문, 2005, 69쪽.

97) 백성현, 이현우 지음, 『파란 눈에 비친 하얀 조선』, 새날, 1999. 169쪽.

98) 아손 그렙스트 지음, 김상열 옮김, 『스웨덴 기자 아손, 100년전 한국을 걷다: 을사조약 전야 대한제국 여행기』, 책과함께, 2004(1912년 [I Korea], Elsnders Boktryckeri Aktiebolag(스웨덴 엘란드라출판사)를 완역). 아손 그렙스트는 1904년 12월 24일부터 1905년 1월 말까지 대한제국을 여행했다.

99) 민영환 지음, 조재곤 편역, 『海天秋帆: 1896년 민영환의 세계일주』, 책과함께, 2007. 7~8쪽.

100) 이하의 기행문 내용은 '민영환 지음, 조재곤 편역, 『海天秋帆: 1896년 민영환의 세계일주』, 책과함께, 2007'을 토대로 정리하였다.

101) 국사편찬위원회 한국사데이타베이스 / 조선왕조실록 / 순종실록 / 1909년(기유, 융희 3년) 1월 4일(양력)

102) 이왕무, 「대한제국기 순종의 남순행 연구」, 『정신문화연구』 30-2, 2007. 61쪽.

103) 「때가 사정을 막아」, 『대한매일신보』 1909.1.9: 대황제폐하께옵서 이번 순행하실 때에

덕수궁에 문한차로 역림하셨더니 태황제폐하께서는 옥체 미령하옵서 기침치 아니하시고 기차 시간은 늦어가는 고로 바로 동가하셨다더라.

104) 「대황제순행」, 『대한매일신보』 1909.1.6: 대황제폐하께옵서 친히 남도를 순행하사 지방의 정형을 어람하시고 백성의 질고를 하순코져하사 내일 경성에서 동가하실터인데 그 날짜는 이와 같으니 7일에 대구부, 8일 9일에 부산항, 10일에 마산포, 11일에 또 대구부, 12일에 수원부, 13일에 환어하신다더라.

105) 「動駕 路次」, 『황성신문』 1909.1.6.

106) 『내각일기』 7, 「巡幸時諸般準備略」

107) 「어로 시찰」, 『대한매일신보』 1909.1.6: 대황제폐하께옵서 순행하시는 일에 대하여 경무국장 송정과 서기관 소송과 궁내부 고등관 수명이 어로를 시찰할 차로 금일에 먼저 발정하였다더라; 「도로 시찰 급행」, 『황성신문』 1909.1.6: 내부 토목국장 유맹, 경무국장 松井茂, 서기관 홍인표 씨 등이 대구 및 부산 마산항 등지에 어순행하실 도로를 시찰차로 재작일 하오 11시에 경부철도 열차를 탑승 급행하였다더라.

108) 국사편찬위원회, 「宮廷列車乘車證 및 便乘證交付 件」 「鐵道管理局局報號外」, 『統監府文書(9)』

109) 이왕무, 「대한제국기 순종의 남순행 연구」, 『정신문화연구』 30-2, 2007. 65쪽.

110) 「황송한 일」, 『대한매일신보』 1909.1.10: 금번 대황제폐하께옵서 궁정열차를 타시고 순행하옵시는데 현기증이 나서서 수라를 잡수치 못하시는 고로 배종한 모든 신하들이 대단 황송히 지낸다더라.

111) 「서도 순행일자」, 『대한매일신보』 1909.1.21: 대황제폐하께서 서도로 순행하신다는 말은 누차 게재하였거니와 본월 27일에 동가하사 평양과 신의주에 순행하시기로 확정이 되었다더라.

112) 국립고궁박물관 특별전 도록 『河正雄 기증전: 순종황제의 서북순행과 영친왕, 왕비의 일생』, 2011.

113) 「행행 일시」, 『황성신문』 1909.1.26; 「서도순행 노정」, 『대한매일신보』 1909.1.26.

114) 「차례로 순행」, 『대한매일신보』 1909.1.29: 대황제폐하께옵서 이번 서도로 순행하셨다가 환어하신 후 오는 4월에 또 강원도 춘천 원주와 함경도 함흥 원산 등지로 순행하실 터인대 해도에 이미 발훈하여 어로를 일신하게 수축한다더라.

115) 「남도에 재차 순행」, 『대한매일신보』 1909.1.30: 한국 대황제폐하께서 금번 남도 지방을 순행하실 때에 도로가 불편함으로 전라남도와 전라북도에는 순행지 못하신지라 이등 통감이 전라북도 관찰사 이두황 씨에 대하여 금년 6, 7월경에 대황제폐하께서 군산과 목포에 순행하실 사와 그때에 모든 준비 절차를 미리 준비하라고 지휘하였다더라.

116) 「논설」, 『대한매일신보』 1909.2.7.

117) 황민호, 「제1장 개항 이후 근대여행의 시작과 여행자」, 『시선의 탄생: 식민지 조선의 근대관광』, 선인, 2011, 29쪽.

118) 황민호, 「제1장 개항 이후 근대여행의 시작과 여행자」, 『시선의 탄생: 식민지 조선의 근대관광』, 선인, 2011, 30쪽.

119) 이광원, 『관광학 원론』, 기문사, 1999, 66쪽.

120) 서기재, 『조선 여행에 떠도는 제국』, 소명출판, 2011, 20~21쪽.

121) 서기재, 『조선 여행에 떠도는 제국』, 소명출판, 2011, 22쪽.

122) 정치영, 「遊山記'로 본 조선시대 사대부들의 여행」, 『경남문화연구』 27, 2006, 291쪽.

123) 정치영, 「遊山記'로 본 조선시대 사대부들의 여행」, 『경남문화연구』 27, 2006, 293~294쪽.

124) 정치영, 「遊山記'로 본 조선시대 사대부들의 여행」, 『경남문화연구』 27, 2006, 296~297쪽.

125) 정치영, 「遊山記'로 본 조선시대 사대부들의 여행」, 『경남문화연구』 27, 2006, 301~302쪽.

126) 유희춘은 1567년 10월부터 1577년 5월까지 총 83개월간 일기를 썼고, 총 26회의 여행 기록을 남겼다.

127) 정치영, 「일기를 이용한 조선 중기 양반관료의 여행 연구」, 『역사민속학』 26, 2008.

128) 빈프리트 뢰쉬부르크 지음, 이민수 옮김, 『여행의 역사』, 효형출판, 2003, 199~201쪽.

129) 빈프리트 뢰쉬부르크 지음, 이민수 옮김, 『여행의 역사』, 효형출판, 2003, 201쪽.

130) 서기재, 『조선 여행에 떠도는 제국』, 소명출판, 2011, 22쪽.

131) 빈프리트 뢰쉬부르크 지음, 이민수 옮김, 『여행의 역사』, 효형출판, 2003, 202쪽.

132) 빈프리트 뢰쉬부르크 지음, 이민수 옮김, 『여행의 역사』, 효형출판, 2003, 219~220쪽.

133) 빈프리트 뢰쉬부르크 지음, 이민수 옮김, 『여행의 역사』, 효형출판, 2003, 203~204쪽.

134) 빈프리트 뢰쉬부르크 지음, 이민수 옮김, 『여행의 역사』, 효형출판, 2003, 250쪽.

135) 볼프강 쉬벨부쉬 지음, 박진희 옮김, 『철도여행의 역사』, 궁리, 1999, 71쪽.

136) 황민호, 「제1장 개항 이후 근대여행의 시작과 여행자」, 『시선의 탄생: 식민지 조선의 근대관광』, 선인, 2011, 32~33쪽.

137) 「快少年世界一周時報」, 『少年』 1-1, 新文館, 1908.

138) 제국의식은 "제국주의 국가의 국민이 제국주의 지배에 대해 공유하고 있던 의식" 혹은 "자신이 제국의 '중심국'에 속한다고 하는 의식", 구체적으로 민족－인종차별의식, 大國主義的 내셔널리즘, 문명화의 사명감 등 세 가지 요소로 구성되는 자의식을 말한다(木畑洋一, 『支配の代償: 英帝國の崩壊と'帝國意識'』, 東京大學出版會, 1987).

139) 박양신, 「19세기 말 일본인의 조선여행기에 나타난 조선상」, 『역사학보』 177, 2003, 108쪽.

140) 박양신, 「19세기 말 일본인의 조선여행기에 나타난 조선상」, 『역사학보』 177, 2003, 112~113쪽.

141) 박양신, 「19세기 말 일본인의 조선여행기에 나타난 조선상」, 『역사학보』 177, 2003, 128쪽.

142) 아손 그렙스트가 부산에서 서울까지 기차를 타고 온 여정을 서술한 부분을 정리하였다. 아손 그렙스트 지음, 김상열 옮김, 『스웨덴 기자 아손, 100년전 한국을 걷다: 을사조약 전야 대한제국 여행기』, 책과함께, 2004, 31~90쪽.

143) 임성모, 「팽창하는 경계와 제국의 시선: 근대 일본의 만주여행과 제국의식」, 『일본역사연구』 23, 2006, 93쪽.

144) 임성모, 「팽창하는 경계와 제국의 시선: 근대 일본의 만주여행과 제국의식」, 『일본역사연구』 23, 2006, 95~96쪽.

145) 박양신, 「일본의 한국병합을 즈음한 '일본관광단'과 그 성격」, 『東洋學』 37집, 2005, 73~74쪽.

146) 지역별 유세자는 경기도-이대영, 강원도-정봉시, 황해도-정운복, 경상남도-정준민, 이준섭, 전라남도-정만조, 한성동, 전라북도-허원, 충청북도-한인수, 충청남도-남장희, 평안도-안승욱이었다(박양신, 「일본의 한국병합을 즈음한 '일본관광단'과 그 성격」, 『東洋學』 37집, 2005, 75~76쪽).

147) 박양신, 「일본의 한국병합을 즈음한 '일본관광단'과 그 성격」, 『東洋學』 37집, 2005, 79~80쪽.

148) 성주현, 「제7장 철도의 부설과 근대관광의 형성」, 『시선의 탄생: 식민지 조선의 근대관광』, 선인, 2011, 210쪽.

149) 성주현, 「제7장 철도의 부설과 근대관광의 형성」, 『시선의 탄생: 식민지 조선의 근대관광』, 선인, 2011, 211~212쪽.

150) 성주현, 「제7장 철도의 부설과 근대관광의 형성」, 『시선의 탄생: 식민지 조선의 근대관광』, 선인, 2011, 232쪽.

151) 「臨時桃花列車」, 『東亞日報』 1920.5.2.

152) 「觀櫻列車 運轉」, 『東亞日報』 1920.4.21.

153) 성주현, 「제7장 철도의 부설과 근대관광의 형성」, 『시선의 탄생: 식민지 조선의 근대관광』, 선인, 2011, 238쪽.

154) 「금강탐승 자동차」, 『東亞日報』 1921.7.5; 「만철탐승 자동차」, 『東亞日報』 1921.7.16.

155) 「금강탐승객 2만2천여 명」, 『조선중앙일보』 1934.2.11.

156) 「경원선 관풍임시열차」, 『東亞日報』 1922.10.3.

157) 「금강산전철 임시열차 운전 6월 1일부터」, 『중외일보』 1928.6.5.

158) 「금강산 '호텔' 개시 칠월일일부터」, 『東亞日報』 1920.6.25; 「금강산 '호텔' 개업」, 『東亞日報』 1920.6.28.

159) 「가을의 금강산 탐승객 사태 열차호텔 급설」, 『東亞日報』 1932.9.20.

160) 白信愛, 「停車場 四題」, 『삼천리』 제7권 9호(1935.10.1), 266쪽. 이하 잡지, 신문기사 인용문은 원문을 현재 표기법에 따라 수정하였다.

161) 「요것만은 알어둘 것, 汽車 타는 데도 常識이 든다」, 『별건곤』 3호(1927.1.1), 126~128쪽.

162) 淸州 農隱生, 「汽車票를 사준다고, 서울은 낭이다! 京城 와서 속아 본 이약이(各地各人의 實地經驗談)」, 『별건곤』 제23호(1929.9.27), 127~128쪽.

163) 白信愛, 「停車場 四題」, 『삼천리』 제7권 9호(1935.10.1), 267~268쪽.

164) 『東亞日報』 1920.6.26. 公民, '滿洲가는 길에(四)'

165) 白信愛, 「停車場 四題」, 『삼천리』 제7권 9호(1935.10.1), 268~269쪽.

166) 「不平」, 『東亞日報』 1924.5.28.

167) 경부선과 경의선에서 식당차 영업을 개시한 것은 1913년 4월 1일부터였다(財團法人 鮮交會, 「年表: 鐵道」, 『朝鮮交通史 資料編』, 1986. 13쪽).

168) 「京城驛에 朝鮮飮食」, 『東亞日報』 1923.3.7.

169) 任英彬, 「美國의 汽車旅行」, 『동광』 제11호(1927.3.5), 49쪽.

170) 京義線列車 金○興, 「요모조모로 본 朝鮮사람과 外國사람: 汽車中에서 본 朝鮮 손님과 外國 손님」, 『별건곤』 제12 · 13호(1928.5.1), 199~200쪽.

171) 볼프강 쉬벨부쉬 지음, 박진희 옮김, 『철도여행의 역사』, 궁리, 1999, 87쪽.

172) 볼프강 쉬벨부쉬 지음, 박진희 옮김, 『철도여행의 역사』, 궁리, 1999, 89쪽.

173) 「게으르고 놀고 먹는 폐단」, 『대한매일신보』 1908.7.10.

174) 염상섭, 『만세전 · 표본실의 청개구리 외』, 하서, 1994, 98쪽.

175) 김윤식 엮음, 『이상문학전집 3: 수필』, 문학사상사, 1993, 160쪽.

176) 靑吾, 「北國千里行」, 『개벽』 제54호(1924.12.1), 94쪽.

177) 곽승미, 「식민지시대 여행문화의 향유 실태와 서사적 수용 양상」, 『대중서사연구』 15호, 2006, 230쪽.

178) 김효주, 「1920년대 여행기의 존재 양상」, 『국어교육연구』 48집, 2011, 318쪽.

179) 홍순애, 「한국 근대 여행담론의 형성과 '수양론'의 실천적 논리: 「청춘」을 중심으로」, 『현대소설연구』 48, 2011, 360~361쪽.

180) 류시현, 『최남선 연구: 제국의 근대와 식민지의 문화』, 역사비평사, 2009, 111쪽.

181) 한샘(최남선), 「東京 가는 길」, 『靑春』 7, 1917.5, 75쪽.

182) 류시현, 『최남선 연구: 제국의 근대와 식민지의 문화』, 역사비평사, 2009, 115쪽.

183) 이광수, 「東京에서 京城까지」, 『靑春』 9, 1917.7, 74쪽.

184) 이광수, 「나의 고백」, 『李光洙全集』 7, 우신사, 230쪽.

185) 류시현,『최남선 연구: 제국의 근대와 식민지의 문화』, 역사비평사, 2009, 117~118쪽.

186) 이광수,「東京에서 京城까지」,『靑春』9, 1917.7, 80쪽.

187) 류시현,『최남선 연구: 제국의 근대와 식민지의 문화』, 역사비평사, 2009, 119쪽.

188)『每日申報』1917.7.7. 이광수 '오도답파기'

189)『每日申報』1917.7.11. 이광수 '오도답파기'

190) 최남선,「平壤行」,『少年』2-10, 1909.11, 151~152쪽.

191) 최남선,「嶠南鴻爪」,『少年』2-8, 1909.9, 52~66쪽.

192) 최남선,「平壤行」,『少年』2-10, 1909.11, 142쪽.

193) 최남선,「嶠南鴻爪」,『少年』2-8, 1909.9, 55쪽.

194) 류시현,『최남선 연구: 제국의 근대와 식민지의 문화』, 역사비평사, 2009, 124쪽.

195) 이송순,「미즈사와(水澤) 사이토마코토(齋藤實) 기념관 소장 일제시기 사진자료 해제」,
     『일본소재 한국사자료 조사보고Ⅲ』, 국사편찬위원회, 2007, 597쪽.

196) 靑吾,「北國千里行」,『개벽』제54호(1924.12.1), 95~96쪽.

197) 靑吾,「北國千里行」,『개벽』제54호(1924.12.1), 98쪽.

198) 車相瓚,「우리의 足跡̶ 京城에서 咸陽까지」,『개벽』제34호(1923.4.1), 54~55쪽.

199) 1920년대 서구 기행을 한 박승철, 허헌, 정석태, 나혜석의 기행문 연구(곽승미,「식민
     지시대 여행문화의 향유 실태와 서사적 수용 양상」,『대중서사연구』15호, 2006)와
     1910년대부터 20년대까지 일본과 서구지역으로 유학을 다녀온 김원극, 노정일, 박승
     철, 현상윤의 외국체험기, 기행문을 정리(김원극·노정일·박승철·현상윤 지음, 서경
     석·김진량 엮음,『식민지 지식인의 개화세상 유학기』, 태학사, 2005)한 것이 있다.

200) 盧正一,「세계일주, 산 넘고 물 건너(3)」,『개벽』21(1922.3), 81~82쪽.

201) 朴承喆,「北歐 列國 見聞記」,『개벽』43(1924.1), 61쪽.

202) 朴承喆,「北歐 列國 見聞記」,『개벽』43(1924.1), 61~62쪽.

203) 朴承喆,「北歐 列國 見聞記」,『개벽』43(1924.1), 62~63쪽.

204) 박승철,「그림을 보는 듯 십흔 북구의 풍경」,『개벽』44호(1924.2), 31~32쪽.

205) 박승철,「希臘·土耳其·墺地利를 보던 實記」,『개벽』53호(1924.11), 49~50쪽.

206) 곽승미,「식민지시대 여행문화의 향유 실태와 서사적 수용 양상」,『대중서사연구』
     15호, 2006, 244~245쪽.

207) 申興雨,「紀行 西伯利亞의 橫斷」,『삼천리』제12권 제9호(1940.10.1), 98~99쪽.

208) 奉天에서 林元根,「滿洲國과 朝鮮人將來, 滿洲國紀行(其二)」,『삼천리』제5권 제1호
     (1933.1.1), 52~53쪽.

209) 奉天에서 林元根,「滿洲國과 朝鮮人將來, 滿洲國紀行(其二)」,『삼천리』제5권 제1호
     (1933.1.1), 56쪽.

210) 이인직, 『귀의 성』(권영민 엮음), 뿔, 2008, 57쪽.

211) 이인직, 『귀의 성』(권영민 엮음), 뿔, 2008, 124쪽.

212) 이인직, 『귀의 성』(권영민 엮음), 뿔, 2008, 204쪽.

213) 이광수, 『무정』(김철 책임편집), 문학과지성사, 2005, 249쪽.

214) 이광수, 『무정』(김철 책임편집), 문학과지성사, 2005, 385~386쪽.

215) 이광수, 『무정』(김철 책임편집), 문학과지성사, 2005, 390쪽.

216) 김철, 「"내가 누구인지 말할 수 있는 자는 누구인가?": 『무정』을 읽는 몇가지 방법」, 『무정』(김철 책임편집), 문학과지성사, 2005, 498쪽.

217) 김철, 「"내가 누구인지 말할 수 있는 자는 누구인가?": 『무정』을 읽는 몇가지 방법」, 『무정』(김철 책임편집), 문학과지성사, 2005, 500쪽.

218) 김미영, 「근대소설에 나타난 '기차' 모티프 연구」, 『한국언어문학』 54, 2005, 246~247쪽.

219) 최명익, 「심문」, 『최명익 소설 선집』(진정석 엮음), 현대문학, 2009, 75쪽.

220) 김미영, 「근대소설에 나타난 '기차' 모티프 연구」, 『한국언어문학』 54, 2005, 250쪽.

221) 장수익, 「최명익론: 승차 모티프를 중심으로」, 『외국문학』 1995년 가을호(44호), 1995, 145쪽.

222) 장수익, 「최명익론: 승차 모티프를 중심으로」, 『외국문학』 1995년 가을호(44호), 1995, 152쪽.

223) 최명익, 「장삼이사」, 『최명익 소설 선집』(진정석 엮음), 현대문학, 2009, 127~128쪽.

224) 이태준, 「철로」, 『이태준 단편 전집 2』, 가람기획, 2005, 83쪽.

225) 이태준, 「철로」, 『이태준 단편 전집 2』, 가람기획, 2005, 91쪽.

226) 이태준, 「농군」, 『이태준 단편 전집 2』, 가람기획, 2005, 218쪽.

227) 이태준, 「농군」, 『이태준 단편 전집 2』, 가람기획, 2005, 221~223쪽.

228) 구인모, 「일본의 식민지 철도여행과 창가: 『滿韓鐵道唱歌』(1910)를 중심으로」, 『정신문화연구』 2009년 가을호(32-3), 2009, 196쪽.

229) 오와타 다테키는 일본의 국문학자, 와카(和歌) 가인이자 창가작사자로, 도쿄대학 문과대학 고전과 강사, 도쿄고등사범학교 교수를 역임했다.

230) 최현식, 「철도창가와 문명의 향방: 그 계몽성과 심미성 교육의 한 관점」, 『민족문학사연구』 43, 2010, 191쪽.

231) 구인모, 「일본의 식민지 철도여행과 창가: 『滿韓鐵道唱歌』(1910)를 중심으로」, 『정신문화연구』 2009년 가을호(32-3), 2009, 196~197쪽.

232) 구인모, 「일본의 식민지 철도여행과 창가: 『滿韓鐵道唱歌』(1910)를 중심으로」, 『정신문화연구』 2009년 가을호(32-3), 2009, 202쪽.

233) 구인모, 「일본의 식민지 철도여행과 창가: 『滿韓鐵道唱歌』(1910)를 중심으로」, 『정신문화연구』 2009년 가을호(32-3), 2009, 202쪽.

234) 김지녀, 「최남선 시가의 근대성: '철도'와 '바다'에 나타난 계몽적 공간 인식」, 『비교한국학』 14-2, 2006, 93~94쪽.

235) 최현식, 「철도창가와 문명의 향방: 그 계몽성과 심미성 교육의 한 관점」, 『민족문학사연구』 43, 2010, 195쪽.

236) 볼프강 쉬벨부쉬 지음, 박진희 옮김, 『철도여행의 역사』, 궁리, 1999, 93쪽.

237) 철도박물관 / 역사관 / 철도의 노래(http://info.korail.com/2007/kra/gal/gal02000/w_gal02135.jsp)

238) 財團法人 鮮交會, 「年表: 鐵道」, 『朝鮮交通史 資料編』, 1986. 24쪽. 이 철도는 1942년 1월 1일 경성전기회사에 흡수 합병되어 금강산전철선으로 개칭했다.

239) 財團法人 鮮交會, 「年表: 鐵道」, 『朝鮮交通史 資料編』, 1986. 17쪽. 이 철도는 1928년 7월 1일 총독부 철도국에서 매수하여 동해중부선으로 개칭했다.

240) 이영미, 「근대 대중가요의 특성과 흐름」, 『사의 찬미(외): 근대 대중가요 편』, 범우, 2006, 279~280쪽.

241) 이영미, 「근대 대중가요의 특성과 흐름」, 『사의 찬미(외): 근대 대중가요 편』, 범우, 2006, 282쪽.

242) 이영미, 「대중가요 속의 바다와 철도」, 『우리는 지난 100년 동안 어떻게 살았을까 1』, 역사비평사, 1998. 98쪽.

243) 박찬호 지음, 안동림 옮김, 『한국가요사1 1894~1945』, 미지북스, 2009, 59쪽.

244) 박찬호 지음, 안동림 옮김, 『한국가요사1 1894~1945』, 미지북스, 2009, 59~60쪽.

245) 박찬호 지음, 안동림 옮김, 『한국가요사1 1894~1945』, 미지북스, 2009, 77~78쪽.

246) 김광해 외, 『일제강점기 대중 가요 연구』, 박이정, 1999, 56쪽.

247) 장유정, 「20세기 전반기 한국 대중가요와 디아스포라」, 『대중음악』 통권 2호(2008년 하반기), 88쪽.

248) 장유정, 「20세기 전반기 한국 대중가요와 디아스포라」, 『대중음악』 통권 2호(2008년 하반기), 90쪽.

249) 장유정, 「20세기 전반기 한국 대중가요와 디아스포라」, 『대중음악』 통권 2호(2008년 하반기), 95~98쪽.

250) 財團法人 鮮交會, 「年表: 鐵道」, 『朝鮮交通史 資料編』, 1986. 10~13쪽.

251) 신성원, 『우리가 정말 알아야 할 우리 대중가요』, 현암사, 2008, 55~56쪽.

252) 신성원, 『우리가 정말 알아야 할 우리 대중가요』, 현암사, 2008, 73쪽.

253) 이영미, 「대중가요 속의 바다와 철도」, 『우리는 지난 100년 동안 어떻게 살았을까 1』, 역사비평사, 1998, 106쪽.

254) 최규성(대중문화평론가), 「[우리 시대의 명반,명곡] 안정애 「대전 블르스」」, 『주간한국』 제2439호, 2012.8.27.

255) 네이버 지식백과 / 문화원형백과 / 교통 · 통신 · 지리 / 간이역과 사람들 / '고향역'의 무대 황등역

256) 이영미, 「대중가요 속의 바다와 철도」, 『우리는 지난 100년 동안 어떻게 살았을까 1』, 역사비평사, 1998, 111~112쪽.

257) 이영미, 「대중가요 속의 바다와 철도」, 『우리는 지난 100년 동안 어떻게 살았을까 1』, 역사비평사, 1998, 113쪽.

258) 이영미, 「'이별' 그리고 '여행': 가요에 담긴 기차의 이미지」, 『시사저널』, 1999년 8월 26일, 67쪽.

259) 天野郁夫 저, 석태종 · 차갑부 공역, 『교육과 선발』, 良書院, 1995, 10~11쪽.

260) 이문호, 「'한국적' 근대화의 특성과 문제점: 재벌과 교육열을 중심으로」, 『인문과학』 제40집, 2007, 123쪽.

261) 박철희, 「일제강점기 한국 중등교육」, 『교육사학연구』 14, 2004.8, 138~139쪽.

262) 박철희, 「일제강점기 한국 중등교육」, 『교육사학연구』 14, 2004.8, 139쪽.

263) 「열차통학 천명, 경기도 관내 통계」, 『東亞日報』 1934.3.9.

264) 「열차통학 천명, 경기도 관내 통계」, 『東亞日報』 1934.3.9.

265) 「충북선 열차시간 변경으로 학생통학이 불능」, 『東亞日報』 1934.12.22.

266) 「망중한: 철도통학요금」, 『東亞日報』 1936.4.14.

267) 「경성에의 기차통학생, 3천여 명의 통학표 조사」, 『東亞日報』 1939.3.6.

268) 「야반출가, 야반귀가 차속이 식당 겸 복습방」, 『東亞日報』 1939.3.6.

269) 「열차통학생의 횡사」, 『東亞日報』 1921.6.23.

270) 「광주학생운동」, 『한국민족문화대백과사전』: http://encykorea.aks.ac.kr/Contents/Index?contents_id=E0005301

271) 「경수간 열차도 부득이 운휴」, 『東亞日報』 1947.12.17.

272) 「휴지통」, 『東亞日報』 1954.8.10.

273) 「열차 운임 인상 반대, 통근 통학생들이 진정」, 『東亞日報』 1954.8.21.

274) 「통근 통학열차 6선 증발」, 『경향신문』 1954.9.5.

275) 「통근 통학 10개선, 18일 철도기념일을 맞아 부활」, 『東亞日報』 1954.9.12.

276) 「떨어야 할 구간열차, 난방장치 실현은 무망」, 『경향신문』 1956.12.14.

277) 「운임 5할 인상하고도 부족? 창없는 통근열차에 물의」, 『경향신문』 1954.10.22.

278) 「느림보 통근열차, 서울~문산 간 매일 한 시간씩 골탕」, 『경향신문』 1963.12.9.

279) 「너무 혼잡한 경수선 열차」, 『東亞日報』 1977.11.5.

280) 「국민학교생 추락 중태, 학군제로 전학 못해 열차통학길에」, 『東亞日報』 1969.5.1.

281) 피정만, 「제9장 한국 교육의 발전」, 『한국교육사 이해』, 도서출판 하우, 2010.

282) http://blog.naver.com/sk10094/120039284912(sk10094님의 블로그 / 통학열차)

283) http://blog.daum.net/wwwbudongsan114/960599(보성벌교의 기차 통학 추억을 되새겨 보면서)

284) 조석곤, 오유석, 「압축성장을 위한 전제조건의 형성: 1950년대 한국자본주의 축적체제의 정비를 중심으로」, 『동향과 전망』 59, 2003.12, 269~270쪽.

285) 조석곤, 오유석, 「압축성장을 위한 전제조건의 형성: 1950년대 한국자본주의 축적체제의 정비를 중심으로」, 『동향과 전망』 59, 2003.12, 275~276쪽.

286) 윤여덕, 「산업화와 도시빈민층 형성」, 『정신문화연구』 1985년 봄호, 26쪽.

287) 정승화, 「1950~60년대 한국사회 경제구조 변화와 가족동반자살」, 『내일을 여는 역사』 2011년 봄호(제42호), 191~192쪽.

288) 윤여덕, 「산업화와 도시빈민층 형성」, 『정신문화연구』 1985년 봄호, 31쪽.

289) 「돈벌이 시켜 준다고 유인, 양공주되기를 강요, 몸 망칠 뻔 했던 두 시골처녀 호소」, 『경향신문』 1957.7.26.

290) 「1년간 31만 명, 상경족 거의 영세농어민」, 『경향신문』 1965.2.6.

291) 『경향신문』 1966.11.16.

292) 네이버지식백과 / 문학비평용어사전 / 청년(권보드래)

293) 네이버지식백과 / 민족문화대백과사전(한국학중앙연구원) / 청년문화

294) 이영미, 「낙동강에서 입영열차까지: 노래 속의 군인 표상과 그 의미」, 『한국문학연구』 46집(2014.6), 67~68쪽.

295) 이영미, 「낙동강에서 입영열차까지: 노래 속의 군인 표상과 그 의미」, 『한국문학연구』 46집(2014.6), 75~79쪽.

1. 사료

1) 조선총독부 자료

朝鮮總督府鐵道局. 『朝鮮鐵道史 第1卷』. 朝鮮總督府鐵道局. 昭和4[1929].

朝鮮總督府鐵道局. 『朝鮮鐵道史: 全』. 朝鮮總督府鐵道局. 大正4[1915].

朝鮮鐵道史編纂委員會. 『朝鮮鐵道史 第1卷, 創始時代』. 朝鮮總督府鐵道局. 昭和12[1937].

朝鮮總督府鐵道局 編. 『朝鮮旅行案內記』. 朝鮮總督府鐵道局. 昭和4[1929].

朝鮮總督府鐵道局 編. 『朝鮮旅行案內記』. 朝鮮總督府鐵道局. 昭和9[1934].

朝鮮總督府鐵道局 編. 『朝鮮鐵道四十年略史』. 朝鮮總督府鐵道局. 昭和15[1940].

朝鮮總督府鐵道局. 『朝鮮鐵道驛勢一班 上卷』. 朝鮮總督府鐵道局. 大正3[1914].

朝鮮總督府鐵道局. 『朝鮮鐵道驛勢一班 下卷』. 朝鮮總督府鐵道局. 大正3[1914].

朝鮮總督府鐵道局 編. 『朝鮮の鐵道 昭和2』. 朝鮮總督府鐵道局. 昭和3[1928].

朝鮮總督府鐵道局 編. 『朝鮮の鐵道 昭和3』. 朝鮮總督府鐵道局. 昭和3[1928].

朝鮮總督府鐵道局. 『朝鮮鐵道論纂』. 朝鮮總督府鐵道局庶務課. 昭和5[1930].

朝鮮總督府鐵道局. 『朝鮮鐵道論纂』. 朝鮮總督府鐵道局庶務課. 昭和5[1930].

朝鮮總督府鐵道局 『朝鮮鐵道論纂 第2編』. 朝鮮總督府鐵道局庶務課. 昭和8[1934].

朝鮮總督府. 『朝鮮總覽』. 朝鮮總督府. 昭和8[1933].

朝鮮總督府鐵道局 編纂. 『(昭和10)朝鮮鐵道一班』. 朝鮮鐵道協會. 昭和10[1935].

朝鮮總督府鐵道局 編纂. 『(昭和12)朝鮮鐵道一班』. 朝鮮鐵道協會. 昭和12[1937].

『朝鮮總督府鐵道局年報』. 朝鮮總督府鐵道局. 1913~1927.

朝鮮總督府鐵道局. 『朝鮮鐵道狀況』. 朝鮮總督府鐵道局. 1923~1943.

韓國統監府鐵道管理局. 『韓國鐵道線路案內』. 明治41[1908].

鐵道院韓國鐵道管理局. 『(明治四十二季度鐵道院年報)韓國鐵道管理局之部』. 京城: 鐵道院
　　　　韓國鐵道管理局. 明治43[1910].

龜岡榮吉. 『(朝鮮)鐵道沿線要覽』. 朝鮮石殖資料調査會. 昭和2[1927].

森尾人志 編. 『朝鮮の鐵道鎭營』. 京城: 森尾人志. 昭和11[1936].

江口寬治. 『朝鮮鐵道夜話』. 京城: 二水閣. 昭和11(1936).

江口寬治. 『朝鮮鐵道協會會誌』. 朝鮮鐵道協會. 1932~1948.

山崎勝治 編. 『金剛山電氣鐵道株式會社二十年史』. 金剛山電氣鐵道株式會社. 1939(昭和
　　　　14).

朝鮮總督府 編著. 경인문화사 편집부 편. 『韓國鐵道線路案內』影印本. 경인문화사.
　　　　1995.

南滿洲鐵道株式會社 編. 『南滿洲鐵道旅行案內』. 서울: 景仁文化社. 1995.

경인문화사 편집부 편. 『朝鮮滿洲案內, 鮮滿旅行記, 鮮滿事情』影印本. 경인문화사.
　　　　1995.

2) 신문·잡지류

『漢城旬報』, 『漢城周報』, 『독립신문』, 『황성신문』, 『대한매일신보』, 『매일신보』, 『조
선일보』, 『동아일보』, 『시대일보』, 『경향신문』, 『학지광』, 『개벽』, 『신천지』, 『별건곤』,
『삼천리』, 『조광』, 『철우』, 『철경』, 『조선공론』, 『조선철도협회회지』, 『조선급만주』,
『조선』

3) 해방 이후 자료

交通部. 『圖表로 본 韓國鐵道運營』. 서울: 交通部. 1962.

鐵道廳 編. 『鐵道年表』. 서울: 鐵道廳. 1964.

鐵道建設局. 『鐵道建設略史』. 交通敎養助成會. 1965.

한국철도 편. 『한국철도 100년 자료집』. 서울: 철도청 공보담당관실. 1995.

철도청 편. 『(사진으로 본) 한국철도 100년』. 서울: 철도청. 1999.

철도청 편. 『한국철도 100년사』. 서울: 철도청. 1999.

철도청 홍보담당관실 편. 『철도박물관도록』. 서울: 철도청 홍보담당관실. 2002.

철도청 홍보담당관실. 『(2003 사진으로 본) 한국철도 100년』. 철도청 홍보담당관실.
　　2003.

한국철도기술연구원. 『한국철도 문헌목록: 1894년~1962년』. 한국철도기술연구원.
　　2005.

한국철도시설공단. 『한국철도건설백년사』. 한국철도시설공단. 2005.

한국철도대학100년사편찬위원회. 『한국철도대학 100년사: 1905~2005』. 한국철도대학.
　　2005.

『통계로 보는 한국철도』. 의왕: 한국철도기술연구원. 2005.

코레일 홍보실. 『한국철도승차권도록: 1899~2007』. 코레일 홍보실. 2007.

2. 논저

1) 단행본

김기수 지음. 이재호 역주. 『(역주)日東記游』. 부산대학교 한일문화연구소. 1962.

趙璣濬. 『韓國企業家史』. 博英社. 1973.

철도청. 『韓國鐵道史』 1~5. 서울: 철도청. 1974~1994.

주명건. 『미국경제사』. 박영사. 1983.

朴定陽. 「美俗拾遺」. 『朴定陽全集』 6. 아세아문화사. 1984.

에릭 홉스봄. 전철환·장수한 옮김. 『산업과 제국: 산업시대 영국 경제와 사회』. 한벗.
　　1984.

정해본. 『독일근대사회경제사』. 지식산업사. 1991.

김윤식 엮음. 『이상문학전집 3: 수필』. 문학사상사. 1993.

염상섭. 『만세전·표본실의 청개구리 외』. 하서. 1994.

윤원호. 『자본주의 이야기: 축적기의 경제사』. 한울. 1994.

天野郁夫 저. 석태종·차갑부 공역. 『교육과 선발』. 良書院. 1995.

노동은. 『한국근대음악사』. 한길사. 1995.

뽈 망뚜. 정윤형·김종철 옮김. 『산업혁명사 上』. 창작과비평사. 1997.

이영미. 『한국대중가요사』. 시공사. 1998.

이광원. 『관광학 원론』. 기문사. 1999.

백성현. 이현우 지음. 『파란 눈에 비친 하얀 조선』. 새날. 1999.

철도차량기술검정단 한국철도차량 100년사 편찬위원회 편. 『한국철도차량 100년사 = Rolling stock centenary anniversary 1899~1999: a history of Korea railway's rolling stock industry』. 서울: 철도차량기술검정단. 1999.

김광해 외. 『일제강점기 대중가요』. 박이정. 1999.

정재정. 『일제침략과 한국 철도: 1892~1945』. 서울대 출판부. 1999.

볼프강 쉬벨부쉬. 박진희 역. 『철도여행의 역사: 철도는 시간과 공간을 어떻게 변화시켰는가』. 궁리. 1999.

이재광. 『식민과 제국의 길』. 나남. 2000.

김지평. 『한국가요정신사』. 아름출판사. 2000.

서선덕 외. 『한국철도의 르네상스를 꿈꾸며』. 삼성경제연구소. 2001.

文一平. 『湖岩 文一平全集 제1권: 대미관계 50년사』. 민속원. 2001.

장두연. 『열차 승무원과 떠나는 낭만과 추억의 기차여행』. 한솜미디어. 2002.

빈프리트 뢰쉬부르크 지음. 이민수 옮김. 『여행의 역사』. 효형출판. 2003.

박천홍. 『매혹의 질주. 근대의 횡단』. 산처럼. 2003.

한국대중예술문화연구원. 『한국대중가요사』. 2003.

서정익. 『日本近代經濟史』. 혜안. 2003.

유길준 지음. 허경진 옮김. 『西遊見聞』. 서해문집. 2004.

고바야시 히데오. 임성모 역. 『만철: 일본제국의 싱크탱크』. 산처럼. 2004.

최문형. 『(국제관계로 본) 러일전쟁과 일본의 한국병합』. 지식산업사. 2004.

아손 그렙스트 지음. 김상열 옮김. 『스웨덴 기자 아손. 100년전 한국을 걷다: 을사조약 전야 대한제국 여행기』. 책과함께. 2004.

이광수. 『무정』(김철 책임편집). 문학과지성사. 2005.

이태준. 「철로」「농군」. 『이태준 단편 전집 2』. 가람기획. 2005.

이용상 외. 『일본 철도의 역사와 발전 II』. 북갤러리. 2005.

한국철도시설공단. 『한국철도건설백년사』. 대전: 한국철도시설공단. 2005.

김원극 외 지음. 서경석·김진량 엮음. 『식민지 지식인의 개화 세상 유학기』. 태학사. 2005.

김민영·김양규. 『철도, 지역의 근대성 수용과 사회경제적 변용: 군산선과 장항선』. 선인. 2005.

이노우에 유이치 지음. 석화정. 박양신 옮김. 『동아시아 철도 국제관계사: 영일동맹의 성립과 변질 과정』. 지식산업사. 2005.

앙리 르페브르. 박정자 옮김. 『현대세계의 일상성』. 기파랑. 2005.

김근배. 『한국 근대 과학기술인력의 출현』. 문학과지성사. 2005.

문제안 외. 『8.15의 기억: 해방공간의 풍경. 40인의 역사체험』. 한길사. 2006.

장유정. 『오빠는 풍각쟁이야: 대중가요로 본 근대의 풍경』. 민음사. 2006.

최연혜. 『(지난 100년의 과거와 현재 그리고 미래가 공존하는) 시베리아 횡단철도: 잊
혀진 대륙의 길을 찾아서』. 나무와숲. 2006.

홍성웅. 『사회간접자본의 경제학』. 박영사. 2006.

김종현. 『영국 산업혁명의 재조명』. 서울대학교출판부. 2006.

민영환 지음. 조재곤 편역. 『海天秋帆: 1896년 민영환의 세계일주』. 책과함께. 2007.

허우긍·도도로키 히로시. 『개항기 전후 경상도의 육상교통』. 서울대학교출판부. 2007

권혜숙 외. 『철도의 역사와 철도유통의 현황』. 한국학술정보. 2007.

권성원. 『우리가 정말 알아야 할 우리 대중가요』. 현암사. 2008.

이인직. 『귀의 성』(권영민 엮음). 뿔. 2008.

페르낭 브로델. 주경철 옮김. 『물질문명과 자본주의Ⅰ-2 일상생활의 구조 下』. 까치.
2008.

서정익. 『전시일본경제사』. 혜안. 2008.

국사편찬위원회 편저. 『여행과 관광으로 본 근대』. 두산동아. 2008.

선성원. 『우리가 정말 알아야 할 우리 대중가요』. 현암사. 2008.

조진구 편. 『동아시아 철도네트워크의 역사와 정치경제학』Ⅰ·Ⅱ. 리북. 2008

박찬호 지음. 안동림 옮김. 『한국가요사 1: 가요의 탄생에서 식민지시대까지 민족의
수난과 저항을 노래하다 1894~1945』. 미지북스. 2009.

박찬호 지음. 안동림 옮김. 『한국가요사 2: 해방에서 군사정권까지 시대의 희망과 절
망을 노래하다 1945~1980년』. 미지북스. 2009.

최명익. 「심문」「장삼이사」. 『최명익 소설 선집』(진정석 엮음). 현대문학. 2009.

류시현. 『최남선 연구: 제국의 근대와 식민지의 문화』. 역사비평사. 2009.

이철우. 『한반도 철도와 철의 실크로드의 정치경제학: 일제식민지시대. 산업화시대. 21세
기 세계화시대』. 한국학술정보. 2009.

박성서. 『한국전쟁과 대중가요. 기록과 증언』. 책이있는풍경. 2010.

허우긍. 『일제 강점기의 철도 수송』. 서울대 출판문화원. 2010.

이수광. 『경부선. 눈물과 한의 철도 이야기』. 효형출판. 2010.

부산근대역사관. 『근대. 관광을 시작하다』. 민속원. 2010.

박광현. 이철호 엮음. 『이동의 텍스트. 횡단하는 제국』. 동국대 출판부. 2011.

조성운 외. 『시선의 탄생: 식민지 근대 관광』. 선인. 2011.

일본 해외철도기술협력협회 지음. 최경수 옮김. 『세계의 철도』. 매일경제신문사. 2011.

이용상 외. 『한국 철도의 역사와 발전 Ⅰ』. 북갤러리. 2011.

이용상 외. 『한국 철도의 역사와 발전 Ⅱ』. 북갤러리. 2011.

조병로 외. 『조선총독부의 교통정책과 도로건설』. 국학자료원. 2011.

서기재. 『조선 여행에 떠도는 제국』. 소명출판. 2011.

국립고궁박물관 특별전 도록 『河正雄 기증전: 순종황제의 서북순행과 영친왕, 왕비의 일생』, 2011.

조성면. 『(질주하는 역사) 철도』. 한겨레출판. 2012.

최문형. 『일본의 만주침략과 태평양전쟁으로 가는 길: 만주와 중국대륙을 둘러싼 열강의 각축』. 지식산업사. 2013.

박흥수. 『철도의 눈물』. 후마니타스. 2013.

김지환. 『(철도로 보는) 중국역사』. 學古房. 2014.

財團法人 鮮交會. 『朝鮮交通回顧錄(運輸編)』. 三元社. 1975.

財團法人 鮮交會. 『朝鮮交通回顧錄(行政編)』. 三元社. 1981.

原田勝正 著. 『滿鐵』. 東京: 岩波書店. 1981.

財團法人 鮮交會. 『朝鮮交通史』. 三信圖書有限會社. 1986.

木畑洋一. 『支配の代償: 英帝國の崩壞と'帝國意識'』. 東京大學出版會. 1987.

原田勝正. 『鐵道と近代化』. 吉川弘文館. 1998.

宇田 正. 『近代日本と鐵道史の展開』. 日本經濟評論社. 1995.

高橋泰隆. 『日本植民地鐵道史論』. 日本經濟評論社. 1995.

平井廣一. 『日本植民地財政史研』. ミネルヴァ書房. 1997.

高 成鳳. 『植民地鐵道と民衆生活: 朝鮮·臺灣·中國東北』. 法政大學出版局. 1999.

大庭幸雄. 『「汽車茫々」: 獨りよがりの鐵道社會學』. 交通新聞社. 2004.

林采成. 『戰時經濟と鐵道運營: 「植民地」朝鮮から「分斷」韓國への歷史的經路を探る』. 東京大學出版會. 2005.

佐々木徹雄 外. 『汽車 映畵ノスタルジア』. 展望社. 2005.

松下孝昭. 『鐵道建設と地方政治』. 日本經濟評論社. 2006.

高 成鳳. 『植民地の鐵道』. 日本經濟評論社. 2006.

鄭在貞. 『帝國日本の植民地支配と韓國鐵道: 1892~1945』. 明石書店. 2008.

老川慶喜. 『近代日本の鉄道構想』. 日本經濟評論社. 2008.

今尾惠介. 原武史. 『日本鐵道旅行地図帳 「朝鮮, 臺灣」』. 2009.

竹內正浩. 『鐵道と日本軍』. 筑摩書房. 2010.

Ruoff, Kenneth J. 木村剛久 譯. 『紀元二千六百年: 消費と觀光のナショナリズム』. 朝日新聞出版. 2010.

速水融. 『汽車とレコ-ド』. 慶應義塾大學出版會. 2010.

武史. 『鐵道ひとつばなし(3)』. 講談社. 2011.

原武史. 『「鐵學」槪論: 車窓から眺める日本近現代史』. 新潮社. 2011.

2) 연구 논문

穆麟德 夫人 편. 고병익 역. 「穆麟德의 手記「P.G. Von Mollendorff-Ein Lebensbilo」」. 『진단학보』 24. 1963.

조기준. 「한국철도업의 선구자 朴琪宗」. 『일제하 민족생활사』. 민중서관. 1971.

裵基完. 「日帝의 韓鐵에 대한 投資 및 經營」. 『論文集』 8. 단국대학교. 1974.

이병천. 「구한말 호남철도 부설운동(1904~1908)」. 『경제사학』 5. 1981.

윤여덕. 「산업화와 도시빈민층 형성」. 『정신문화연구』 1985년 봄호.

주진오. 「독립협회의 대외인식의 구조와 전개」. 『學林』 8. 1986.

박찬승. 「한말 자강운동론의 각 계열과 그 성격」. 『한국사연구』 68. 1990.

윤옥경. 「수인선 철도의 기능 변화에 관한 연구」. 『지리교육논집』 28. 1992.

韓哲昊. 「初代 駐美全權公使 朴定陽의 美國觀: 『美俗拾遺』(1888)를 중심으로」. 『韓國學報』 66. 1992.

장수익. 「최명익론: 승차 모티프를 중심으로」. 『외국문학』 1995년 가을호(44호). 1995.

허동현. 「1881년 朝士視察團의 明治 日本 社會. 風俗觀: 시찰단의 『見聞事件』을 중심으로」. 『한국사연구』 101. 1998.

이영미. 「대중가요 속의 바다와 철도」. 『우리는 지난 100년 동안 어떻게 살았을까 1』. 역사비평사. 1998.

정재정. 「20세기 초 한국 문학인의 철도 인식과 근대문명 수용의 태도」. 『인문과학』 7(서울시립대 인문과학연구소). 2000.

도도로키 히로시. 「수려선 철도의 성격변화에 관한 연구」. 『지리학논총』 37. 서울대학교 사회과학대학 지리학과. 2001.

김동식. 「철도의 근대성: 「경부철도노래」와 「세계일주가」를 중심으로」. 『돈암어문학』 15. 2002.

김희중. 「일제지배하의 호남선 철도에 관한 고찰」. 『호남대학교 학술논문집』 23. 2002.

박양신. 「19세기 말 일본인의 조선여행기에 나타난 조선상」. 『역사학보』 177. 2003.

조석곤. 오유석. 「압축성장을 위한 전제조건의 형성: 1950년대 한국자본주의 축적체제의 정비를 중심으로」. 『동향과 전망』 59. 2003.12.

한철호. 「대한제국기(1896~1900) 주일 한국공사의 외교활동과 그 의의: 이하영을 중심으로」. 『진단학보』 97. 2004.

박철희. 「일제강점기 한국 중등교육」. 『교육사학연구』 14. 2004.8.

진시원. 「동아시아 철도 네트워크의 기원과 역사: 청일전쟁에서 태평양전쟁까지」. 『國際政治論叢』 44-3. 한국국제정치학회. 2004.

김양식. 「충북선 건설의 지역사적 성격」. 『한국근현대사연구』 33. 2005.

이영민. 「개항 이후 경인지역의 역사지리적 변화와 경인선 철도의 역할」. 『지리교육논집』 49. 2005.

조성면. 「철도와 문학: 경인선 철도를 통해서 본 한국의 근대문화」. 『인천학연구』 4. 2005.

이영민. 「경인선 철도와 인천의 문화지리적 변화」. 『인천학연구』 4. 2005.

김 철. 「"내가 누구인지 말할 수 있는 자는 누구인가?": 『무정』을 읽는 몇 가지 방법」. 『무정』(김철 책임편집). 문학과지성사. 2005.

김미영. 「근대소설에 나타난 '기차' 모티프 연구」. 『한국언어문학』 54. 2005.

박양신. 「일본의 한국병합을 즈음한 '일본관광단'과 그 성격」. 『東洋學』 37. 2005.

임성모. 「팽창하는 경계와 제국의 시선: 근대 일본의 만주여행과 제국의식」. 『일본역사연구』 23. 2006.

곽승미. 「식민지시대 여행문화의 향유 실태와 서사적 수용 양상」. 『대중서사연구』 15. 2006.

이영미. 「근대 대중가요의 특성과 흐름」. 『사의 찬미(외): 근대 대중가요 편』. 범우. 2006.

정치영. 「遊山記로 본 조선시대 사대부들의 여행」. 『경남문화연구』 27. 2006.

韓哲昊. 「제1차 수신사(1876) 김기수의 견문활동과 그 의의」. 『韓國思想史學』 27. 2006.

김지녀. 「최남선 시가의 근대성: '철도'와 '바다'에 나타난 계몽적 공간 인식」. 『비교한국학』 14-2. 2006.

이미림. 「근대인 되기와 정주 실패: 여행소설로서의 「만세전」」. 『현대소설연구』 31. 2006.

이왕무. 「대한제국기 순종의 남순행 연구」. 『정신문화연구』 30-2. 2007.

이문호. 「'한국적' 근대화의 특성과 문제점: 재벌과 교육열을 중심으로」. 『인문과학』 40. 2007.

이송순. 「미즈사와(水澤) 사이토마코토(齋藤實) 기념관 소장 일제시기 사진자료 해제」. 『일본소재 한국사자료 조사보고 Ⅲ』. 국사편찬위원회. 2007.

정치영. 「일기를 이용한 조선 중기 양반관료의 여행 연구」. 『역사민속학』 26. 2008.

장유정. 「20세기 전반기 한국 대중가요와 디아스포라」. 『대중음악』 통권 2호(2008년 하반기).

구인모. 「일본의 식민지 철도여행과 창가: 『滿韓鐵道唱歌』(1910)를 중심으로」. 『정신문화연구』 116. 2009 가을호(32-3).

박장배. 「만철 조사부의 확장과 조사 내용의 변화」. 『중국근현대사연구』 43. 2009.

정재현. 「윈난 철도의 건설과 프랑스 제국주의」. 고려대학교 사학과 석사학위 논문. 2010.

최현식. 「철도창가와 문명의 향방: 그 계몽성과 심미성 교육의 한 관점」. 『민족문학사연구』 43. 민족문학사연구소. 2010.

김제정. 「대공황 전후 조선총독부 산업정책과 조선인 언론의 지역성」. 서울대학교 대학원 국사학과 박사학위 논문. 2010.

鄭応洙. 「조선사절이 본 메이지(明治) 일본: 김기수의 『일동기유』를 중심으로」. 『日本文化學報』 45. 2010.

최현식. 「철도창가와 문명의 향방: 그 계몽성과 심미성 교육의 한 관점」. 『민족문학사연구』 43. 2010.

황민호. 「제1장 개항 이후 근대여행의 시작과 여행자」. 『시선의 탄생: 식민지 조선의 근대관광』. 선인. 2011.

김효주. 「1920년대 여행기의 존재 양상」. 『국어교육연구』 48집. 2011.

홍순애. 「한국 근대 여행담론의 형성과 '수양론'의 실천적 논리: 「청춘」을 중심으로」. 『현대소설연구』 48. 2011.

성주현. 「제7장 철도의 부설과 근대관광의 형성」. 『시선의 탄생: 식민지 조선의 근대관광』. 선인. 2011.

기유정. 「일본인 식민사회의 정치활동과 '조선주의'에 관한 연구: 1936년 이전을 중심으로」. 서울대학교 대학원 정치학과 박사학위 논문. 2011.

원두희. 「일제강점기 관광지와 관광행위 연구: 금강산을 사례로」. 한국교원대학교 석사학위 논문. 2011.

조형열. 「근현대 온양온천 개발 과정과 그 역사적 성격」. 『순천향 인문과학논총』 29. 순천향대학교. 2011.

송규진. 「일제의 대륙침략기 '북선루트' · '북선3항'」. 『한국사연구』 163. 한국사연구회. 2013.

정재정. 「일제하 동북아시아의 철도교통과 경성」. 『서울학연구』 52. 서울학연구소. 2013.

김백영. 「철도제국주의와 관광식민주의: 제국 일본의 식민지 철도관광에 대한 이론적 검토」. 『사회와 역사』 102. 한국사회사학회. 2014.

김백영. 「제국 일본의 선만(鮮滿) 공식 관광루트와 관광안내서」. 『일본역사연구』 39. 일본사학회. 2014.

이영미. 「낙동강에서 입영열차까지: 노래 속의 군인 표상과 그 의미」. 『한국문학연구』 46. 2014.6.

橋谷弘. 「朝鮮鉄道の満鉄への委託経営をめぐって: 第一次大戦前後の日帝植民地政策の一断面」. 『朝鮮史研究会論文集』 19. 朝鮮史研究会. 1982.

菊島啓. 「朝鮮における鉄道の発達と特徴: 植民地期の私設鉄道と専用鉄道を中心として」. 『清和法学研究』 1-1. 清和大学法学会. 1994.

梁相鎮. 「もう一つの略奪と奴隷航路: 「南朝鮮鐵道」と「關麗連絡船」」. 『近代の朝鮮と兵庫』. 明石書店. 2003.

矢島桂. 「植民地期朝鮮への鉄道投資の基本性格に関する一考察: 1923年朝鮮鉄道会社の成立を中心に」. 『経営史学』. 経営史学会. 2009.

竹内祐介. 「穀物需給をめぐる日本帝国内分業の再編成と植民地朝鮮: 鉄道輸送による地域内流通の検討を中心に」. 『社會經濟史學』 74-5. 社会経済史学会. 2009.

竹内祐介. 「戦間期朝鮮の綿布消費市場の地域的拡大と鉄道輸送」. 『日本史研究』 575. 日本史研究会. 2010.

竹内祐介. 「植民地期朝鮮における鉄道敷設と沿線人口の推移」. 『日本植民地研究』 23. 日本植民地研究会. 2011.